汽车先进技术译丛　汽车技术经典手册

车辆悬架控制系统手册

刘洪海（Honghai Liu）
高会军（Huijun Gao）　编
李　平（Ping Li）

牛　福　吴文娟　孟令帅　段德光　韩俊淑
崔向东　谢利珍　徐鸿佳　李东锦　高　妍　译
陶志文　赵万卓　谢英江　李永江

机械工业出版社

本书概述了先进的悬架控制理论和应用情况，涵盖的主题包括：智能车辆智能悬架控制系统的概述；基于智能的车辆主动悬架自适应控制系统；集成悬架系统的强大主动控制；用于车辆主动悬架系统的区间 2 型模糊控制器；主动执行器不确定的半车悬架系统的主动控制；采用有限频率方法的主动悬架控制；基于模糊控制的不确定车辆悬架系统的容错控制；具有执行器饱和的悬架系统的 H_∞ 模糊控制；具有磁流变阻尼器的半主动悬架系统的滑模控制器设计；车辆主动悬架控制器和参数的联合设计；一种 LMI 方法，用于控制具有时间延迟的车辆发动机 - 车身系统的振动；车辆悬架系统的频域分析和设计。本书适合控制工程领域的学术研究人员和工业从业人员，特别是那些从事汽车行业应用研究的人员阅读使用。

前　言

本书介绍了车辆悬架系统的控制理论和应用。从系统的角度来看，车辆控制系统主要由模型、传感器、控制器和执行机构等关键部件组成。本书的重点并非将与车辆悬架控制方面有关的文献所包含的所有技术细节都囊括进来，而是优先考虑近几十年已经提出的最新的控制方法和技术突破。本书共13章，涵盖了近期主动悬架系统的理论成果及其应用。

前两章分别回顾了智能悬架系统的建模和控制技术、智能计算方法的研究现状。董等人概述了车辆悬架性能的评估标准以及与车辆悬架建模、用于处理非线性、不确定性、迟滞性、故障等问题的控制算法相关的文献；曹等人揭示了智能计算在主动悬架控制系统中的应用，尤其是在解决悬架控制系统在使用中由非线性和不确定性带来的问题上的应用。由此指出了悬架控制系统今后的发展方向：一是更精确的车辆悬架动力学模型，甚至是整车模型，是迫切需要发展的方向之一；二是缩小模型与实例之间的差距；三是多目标优化方法和智能计算，如模糊逻辑推理在权衡舒适性、驾驶操纵质量及其他实践方面的应用；四是从实际应用的角度评估各种控制算法和混合智能算法很有必要。最后两章探讨了频域中的控制问题。孙等人研究了频段约束条件下的车辆主动悬架控制问题。广义 Kalman – Yakubovich – Popov（GKYP）引理在有时域约束的条件下，能够在相应的频率范围内获得较好的干扰衰减特性。陈等人则优先考虑了在实际应用中如何确定合适的刚度和阻尼特性来满足不同的要求。同时提出了采用非线性频域分析方法对车辆悬架系统进行非线性分析和设计，可获得非线性悬架系统的输出与系统参数之间的关系。

本书用较大篇幅阐述了基于时域的一些先进控制策略，如稳定性分析等。杜等人对由底盘悬架、座椅悬架和驾驶员模型组成的集成式车辆悬架系统的鲁棒性进行了相关研究。值得注意的是，考虑到执行机构自身的局限性和参数的不确定性，在控制器设计流程中考虑了执行机构饱和约束和驾驶员模型的参数不确定性。曹等人介绍了一种新型区间2型模糊控制器结构来解决车辆主动悬架系统的非线性控制问题。通过整合 T – S 模糊模型、区间2型模糊推理、Wu – Mendel 不确定性边界方法和选择优化算法，从而确保模型在生成的线性模型控制面之间切换路径时保持稳定性。李等人为其中一类主动悬架系统设计了一种鲁棒 H_∞ 非脆弱控制器，该主动悬架系统的执行机构具有不确定性，证明了利用李雅普诺夫稳定性理论的 H_∞ 扰动衰减特性可保证悬架系统的渐近稳定性；研究了容错模糊控制器设计的相关问题，并通过 T – S 模糊模型方法对簧上和簧下质量会发生变化、执行机构故障和具有其他悬架特性的悬架系统进行了研究；设计了一种容错模糊 H_∞ 控制器，从而使得闭环

T－S模糊系统的H_∞性能具有渐近稳定性，同时还能满足约束悬架性能。Saifia等人对执行机构饱和悬架系统的H_∞模糊控制进行了研究，并基于执行机构饱和和不同局部线性模型插入造成的外部干扰条件下的时域反馈，采用T－S方法对悬架系统（1/4模型、1/2模型、整车模型）进行了建模。Toyama等人提出了两种滑模控制器，其主要用于带磁流变阻尼器的半主动悬架系统，这种磁流变阻尼器通常具有不良的非线性特性：一种滑模控制器是基于模型跟踪控制原理设计的；另一种滑模控制器则是通过描述函数法设计的，其开关函数执行的是预期极限环而不是完美滑模。张等人提出了一种组合优化方法，得到了1/4主动悬架系统建模条件下的理想时域反馈控制器增益和系统参数。通过选择经遗传算法优化的系统参数，获取了更好的控制效果和干扰抑制特性。Karimmi研究了一种时域和输出反馈的H_∞控制器，用于解决发动机机体振动系统的振动控制分析和综合问题。此外，Popovic和Stamenkovic也使我们注意到在汽车行业，用具有智能和自治特性的机电系统逐步取代机电元器件已成为一种趋势，同时指出，这关键在于主动悬架及执行机构的尺寸、重量和能耗需要在合理的范围内。

在此，我们对为本书做出贡献的作者表达衷心的感谢：感谢前期做了很多研究工作的学者们为本书提供了可参考借鉴的文献资料；向所有为本书中译本出版付出辛勤劳动的人们，致以诚挚的谢意。同时，还要感谢在准备阶段提出相关问题、做出解释和说明以使本书更完善的相关工作人员。最后，我们想真诚地感谢IET的专业编辑，他们一如既往地支持、帮助和对本书的校改完善，才使得本书如期出版。同时，我们非常感谢IEEE和IET对已发表内容所授予的版权。

编　者

目 录

前言

第1章 车辆智能悬架控制系统的先进技术 ………… 1
1.1 引言 ………………………… 1
1.2 车辆悬架性能的评估标准 … 4
1.2.1 驾乘舒适性 …………… 4
1.2.2 车辆行驶性能 ………… 4
1.3 车辆悬架系统建模 ………… 5
1.3.1 道路模型 ……………… 5
1.3.2 智能悬架四分之一模型 … 5
1.3.3 智能悬架二分之一模型 … 6
1.3.4 智能悬架整车模型 …… 8
1.3.5 非线性动力学模型 …… 8
1.3.6 非线性多体动力学模型 … 11
1.3.7 非线性不确定性模型 … 11
1.3.8 含时间延迟的非线性动力学模型 ……………… 12
1.3.9 考虑故障的非线性动力学模型 ……………… 13
1.3.10 执行机构模型 ……… 14
1.4 控制策略 …………………… 18
1.4.1 线性控制策略 ………… 19
1.4.2 非线性控制策略 ……… 19
1.4.3 不确定性控制方法 …… 20
1.4.4 迟滞性控制方法 ……… 21
1.4.5 容错控制法 …………… 22
1.5 验证方法 …………………… 24
1.6 结语 ………………………… 26
致谢 ………………………………… 27
参考文献 …………………………… 27

第2章 车辆智能主动悬架自适应控制系统 ……………… 33
2.1 引言 ………………………… 33
2.2 背景 ………………………… 35
2.2.1 主动悬架系统线性模型和控制 ………………… 36
2.2.2 主动悬架系统的非线性及未建模部分的描述 …… 40
2.3 自适应模糊控制 …………… 41
2.4 自适应模糊滑模控制 ……… 42
2.4.1 减轻SMC的颤振 …… 43
2.4.2 与SMC互补的FL控制器可消除系统非线性和不确定性 …… 45
2.5 自适应神经网络控制 ……… 46
2.6 基于遗传算法的自适应优化控制 ……………………… 47
2.7 自适应控制集成 …………… 48
2.7.1 自适应神经-模糊控制 … 49
2.7.2 基于自适应遗传算法的最优模糊控制 …………… 49
2.7.3 遗传神经网络组合控制 … 50
2.8 结论 ………………………… 51
参考文献 …………………………… 52

第3章 集成悬架系统的鲁棒主动控制 …………………… 57
3.1 介绍 ………………………… 57
3.2 不确定综合系统建模 ……… 59
3.3 鲁棒控制系统设计 ………… 62
3.3.1 控制目标 ……………… 62
3.3.2 鲁棒的控制器设计 …… 63

3.3.3 电动液压执行器的力跟踪
控制 …………………… 69
3.4 数值模拟 ……………………… 70
3.5 结论 …………………………… 76
附录 ……………………………… 76
参考文献 ………………………… 79

第4章 车辆主动悬架系统的区间
2型模糊控制器 …………… 83
4.1 简介 …………………………… 83
4.2 非线性主动悬架系统 ………… 85
4.3 区间2型T-S模糊控制系统 … 87
4.3.1 通用T-S模糊模型和模糊控制
系统 …………………… 87
4.3.2 区间2型T-S模糊控制
系统 …………………… 88
4.3.3 提出的IT2 T-S模糊控制
系统 …………………… 90
4.4 IT2 T-S模糊控制系统的稳定性
分析 …………………………… 92
4.5 仿真实例 ……………………… 94
4.5.1 数值实例 ……………… 94
4.5.2 半车主动悬架系统 …… 95
4.6 结语 ………………………… 101
参考文献 ……………………… 101

第5章 执行器不确定的半车悬架
系统的主动控制 ………… 104
5.1 引言 ………………………… 104
5.2 问题表述 …………………… 105
5.3 主要结论 …………………… 109
5.4 仿真结果 …………………… 112
5.5 结论 ………………………… 118
参考文献 ……………………… 118

第6章 基于有限频率法的主动悬架
控制 ……………………… 120
6.1 介绍 ………………………… 120

6.2 问题表述 …………………… 121
6.3 状态反馈控制器的设计 …… 124
6.4 动态输出反馈控制器设计 … 128
6.4.1 有限频率的情况下 …… 129
6.4.2 整个频率的情况下 …… 131
6.5 仿真 ………………………… 134
6.5.1 状态反馈的情况 ……… 134
6.5.2 动态输出反馈情况 …… 137
6.6 总结 ………………………… 144
参考文献 ……………………… 144

第7章 基于模糊控制方法的不确定
车辆悬架系统容错控制 … 147
7.1 介绍 ………………………… 147
7.2 问题表述 …………………… 148
7.3 容错模糊控制器设计 ……… 154
7.4 仿真结果 …………………… 157
7.5 总结 ………………………… 162
附录 …………………………… 163
参考文献 ……………………… 165

第8章 执行器饱和的悬架系统的
H_∞ 模糊控制 ……………… 166
8.1 介绍 ………………………… 166
8.2 悬架系统模型 ……………… 167
8.2.1 主动四分之一汽车悬架
模型 …………………… 168
8.2.2 半车悬架模型 ………… 170
8.2.3 整车悬架模型 ………… 174
8.3 悬架系统的Takagi-Sugeno模糊
模型 …………………………… 178
8.3.1 主动四分之一汽车悬架的Takagi-
Sugeno表示 …………… 179
8.3.2 主动半车悬架的Takagi-Sugeno
表示 …………………… 180
8.3.3 主动整车悬架的Takagi-Sugeno
表示 …………………… 182

8.4 Takagi–Sugeno 模糊模型的验证 ……………………… 185
  8.4.1 仿真参数 ………………… 186
  8.4.2 Takagi–Sugeno 模糊模型的验证 ………………………… 186
8.5 执行器饱和 ………………… 190
  8.5.1 饱和的类型 ……………… 192
  8.5.2 饱和效应建模 …………… 192
  8.5.3 饱和控制和约束控制 …… 193
8.6 Takagi–Sugeno 模糊模型的二次稳定 ……………………………… 193
  8.6.1 凸分析和线性矩阵不等式 ……………………………… 194
  8.6.2 李雅普诺夫意义上的稳定性 …………………………… 195
  8.6.3 吸引域 …………………… 195
  8.6.4 通过 PDC 控制实现二次稳定 …………………………… 196
8.7 H_∞ 法 …………………………… 197
8.8 具有外部干扰和执行器饱和的 PDC 控制分析 ………………… 198
  8.8.1 约束控制 ………………… 198
  8.8.2 饱和控制 ………………… 200
  8.8.3 吸引域的优化 …………… 201
8.9 四分之一车主动悬架系统的控制设计 ……………………………… 202
8.10 结论 ………………………… 209
参考文献 ………………………… 209

第9章 基于磁流变阻尼器的半主动悬架系统的滑模控制器设计 ………… 214

9.1 简介 …………………………… 214
9.2 带 MR 阻尼器的半主动悬架系统的控制 ……………………… 216
  9.2.1 可变节流阀 ……………… 216
  9.2.2 MR 阻尼器 ……………… 218
9.3 半主动悬架系统的模型跟随滑模控制器 ……………………… 220
  9.3.1 系统模型与问题 ………… 220
  9.3.2 滑模控制器 ……………… 221
  9.3.3 仿真结果 ………………… 223
9.4 具有描述功能方法的滑模控制器 …………………………………… 224
  9.4.1 问题表述 ………………… 225
  9.4.2 集成滑模控制 …………… 225
  9.4.3 用描述函数方法重新设计继电器输入 ………………… 227
  9.4.4 仿真条件 ………………… 228
  9.4.5 开关功能极限周期的精度 ……………………………… 229
  9.4.6 改善由无源约束引起的劣化 …………………………… 231
  9.4.7 验证抗参数变化的鲁棒性 ……………………………… 232
9.5 半主动悬架系统的 VSS 观察器 …………………………………… 233
  9.5.1 装置 ……………………… 233
  9.5.2 问题表述 ………………… 234
  9.5.3 VSS 观测器的设计 ……… 235
  9.5.4 数值模拟 ………………… 237
参考文献 ………………………… 241

第10章 车辆主动悬架控制器和参数联合设计 ……………………… 244

10.1 概述 ………………………… 244
10.2 问题表述 …………………… 245
10.3 系统联合设计 ……………… 247
10.4 仿真结果 …………………… 250
10.5 结论 ………………………… 255
参考文献 ………………………… 255

第 11 章 CAE 环境下车辆悬架系统控制方法 259

- 11.1 引言 259
- 11.2 机电悬架系统分类 260
- 11.3 设计开发流程 261
- 11.4 主动悬架系统建模 263
  - 11.4.1 状态空间中的系统模型 264
  - 11.4.2 主动悬架数字系统合成 266
  - 11.4.3 采用 PID 控制器的主动悬架控制 268
  - 11.4.4 采用神经网络的主动悬架控制 272
- 11.5 结论 277
- 参考文献 278

第 12 章 基于线性矩阵不等式的车辆发动机机体时滞系统振动控制 281

- 12.1 引言 281
- 12.2 车辆发动机机体系统 284
- 12.3 问题表述 288
- 12.4 主要结果 289
  - 12.4.1 状态反馈控制设计 289
  - 12.4.2 输出反馈控制设计 296
- 12.5 仿真结果 297
- 12.6 结论 303
- 参考文献 304

第 13 章 非线性车辆悬架系统的频域分析与设计 307

- 13.1 引言 307
- 13.2 系统模型和输出频率响应函数（OFRF）方法 309
  - 13.2.1 系统模型 309
  - 13.2.2 系统输出频率响应函数的确定 311
  - 13.2.3 优化和系统分析 314
  - 13.2.4 结论 319
- 13.3 比较研究 319
  - 13.3.1 现有的非线性阻尼特性 319
  - 13.3.2 基于 OFRF 分析方法的阻尼特性设计 320
  - 13.3.3 对比研究 322
  - 13.3.4 动力学模型验证 328
  - 13.3.5 结论 330
- 13.4 在动态车辆模型上的应用 330
  - 13.4.1 动态车辆模型 330
  - 13.4.2 仿真研究 332
  - 13.4.3 总结 338
- 13.5 结论和未来工作 338
- 参考文献 339

第 1 章　车辆智能悬架控制系统的先进技术

Xiaomin Dong

摘要

本章回顾了智能悬架系统的最新建模和控制设计技术。在简要回顾了车辆悬架性能的评估标准后，对一些悬架建模的新方法进行了总结，这些方法有助于智能悬架的开发。同时，对一些用于处理非线性、不确定性、迟滞性和故障的控制算法及其验证手段进行了总结。最后给出了本章的结论。

1.1 引言

车辆悬架系统可以改善驾乘舒适性和车辆行驶性能，起到承载车身并在车体和路面之间传递力的作用。典型的汽车悬架由弹簧（螺旋弹簧、空气弹簧或板簧）和阻尼元件组成。弹簧刚度和阻尼系数可根据舒适性、车辆行驶性能和操作规范进行选择。然而，传统的悬架需要在驾乘舒适性和车辆行驶性能之间做出权衡，因为它们的弹簧刚度和阻尼系数无法根据驾驶操作和路况自适应调整。它们只有在预设的工况下，才能同时满足舒适性和较好的车辆行驶性能。为避免做出这种权衡，自 20 世纪 80 年代以来，随着微处理器、传感器和执行机构技术的发展，人们对智能悬架系统做了很多研究，从而使得弹簧刚度和阻尼系数可控。根据控制力的产生方式不同，可以将智能悬架系统分为两类：主动式和半主动式。主动悬架通常需要大量的外部能量产生所需的控制力。例如可以通过气动或液压执行机构实现，并使其工作方向与弹簧和阻尼器平行。相比被动悬架系统和半主动悬架系统，主动悬架系统可使车辆获得较好的性能。然而，由于主动悬架系统的能耗大、成本高、结构复杂，因而在实际应用中不是很普遍。1982 年，莲花汽车公司研制了几个原型，并将其应用在 F1 上，后来也被取消了。1990 年，日产开发了低频带主动悬架系统，使得顶配车型的价格增加了 20%。最近，Bose 公司研制了一款全主动悬架系统，其采用线性电动机，从而取代了之前的液压或气动执行机构。

相比之下，半主动悬架系统的功能性、适应性更强，性能更好，且能耗更低（仅为主动悬架系统的几分之一），同时还具有被动悬架系统的可靠性。在半主动悬架系统中，阻尼系数或弹簧刚度通常实时可调。与主动悬架系统相比，半主动控制装置不能将机械能输入到控制系统中，因此不会出现失稳现象（从有界输入/有界输出上看）。像空气弹簧、可调减振器、可控流体（电流变和磁流变液体）阻尼器、各种自调节器等设备，以及液压气动式悬架系统、液力补偿悬架系统和油气悬架系统等都属于半主动悬架。三菱公司研发并生产了全球首个用于客车的半主动电控悬架系统，该系统首次应用在1987款的戈蓝车型上。因其结构简单、响应速度快、能耗小，从而使得基于磁流变技术的半主动悬架系统备受关注并开始进入商业应用。目前，该系统已在凯迪拉克车型（Imaj、Seville、SRX、XLR、STS、DTS）、雪佛兰克尔维特，以及奥迪R8、奥迪TT、法拉利599 GTB等车型上得到应用。

作为智能悬架系统的一种，主动悬架和半主动悬架属于可控悬架系统，主要由传感器、控制器、电源和执行机构组成。两种悬架系统各有其优缺点。薛等人总结了汽车主动悬架系统的研究历程，并从结构、重量、成本、舒适性、操纵性能、可靠性、动力性能、能量回收、商用程度等方面对不同的悬架做了比较。比较结果见表1.1。

表1.1 不同车辆悬架对比

悬架种类	被动悬架	半主动悬架	液压或气压主动悬架	电磁主动悬架
结构	最简单	复杂	最复杂	简单
重量或体积	最低	低	高	最高
成本	最低	低	最高	高
驾驶舒适性	差	中	好	最好
操纵性能	差	中	好	最好
可靠性	最高	高	中	高
能量再生	无	无	无	有
商业化成熟度	是	是	是	否
动力学性能	被动	被动	中	好

智能悬架的设计实际上是一个控制工程问题。像其他控制系统一样，智能悬架要想提高驾乘舒适性和操控性，需要两个步骤：第一步是建立精确的悬架动力学模型；第二步是设计和选择合适的控制策略。其主要影响驾乘舒适性和车辆行驶稳定性。

车辆动力学建模是智能悬架系统设计中的一个重要环节。一般而言，车辆的动力学模型要与实物贴近，这往往具有很大的挑战。在控制设计方面，可以采用相对简单的模型，但这样会导致控制器在实时控制过程中不能获得较好的控制性能。一个复杂的动力学模型可以用来描述车辆的动力学行为。但对设计控制器来说，该模型可能不太适合。随着程序科学和控制理论（特别是非线性理论）的发展，动力学模型也经历了一些变化，以获得更好的控制性能。一些复杂的动力学行为被添加到车辆模型中。实际的车辆悬架系统具有很明显的非线性、不确定性、迟滞性，甚至是执行机构或系统故障。一旦考虑这些复杂的因素，改善驾乘舒适性和车辆行驶性能的任务就会变得更艰巨。因此，智能悬架系统控制设计的研究越来越受到人们的广泛关注。

和其他物理系统一样，实际的车辆悬架系统本质是非线性的。非线性主要来源于悬架系统本身或执行机构。悬架的非线性包括非线性弹性系数或阻尼系数、元件之间的非线性摩擦力、非线性几何约束等。执行机构的动力学行为通常也是非线性的。例如，磁流变（MR）阻尼器（一种较好的半主动阻尼器）在阻尼力与速度之间存在很明显的非线性关系。

除了非线性，实际的车辆悬架系统还具有不确定性。不确定性包括参数的不确定性和模型的不确定性。对于客车或货车来说，车体的质量不是常量，车上很可能有一个或多个乘客，路障也是随机的。质心质量模型不足以描述车辆的动力学行为。

由于智能悬架系统是闭环系统，它具有传感器、控制器、电源和执行机构，所以在系统中必然会存在测量信号或执行机构动作的延迟。多数情况下，时间延迟可以被忽略，因为其微乎其微。然而，有时时间延迟的幅度甚至可以和控制周期相当，这就意味着它不能被忽视并且需要谨慎处理。对于主动悬架，迟滞性会使其稳定性变差。半主动悬架就不会有稳定性的损失，因为它没有能量输入。然而，迟滞性会显著降低它的控制性能。

此外，作为一个机械系统，可控悬架系统在整个生命周期内会经历各种工况。不可避免地，一些元器件如传感器、电源和执行机构难免会有无法正常工作的情况。如果这些元器件的故障不及时处理，系统就很有可能无法达到其预期的性能，甚至失去其稳定性。

对于智能悬架，上述提到的建模问题在改善驾乘舒适性和车辆行驶性能中已经成为主要的障碍。然而，没有一种有效的方法可以用来处理所有上述问题。因此，人们建议采用更全面的控制策略对智能悬架进行设计。当需要同时考虑非线性、不确定性、迟滞性和执行机构或系统故障中的一个或多个方面因素时，这种控制策略可以用来提高驾乘舒适性和车辆行驶性能。

非线性控制理论的发展，使得一些非线性控制策略能够应用于智能悬架系统的设计中，如反馈线性化方法、滑模控制、自适应控制等。为解决车辆悬架系统的不确定性，不少学者提出了鲁棒控制算法。为了补偿时间延迟对控制性能的影响，许多学者提出将时滞控制算法用于智能悬架系统的数值模拟中。随着故障诊断和识别技术的发展，在车辆悬架系统的设计中又产生了容错控制算法。这些控制策略在改善驾乘舒适性和车辆行驶性能的同时又能获得较好的控制性能。有几个参考文献介绍的建模和控制技术是最先进的。然而，很少有文献能够提出先进的建模和控制技术来解释智能悬架的非线性、不确定性、迟滞性、执行机构或系统故障的问题。

因此，本书拟为读者提供一个较为全面的概述，提出考虑了非线性、不确定性、迟滞性、执行机构或系统故障等多方面因素的建模和控制技术。具体按如下编排。1.2 节描述车辆悬架性能的评估标准。1.3 节提出车辆悬架系统的建模。1.4 节对控制策略进行探讨。1.5 节为各控制策略的验证手段。1.6 节对本章进行了总结。

1.2 车辆悬架性能的评估标准

为了评估不同智能悬架系统的性能，人们建立了一些评价指标，这些评价指标主要以驾乘舒适性和车辆行驶性能为出发点。这里简要陈述一下。更多细节可参考 Griffin。

1.2.1 驾乘舒适性

人们对振动的敏感程度会随着振动的变化而变化，这取决于振动方向和振动频率。通常，相较于垂直方向的振动，人们对在水平方向的振动更为敏感。垂直振动的频率一般在 4~8Hz 范围内，正好对应于人体腹腔器官的谐振频率，而人体可感受到的水平振动的频率范围为 1~2Hz。目前有四种方法用于评估驾乘舒适性，分别为 ISO 2631，BS 6841、VDI 2057 以及吸收功率法。ISO 2631 主要在欧洲使用，BS6841 主要在英国使用。德国和奥地利主要采用 VDI 2057，吸收功率法则主要在美国使用。

为便于对智能悬架系统的驾乘舒适性进行定量评估，应从两个方向对车体的振动进行测量：垂直方向（即支持力）和水平方向（即滚转、俯仰和偏航）。最常用的测量方法是方均根（RMS）加速度法，公式如下：

$$RMS(a) = \sqrt{\frac{1}{T}\int_0^T a^2(t)\,dt} \qquad (1.1)$$

式中，T 是总测试时间；a 是质量加速度；t 是时间。

为获得振动频率对驾乘舒适性的影响，可以采用加权加速度。

1.2.2 车辆行驶性能

车辆行驶性能在汽车转向、制动或加速过程中是很重要的。它主要与轮胎接触力有关。轮胎接触力受两个因素的影响：车轮和车身振动。轮胎和路面之间接触力的变化直接反映车辆行驶性能，因此可定量分析。通常，动态轮胎接触力越低，车辆行驶性能越好；动态轮胎接触力越高，车辆行驶性能越差。

1.3 车辆悬架系统建模

智能悬架系统是一个复杂的动态系统，具有高阶、非线性、不确定性、迟滞性和易产生故障等特性。车辆的外在表现以控制策略和车辆性能为基础。车辆悬架系统通常有两种模型：一种是分布式模型；另一种是集中参数模型。智能悬架的控制设计通常采用集中参数模型。通常会根据牛顿定律、哈密顿和拉格朗日理论、键合图法来构建动力学模型。车辆一般有六个自由度（DOF）：纵向平移、横向平移、升降运动、滚转运动、俯仰运动和偏航运动。当然，车辆的运动也应该包含车轮的振动，这些运动相互耦合。车辆一般由簧上质量（底盘）、簧下质量（车轮、车轴和布线），以及弹性元件和散热元件组成。

根据控制设计的要求，车辆动力学模型可分为四分之一模型（二自由度）、二分之一模型（四自由度）及整车模型（七自由度）。这三种动力学模型常用于智能悬架系统的理论分析和设计中。

本节将先介绍道路模型，然后再分别讨论线性的四分之一模型、二分之一模型和整车模型，最后对适用于具有非线性、不确定性、迟滞性和执行机构故障的系统的非线性模型进行了探讨。

1.3.1 道路模型

智能悬架模拟中，道路建模很重要，因为它是主要的输入源。车辆动力学模型的路面输入可以分为两种：确定路面和随机路面。确定路面的输入可以用正弦波、方波、阶梯波、三角波等来表示。这些输入可以用数学公式来描述。随机路面的表示形式要复杂得多。随机路面的粗糙度通常可表示为给定位移功率谱密度（PSD）$m^2/(周期/m)$下的高斯函数。赵和陆等人利用 PSD 对一种随机路面进行了研究。

$$G_{x_r}(n) = G_{x_r}(n_0)\left(\frac{n}{n_0}\right)^{-w} \tag{1.2}$$

图 1.1 给出了几种确定路面和随机路面的示意图。

1.3.2 智能悬架四分之一模型

在智能悬架系统控制算法的研究中，四分之一模型已经成为台架试验模型。虽然模型简单，且只考虑簧上质量和簧下质量的垂直振动，但其在开发初期是非常有用的。模型如图 1.2 所示，主要由簧上质量、簧下质量、弹簧、阻尼器，以及位于簧上质量和簧下质量之间的执行机构组成。该模型可以根据执行机构的状态模拟被动悬架和主动/半主动悬架。如果不考虑执行机构，则可用于模拟被动悬架。如果执行机构产生主动控制力，则可用于模拟主动悬架；如果执行机构仅提供阻尼力，则可用于模拟半主动悬架。在以下几小节中，车辆悬架的建模也采用了同样的

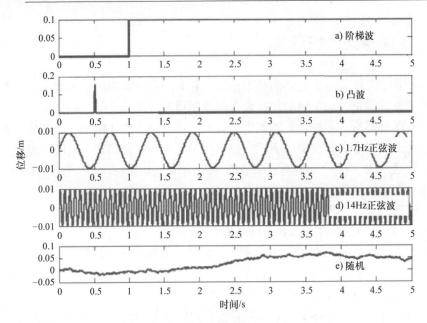

图 1.1 路面输入

方法。

根据牛顿定律,四分之一模型的控制方程可描述为

$$m_s\ddot{z}_s + k_s(z_s - z_u) + c_e(\dot{z}_s - \dot{z}_u) + F_c = 0 \quad (1.3)$$

$$m_u\ddot{z}_u - c_e(\dot{z}_s - \dot{z}_u) - F_c + k_t(z_u - w) = 0 \quad (1.4)$$

式中,m_s 和 m_u 分别代表簧上质量和簧下质量;c_e 和 k_s 分别代表阻尼系数和弹性系数;F_c 为可变阻尼力;k_t 为车轮刚度;z_s、z_u 和 w 分别表示簧上质量位移、簧下质量位移和路面输入。

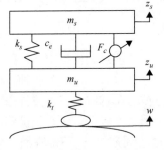

图 1.2 四分之一车辆模型

1.3.3 智能悬架二分之一模型

为了考虑俯仰或滚转运动,许多研究者选择二分之一模型,如图 1.3 所示。该模型考虑了车体的垂直振动和俯仰运动,以及前后轮的垂直运动。

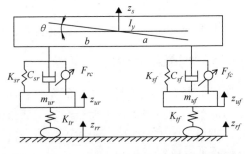

图 1.3 智能二分之一俯仰模型

该模型的动力学方程表示为

$$m_s\ddot{Z}_s = -(C_{sf} + C_{sr})\dot{z}_s + (C_{sf}a - C_{sr}b)\dot{\theta} - K_{sf}(z_{sf} - z_{uf}) + C_{sf}\dot{z}_{uf} - K_{sr}(z_{sr} - z_{ur}) + C_{sr}\dot{z}_{ur} + F_{fc} + F_{rc} \quad (1.5)$$

$$I_y\ddot{\theta} = (aC_{sf} - bC_{sr})\dot{z} - (C_{sf}a^2 + C_{sr}b^2)\dot{\theta} + aK_{sf}(z_{sf} - z_{uf}) -$$
$$aC_{sf}\dot{z}_{uf} - bK_{sr}(z_{sr} - z_{ur}) - bC_{sr}\dot{z}_{ur} - aF_{fc} + bF_{rc} \qquad (1.6)$$
$$m_{uf}\ddot{z}_{uf} = C_{sf}\dot{z} - aC_{sf}\dot{\theta} + K_{sf}(z_{sf} - z_{uf}) - C_{sf}\dot{z}_{uf} - K_{tf}(z_{uf} - z_{rf}) - F_{fc} \qquad (1.7)$$
$$m_{ur}\ddot{z}_{ur} = C_{sr}\dot{z} + bC_{sr}\dot{\theta} + K_{sr}(z_{sr} - z_{ur}) - C_{sr}\dot{z}_{ur} - K_{tr}(z_{ur} - z_{rr}) - F_{rc} \qquad (1.8)$$

式中，m_s、m_{uf}和m_{ur}分别表示车身质量、前簧下质量和后簧下质量；I_y表示车身俯仰惯量；K_{sf}、K_{sr}、K_{tf}和K_{tr}分别表示前悬架弹簧刚度、后悬架弹簧刚度、前轮刚度和后轮刚度；C_{sf}和C_{sr}分别表示前阻尼器的被动阻尼系数和后阻尼器的被动阻尼系数；a是车身重心到前轮轴之间的距离；b是车身重心到后轮轴之间的距离；z_s是车身的垂直位移；θ是车身的俯仰角；z_{uf}是前簧下质量的垂直位移；z_{ur}是后簧下质量的垂直位移；z_{rf}表示前轮的路面输入；z_{rr}表示后轮的路面输入；F_{fc}表示前执行机构的控制力；F_{rc}表示后执行机构的控制力；$z_{sf} = z - a\sin\theta \approx z - a\theta$，$z_{sr} = z + b\sin\theta \approx z + b\theta$。

为了研究车身的滚转运动，有时会采用二分之一滚转模型，如图1.4所示。

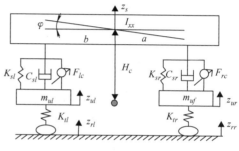

图1.4 智能二分之一滚转模型

该模型的动力学方程表示为
$$m_s\ddot{Z}_s = -(C_{sl} + C_{sr})\dot{z}_s + (C_{sl}a - C_{sr}b)\dot{\varphi} - K_{sl}(z_{sl} - z_{ul}) + C_{sl}\dot{z}_{ul}$$
$$-K_{sr}(z_{sr} - z_{ur}) + C_{sr}\dot{z}_{ur} + F_{lc} + F_{rc} \qquad (1.9)$$
$$I_{xx}\ddot{\varphi} = (aC_{sl} - bC_{sr})\dot{z} - (C_{sl}a^2 + C_{sr}b^2)\dot{\theta} + aK_{sl}(z_{sl} - z_{ul}) - aC_{sl}\dot{z}_{ul}$$
$$-bK_{sr}(z_{sr} - z_{ur}) - bC_{sr}\dot{z}_{ur} - aF_{lc} + bF_{rc} + m_s g\left(\frac{H_c}{\cos\theta}\right)\sin\theta + M_x \qquad (1.10)$$
$$m_{ul}\ddot{z}_{ul} = C_{sl}\dot{z} - aC_{sl}\dot{\varphi} + K_{sl}(z_{sl} - z_{ul}) - C_{sl}\dot{z}_{ul} - K_{tl}(z_{ul} - z_{rl}) - F_{lc} \qquad (1.11)$$
$$m_{ur}\ddot{z}_{ur} = C_{sr}\dot{z} + bC_{sr}\dot{\varphi} + K_{sr}(z_{sr} - z_{ur}) - C_{sr}\dot{z}_{ur} - K_{tr}(z_{ur} - z_{rr}) - F_{rc} \qquad (1.12)$$

式中，m_s、m_{ul}和m_{ur}分别表示车身质量、左簧下质量和右簧下质量；I_{xx}表示车身滚转惯量；K_{sl}、K_{sr}、K_{tl}和K_{tr}分别表示左悬架弹簧刚度、右悬架弹簧刚度、左轮刚度和右轮刚度；C_{sl}和C_{sr}分别表示左阻尼器的被动阻尼系数和右阻尼器的被动阻尼系数；a是车身重心到左轨迹之间的距离；b是车身重心到右轨迹之间的距离；z_s是车身的垂直位移；φ是车身的滚转角；z_{ul}是左簧下质量的垂直位移；z_{ur}是右簧下质量的垂直位移；z_{rl}表示左轮的路面输入；z_{rr}表示右轮的路面输入；F_{lc}表示左执行机构的控制力；F_{rc}表示右执行机构的控制力；$z_{sl} = z - a\sin\varphi \approx z - a\varphi$，$z_{sr} = z + b\sin\varphi \approx z + b\varphi$。

1.3.4 智能悬架整车模型

整车模型包含四个执行机构，如图1.5所示。车体本身被设置为刚体，它在起伏、俯仰、滚转方向上有7个自由度。整车模型的控制方程推导过程如下：

$$m_s \ddot{z} = F_{fl} + F_{fr} + F_{rl} + F_{rr} \quad (1.13)$$

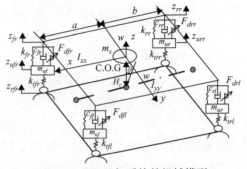

图1.5　MR悬架系统的机械模型

$$\left[l_{xx} + m_s \left(\frac{H_c}{\cos\theta} \right)^2 \right] \ddot{\theta} = \frac{w}{2} F_{fl} - \frac{w}{2} F_{fr} + \frac{w}{2} F_{rl} - \frac{w}{2} F_{rr} + m_s g \frac{H_c}{\cos\theta} \sin\theta + M_x \quad (1.14)$$

$$I_{yy} \ddot{\varphi} = a F_{fl} + a F_{fr} - b F_{rl} - b F_{rr} \quad (1.15)$$

$$m_{ufl} \ddot{z}_{ufl} = -F_{fl} - k_{tfl}(z_{ufl} - z_{rfl}) \quad (1.16)$$

$$m_{ufr} \ddot{z}_{ufr} = -F_{fr} - k_{tfr}(z_{ufr} - z_{rfr}) \quad (1.17)$$

$$m_{url} \ddot{z}_{url} = -F_{rl} - k_{trl}(z_{url} - z_{rrl}) \quad (1.18)$$

$$m_{urr} \ddot{z}_{urr} = -F_{rr} - k_{trr}(z_{urr} - z_{rrr}) \quad (1.19)$$

其中，

$$F_{fl} = -k_{fl}(z_{fl} - z_{ufl}) - c_{fl}(\dot{z}_{fl} - \dot{z}_{ufl}) + F_{dfl}$$

$$F_{fr} = -k_{fr}(z_{fr} - z_{ufr}) - c_{fr}(\dot{z}_{fr} - \dot{z}_{ufr}) + F_{dfr}$$

$$F_{rl} = -k_{rl}(z_{rl} - z_{url}) - c_{rl}(\dot{z}_{rl} - \dot{z}_{url}) + F_{drl}$$

$$F_{rr} = -k_{rr}(z_{rr} - z_{urr}) - c_{rr}(\dot{z}_{rr} - \dot{z}_{urr}) + F_{drr}$$

并且，

$$z_{fl} = z - w\sin\theta - a\sin\varphi \approx z - w\theta - a\varphi$$

$$z_{fr} = z + w\sin\theta - a\sin\varphi \approx z + w\theta - a\varphi$$

$$z_{rl} = z - w\sin\theta + a\sin\varphi \approx z - w\theta + a\varphi$$

$$z_{rr} = z + w\sin\theta + a\sin\varphi \approx z + w\theta + a\varphi$$

因此，控制阻尼力向量可被描述为

$$u = [-c_{fl}(\dot{z}_{fl} - \dot{z}_{ufl}) + F_{dfl}, -c_{fr}(\dot{z}_{fr} - \dot{z}_{ufr}) + F_{dfr},$$
$$-c_{rl}(\dot{z}_{rl} - \dot{z}_{url}) + F_{drl}, -c_{rr}(\dot{z}_{rr} - \dot{z}_{urr}) + F_{drr}]^T$$

其主要由控制策略决定。

1.3.5 非线性动力学模型

智能悬架系统本质上是非线性的。在车辆悬架系统中存在库仑摩擦、饱和、反弹和迟滞的非线性。这些非线性特性通常会给控制系统带来不良影响，如不稳定、极限环、分支和混乱等。因此，在制定非线性控制方法前，需要提出一个更加精确的动力学模型。一些学者开始分析汽车悬架系统中的非线性，也尝试着将非线性增加到上述的线性方程中。McGee 等人通过一个简化方法研究了四分之一模型的非线性问题。该技术被应用于实际的实验室振动器的强迫响应中以及获得道路数据。他们认为，车辆悬架系统的非线性主要来源包括二阶、三阶刚度非线性以及库仑摩擦。高等人研究了油气减振主动悬架，从而提出非线性四分之一模型，包括气撑模型和非线性动态流量控制阀模型，如图 1.6 所示。该模型优点是，考虑了车体和液压元件之间的相互作用，能够克服许多悬架模型过于简化和未考虑液压元件的缺陷。

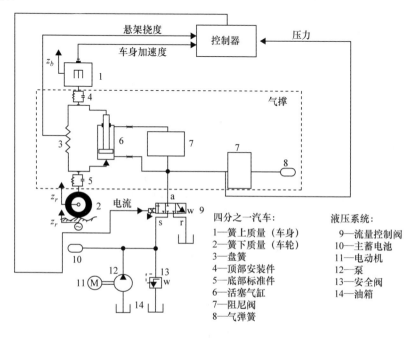

图 1.6 非线性四分之一车辆模型

Demir 等人研究了五自由度模型。除了车身的振动，车身的俯仰运动、前后轮的垂直运动以及乘客座椅处的振动也被考虑在内。模型如图 1.7 所示。前后悬架的阻尼力和储存能包括悬架系统的非线性力，可表示如下：

$$f_{sj} = f_{sj}^l + f_{sj}^n \tag{1.20}$$

式中，$j=f$ 或 r。f 或 r 分别指代前悬架系统和后悬架系统；l 和 n 分别代表悬架力的线性部分和非线性部分，其中线性部分包括线性弹力和阻尼力，可表示如下：

$$f_{sj}^l = k_{sj}[(x_b - x_{wj}) \pm L_j\theta] + c_{sj}[(\dot{x}_b - \dot{x}_{wj})L_j\dot{\theta}] \quad (j=f,r) \tag{1.21}$$

式中，k_{sj} 表示线性弹簧系数；c_{sj} 表示线性阻尼系数。

悬架力的非线性部分可表示如下：

$$f_{sj}^n = k_{sj}^n[(x_b - x_{wj}) \pm L_j\theta]^3 + \mu \cdot f_{suspj} sign[(\dot{x}_b - \dot{x}_{wj}) \pm L_j\dot{\theta}] \tag{1.22}$$

式中，k_{sj}^n 表示非线性弹簧系数；μ 表示库仑摩擦常数；f_{suspj} 为簧上质量的其中一

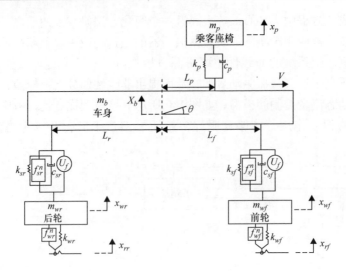

图1.7 非线性二分之一车辆模型

部分。

朱和Ishitobi等人提出了一种非线性七自由度模型以研究混合响应,如图1.8所示。位于簧上质量和簧下质量之间的悬架被设置为非线性弹簧和非线性阻尼器,而轮胎被设置为带黏滞阻尼力的非线性弹簧。

悬架的非线性弹簧模型有如下特点:

$$F_{sij} = k_{sij}\text{sgn}(\Delta_{sij})|\Delta_{sij}|^{n_{sij}} \quad (i=f,r;j=l,r) \tag{1.23}$$

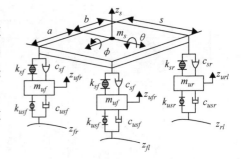

图1.8 非线性整车模型[76]

式中,F_{sij}是动态弹簧力;k_{sij}是等效刚度;Δ_{sij}表示弹簧形变;$\text{sgn}(.)$代表正弦函数。

前悬架和后悬架的非线性阻尼力可表示如下:

$$F_{cij} = c_{si}\dot{\Delta}_{uij} \quad (i=f,r;j=l,r) \tag{1.24}$$

式中,下标c表示悬架的阻尼;F_{cij}是阻尼力;$\dot{\Delta}_{uij}$是阻尼器极限间的相对速率;c_{si}是阻尼系数,表达式为

$$c_{si} = \begin{cases} c_{sui}\dot{\Delta}_{uij} \geq 0 \\ c_{sdi}\dot{\Delta}_{uij} < 0 \end{cases} \quad (i=f,r;j=l,r) \tag{1.25}$$

式中,c_{sui}和c_{sdi}分别表示拉伸和压缩时的阻尼系数。

车轮也可以用非线性弹簧进行建模:

$$F_{usij} = k_{usi}\text{sgn}(\Delta_{usij})|\Delta_{usij}|^{n_{usi}} \quad (i=f,r;j=l,r) \tag{1.26}$$

式中,F_{usij}是弹性力;k_{usi}是等效刚度;Δ_{usij}表示弹簧形变;n_{usi}表示轮胎弹簧的非

线性系数。

轮胎的阻尼被认为是黏性的,因此可按如下公式计算阻尼力:

$$F_{ucij} = c_{usi}\dot{\Delta}_{usij} \quad (1.27)$$

式中,c_{usi}是黏性阻尼系数;$\dot{\Delta}_{usij}$是轮胎模型极限之间的相对速率。

1.3.6 非线性多体动力学模型

随着计算机技术的发展,一些更加精确和复杂的模型也不断被提出,以便于利用多体技术对智能悬架系统进行设计。这些模型明显的优势是制定的控制策略可以直接应用于实时控制,而不用花费精力去优化控制参数。然而,这些模型除了复杂,还存在两个缺点:需确定参数以及计算时间较长。Bommer 提出了一种非线性整车模型,其包括柔性的并基于测量数据进行修正的车体和利用机械系统动力学自动分析软件(ADAMS)生成的发动机和悬架,如图 1.9 所示。用频域内的测量数据对模型进行验证。结果表明:单一非线性模型能够预测不同激励水平下的车辆动力学行为,无论阻尼器处在滑动状态还是黏滞状态。结果还表明:库仑摩擦力在吸振减振方面对车辆的动力学行为有显著的影响。

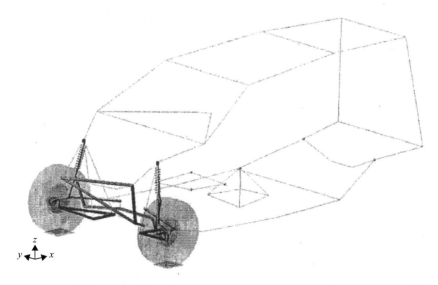

图 1.9 完整的车辆模型:包括柔性的修正后车身模型和用于悬架(左和右)的刚体以及发动机

1.3.7 非线性不确定性模型

理清不确定性对智能悬架的影响,是控制设计中很重要的一项任务。在不加重其他主要因素影响的前提下削弱不确定性因素造成的影响是智能悬架系统不确定性控制设计中一项基本的工作。

在控制策略的制定中，许多研究者在建模过程中引入了不确定性。Goh等人以麦弗逊悬架为例，采用简化的分析模型和复杂的计算模型相结合的方式评估了复杂动力学模型中的不确定性。比较可行的方案就是不同的设计方案采用不同的处理方式。在非线性不确定性电液主动悬架的建模过程中要考虑簧上质量的变化。Agamennoni等人提出了针对非线性模型和磁悬浮中不确定性振动的非线性识别法。他们先提出一个整体的线性模糊耦合函数，再由此提炼出分段线性函数。这种模型结构使得人们能够对系统的动态变化进行识别，对不确定性也能有一个严谨的描述。

在参考文献［43］中，不确定性建模采用加权平均的方式。为分析测量数据和分析模型之间的误差，搭建了一个具有较大间隙的磁悬浮测试床，通过最小范数验证法提出了一种不确定性模型。计算结果表明：可以通过计算测量值与标准值之差的最小范数来直接获得不确定性范围，不确定性振动、对应的加权不确定性均在该范围内。

1.3.8 含时间延迟的非线性动力学模型

制定控制算法时，通常不考虑测量时的时间延迟以及执行机构的响应时间。在实际应用中，如气动和液压主动悬架系统中，总是存在测量上的时间延迟以及执行机构的响应时间。总时间延迟一般包括固定的时间延迟（由数据的实时采集、过滤、计算控制力以及从计算机向执行机构传输控制力信号所导致的时间延迟）和执行机构的时间延迟。前者可以通过采用先进的处理系统使其数值减小，并且随着控制算法的发展而逐渐被忽略；后者通常取决于执行机构的特性。常见的电液执行机构的时间延迟高达几十毫秒。时间延迟很有可能会降低控制性能，甚至会使控制系统失去稳定性。要考虑时间延迟对控制策略的影响，以及在延迟状态下去定义控制力是不容易的。将时间延迟引入系统微分方程可将其转换成明显的非线性方程。在制定控制策略之前，需要建立一个具有时间延迟的模型。

杜和张等人提出了一种四自由度半车模型，该模型包含了时间延迟，如图1.10所示。

该模型的方程可表述如下：

$$m_s\ddot{z}_c(t) + k_{sf}[z_{sf}(t) - z_{uf}(t)] + c_{sf}[\dot{z}_{sf}(t) - \dot{z}_{uf}(t)] + k_{sr}[z_{sr}(t) - z_{ur}(t)] + c_{sr}[\dot{z}_{sr}(t) - \dot{z}_{ur}(t)] = u_f(t-\tau) + u_r(t-\tau) \quad (1.28)$$

$$I_\varphi\ddot{\varphi}(t) - l_1k_{sf}[z_{sf}(t) - z_{uf}(t)] - l_1c_{sf}[\dot{z}_{sf}(t) - \dot{z}_{uf}(t)] + l_2k_{sr}[z_{sr}(t) - z_{ur}(t)] + l_2c_{sr}[\dot{z}_{sr}(t) - \dot{z}_{ur}(t)] = -l_1u_f(t-\tau) + l_2u_r(t-\tau) \quad (1.29)$$

$$m_{uf}\ddot{z}_{uf}(t) - k_{sf}[z_{sf}(t) - z_{uf}(t)] - c_{sf}[\dot{z}_{sf}(t) - \dot{z}_{uf}(t)] + k_{tf}[z_{uf}(t) - z_{rf}(t)] = -u_f(t-\tau) \quad (1.30)$$

$$m_{ur}\ddot{z}_{ur}(t) - k_{sr}[z_{sr}(t) - z_{ur}(t)] - c_{sr}[\dot{z}_{sr}(t) - \dot{z}_{ur}(t)] + k_{tr}[z_{ur}(t) - z_{rr}(t)] = -u_r(t-\tau) \quad (1.31)$$

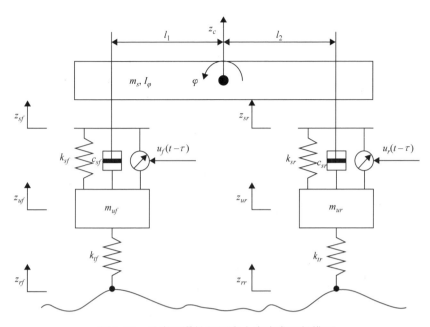

图 1.10　具有迟滞性的四自由度半车悬架模型

式中，m_s 为车身质量；m_{uf} 和 m_{ur} 分别为施加在前轮和后轮上的簧下质量；I_φ 是车身相对质心的俯仰转动惯量；$z_{uf}(t)$ 和 $z_{ur}(t)$ 分别为前簧下质量位移和后簧下质量位移；$z_{rf}(t)$ 和 $z_{rr}(t)$ 分别为前部垂直位移和后部垂直位移；k_{sf} 和 k_{sr} 分别为前后轮的被动悬架元件刚度；c_{sf} 和 c_{sr} 分别为前后轮的被动悬架元件的阻尼系数；类似地，k_{tf} 和 k_{tr} 分别为前后轮的刚度；$u_f(t)$ 和 $u_r(t)$ 分别为前后执行力输入；τ 为执行机构的时间延迟。

1.3.9　考虑故障的非线性动力学模型

智能悬架系统依赖于复杂的控制技术以满足不断提高的驾乘舒适性和车辆行驶性能。史、杨等人发现传统的控制设计很可能不会使智能悬架系统达到令人满意的性能，甚至会在执行机构、传感器或其他系统组件发生故障时造成系统的不稳定。在制定控制策略之前，需要建立考虑元件故障的动力学模型。在前期工作中，我们发现由于温度的增加，MR 阻尼器的阻尼输出减小。为了建立 MR 阻尼器的故障模型，引入四个影响因子 $\gamma^i (i=fl, fr, rl, rr)$ 来描述阻尼力损失的程度。$\gamma^i = 0$ 表示第 i 个 MR 阻尼器处于正常状态，$\gamma^i = 1$ 表示第 i 个 MR 阻尼器完全故障。显然，$0 < \gamma^i < 1$ 代表第 i 个 MR 阻尼器部分故障。

考虑到 MR 阻尼器的部分故障，状态空间方程写成：

$$\dot{x} = Ax + Bu^f + Lw \tag{1.32}$$

式中，u^f 为包含四个 MR 阻尼器部分故障的控制阻尼力分量，它可用如下公式表示：

$$u^f = \left[(1-\gamma^{fl})u_{fl}, (1-\gamma^{fr})u_{fr}, (1-\gamma^{rl})u_{rl}, (1-\gamma^{rr})u_{rr} \right]^T \quad (1.33)$$

式中，$u_i(i=fl,fr,rl,rr)$ 表示正常工作的 MR 阻尼器的阻尼输出。

将式（1.33）代入式（1.32）得

$$\dot{x} = Ax + B^f u + Lw \quad (1.34)$$

其中，

$$B^f = B(I - \varGamma_4), \quad \varGamma_4 = \begin{bmatrix} \gamma_{fl} & 0 & 0 & 0 \\ 0 & \gamma_{fr} & 0 & 0 \\ 0 & 0 & \gamma_{rl} & 0 \\ 0 & 0 & 0 & \gamma_{rr} \end{bmatrix}$$

为了获得 MR 阻尼器的控制影响因子，式（1.34）也可被描述如下：

$$\dot{x} = Ax + Bu - \begin{bmatrix} b_1\gamma^{fl} & b_2\gamma^{fr} & b_3\gamma^{rl} & b_4\gamma^{rr} \end{bmatrix} \begin{bmatrix} u_{fl} \\ u_{fr} \\ u_{rl} \\ u_{rr} \end{bmatrix} + Lw \quad (1.35)$$

式中，b_i 是矩阵 B 的第 i 个列向量。

式（1.35）进一步可写为

$$\dot{x} = Ax + Bu + D(u)\gamma + Lw \quad (1.36)$$

其中，$D(u)$ 被定义为 $D(u) = BU$，并且

$$U = \begin{bmatrix} -u_{fl} & 0 & 0 & 0 \\ 0 & -u_{fr} & 0 & 0 \\ 0 & 0 & -u_{rl} & 0 \\ 0 & 0 & 0 & -u_{rr} \end{bmatrix}, \quad \gamma = \begin{bmatrix} \gamma_{fl} \\ \gamma_{fr} \\ \gamma_{rl} \\ \gamma_{rr} \end{bmatrix}$$

由于很难获得 MR 阻尼器的控制影响因子的实际损失值，控制影响因子可被设定为具有零均值高斯白噪声序列的随机偏差向量。

1.3.10 执行机构模型

智能悬架的关键部位是可控执行机构，执行机构模型的精度对悬架的分析和设计至关重要。因此，如何建立一个更精确的模型对于主动或半主动执行机构是一个很重要的问题。然而，由于执行机构在实际应用中呈现明显的非线性特性，因此很难得到精确的模型。在模拟过程中必须考虑非线性以得到更真实的结果。由于不同执行机构之间存在较大的差别，很难用一般的模型去描述非线性。本研究以两种最

有应用前景的执行机构为例：一种是电磁执行机构，另一种是 MR 阻尼器。

1.3.10.1 电磁执行机构模型

与其他执行机构不同，电磁执行机构是一种能量可再生执行机构。由 Okada 和 Harada 首次提出。他们在执行机构高速运动过程中采用双电压充电电路使电能再生。一年后，Suda 和 Shiiba 提出了再生悬架。他们将旋转式直流电动机作为执行机构。通过齿条和齿轮的配合实现了悬架的线性运动。Nakano 等人提出了一种自供电执行机构，当电枢速度高时发电，当电枢速度低时利用电能。Martins 等人对永磁线性执行机构原型在低频和高频激励下的动态性能进行了研究。Bose 公司生产了线性电磁驱动执行机构，并对装配了该执行机构的雷克萨斯轿车在真实路面行驶进行了试验，发现该车具有良好的减振和姿态控制性能。

黄等人基于测量参数和测试数据提出了电磁执行机构的数学模型。

电磁执行机构的数学模型由无刷直流电动机和丝杠螺母机构组成，如图 1.11 所示。

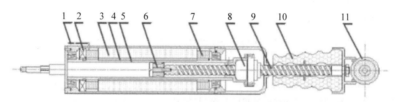
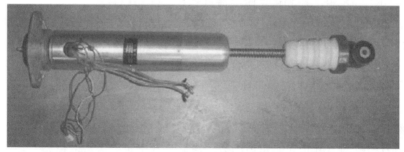

图 1.11 电磁执行器原型

1—I/O 插接器　2—位置传感器　3—定子铁心　4—永磁铁　5—旋转轴　6—恢复缓冲区
7—电枢绕组　8—滚珠螺母　9—丝杠　10—压缩缓冲区　11—支撑件

永磁体固定在转轴上。在车辆悬架系统垂直振动过程中，丝杠传递运动并驱动螺母和转轴旋转，这样从不平坦路面输入的动能被转化为电能。

电流 - 电压方程和无刷直流电动机的电磁转矩可分别表示为

$$\begin{bmatrix} u_a \\ u_b \\ u_c \end{bmatrix} = \begin{bmatrix} R & 0 & 0 \\ 0 & R & 0 \\ 0 & 0 & R \end{bmatrix} \begin{bmatrix} i_a \\ i_b \\ i_c \end{bmatrix} + \begin{bmatrix} L-M & 0 & 0 \\ 0 & L-M & 0 \\ 0 & 0 & L-M \end{bmatrix} P \begin{bmatrix} i_a \\ i_b \\ i_c \end{bmatrix} + \begin{bmatrix} e_a \\ e_b \\ e_c \end{bmatrix} \quad (1.37)$$

$$T_e = \frac{e_a i_a + e_b i_b + e_c i_c}{\omega} \tag{1.38}$$

式中，u、i、e 分别表示相电压、电流、电动势；R 是电阻；L 是自感电动势；M 是互感电动势；P 是微分算子；ω 是旋转角速度；T_e 是电磁转矩。下标 a、b、c 代表不同的相。

产生的电磁转矩被丝杠螺母机构转化为垂直力，机构的旋转运动被转化为执行机构的垂直振动，可表示如下：

$$F_i = \frac{\cot\varphi}{r} T_e \tag{1.39}$$

$$\omega = -\frac{2\pi}{l} v \tag{1.40}$$

式中，r 是力转换的有效半径；φ 是螺纹导程角；l 是丝杆螺母的导程；v 是垂向振动速度。

1.3.10.2 MR 阻尼器模型

作为有应用前景的半主动执行机构，在过去的 20 年中，MR 阻尼器已得到许多学者的广泛研究。阻尼器具有对磁场快速响应、控制带宽较大以及结构紧凑的特性。MR 阻尼器的应用范围已从建筑、桥梁扩展到汽车和轨道交通。

在之前的研究中，我们设计了四种用于乘用车悬架的可伸缩阻尼器，示意图如图 1.12 所示。MR 阻尼器和被动阻尼器具有相似的外观。

由于 MR 阻尼器固有的磁滞非线性特性，因此它在应用上的一个较大挑战是建立一个精确的模型以使悬架获得较好的性能。文献 [65] 分析了 MR 阻尼器的先进参数动态建模、识别和验证技术。

根据对磁滞性的建模方法，MR 阻尼器参数化动力学模型可分为 Bingham 基于模型的动力学模型、双黏性模型、黏弹－塑性模型、刚滑移黏弹模型、基于 Bouc－Wen 迟滞算子的动力学模型、基于 Dahl 迟滞算子的动力学模型、基于 LuGre 迟滞算子的动力学模型、基于双曲正切函数的模型、基于正弦函数的模型、等效模型以及相变模型。

所有模型中，多项式建模方法是最容易实现的。因此，前期研究中多采用多项式模型，它最早由 Choi 等人提出，在开环控制系统中它为阻尼力的计算提供了一个便捷有效的选择。在该模型中，磁滞回线被分为两个区域：正向磁化（下环线）和反向磁化（上环线），磁滞回线可通过关于活塞速度的多项式进行拟合。因此，MR 阻尼器的阻尼力可写成

$$f_{\mathrm{MR}} = \sum_{i=0}^{9} a_i v^i \quad i = 0, 1, \cdots, 9 \tag{1.41}$$

系数 a_i 可写成关于电流的线性方程：$a_i = b_i + c_i I$。

因此，阻尼力可表示如下：

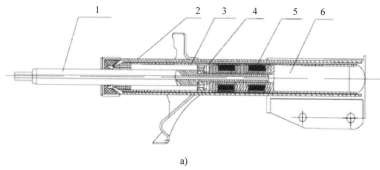

a)

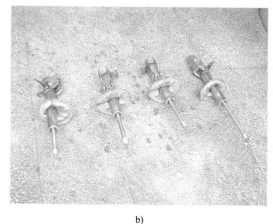

b)

图 1.12 乘用车的 MR 阻尼器

a) 示意图 b) 四个 MR 阻尼器的照片

1—活塞杆 2—外缸 3—内缸 4—活塞 5—线圈 6—MR 流体

$$f_{\mathrm{MR}} = \sum_{i=0}^{9} (b_i + c_i I) v^i \tag{1.42}$$

式中，系数 b_i 和 c_i 可经实验数据的拟合得到。

为了验证得到的多项式模型，5 种情况下的试验结果和模拟结果对比如图 1.13 所示，其中激励频率设为 3.8197Hz，振幅选择 ±25mm。从图中可看出，MR 阻尼器模型能够准确地预测 MR 阻尼器的行为。一旦由控制策略决定的活塞速度和所需的力已知，便可由此计算出控制电流：

$$I = \frac{f_{\mathrm{MR}} - \sum_{i=0}^{9} b_i v^i}{\sum_{i=0}^{9} c_i v^i} \tag{1.43}$$

式中，I 是 MR 阻尼器输入电流，f_{MR} 是设计的控制策略决定的所需阻尼力。

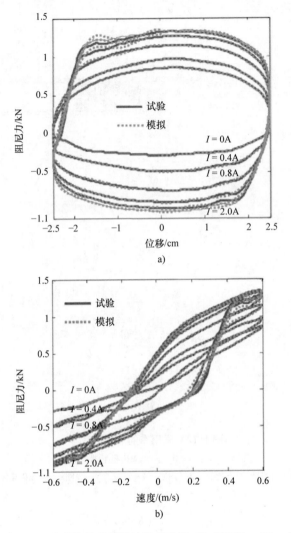

图1.13 试验结果和模拟结果对比图（3.8197Hz，25mm）
a）阻尼力-位移图 b）阻尼力-速度图

1.4 控制策略

  智能悬架系统要想获得良好的驾乘舒适性和车辆行驶性能，控制设计是一项很重要的工作。一旦执行机构确定，智能悬架系统的控制性能将主要取决于控制策略的选择，控制工程中的各种控制策略都被不断地应用于智能悬架系统中。

  Karnopp及其同事首次提出对半主动控制、天棚控制进行试验。他们针对车辆悬架系统提出了"天棚"阻尼控制算法，并验证了当将被动系统作为单一自由度系统时，天棚控制的应用能够使其表现出较好的性能。为了克服天棚控制会削弱悬架簧下质量减振性能的缺陷，有学者提出了地棚控制和混合控制。结果表明，天棚控制在改善驾乘舒适性上更有效，地棚控制可使车辆获得较好的行驶性能，同时能够改善车辆的平稳性，混合控制的效果介于天棚控制和地棚控制之间。除了这三种常见的半主动控制策略，一些线性反馈控制方法也会应用于悬架的振动控制中。

上面讨论的三种典型的半主动控制算法并没有考虑车辆的实际动力学模型，且控制能力有限，因此一些现代控制算法会应用于智能悬架系统中。

先进的控制理论对于线性系统往往是非常有效的。如果车辆悬架模型被近似简化为线性模型，一些最优控制算法的应用可使其获得良好的控制性能。这些控制算法主要通过仿真方法得到。由于传感器的成本较高以及线性简化过程中遇到的问题，因此这些控制算法在实际的物理系统中的应用受限。

近年来，随着非线性理论和控制工程的发展，一些新的物理现象被发现并被增加到模型和控制设计中。实际上，在智能悬架系统中存在非常明显的非线性、不确定性、迟滞性且易出现故障。该领域的很多文献中也都提到了这些问题。这里有必要回顾一下发展历程。

在接下来的章节中，先对线性控制方法进行简要的回顾，然后依次总结针对非线性、不确定性、迟滞性和易出现故障的控制算法。

1.4.1　线性控制策略

反馈控制从根本上改变了系统的固有频率、瞬态响应和稳定性。如果智能悬架的动力学模型是线性的，那么一些典型的线性反馈控制策略自然就可以应用于智能悬架系统。在一些文献中也提出了许多线性控制策略。王等人为谐波和瞬态荷载经过理想化的四分之一模型提出了比例积分（PI）控制方案。Davis 和 Thompson 将线性最优控制策略应用于主动悬架系统中，发现性能指标可通过对约束进行积分获得。在易于测量的变量中重构状态变量，可获得全状态反馈。面临的两个主要的问题是将线性最优控制理论应用于可控悬架的控制设计。第一个问题是反馈状态能够获得，它需要对从筛分器（滤波器）筛检的变量进行重构。另一个问题是，稳态轴到车身的挠度不为零，因此无法应对由有效载荷变化、制动、加速造成的外力。因此，基于奇异值不等式和最优控制理论，Mohamed 等人针对四分之一主动悬架系统模型提出了一种线性二阶高斯控制器。

考虑到控制悬架系统的状态或输入约束，Paschedag 从几个方面对三种技术［显式模型预测控制（eMPC）、最优增益开关（OGS）和不连续变化结构控制］进行了对比研究，如适用范围、计算复杂度和性能。

1.4.2　非线性控制策略

可控智能悬架系统本质上是非线性的。固有的非线性因素包括库仑摩擦、饱度、反弹和迟滞性。这些非线性通常会导致控制系统产生不好的行为，如失稳、极限环、分叉和混乱。因此，非线性控制方法必须能够预测系统的性能。

为了使可控非线性悬架系统获得更好的驾驶舒适性和行驶性能。许多非线性控制方法被提出。这些控制方法包括反馈线性化法、滑模控制法、自适应控制法等，也产生了丰硕的成果。例如，Joo 等人使用数字信号处理器（DSP）分析了电磁悬架系统的非线性反馈线性化控制，同时也测试对比了反馈线性化控制法和典型控制方法。实验结果表明，反馈线性化控制器比典型的经小扰动分析方法线性化后的状态反馈控制器表现出更好的性能，它在参数变化和恒定载荷扰动情况下仍是稳定的。反馈线性化技术也被用于对电磁悬架系统（EMS）的稳定控制和跟踪控制设计。

王等人研究了含迟滞非线性的四分之一车辆模型。悬架系统在路面多频激励下的行为揭示了系统中混乱的存在，此混乱特性由非线性反馈所控制。

Litak 等人用 Melnikov 标准测试了四分之一模型在路面变化激励的情况下从分岔过渡到混乱的过程。Melnikov 通过引入谐波激励以及阻尼扰动获得了道路轮廓的振幅。

Hac 和 Fratini 发现了带主动悬架的车辆在使用天棚阻尼控制时会变得不稳定，而当路面输入具有明显重复性、悬架控制算法中有较大的增益，或者当用滤波器测得的悬架的挠度来估算车体的速度时，安装有半主动悬架的车辆又会表现出极限环现象。研究表明，尽管半主动悬架不能为系统供应能量，但当来自路面的无规律激励存在时，极限环还是会出现，因此，他们提出了一种自适应控制方案以避免极限环的发生。

Sims 研究了智能流体阻尼器在闭环控制下的极限环行为。一般而言，与全主动阻尼器不同，半主动阻尼器的能量损耗使得它们在闭环控制下总能保持稳定。Sims 的研究表明，半主动悬架系统依然会产生潜在的不可预料的闭环行为，在控制器设计时需要考虑这些问题。

1.4.3 不确定性控制方法

为了在智能悬架系统的仿真和测试过程中考虑不确定性，通常会制定一个鲁棒控制器。例如，基于模糊控制设计法，杜和张建立了非线性不确定性电液悬架的 T－S 模糊模型，并根据获得的 Takagi－Sugeno（T－S）模糊模型设计了模糊状态反馈控制器，该模型通过使用并行分布补偿（PDC）方法，获得了较优的鲁棒性以提高驾乘舒适性。结果表明，尽管存在着非线性的执行机构动力学特性、簧载质量变化和控制输入约束，设计的控制器可以使悬架获得优良的性能。高等人研究了专为具有参数不确定和执行机构迟滞的一类半主动悬架系统设计的状态反馈控制器的输入延迟鲁棒性问题。利用线性矩阵不等式约束法将控制器的设计问题转变为常见的多目标优化问题。另一篇文献则设计了一个鲁棒控制器并将其用于不确定性模型中。尽管是不确定性模型，鲁棒控制器还是确保了控制的质量。实验还对刚性转子振动的鲁棒控制进行了研究。采用数字信号处理器实时执行控制算法。为了演示和验证最小范数模型验证方法能为实际应用有序地建立不确定性模型，一系列的鲁棒控制策略被设计、测试，然后比较它们的稳定鲁棒性和干扰抑制性能。结果表明，鲁棒控制设计在稳定性和鲁棒性上具有明显较优的性能。

1.4.4 迟滞性控制方法

时间延迟给我们在设计控制策略时带来了很多困难。对一个主动悬架系统来说，时间延迟有时需要小心处理，因为时间延迟很有可能会造成系统的失稳。因此，系统的稳定性分析变得尤为重要。对于具有迟滞性的主动式悬架系统，时间延迟补偿变得非常重要。然而，对于半主动悬架系统，由于只能消除振动能而不引入其他能量，因而时间延迟仅降低了其控制性能。因此，从这个意义上来讲，半主动悬架本质上是稳定的。有必要通过时间延迟补偿来改善其控制性能。

近年来，稳定性分析和控制器整合已被用于具有状态延迟或执行器延迟的线性系统中。例如，很多研究者研究了多状态时滞不确定线性系统的鲁棒 H 控制问题。类似的方法也被用于具有执行机构延迟的四分之一模型、二分之一模型和座椅模型的主动悬架系统中。总的来说，主要有两种方法处理执行机构延迟的问题。一种是采用包含执行机构动力学的集成系统模型设计控制器。另一种是在控制器设计过程中考虑执行机构的延迟。宣等人提出了针对电液主动悬架延时控制的强制循环控制器。结果表明，提出的控制方案能有效减少来自随机路面的振动。

Sung 和 Shin 提出了鲁棒增益控制技术，该技术主要用于具有不确定性和不可预测障碍的非线性系统模型中。其控制方法采用过去的通过对系统响应和控制输入的观测直接修正控制操作，而不是调整控制器增益或去识别系统参数。仿真结果也验证了该方案的优势。

实际应用中，智能悬架的迟滞性可能取决于多方面因素，因此在控制设计中要实时做出调整。李研究了具有不确定性主动悬架系统的关于时间延迟的鲁棒控制设计。通过去除一些先进方法中的假设条件，提出了通过状态反馈和输出反馈控制器设计方法设计出保守程度更低的状态反馈和输出反馈控制器的存在条件。它克服了常见时变执行机构的迟滞性带来的挑战。为了补偿 MR 阻尼器的延时不确定性，前期工作中我们采用了 4 层多节点反向传播网络结构 $N_1 - N_2 - N_3 - N_4$（本研究中，$N_1 = 4$，$N_2 = 8$，$N_3 = 8$，$N_4 = 1$）对其进行了研究。

李等人提出了一种 H_∞ 模糊控制器用于具有执行机构延迟和故障的主动悬架系统。簧上和簧下质量变化、执行机构的延迟和故障以及悬架性能都被纳为 T - S 模糊控制设计的评价指标。采用四分之一悬架模型来验证设计方法的有效性。仿真结果表明，设计的可靠模糊控制器能够保证悬架在簧上和簧下质量发生变化、执行机构有延迟和故障的情况下具有较好的性能。

1.4.5 容错控制法

自动控制系统的复杂性越来越高，控制系统可能会遇到各种类型的故障，特别是来自执行机构和传感器的故障。智能悬架系统中一旦发生执行机构或传感器故障，传统控制器不能像可靠的容错控制器那样使系统获得较好的性能，其中可将执行机构故障视为静态行为。故障对主动悬架系统和半主动悬架系统的影响不同。对于主动悬架系统，故障通常会导致系统失去稳定性，而对于半主动悬架系统来说，多数情况下仅是控制性能的降低。

近几十年来，许多研究者试图去解决具有不确定性（这些不确定性往往体现在执行机构和传感器故障）的动力系统的可靠性和容错控制问题，并且取得了大量的成果。

一般来说，容错控制系统可以分为两种类型：被动和主动。被动容错控制器是固定的，旨在对一类假定的故障呈现鲁棒性，示意图如1.14所示。与被动容错控制器相比，主动容错控制器通过重新配置控制动作以对系统组件故障做出主动响应从而使系统能够维持稳定并具有较好的性能，如图1.15所示。在某些特定的情况下，性能降低是可以接受的。

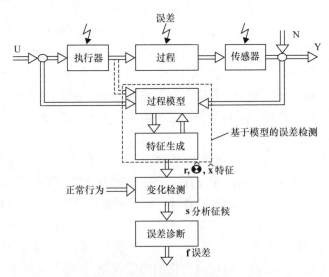

图1.14 基于过程模型的误差检测和诊断的常用方案

容错控制法已成功应用于车辆工程领域。大部分控制方法属于被动容错控制。例如，文献［75］提出了可靠容错控制器，发现当主动悬架系统中的执行机构或传感器发生故障时，它比传统控制器具有更好的性能。Long等人通过重构控制规

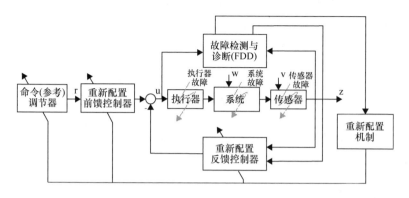

图 1.15　AFTCS 常见结构

则对一种新型磁悬浮列车悬架系统的主动容错控制进行了研究。结果表明，主动容错控制方法比传统方法更有效。邱等人对主动悬架系统在频率阈值内的故障预测和补偿进行了研究。Mid 等人对货车拖车系统、机动车悬架和直流电动机控制系统的传感器故障进行了研究，发现当传感器发生故障时，控制器的输入可以对故障进行补偿。Kim 和 Li 提出了一种针对压力传感器和高度传感器的基于模型的故障检测方法，这些传感器在闭环的空气悬架系统中都是很关键的部件。检测的故障包括执行机构故障、设备故障、传感器故障，见表 1.2。

表 1.2　故障类型

故障类别	标志类型
执行机构故障	压缩机或电磁阀过热标志 压缩机或电磁阀超时标志 压缩机或电磁阀超时故障标志 压缩机或电磁阀驱动器故障标志
设备故障	点火禁止标志 严重过低标志 电池电压故障标志 严重车辆侧倾标志
传感器故障	车速传感器故障标志 高度传感器故障标志 高度传感器驱动器故障标志 基于模型的高度传感器故障标志

仿真和测试结果表明，即使存在时变模型不确定性，提出的控制算法也可以确定目标高度、实现多种控制目的以及将车辆高度调节至目标高度。故障检测和诊断算法可以成功地检测未知的系统故障和管理故障，从而避免系统组件和车辆发生故障。

为了补偿温度对 MR 阻尼器的影响，在前期的工作中还提出了自适应滑模容错控制策略。在颠簸路况下评估并比较了所提出控制方案的性能，并以时域进行表示。结果表明，MR 阻尼器的部分故障产生明显的增益。控制方案可以降低 MR 阻尼器的部分故障对系统性能的影响。

1.5 验证方法

制定控制器后，通过不同的方法测试智能悬架的控制性能是很重要的。这些验证方法包括数值模拟、硬件在环仿真以及道路试验。

与其他两种方法相比，数值模拟是验证控制性能成本最低、最高效的一种方法。该方法通常是基于 MATLAB/SIMULINK 进行仿真的。该方法首先通过众多研究者去验证控制算法。由于在数值模拟中不考虑智能悬架系统的实际物理状况，因此难免会存在局限性。例如，在进行道路测试时，可能无法获得理想的控制性能。一些控制策略如全状态反馈根本无法实施。

硬件在环仿真可作为数值模拟和道路试验的一种折中方法。

它提供了一个有效的平台，从而将可控悬架系统的复杂性增加到测试平台上，并在控制环中将一些实际物理元件考虑在内，例如，Battarbee 等人提出了用于二自由度四分之一模型的天棚阻尼控制器，并用该方法研究了控制器的性能，如图 1.16 所示。Lauwerys 等通过利用非线性执行机构对四分之一汽车测试设置进行控制研究了汽车悬架的线性控制。

道路试验法是三个方法中成本最高、最耗时的一种方法。然而，该方法对检测实际的控制性能、获得真实的控制参数是很重要的，因此被许多研究者采用。例如，Nahvi 等人（2009）选择四段平坦的路面对载有一名乘员的汽车的驾乘舒适性进行了评估。路面状况如图 1.17 所示。

为了验证实际的容错控制算法对空气悬架系统的作用，对具有电控空气悬架系统的实车进行测试。图 1.18 为测试环境的示意图。

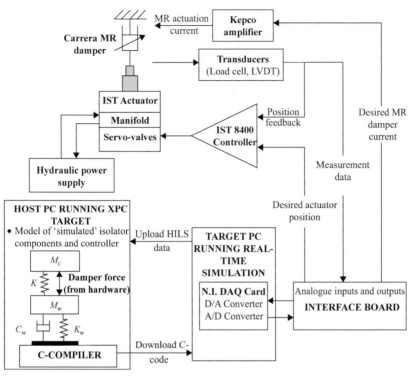

图 1.16 硬件在环实验设施的示意图

图 1.17 路况

a) 高速公路　b) 人行道　c) 郊区　d) 颠簸路面

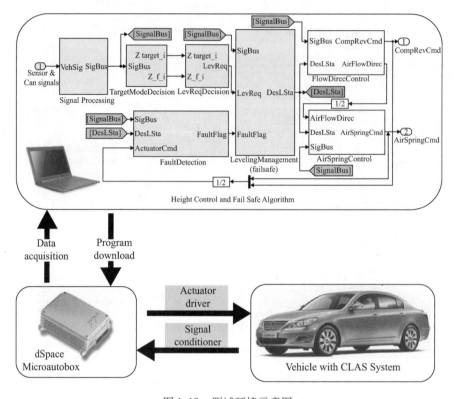

图 1.18 测试环境示意图

1.6 结语

智能悬架可以在驾乘舒适性和车辆行驶性能之间获得较好的权衡。本研究回顾了设计智能悬架的两个主要问题：动态建模和控制设计。为了获得良好的驾乘舒适性和车辆行驶性能，一些更精确的动态模型被提出，其考虑了智能悬架系统固有的非线性、不确定性、迟滞性和故障。相应地，许多研究者提出了非线性控制法、不确定性鲁棒控制法、时间延迟控制算法和容错控制策略以处理由固有的非线性、不确定性、迟滞性和故障带来的智能悬架系统的控制问题。本研究提出了智能悬架控制系统的一些先进技术。

我们提出了一些开放式的问题和未来研究的问题：

1）提出更精确的车辆悬架动力学模型。上述提到的大部分有关智能悬架的控制设计都是基于简化的集中参数模型，像四分之一模型和二分之一模型。随着计算机技术的发展，一些精确的整车 3D 模型可以很容易地被开发并用于控制设计。此外，轮胎模型和人体模型也很重要，应该被纳入整车模型中。最后，精确的执行机构模型也有利于控制设计。然而，智能悬架系统中执行机构的动力学模型很少有文献提到。

2）研究设计模型和实际状态之间的差异。制定控制算法以实现车辆悬架系统的实时控制很重要。当一些复杂的物理特性被添加到汽车的一些动力学模型中，如智能悬架系统非线性、不确定性、迟滞性和故障模型中时，设计模型和实际状态之间的差异有多大？也很少有文献提到这个问题。

3）从实际应用的角度评估各种控制算法。随着控制理论的发展，一些先进而复杂的控制算法应用到智能悬架系统中。车辆悬架系统是一个复杂的动力学系统，它有着明显的非线性、不确定性、迟滞性和故障。如何选择一个合适的控制算法对车辆悬架系统来说仍是一个具有挑战性的问题。为了选择一个合适的控制方法，有必要开发一种评价系统，根据一些标准，如控制性能、适用性、实现成本来比较不同的控制算法。比较结果将有助于我们选择一个合适的控制方法去开发智能悬架系统。

致谢

本研究得到中华人民共和国国家自然科学基金（项目编号：5127553960804018）和中央高校基本科研专项资金（CDJZR12110058，CDJZR13135553）、高校新世纪优秀人才支持计划（NCET-13-0630）的资助。在此向它们表示诚挚的谢意。

参 考 文 献

[1] Ahmadian, M., Simon, D.E. (2002). An analytical and experimental evaluation of magneto rheological suspensions for heavy trucks. *Vehicle System Dynamics* **37**: 38–49.

[2] Ahmadian, M., Vahdati, N. (2006). Transient dynamics of semiactive suspensions with hybrid control. *Journal of Intelligent Material Systems and Structures* **17**(2): 145–153.

[3] Batterbee, D.C., Sims N.D. (2007). Hardware in the loop simulation of magnetorheological dampers for vehicle suspension systems. *Proceedings of IMechE Part I: Journal of Systems and Control Engineering* **221**: 225–238.

[4] Bommer, A. (2006). A nonlinear vehicle model for comfort analysis. *Master's thesis*: 1–101.

[5] Cao, Y., Sun, Y., et al. (1998). Delay-dependent robust Hinf control for uncertain systems with time varying delays. *IEE Proceeding Control Theory Applic* **145**(3): 338–344.

[6] Choi, S.B., Lee, H.S., et al. (2002). H-infinity control performance of a full-vehicle suspension featuring magnetorheological dampers. *Vehicle System Dynamics* **38**(5): 341–360.

[7] Crosby, M.J., Harwood, R.A., Karnopp, D. (1974). Vibration control using semi-active force generators. *ASME Journal of Engineering for Industry*. **96**(2): 619–626

[8] Davis, B.R., Thompson, A.G. (1988). Optimal linear active suspension with integral constraint. *Vehicle System Dynamics* **17**(6): 357–366.

[9] Demir, O., Keskin, I., et al. (2012). Modeling and control of a nonlinear half-vehicle suspension system: a hybrid fuzzy logic approach. *Nonlinear Dynamics* **67**: 2139–2151.

[10] Dong, X., Yu, M., Guan, Z. (2011). Adaptive sliding mode fault-tolerant control for semi-active suspension using magneto-rheological dampers. *Journal of Intelligent Material Systems and Structures* **22**(15): 1–9.

[11] Dong, X., Yu, M., et al. (2010). Comparative research on semi-active control strategies for magneto-rheological suspension. *Nonlinear Dynamics* **59**: 433–453.

[12] Dong, X., Yu, M.M., et al. (2009). Neural network compensation of semi-active control for magneto-rheological suspension with time delay uncertainty. *Smart Materials & Structures* **18**(1): 1–14.

[13] Du, H., Zhang, N. (2007). H^∞ control of active vehicle suspensions with actuator time delay. *Journal of Sound and Vibration* **301**: 236–252.

[14] Du, H., Zhang, N. (2008a). Constrained H^∞ control of active suspension for a half-car model with a time delay in control. *Proceedings of the Institution of Mechanical Engineers Part D – Journal of Automobile Engineering* **222**: 665–684.

[15] Du, H., Zhang, N. (2008b). Constrained Hinf control of active suspension for a half-car model with a time delay in control. *Proceedings of the Institution of Mechanical Engineers, Part D: Journal of Automobile Engineering* **222**: 665–685.

[16] Du, H., Zhang, N. (2009). Fuzzy control for nonlinear uncertain electrohydraulic active suspensions with Input constraint. *IEEE Tractions on Fuzzy Systems* **17**(2): 343–356.

[17] Gao, H., Zhao, Y., et al. (2010). Input-delayed control of uncertain seat suspension systems with human-body model. *IEEE Transctions on Control System Technology* **18**(3): 591–601.

[18] Goh, Y.M., Booker, J.D., et al. (2005). Uncertainty modelling of a suspension unit. *Proceedings of the Institution of Mechanical Engineers, Part D: Journal of Automobile Engineering* **219**: 755–772.

[19] Griffin, M.J. (1990). *Handbook of human vibration.* London: Academic Press.

[20] Hac, A., Fratini, A.V. (1999). Elimination of limit cycles due to signal estimation in semi-active suspensions. *International Congress and Exposition Detroit*, Michigan, March 1–4: 1–7.

[21] Han, Q. (2005). A new delay-dependent stability criterion for linear neutral systems with norm-bounded uncertainties in all system matrices. *International Journal of Systems Science* **36**: 469–475.

[22] He, Y., Wu, M., et al. (2004). Delay-dependent robust stability criteria for uncertain neutral systems with mixed delays. *Systems & Control Letters* **51**: 57–65.

[23] Ikhouane, F., Dyke, S.J. (2007). Modeling and identification of a shear mode magnetorheological damper. *Smart Materials and Structures* **16**: 605–616.

[24] Isermann, R. (2005). Model-based fault-detection and diagnosis – status and applications. *Annual Reviews in Control* **29**: 71–85.

[25] Jimenez, R., Alvarez, L. (2002). Real time identification of structures with magnetorheological dampers. *Proceedings of 41st IEEE Conference on Decision and Control* **1**: 1017–1022.

[26] Jones, W.D. (2005). Easy ride: Bose Corp. uses speaker technology to give cars adaptive suspension. *IEEE Spectrum* **42**(5): 12–14.

[27] Joo, S., Byun, J., et al. (1997). Design and analysis of the nonlinear feedback linearizing controller for an EMS system. *IEEE Tranactions on Control Systems Technology* **5**(1): 135–144.

[28] Kim, H., Lee, H. (2011). Fault-tolerant control algorithm for a four-corner closed-loop air suspension system. *IEEE Transactions on Industrial Electronics* **58**(10): 4866–4879.

[29] Kushawaha, A.K. (2012). Stabilization and tracking control for electromagnetic suspension system using feedback linearization. *2012 Students Conference on Engineering and Systems (SCES)*, Allahabad, Uttar Pradesh, India: 1–6.

[30] Kwok, N.M., Ha, Q.P., Nguyen, T.H., Li, J., Samali, B. (2006). A novel hysteretic model for magnetorheological fluid dampers and parameter identification using particle swarm optimization. *Sensors Actuators A* **132**: 144–151.

[31] Lauwerys, C., Swevers, J., et al. (2002). Linear control of car suspension using nonlinear actuator control. *Proceedings of ISMA* **1**: 55–62.

[32] Li, H. (2012). Robust control design for vehicle active suspension systems with uncertainty. *Ph.D. dissertation of University of Portsmouth*: 1–206.

[33] Li, H., Chen, B., et al. (2008). Delay-dependent robust stability for stochastic time-delay systems with polytopic uncertainties. *International Journal of Robust and Nonlinear Control* **18**: 1482–1492.

[34] Li, H., Liu, H., et al. (2012). Reliable fuzzy control for active suspension systems with actuator delay and fault. *IEEE Transactions on Fuzzy Systems* **20**(2): 342.

[35] Li, W.H., Yao, G.Z., Chen, G., Yeo, S.H., Yap, F.F. (2000). Testing and steady state modeling of a linear MR damper under sinusoidal loading. *Smart Mater. Struct.* **9**: 95–102.

[36] Lim, K.B., Cox, D.E. (1998). Validation of an experimentally derived uncertainty model. *Journal of Guidance, Control, and Dynamics* **21**(3): 485–492.

[37] Litak, G., Borowiec, M., et al. (2008). Chaotic vibration of a quarter-car model excited by the road surface profile. *Communications in Nonlinear Science and Numerical Simulation* **13**: 1373–1383.

[38] Long, Z., Xue, S., et al. (2007). New strategy of active fault-tolerant control for suspension system of maglev train. *Proceedings of the IEEE International Conference on Automation and Logistics*, August 18–21, Jinan, China: 88–95.

[39] Martins, I., Esteves, J., et al. (2006). Permanent-magnets linear actuators applicability in automobile active suspensions. *IEEE Transactions on Vehicular Technology* **55**(1): 86–94.

[40] McGee, C.G., Haroon, M., et al. (2005). A frequency domain technique for characterizing nonlinearities in a tire-vehicle suspension system. *Journal of Vibration and Acoustics* **127**: 61–76.

[41] Mid, E.C., Faranadia, A.H., et al. (2011). Application of model based sensor fault tolerant control system. *2011 IEEE International Conference on Control System, Computing and Engineering*, Penang, Malaysia: 150–155.

[42] Mohamed, M.E., Zuhair, S.A. (1999). Linear quadratic gaussian control of a quarter-car suspension. *Vehicle System Dynamics: International Journal of Vehicle Mechanics and Mobility* **32**(6): 479–497.

[43] Mystkowski, A., Gosiewski, Z. (2009). Uncertainty modeling in robust control of active magnetic suspension. *Solid State Phenomena* **144**: 22–26.

[44] Nahvi, H., Fouladi, M.H., Nor, M.J.M. (2009). Evaluation of whole-body vibration and ride comfort in a passenger car. *International Journal of Acoustics and Vibration* **14**(3): 143–149.

[45] Nakano, K., Suda, Y., et al. (2003). Self-powered active vibration control using a single electric actuator. *Journal of Sound and Vibration* **260**(2): 213–235.

[46] Noor, H., Amer, R.R., et al. (2011). A review on control strategies for passenger car intelligent suspension system. *International Conference on Electrical, Control and Computer Engineering*, June 21–22, Pahang, Malaysia: 404–409.

[47] Oh, H.U. (2004). Experimental demonstration of an improved magneto-rheological fluid damper for suppression of vibration of a space flexible structure. *Smart Materials and Structures* **13**: 1238–1244.

[48] Okada, Y., Harada, H. (1995). Active and regenerative control of electro-dynamic vibration damper. *Proceedings of the 1995 ASME Design Engineering Technical Conference*, Boston, MA: 595–602.

[49] Osvaldo, E., Agamennoni, I., et al. (2004). Nonlinear uncertainty model of a magnetic suspension system. *Mathematical and Computer Modelling* **40**(9–10): 1075–1087.

[50] Paschedag, T. (2006). Constrained optimal control: an application to semiactive suspension systems. *Control and Automation. MED '06. 14th Mediterranean*, Università Politecnica delle Marche, Ancona, Italy: 1–8.

[51] Poussot-Vassal, C., Spelta, C., et al. (2011). Survey on some automotive semi-active suspension control methods: a comparative study on a single-corner model. *18th IFAC World Congress (IFAC WC 2011)*, Milan, Italy: 1–8.

[52] Qiu, J., Ren, M., et al. (2011). Active fault-tolerant control for vehicle active suspension systems in finite-frequency domain. *IET Control Theory and Applications* **5**(13): 1544–1550.

[53] SAE. (1992). *Measurement of whole body vibration of the seated operator of off-highway work machines.* SAE J1013, Society of Automotive Engineers, Warrendale, PA.

[54] Shi, P., Boukas, E., et al. (2003). Robust disturbance attenuation for discrete-time active fault tolerant control systems with uncertainties. *Optimal Control Applications and Methods* **24**: 85–101.

[55] Sims, N.D. (2006). Limit cycle behavior of smart fluid dampers under closed loop control. *Journal of Vibration and Acoustics, Transactions of the ASME* **128**(4): 413–428.

[56] Spencer, B., Dyke, F.J.S.J., et al. (1997). Phenomenological model for magnetorheological dampers. *Journal of Engineering Mechanics ASCE* **123**: 230–238.

[57] Suda, Y., Shiiba, T. (1996). A new hybrid suspension system with active control and energy regeneration. *Vehicle System Dynamics* **25**(Suppl.): 641–654.

[58] Sung, H.K., Shin, C. (2006). A time delay-based gain scheduled control for electromagnetic suspension system. *The 19th International Conference on Magnetically Levitated Systems and Linear Drives*, September 13–15, Dresden, Germany: 1–6.

[59] Taghirad, H., Esmailzadeh, E. (1998). Automobile passenger comfort assured through LQG/LQR active suspension. *Journal of Vibration Control* **4**(5): 603–618.

[60] Tang, C., Zhang, T. (2005). The research on control algorithm of vehicle active suspension system. *IEEE International Conference on Vehicular Electronics and Safety – ICVES*, Xian, PEOPLES R CHINA: 320–325.

[61] Thompson, A., Davis, B. (1988). Optimal linear active suspensions with derivative constraints and output feedback control. *Vehicle System Dynamics* **17**: 179–192.

[62] Thompson, A., Davis, B. (2001). Technical note: force control in electro-hydraulic active suspensions revisited. *Vehicle System Dynamics* **35**: 217–222.

[63] Wang, D.H., Liao, W.H. (2011). Magnetorheological fluid dampers: a review of parametric modelling. *Smart Materials and Structures* **20**: 1–34.

[64] Wang, E.R., Ma, X.Q., et al. (2003). Semi-active control of vehicle vibration with MR-dampers. *Proceedings of the 42nd IEEE Conference on Decision and Control*, December, Maui, HI.

[65] Wang, J., Wang, H., et al. (2011). Chaos control of vehicle nonlinear suspension system with multi-frequency excitations by nonlinear feedback. *Applied Mechanics and Materials* **55–57**: 1156–1161.

[66] Wang, L.X., Kamath, H. (2006). Modelling hysteretic behaviour in magnetorheological fluids and dampers using phase-transition theory. *Smart Materials and Structures* **15**: 1725–1733.

[67] Wang, Z., Liu, Y., et al. (2010). A note on control of a class of discrete-time stochastic systems with distributed delays and nonlinear disturbances. *Automatica* **46**: 543–548.

[68] Wereley, N.M., Kamath, G.M., et al. (1999). Hysteresis modeling of semi-active magnetorheological helicopter dampers. *Journal of Intelligent Material Systems and Structures* **10**: 624–633.

[69] Wereley, N.M., Pang, L., et al. (1998). Idealized hysteresis modeling of electrorheological and magnetorheological dampers. *Journal of Intellient Material Systems and Structures* **9**: 642–649.

[70] Xuan, D.J., Kim, J.W., et al. (2007). A study on active suspension system using time delay control. *International Conference on Control, Automation and Systems*, October 17–20, COEX, Seoul, Korea: 388–403.

[71] Xue, X.D.K., Cheng, W.E., et al. (2011). Study of art of automotive active suspensions. *2011 4th International Conference on Power Electronics Systems and Applications*, Hong Kong: 360–366.

[72] Yang, G., Zhang, S., et al. (2002). Reliable control using redundant controllers. *IEEE Transactions on Automatic Control* **43**: 1588–1593.

[73] Zhang, Y., Jiang, J. (2008). Bibliographical review on reconfigurable fault-tolerant control systems. *Annual Reviews in Control* **32**: 229–252.

[74] Zhao, H., Lu, S. (1999). A vehicle's time domain model with road input on four wheels. *Automotive Engineering* **21**(2): 112–117.

[75] Zhao, Y., Zhao, L., et al. (2010). Vibration control of seat suspension using H^∞ reliable control. *Journal of Vibration and Control* **16**: 1859.

[76] Zhu, Q., Ishitobi, M. (2006). Chaotic vibration of a nonlinearfull-vehicle-model. *International Journal of Solids and Structures* **43**(3–4): 747–759.

[77] Zuo, L., Nayfeh, S.A. (2003). Structured H_2 optimization of vehicle suspensions based on multi-wheel models. *Vehicle System Dynamics* **40**(5): 351–371.

第2章 车辆智能主动悬架自适应控制系统

Jiangtao Cao，Ping Li 和 Honghai Liu

摘要

本章主要是将计算机智能手段引入到车辆悬架控制系统中，以解决实际应用中的非线性和不确定性问题。对主动悬架模型进行简要介绍后，将探讨先进的模糊推理系统、神经网络、遗传算法以及它们的结合以解决悬架的控制问题。并针对模拟和实验结果进行讨论。本章结论部分将给出结论和未来的发展方向。

2.1 引言

悬架系统是车辆的重要组成部分，在操纵性和驾乘舒适性方面起着至关重要的作用。悬架系统起到连接车身和路面的桥梁作用。它有两个主要的功能，一是将车身与车内乘客同来自不规则路面输入的干扰隔离，这涉及驾乘舒适性，二是保持轮胎和路面之间的紧密接触，从而使车辆按既定路线行进，这涉及操纵性的好坏。在传统的被动悬架系统中，通常只包含弹簧和阻尼器，往往需要去权衡驾乘舒适性和操纵性能。对于刚性悬架来说，既要能承载车身重量，又要能使车辆按既定路线行进；而对于软悬架，需要阻隔来自路面的干扰。因此，近30年来，越来越多的汽车工程师和研究人员对主动悬架系统的控制设计感兴趣。主动悬架系统的特点是利用一些如气动、磁流变或液压执行机构来产生悬浮力。从20世纪80年代中期以来，随着微处理器和电子器件的发展，主动悬架系统已被应用于多种设备中。1997年也产生了许多主动悬架的相关理论与应用研究，过去近10年中，计算机智能技术的快速发展也推动了该研究领域的最新进展。

车辆主动悬架控制系统的设计（ASCS）是一项长期的控制工程问题，其根源在于对多参数需实时进行优化的要求。这些参数主要涉及驾乘舒适性、车身运动、操纵性和悬架行程。驾乘舒适性直接关系到乘客所感知的加速度；车身运动涉及由转弯、加速或减速造成的簧上质量的弹跳、俯仰和滚转；操纵性与轮胎和路面的接触力有关；悬架行程是指簧上质量和簧下质量之间的位移。对于主动悬架系统来说，在模拟过程中同时优化上述四个参数的确是一个具有挑战性的问题。因此，如何去权衡这些参数是成功设计 ASCS 的关键。近 30 年来，已经有研究表明，线性最优控制方案为一种高效的主动悬架系统设计方法，它可以同时改善车辆的驾乘舒适性和操纵性能。这是基于存在一个完美的（宽带频）执行机构的假设，以至于可以尽可能快地产生所需的力并且系统可以在一些工况下实现线性化。然而，实际车辆悬架系统本质是非线性的，甚至还伴有一些不确定性。因此，自适应控制法不得不提供自适应反馈增益，同时还需将上述四种参数考虑在内，以确保在不同的驾驶条件和路况下，系统都能在最优范围内运行。

20 世纪 80 年代后期，Hac 提出汽车主动悬架系统的经典自适应控制方法。这是自适应控制方案的起点，该控制方案通过改变由地形粗糙度的测量数据处理得到的光谱密度获得反馈增益的变化。Gordon 等人比较了用于主动悬架的自适应线性二次高斯控制器（LQG）和非线性控制器。Alleyne 等人提出了模型参考自适应控制方案，获得了比使用非适应控制器的主动悬架系统和被动悬架系统都好的性能。本章中，为检查这种自适应能力，基于单自由度（DOF）四分之一车辆模型，测量了簧载质量和刚度系数的 10%~30% 方差。Sunwoo 和 Cheok 提出显式自适应控制方法，该方法主要基于自校正控制器进行设计，主要包括在线模拟、低阶递归参数估计、闭环形式的代数增益计算、控制参数的加权。参考文献 [13-15] 也提到了主动悬架系统自适应控制的相关研究。至此，大多数研究者仅在制定控制规则的过程中处理了线性模型，或使用自适应控制方案克服悬架系统有限的非线性问题。然而，如果系统是高度非线性的，并且超出了控制范围，自适应方案则可能会显示出严重的局限性。例如，如果车轮行程过大以至于悬架的刚度超出线性范围，实际上通过常规的鉴定方法去识别参数几乎是不可能的。在 20 世纪 90 年代初期，许多学者开始考虑真实悬架系统的非线性、不确定性和未建模部分，这就要求使用非线性模型以及控制方案中的一些非线性形式。实际上，这些非线性模型使得 ASCS 过于复杂，也很难得以应用。

在工业应用中，控制工程师通常不得不去处理一些复杂的系统，这些系统往往具有多个变量和多个参数模型，甚至它们还会呈现非线性耦合。传统的基于分析技术去理解和预测这些系统行为的方法被证明是有缺陷的，甚至是在建立数学模型的初始阶段就会出现问题。为了满足实际工业系统的复杂性，将计算机技术引入这样的分析方法中或许过于刻意。在处理这样的系统时，不得不面对很大程度上的不确定性和无法接受的误差等。试图提高精度可能成本会非常高。在过去几十年中，计算机或计算智能的飞速发展，为非线性系统的建模与控制提供了新的解决方法。一般来说，计算智能主要包括模糊逻辑（FL）、人工神经网络（ANNs）、遗传算法（EC）。模糊逻辑主要考虑到不精确性并进行近似推理，人工神经网络主要有学习和曲线拟合，遗传算法主要是基于自然选择与遗传以寻求全局最优。这些智能方法也推动了智能控制领域的发展,包括先进的基于模糊逻辑、人工神经网络、遗传算法、人工智能及其组合的控制方法。这些方法为控制工程师在处理实际的模糊、不确定性、不精确的问题时提供了更多的选择。可以肯定的是,这些智能方法是解决 ACSC 相关问题的理想选择。尽管在计算能力、精度和不确定性的处理上达不到理想的结果,但计算智能即软计算的精度和不确定性在误差允许范围内,这就为以合理的成本、易处理、高度智能(MIQ)的方法去解决实际问题提供了一种可能。Zadeh 认为软计算较于硬计算,更应作为机器智能的基础。Fukuda 和 Kubota 对二者在不同应用领域的适用性以及相应的控制理论和人工智能进行了全面比较,见表 2.1。

表 2.1 不同自适应方法的功能对比

领域分类	数学模型	学习数据	操作知识	实时性	知识表达	非线性	优化
控制理论	好或适合	不适合	需要其他方法	好或适合	不适合	不适合	不适合
神经网络	不适合	好或适合	不适合	好或适合	不适合	好或适合	适当
模糊逻辑	适当	不适合	好或适合	好或适合	需要其他方法	好或适合	不适合
其他人工智能	需要其他方法	不适合	好或适合	不适合	好或适合	需要其他方法	不适合
遗传算法	不适合	好或适合	不适合	需要其他方法	不适合	好或适合	好或适合

本章回顾了主动悬架系统最新的智能控制方法。结构组织如下:2.2 节重新梳理主动悬架系统的建模过程;2.3 节介绍自适应模糊控制方法;2.4 节提出自适应模糊滑模控制(SMC)方法;2.5 节介绍基于控制系统的神经网络;2.6 节介绍自适应遗传算法控制方法;2.7 节描述综合神经网络、模糊推理和遗传算法的控制方法。最后,2.8 节给出结论以及今后需要做的工作。

2.2 背景

车身一般为具有六个自由度的刚体,如图 2.1 所示,它包含纵向、横向和垂向运动以及翻滚、俯仰和偏航运动。这些运动受制于悬架的几何结构,且彼此或多或少会发生耦合。而且,当悬架具有簧下质量等机械结构时,耦合也会发生在簧上质量和簧下

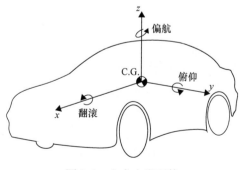

图 2.1 六自由度刚体

质量之间。无论什么样的耦合，都会使数学模型的无序度降低，这有利于 ACSC 的设计。因此，通常采用四分之一模型或二分之一模型对主动悬架系统进行理论分析与设计。

本节将介绍主动悬架系统的线性四分之一模型和线性二分之一模型，并基于模型进行线性二次（LQ）控制器的设计，同时也对实际的伴有非线性和不确定性动态干扰的主动悬架系统模型进行了分析。

2.2.1 主动悬架系统线性模型和控制

2.2.1.1 四分之一主动悬架系统模型和 LQ 控制设计

四分之一车辆模型最初是用来研究主动悬架性能以及给出天棚阻尼和快速负载均衡的概念，现在逐渐用于大规模的生产应用。本章，我们定义以下参数：

m_b：四分之一车体质量（或簧载质量）（kg）。

m_w：车轮质量（或非簧载质量）（kg）。

K_s：悬架弹簧刚度（N/m）。

K_t：轮胎刚度（N/m）。

c：阻尼系数（N·s/m）。

G_0：路面粗糙度（m^3/cycle）。

U_0：原有车辆前进速度（m/s）。

f_0：低截止频率（Hz）。

z_0：路面位移（m）。

z_w：车轮位移（m）。

z_b：车身位移（m）。

f_a：驱动力（N）。

四分之一车辆模型如图 2.2 所示。悬架系统的动态微分方程可表示为

$$m_b \ddot{z}_b = f_a + c(\dot{z}_w - \dot{z}_b) + K_s(z_w - z_b) \quad (2.1)$$

$$m_w \ddot{z}_w = -f_a - c(\dot{z}_w - \dot{z}_b) - K_s(z_w - z_b) - K_t(z_w - z_0) \quad (2.2)$$

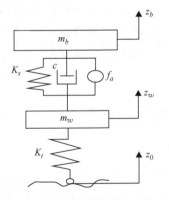

图 2.2 二自由度四分之一车辆模型

对车辆来说，路面处于自然变化状态。为了获得更好的驾乘舒适性，一个好的路面模型对于设计 ASCS 是必要的。有很多方式可以分析和描述路面输入，例如可将路面输入分为冲击或振动。冲击是一种短时而高强度的离散事件，比如平坦道路上的一些明显的凹坑或凸起。而振动是一种较长时间的较为固定的激励，被称为粗糙路面。本节主要考虑粗糙路面。国际标准化组织（ISO）使用功率谱密度（PSD）值（ISO 1982）

制定了一系列路面粗糙度划分标准,见表2.2。基于国际标准组织,路面位移PSD可描述为

表 2.2 根据 ISO 划分的路面粗糙度值 [粗糙度 $S(\Omega) \times 10^{-6}$]

道路级别	范围	几何平均
A（非常好）	<8	4
B（好）	8~32	16
C（平均）	32~128	64
D（差）	128~512	256
E（非常差）	512~2048	1024

$$G(n) = G(n_0)\left(\frac{n}{n_0}\right)^{-w} \tag{2.3}$$

式中,n 是空间频率（m^{-1}）;f 是时间频率,$f = nv$（v 是车辆行驶速度）;n_0 是参考空间频率;$G(n)$ 是路面位移PSD,$G(n_0)$ 是表2.2中的路面粗糙度;w 是线性拟合系数,取 $w = 2$。

根据标准路面的描述,通过高斯白噪声信息过滤器建立路面输入模型,该方法已成功地应用于许多产品中。路面输入方程为

$$\dot{z}_0 = -2\pi f_0 z_0 + 2\pi\sqrt{G_0 U_0} w_0 \tag{2.4}$$

式中,f_0 是低截止频率,G_0 是路面粗糙度,w_0 是高斯白噪声。

式（2.1）、式（2.2）和式（2.4）叠加,可得到四分之一模型的空间向量表达式:

$$\dot{X} = AX + BU + FW \tag{2.5}$$

$$Y = CX + DU \tag{2.6}$$

而

$$X = [\dot{z}_b \quad \dot{z}_w \quad z_b \quad z_w \quad z_0] \tag{2.7}$$

$$Y = [\ddot{z}_b \quad \ddot{z}_w \quad z_w - z_b \quad z_w - z_0] \tag{2.8}$$

$$U = [f_a], W = [w_0] \tag{2.9}$$

基于上述模型,采用线性最优控制理论对主动悬架控制器进行设计。为了获得更好的操纵性和驾乘舒适性,性能指标可用评价指标的加权平均值表示,这些评价指标包括车辆加速度、车轮相对车身的位移,以及动态轮胎监测。权重分别用 q_1、q_2 和 q_3 表示:

$$J = \lim_{T \to \infty} \frac{1}{T} \int_0^T \{q_1(z_w - z_b)^2 + q_2(z_w - z_0)^2 + q_3 \ddot{z}_b^2\} dt \tag{2.10}$$

将式（2.10）变换为矩阵形式,为

$$J = \lim_{T \to \infty} \frac{1}{T} \int_0^T [X^T Q X + U^T R U + 2X^T N U] dt \tag{2.11}$$

式中，Q、R 和 N 可由式（2.1）、式（2.2）和式（2.4）得到。假设采用最佳状态观察器（即卡尔曼滤波器），可基于分离定理得到状态向量 $\hat{X}$ 的极大似然估计，最优控制力为

$$U = -R^{-1}B^T P\hat{X} = -K\hat{X} \tag{2.12}$$

式中，K 是增益矩阵；P 是下面古典代数 Riccati 方程的解：

$$PA + A^T P - (PB + N)R^{-1}(B^T P + N^T) = -Q \tag{2.13}$$

2.2.1.2 二分之一主动悬架系统模型和 LQ 控制设计

二分之一模型以俯仰和举升模式为例模拟一个简化的汽车的行驶特性，驾乘舒适性和操纵性得到明显改善。设 f 和 r 分别代表前方和后方，x 和 z 分别代表纵向和垂向，本章中，我们定义：

d_f：前轴到重心的距离（m）。
d_r：后轴到重心的距离（m）。
I_b：俯仰惯量（kg·m²）。
z_{f0}：前轮处的路面位移（m）。
z_{r0}：后轮处的路面位移（m）。
z_{wf}：前轮位移（m）。
z_{bf}：前车身位移（m）。
z_{wr}：后轮位移（m）。
z_{br}：后车身位移（m）。
f_{af}：前驱动力（N）。
f_{ar}：后驱动力（N）。

二分之一模型如图 2.3 所示。假设俯仰角较小，则可得

$$z_{bf} = z_b - d_f \theta, \quad z_{br} = z_b + d_r \theta \tag{2.14}$$

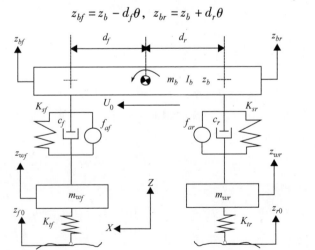

图 2.3 二分之一悬架模型

从式(2.14),可得出俯仰角:

$$\theta = \frac{z_{br} - z_{bf}}{d_f + d_r} \qquad (2.15)$$

因此,车辆模型方程可表示为

$$\ddot{z}_{wf} m_{wf} = -K_{tf}(z_{wf} - z_{f0}) - [f_{af} + c_f(\dot{z}_{wf} - \dot{z}_{bf}) + K_{sf}(z_{wf} - z_{bf})] \qquad (2.16a)$$

$$\ddot{z}_{wr} m_{wr} = -K_{tr}(z_{wr} - z_{r0}) - [f_{ar} + c_r(\dot{z}_{wr} - \dot{z}_{br}) + K_{sr}(z_{wr} - z_{br})] \qquad (2.16b)$$

$$\ddot{z}_b m_b = f_{af} + c_f(\dot{z}_{wf} - \dot{z}_{bf}) + K_{sf}(z_{wf} - z_{bf}) + f_{ar} + c_r(\dot{z}_{wr} - \dot{z}_{br}) + K_{sr}(z_{wr} - z_{br})$$

$$(2.16c)$$

$$\ddot{\theta} I_b = -d_f[f_{af} + c_f(\dot{z}_{wrf} - \dot{z}_{df}) + K_{sf}(z_{wf} - z_{bf})] + d_r[f_{ar} + c_r(\dot{z}_{wr} - \dot{z}_{br}) + K_{sr}(z_{wr} - z_{br})]$$

$$(2.16d)$$

将式(2.14)代入式(2.16c)和式(2.16d),可得

$$\ddot{z}_{bf} = \left(\frac{1}{m_b} + \frac{d_f^2}{I_b}\right)[f_{af} + c_f(\dot{z}_{wf} - \dot{z}_{bf}) + K_{sf}(z_{wf} - z_{bf})] + \left(\frac{1}{m_b} - \frac{d_f d_r}{I_b}\right)$$

$$[f_{ar} + c_r(\dot{z}_{wr} - \dot{z}_{br}) + K_{sr}(z_{wr} - z_{br})] \qquad (2.17a)$$

$$\ddot{z}_{br} = \left(\frac{1}{m_b} - \frac{d_f d_r}{I_b}\right)[f_{af} + c_f(\dot{z}_{wf} - \dot{z}_{bf}) + K_{sf}(z_{wf} - z_{bf})]$$

$$+ \left(\frac{1}{m_b} + \frac{d_r^2}{I_b}\right)[f_{ar} + c_r(\dot{z}_{wr} - \dot{z}_{br}) + K_{sr}(z_{wr} - z_{br})] \qquad (2.17b)$$

用经过滤的白噪声 w_1 和 w_2 作为路面输入,前轮和后轮的路面输入方程分别表示如下:

$$\dot{z}_{f0} = -2\pi f_0 z_{f0} + 2\pi \sqrt{G_0 U_0} w_1 \qquad (2.18a)$$

$$\dot{z}_{r0} = -2\pi f_0 z_{r0} + 2\pi \sqrt{G_0 U_0} w_2 \qquad (2.18b)$$

至此,我们可得到一个状态向量:

$$X_{half} = [\dot{z}_{br} \quad \dot{z}_{wr} \quad \dot{z}_{bf} \quad \dot{z}_{wf} \quad z_{br} \quad z_{wr} \quad z_{bf} \quad z_{wf} \quad z_{r0} \quad z_{f0}]^T \qquad (2.19)$$

结合车辆模型方程中的式(2.15)、式(2.16a)、式(2.17a)、式(2.17b)及路面输入方程式(2.18a)和式(2.18b),以空间向量的形式表示系统模型和输出方程为

$$\dot{X}_{half} = \widetilde{A} X_{half} + \widetilde{B} U_{half} + \widetilde{F} w_{half} \qquad (2.20a)$$

$$Y_{half} = \widetilde{C} X_{half} + \widetilde{D} U_{half} + v_{half} \qquad (2.20b)$$

式中,$\widetilde{A}$、$\widetilde{B}$、$\widetilde{C}$、$\widetilde{F}$ 是微分方程的系数矩阵,X_{half} 是状态向量,Y_{half} 是输出向量,其中 Y_{half} 的表达式见式(2.21),U_{half} 是控制输入矩阵,w_{half} 是路面输入,v_{half} 是测得的噪声。

$$Y_{half} = [\ddot{z}_{bf} \quad z_{bf} - z_{wf} \quad z_{wf} - z_{f0} \quad \ddot{z}_{br} \quad z_{br} - z_{wr} \quad z_{wr} - z_{r0}]^T \qquad (2.21)$$

$$U_{half} = \begin{bmatrix} f_{af} \\ f_{ar} \end{bmatrix}, w_{half} = \begin{bmatrix} w_2 \\ w_1 \end{bmatrix} \qquad (2.22)$$

基于提出的模型，利用线性最优控制理论对主动悬架控制器进行设计。为了获得更好的驾乘舒适性和操纵性，性能指标可用评价指标的加权平均值表示，这些评价指标包括车辆加速度、车轮相对车身的位移，以及动态轮胎监测。权重分别用 ρ_1、ρ_2、q_1、q_2、q_3 和 q_4 表示。

$$J = \lim_{T \to \infty} \frac{1}{T} \int_0^T \left[q_1(z_{wf} - z_{f0})^2 + q_2(z_{bf} - z_{wf})^2 + \rho_1 \ddot{z}_{bf} + q_3(z_{wr} - z_{r0})^2 + q_4(z_{br} - z_{wr})^2 + \rho_2 \ddot{z}_{br} \right] dt \tag{2.23}$$

和四分之一模型类似，最优 LQ 控制可由 Riccati 方程得出。

2.2.2 主动悬架系统的非线性及未建模部分的描述

许多研究者在制定控制规则时已对线性模型进行了研究。然而，考虑到系统固有的非线性和不确定性，2.2.1.1 节和 2.2.1.2 节中描述的线性模型还不足以说明真实的系统。在 20 世纪 90 年代初期，许多研究者开始考虑非线性、不确定性和真实悬架系统中的未建模部分，这需要引入非线性模型以及一些自适应的控制方案或鲁棒控制方案。本节引入非线性特性及悬架系统的一般非线性模型。

如 Hrovat 所描述的，在许多操纵条件下，采用线性系统是较为贴近和恰当的；然而，也有一些情况，非线性的影响较为明显。一种是由离散事件产生的干扰如单个的颠簸或凹坑，它们可以导致高度非线性现象的发生。另一种是干摩擦。基于 2.2.1.1 小节所示的四分之一车辆模型，Kim 等人用测得的数据建立了连接力（例如弹簧力、阻尼力）非线性函数。在 Kim 的文章中，弹簧的非线性特性主要来自于两部分。一个是止挡件，它限制了车轮在给定范围内的移动，避免轮胎接触车身。另一个是衬套，它将支柱与车身结构连接起来，以减小来自路面输入的损害。这两种非线性效应可包含在弹簧力 f_s 中，其非线性特性与悬架波浪起伏的空间 $(z_w - z_b)$ 有关。根据参考文献 [15] 中测得的数据，Kim 用高阶多项式函数建立了弹簧力 f_s 和阻尼力模型。弹簧力可用三阶多项式函数表示：

$$f_s = f_{sl} + f_{sn} = k_1 \Delta x + (k_0 + k_2 \Delta x^2 + k_3 \Delta x^3) \tag{2.24}$$

式中，f_{sl} 是弹簧力的线性部分；f_{sn} 是弹簧力的非线性部分。系数可通过对实验数据进行拟合得到。

通过对实验数据进行拟合，可得到阻尼力 f_d 表达式，该方程为二次多项式函数：

$$f_d = f_{dl} + f_{dn} = c_1 \Delta \dot{x} + c_2 \Delta \dot{x}^2 \tag{2.25}$$

式中，f_{dl} 是阻尼力的线性部分；f_{dn} 是阻尼力的非线性部分。系数可通过对实验数据进行拟合得到。

不仅弹簧力和阻尼力存在非线性特性，垂向的轮胎力也会呈现高度非线性，尤其是当路况不断变化时，甚至当轮胎离地时，垂向轮胎力变为零。Kim 等人建立了轮胎力模型，如下所示：

$$f_{tl} = k_t(z_0 - z_w) \quad 当(z_0 - z_w) > 0$$
$$f_{tn} = 0 \quad 当(z_0 - z_w) \leq 0$$

式中，f_{tl} 表示轮胎力的线性部分；f_{tn} 表示轮胎力的非线性部分。

为了显示非对称的轮胎刚度对四分之一模型的影响，Kim 等人做了仿真，研究了不同路况下的非线性轮胎力。结果表明，只有考虑车辆的非线性，才能建立更精确的系统模型，从而提出更可靠的控制策略。

本章提供了两种悬架系统非线性模型用于控制器的设计与性能分析。鉴于式（2.24）和式（2.25）所示的非线性模型，主动悬架系统用多入多出非线性模型表示：

$$\dot{X} = F(X) + BU + d \tag{2.26}$$

式中，$F(X)$ 是一个非线性函数，包括非线性力 f_s、f_t 和 f_d；U 是悬架系统的输入；d 是未知的外部干扰。

另一种非线性模型为包含线性部分和非线性部分的混合模型：

$$\dot{X} = AX + BU + \tilde{d} \tag{2.27}$$

式中，$AX + BU$ 是基于 f_{sl}、f_{dl} 和 f_{tl} 的悬架系统的线性模型；$\tilde{d}$ 表示悬架系统的非线性和不确定性模型。

2.3 自适应模糊控制

传统控制器的控制性能，很大程度上取决于已建立的系统动力学模型的精度，这些动力学模型通常根据 2.2.1.1 小节所述的内容进行构建。为了满足主动悬架系统的实际要求，确立一个合适的模型对传统的控制器设计来说是至关重要的。由路面输入带来的随机噪声使得估计不确定性的影响更具挑战性。因此，引入无模型智能控制器如模糊逻辑控制器（FLC）来解决这些问题。模糊逻辑控制器采用一定的方法设计鲁棒控制器，使其能够在面对不确定性和不精确问题时获得满意的性能。近几年，模糊逻辑控制器（FLC）已成为应用于非线性不确定性系统的控制器。

针对悬架控制问题，可以用不同的方式来构建模糊逻辑控制器，根据专家的知识或经验得出模糊规则及相应的函数来构造 FLC 是最常用的方法。在专家的知识或经验中存在语义上或数字上的不确定性。然而，很难利用固定的模糊规则及其隶属度函数去解决这些不确定性。为了克服这一缺陷，设计自适应模糊控制器以自我调整模糊规则及其隶属度函数。目前，随着 2 型模糊推理和控制理论的发展，曹等人提出了针对主动悬架系统的自适应 2 型模糊控制和优化方法。本小节主要讨论自适应模糊逻辑控制器（FLC）的设计及其在主动悬架系统上的应用。

模糊逻辑控制器（FLC）的关键部件是一组语言模糊控制规则以及用于编译这些规则的推理引擎。这些模糊规则为专家语言控制知识与执行机构自动控制策略之间的转换提供了可能。每一种模糊控制规则都由一个前提条件和一个结论组成。控制规则的结构和参数决定着模糊控制性能的好坏。从控制的角度看,通过对模糊控制的结果进行评估以自动修正相关参数或结构是很重要的。例如,黄和朝等人提出了一种主动悬架系统自适应模糊逻辑控制方案,如图 2.4 所示。模糊逻辑控制器的输入为垂向误差和簧载质量的误差变化,输出为控制电压增量。前者的隶属度函数由 11 个等价的三角函数组成,电压增量隶属度函数由 15 个等价的三角函数组成。通过调整比例因子 S_1、S_2 和 S_3 可实现其自调整功能。也就是说,采用隶属度函数可改善模糊逻辑控制器(FLC)的性能。121 模糊规则可用来控制簧载质量振动的振幅,该振动通常由路面输入造成。

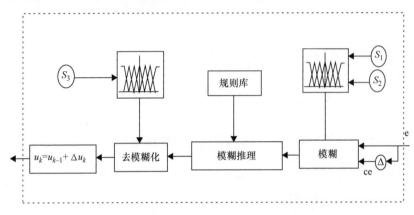

图 2.4　参考文献 [29] 中的自适应 FLC 方案

为了评估模糊控制系统,建立二自由度四分之一悬架模型。悬架机制包括一个弹簧、一个配重块以及液压控制回路。液压伺服系统用于生成各种路面,光学线性标尺和线性电位计用于测量簧载质量和路面垂直位移。基于实际的悬架模型,为车辆在有 25mm 高障碍物的粗糙路面行驶时提供动态响应。车身的最大位移小于 5mm,并在 0.5 内收敛。控制信号曲线很平滑,很容易在实际车辆中得到应用。然而,在许多实验和模拟中调整了它的比例因子,这限制了模糊逻辑控制器(FLC)的灵活性和自适应能力。为克服这一点,研究者采用非线性最优算法对该类型的控制器进行了补偿:如采用遗传算法和/或人工神经网络以自调整模糊规则及其隶属度函数的参数。这种模糊逻辑控制器(FLC)将在 2.7 节展开介绍。

2.4　自适应模糊滑模控制

滑模控制(SMC)如今在很多领域得到广泛的应用,如常见的运动控制、机器人、过程控制、航空航天应用以及车辆主动悬架系统。之所以受欢迎,是因为它应用于非线性系统时,表现出良好的控制性能,同时也适用于多输入多输出(MIMO)系统,能达到离散时间系统公认的设计标准。值得注意的是,它最重要的性能当属鲁棒性。通常来讲,当系统处于滑动模式时,它对参数变化或外部干扰是不敏感的。然而,滑模控制(SMC)在实际应用中也有一些不足。首先就是颤振的问题,这是控制器输出的高频振荡,它是建立滑动模式时的高速切换造成的。实际应用中颤振是最不希望看到而且是很危险的,因为它可能会激发未建模部分的高频颤动,从而导致系统失稳。其次是滑模控制(SMC)极易受到测量噪声的影响,因为其输入取决于接近于零的测量变量的信号。第三,滑模控制(SMC)有可能会使用不必要的较大的控制信号去克服参数的不确定性。最后,等效控制计算的难度很大。在许多成功的应用中已经见证了 FL 系统在 SMC 中的集成,有研究者通过增加 FL 系统试图解决 SMC 实施遇到的问题。同时,另一方面,正是由于这些困难,包括如何对 FC 稳定性进行严格的分析等,也由此催生了一些重大且有意义的研究课题。

滑模控制(SMC)的设计包括两个步骤。第一步是选择切换超平面(也叫滑移面,以便于对受控系统所需的动力学特性做出规定。第二步是设计不连续控制,以使系统进入滑移面并维持在该状态。涉及的系统如式(2.26)所建立的模型,滑移面 S 通常表述为

$$S(X) = GX = 0 \tag{2.28}$$

式中,$S(X)$ 表示一系列的切换超平面;G 是 $q \times n$ 矩阵。

滑模控制(SMC)的关键就是迫使系统进入滑移面。一旦系统处于向滑移面运动的状态,系统误差将收敛到零,误差变化将由矩阵 G 决定。关于滑模控制器设计的更多内容可参考文献[37]。这里给出 SMC 的总控制方程:

$$U = U_{eq} + U_{sw} \tag{2.29}$$

式中,U_{eq} 为等效控制;U_{sw} 通常被称为转换控制。

一般来讲,在设计 SMC 时一般需要两个步骤,首先是选择一个合适的模型以便系统在相应的模型下呈现出理想的行为;其次是找到反馈增益,使系统轨迹相交并与相应模型吻合。在实际系统中,这些条件将受到制约。在过去的 20 年中,模糊逻辑控制常用来改善 SMC 的效率和实用问题。本小节将引入两种类型的 SMC,用来解决 SMC 的两个缺点,即,减轻 SMC 的颤振并针对实际系统的非线性或不确定特性进行建模。

2.4.1 减轻 SMC 的颤振

为了克服 SMC 中的颤振现象,采用模糊逻辑对不连续转换控制律进行自调整。就式(2.35)中的转换控制律而言,主要有两个参数 G 和 K 需要优化。它们对系统性能的影响见图 2.5。参数 G 代表曲线的斜率,即 G 越大,系统响应越快。G 值过大可能会导致过冲或不稳定,在这种情况下斜率会随着误差的减小而增大,从而达到自适应改变斜率的效果,这是很有利的。曲线 1 对应较大的 K 值。系统状态在很短的时间内达到滑移线,但冲量很大。曲线 2 对应的 K 值较小。曲线 1 和 2 都

不是理想的曲线。曲线 3 可通过模糊自适应算法获得，且仅当系统状态接近滑移线时，K 值才增加。

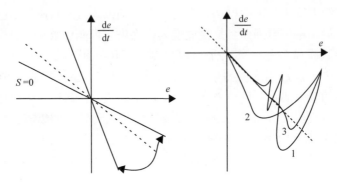

图 2.5 参数 G 和 K 对系统性能的影响

例如，陈等人提出了一种用于主动悬架系统的模糊自适应滑模控制器。四分之一主动悬架模型见式（2.27）。对于 SMC 的设计，采用低阶动力学模型，同时状态变量分别用 x_1（悬架挠度）和 x_2（簧上质量速度）表示。滑移面定义如下：

$$S(X) = GX = x_2 + \lambda x_1 = 0, \lambda > 0 \tag{2.30}$$

同样地，U_{eq} 和 U_N 可按下式进行选择：

$$U_{eq} = b^{-1}[-a_1 x_1 - (a_2 + \lambda) x_2], \quad U_N = b^{-1} K \mathrm{sgn}(S) \tag{2.31}$$

注意，模糊自适应 SMC 控制器的实际输入为 S，它的增量为 $\dot{S}$。输出不受控制。模糊化和去模糊化代表了现实价值和理论价值的边界。控制器可从两个层面进行设计。从基本层面上看，基于传统的模糊控制规则和推理机制生成模糊控制方案。在监测层面，对控制性能进行评估以修正系统参数，特别是适应地调整其比例因子。模糊控制规则如参考文献［40］中所列出的。

为了基于上述提出的模糊 SMC 对主动悬架系统的性能进行研究，测试中在道路上随机设置一个干扰作为路面输入以检测控制器的鲁棒性。实验结果显示，弹簧质量扰动增长了 30%，弹簧刚度和阻尼系数相对于名义值下降了 30%。仿真结果表明，受控悬架的挠度小于 LQR 最优控制方案下的挠度，但比传统 SMC 控制下的挠度要大。至于驾乘质量，模糊 SMC 控制方案下的簧载质量加速度达到最佳。仿真结果还表明，模糊 SMC 控制方案下的操纵性能比 LQ 控制器和传统 SMC 都要好。扰动条件下的结论也是如此。

此外，云等人也提出了一种用于主动悬架系统的模糊自适应滑模控制器。与陈等人的研究的不同之处在于，构建滑移面的方式不同。在云的论文中，滑移面是在传统的滑移面模型的基础上构造的，如下所示：

$$\sigma = \dot{s} + \lambda s \tag{2.32}$$

式中，λ 为正数，且必须满足 Lyapunov 稳定性条件：

$$\dot{V} = \sigma \dot{\sigma} < 0 \tag{2.33}$$

等效控制可由以下方程获得：

$$\dot{U}_{eq} = -(GB)^{-1}[(GA + \lambda G)AZ + (GA + \lambda G)BU] \tag{2.34}$$

$$\dot{U}_N = -(GB)^{-1}\varepsilon\mathrm{sgn}(\sigma) \tag{2.35}$$

然后可得到 SMC 的输出：

$$\dot{U} = \dot{U}_{eq} + \dot{U}_N \tag{2.36}$$

最后推导出控制器的输出为

$$U(n) = U(n-1) + \dot{U}(n) \tag{2.37}$$

模糊自适应调节控制器的控制流程图如图 2.6 所示。在时域和频域对四分之一主动悬架系统进行模拟。从时域进行分析，LQG 控制器和模糊自适应 SMC 控制器的比较结果表明，SMC 控制器可使得簧载质量加速度迅速从峰值降为零。然而，SMC 控制器需要更高的驱动力。从频域进行分析，模糊自适应 SMC 改善了从道路输入到簧载质量加速度的频率响应，特别是在 4~8Hz 的范围内甚是明显。基于 ISO 2361，人体对频率在 4~8Hz 范围内的垂向振动非常敏感。也就是说，SMC 控制器能显著提高驾乘质量。考虑到不确定性参数的存在，假设簧载质量的变化幅度为 ±50%。模拟结果表明，带有 SMC 控制器的主动悬架的最大加速度比被动悬架系统小 54%。

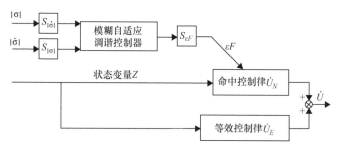

图 2.6　参考文献［20］中的模糊自适应调节控制器方案

2.4.2　与 SMC 互补的 FL 控制器可消除系统非线性和不确定性

就传统的 SMC 设计而言，等效控制律总是取决于其系统模型，对于复杂的非线性系统来说，建立精确的系统模型成本是非常高的。围绕给定的操作点将非线性问题线性化是一个较为可行的方法，这样便于将成熟的线性控制理论运用到局部区域。但同时也会引发新的问题，即如何将每个局部线性化模型集成为一个全局模型，使其能够代表相应的非线性系统。模糊逻辑提供了一个解决该问题的方案，并且省去了数学模型和恒定增益的限制。黄等人提出了一种适用于主动悬架系统的自适应模糊滑模控制器（AFSMC）。采用模糊逻辑控制近似等效控制律 U_{eq} 的非线性函数。在每个采样步骤中，执行机构的输出电压由模糊推理而不是滑移面的名义模型得出。这就大大削弱了传统 SMC 的颤振现象。

这种类型的模糊逻辑控制的输入信号是滑动面变化量 S（就其簧载质量位置和速度偏差而言）。它的输出信号是控制电压 U，为液压伺服执行器的输出。其模糊输入变量 S 由 11 个等价的三角函数组成，通过 11 个模糊推理规则得到模糊输出变量 U。三角隶属度函数的峰值初始化为默认值零。最新的在线调整优化参数的算法被提出以用于监测系统的控制性能。同时设计和构造了四分之一二自由度主动悬架系统模型用于动力学性能和控制效果的研究，并在三种不同工况下对悬架系统进行了测试。第一种工况是振幅为 40mm 按正弦波动起伏的路面，第二种工况是高度动态随机变化且最大高度为 40mm 的凹凸路面，第三种工况是高度随机变化的凹凸路面。实验结果表明，AFSMC 能够显著抑制簧载质量质心的波动。此外，控制电压较平稳，收敛速度较快。

此外，Kucukdemiral 等人提出了一种模糊逻辑方法来处理主动悬架系统的非线性系统模型和不确定干扰模型。控制电压 U 可由 $u = u_{fz} + u_{vs}$ 得出，u_{vs} 表示切换控制，可通过边界层进行改善，从而减轻颤振。u_{fz} 可从 FLC 的输入 S 中得到。为评估该控制器，仿真环境可设置如下：车速为 72km/h，并使用两种类型的路面对控制器的性能进行评估：一种是具有（长 10cm × 高 10cm）凹凸尺寸的标准路面，另一种是随机产生的障碍尺寸为 1cm × 1cm 的小石子路。在主动悬架系统上依次使用四种类型的控制器。当使用标准的凹凸路面时，控制器具有最短的响应时间 0.85s 和最低的峰值 0.4cm。在随机路面下，AFSMC 表现出比其他控制器明显的优势。此外，由于是将单输入 FLC 作为主控制器，因此相比于传统的 FLC，该控制器的规则库得到大大简化。

2.5 自适应神经网络控制

神经网络（NN）以其非线性映射和学习能力，已成为设计鲁棒性好、自适应和智能控制系统的主流方法之一。想进一步了解神经网络（NN）控制系统，可参考文献 [45] 和 [46]。

针对主动悬架系统操作过程中呈现的非线性和不确定性，需要提出一种自适应非线性控制器。例如，郭等人设计了一种基于神经网络辨识器的自适应控制器，并基于四分之一模型对带有磁流变阻尼器的半主动悬架的控制进行了研究。

神经网络控制系统流程图如图 2.7 所示。原则上，直接神经网络控制会将理想参考信号和系统响应之间的误差作为反向传播误差。然而，这种误差对于神经网络权重的更新不利，因为伴有随机干扰的非线性模型存在潜在的不确定性。在郭的论文中，提出了一种间接自适应控制策略以拟合输入误差。神经网络控制器的结构如图 2.7 所示。其中，NNC 是神经网络控制器，NNI 是神经网络辨识器，TDL 为分接延迟。由于非线性动态系统模型的不可逆性，NNI 不仅跟踪系统响应，而且还计算反向传播误差。NNC 的结构可看成是具有 4×9×1 个节点的三层网络拓扑结构，还包括一个隐藏层。NNI 和 NNC 的结构相同。将 S 形函数作为隐藏层和输出层的激活函数，使用反向传播算法对权重进行更新。

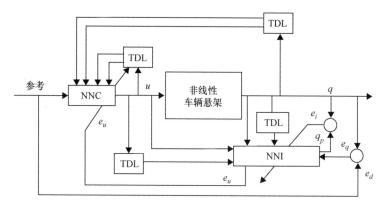

图 2.7　参考文献［47］中的基于神经网络的间接自适应控制方案

为了评估自适应神经网络控制系统，分别采用数值模拟和实验对配有磁流变阻尼器的四分之一车辆模型进行了测试。四分之一车辆模型的固有频率设为 1.8Hz，并根据 ISO 的道路分类数据库对路面进行了设置。模拟和实验结果均表明，相比传统的 NN 控制器，使用间接 NN 控制器可大幅减小车身的垂向加速度。例如，数值模拟中，在 C 级随机扰动路面上，当分别使用直接 NN 控制器和间接 NN 控制器时，车身的加速度均方根（rms）分别减小了 38.2% 和 55%。实验中，当选择正弦道路激励时，相比于被动悬架，配有间接自适应 NN 控制器的半主动悬架的车身加速度减小了 41%。另一方面，间接自适应 NNC 控制器的效率非常高，因为神经网络仅包含一层隐藏层，且神经网络辨识器在试验之前接受了很好的训练。

2.6　基于遗传算法的自适应优化控制

遗传算法（GA），是一种全局优化技术，已成功地应用于各种研究和工业领域，特别是在优化和控制领域。例如，遗传算法的高效性已在围绕复杂空间的鲁棒性研究的多峰问题的局部最优问题上得到了证明。遗传算法与传统的优化和搜索程序的主要区别是：①使用参数的编码集，而不是参数本身；②从一个点集入手，而不是一个单一的点，并能够处理大型的搜索空间；③使用概率转移规则，而不是随机规则。然而，需要指出的是，遗传算法也存在一些不足，主要体现在：优化速度过慢以至于无法在实时应用中使用。

考虑到主动悬架系统的控制策略，Baumal 等人在五自由度半车模型中使用了遗传算法。他们研究中所涉及的所有参数都包含一个约束最优描述，其中包含八个未知参数和七个约束。这意味着主动控制和被动的机械参数是需要进行优化的设计变量。两个主动元件提供的力与后轮和前轮上方车身上各点的垂向速度成比例。这些由比例常数 c_f 和 c_r 表征的设备被称为天棚阻尼器。设计变量被设为 $\{x\} = \{k_1, c_1, k_3, c_3, c_r, k_4, c_4, c_f\}$。约束条件可由车辆悬架系统的三个性能获得：①驾乘舒适性；②车辆行驶性能；③悬架工作空间。两个约束条件为车身加速度和座椅加速度。其他五个约束条件为座椅、悬架和轮胎的挠度。最优化的初始条件给定时，通常需要三个步骤来实现遗传算法。当至少有 30% 得到更新迭代时，算法停止。接着是模拟自身优胜劣汰的过程。此外，为了提高遗传算法的效率，二进制字符串和当前一代的适应值被存储在一个线性查找表中。如果下一代的设计字符串在表中能查到，那么就不需要重新计算适应值。这明显克服了遗传算法的弱点，提高了计算效率，特别是对成本较高的适应值的评估。采用五个独立运行的遗传算法，得到最优值，并与局部最优搜索技术和被动悬架设计进行比较。结果表明，在这三种方法中，遗传算法可以用最少的计算时间得到最优的参数。通过比较主动和被动悬架系统座椅加速度响应对其动力学性能进行了评估。主动系统的响应表明，路面干扰对座椅加速度几乎没有什么影响，同时也揭示了遗传算法具有很大的潜力，使得全局最优方法在悬架系统设计上的应用成为可能。

Tsao 等人基于他们之前的研究提出了以最大行程为约束条件的主动悬架力控制器。与传统方法相比，在目标函数中选用了悬架的最大行程，以达到更好的驾乘舒适性。采用遗传算法来搜索阻尼比和弹簧常数，以在驾乘舒适性、操纵性和悬架行程限制之间得到很好的平衡。在两种驾驶工况下对主动力控制器进行了测试。一个是在陡峭的斜坡道路上以 100m/s 的速度前进，另一个是在正弦颠簸道路上以 40m/s 的速度前进。针对每种驾驶工况，进行了三次模拟。每次都迭代 500 次。对模拟后的性能进行比较，发现当悬架行程限定为小于或等于被动系统的行程时，所提出的基于遗传算法的力控制器实现了较好的驾乘舒适性和操纵性。在动力学性能方面，比较了主动悬架系统与被动悬架系统的升降运动和俯仰运动。尤其是比较了悬架位移，发现主动悬架系统位移的二次值之和大于被动悬架。但在过渡阶段，最大位移较小并且振动已被吸收。这些结果可以解释为什么悬架位移的最大绝对值而不是二次形式之和可以实现更好的性能。

2.7 自适应控制集成

本小节基于之前章节中提到的方法对控制策略进行介绍。

2.7.1 自适应神经 – 模糊控制

近年来，神经网络和模糊系统的结合已得到广泛关注，其焦点在于模糊系统与神经网络学习技术的结合，特别是神经网络 – 模糊控制器。其优势是，通过使用神经网络中的学习算法，模糊系统可以补偿它们的自调节能力；另一方面，神经网络系统也可以通过模糊系统的推理规则提高其可视化程度。一般而言，一个神经网络 – 模糊系统可以被看作是一个特殊的三层前反馈神经网络，并通过神经网络算法对模糊规则进行训练。神经 – 模糊系统继承了神经网络和模糊逻辑的优点，在解决工业问题特别是非线性和不确定性系统上得到了广泛的应用。

例如，董等人将自适应神经网络 – 模糊控制器用在四分之一磁流变悬架系统上。该控制器包括一个模糊神经网络控制器（FNNC）和一个时间数字转换器（TDC）。FNNC 根据误差和误差变化来计算控制力，TDC 是一个神经网络模型，用于预测补偿悬架的时间延迟。对于四分之一车辆模型，输入为阻尼力，输出为簧载质量垂向加速度，路面输入被视为干扰。在 FNNC 控制方案中，输入两个规则变量，每一个输入在第一层设置七个模糊量 NB、NM、ZE、PS、PM、PB、Pb；第二层设置 14 个神经元与所有模糊量对应；第三层基于定义的模糊规则设置 49 个神经元以进行模糊推理。仿真和实验结果表明，具有 TDC 的 FNNC 控制器可显著降低加速度峰值，与被动悬架系统相比加速度峰值减小了 42.3%。

此外，吴等人提出了一种基于半车主动悬架系统神经网络模糊模型的模糊控制器。将半主动悬架看作一个非线性系统进行建模，包括升降、俯仰及前后轮的运动。本文提出的模糊神经网络是一种自组织推理网络，它具有六个层级，以便于和 T – S 模糊模型对应。学习结构包括由模糊 IF – THEN 规则定义的前提和结果。基于有监督的学习算法，在后面章节的线性方程中的参数由递推最小二乘（RLS）法进行调整，前提部分中的参数由 BP 算法调整，从而尽可能降低成本。基于 T – S 模糊模型设计的模糊控制器，可获得最佳的驱动力。仿真结果表明，提出的最优模糊控制器可在最大限度地减少质心位移、加速度以及俯仰角的条件下改善驾乘舒适性。

2.7.2 基于自适应遗传算法的最优模糊控制

由于在一个模糊推理系统中，IF – THEN 规则并不总是适用的，这就需要自动化的设计方法和规则获取程序，过去 40 年中，这些规则和程序大多都是基于遗传和/或神经网络提出的。结合遗传算法和 FL 的混合动力系统的主要优点是，几乎所有的模糊系统设计任务，都可以自动完成。得益于全局最优的优势，推理规则和隶属度函数的 FL 参数能够由混合系统自身确定。想要详细了解遗传 – 模糊控制系统,请参阅参考文献 [60 - 63]。

Nawa 等人研究了具有伪细菌遗传算法(PBGA)的遗传算法 - 模糊控制系统,并将其用于主动悬架系统。它的编码方法如图 2.8 所示。不同于传统的二进制编码,将参数放入染色体中,每一个都编码了一种模糊系统的规则。由于每一个规则包含的前后信息不同,每个染色体编码隶属函数的参数。采用三角形隶属度函数,从而使其参数正对宽度的中心,如图 2.8 所示。该编码方法赋予遗传算法较高的自由度,使其可以优化规则中的变量、规则本身以及隶属度函数的参数。因此,需要这种编码来同时推演规则和隶属度函数,从而最大限度地降低到达局部最优点的可能性。

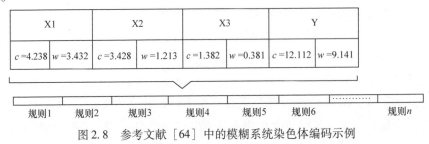

图 2.8 参考文献 [64] 中的模糊系统染色体编码示例

遗传算法可以简单地描述如下:①产生初始种群;②遗传过程:突变 - 评估 - 选择 - 替换;③交叉并产生新一代。在交叉过程中采用自适应方法而不是随机确定染色体的断开点。自适应交叉算子在决定从哪里切割染色体时,会考虑模糊规则中的平均移动值。平均移动值被定义为规则中累计值的平均值。模糊规则中累计的真实值是训练数据中每个类别的值的总和,常用于衡量训练质量的好坏。如果一个规则具有很高的累计真值,则意味着在评估过程中,该规则较频繁地被触发。也表明了该规则的可行性和高效性。相反,如果一个规则具有很低的累计真值,这表明,该规则在系统中并不能发挥重要的作用。在半主动悬架控制系统中采用如下四种方法:第一种是采用具有固定隶属度函数的遗传算法,定义见参考文献 [49];第二种是采用同时定义了模糊控制器的隶属度函数和规则的遗传算法;第三种是采用具有传统交叉算子的 PBGA;第四种是采用具有自适应交叉算子的 PBGA。仿真结果表明,所提出的自适应 PBGA 模糊控制器能够训练出更好的规则,并在四种控制策略中获得最优的性能。结果还表明,这种 PBGA 模糊控制器更多地是关注驱动,但编码方法增加了系统中隶属度函数的总数。

2.7.3 遗传神经网络组合控制

唐和张提出将遗传算法和神经网络进行结合来对主动悬架控制器进行设计。遗传算法用于寻找车辆的最优加速度,并为神经网络控制系统提供输出。神经网络有两个隐藏层，且输入神经元、隐藏层和输出神经元分别为 1、10、3 和 1。应用自适应学习率，从而通过保持合理的学习水平来减少训练，同时确保学习的稳定。神经网络的输入是簧载质量加速度的时间响应，目标输出是最优的悬架控制力。分别对算法－神经网络相结合的控制器和 LQG 控制器的控制性能进行评估。仿真结果表明，基于遗传算法的具有最优加速度参数的神经网络控制器，在时域上使车辆获得更好的驾乘舒适性。

2.8　结论

由于主动悬架系统具有实时性、非线性、不确定性等自然属性，因此需要提出基于计算智能的自适应控制方法。本章提供了一系列先进的智能自适应 ASCS，并从理论上、模拟上、实验上分析总结了它们各自的优点和缺点。总之，具有学习和自适应能力的模糊控制系统，可用来解决大部分的建模问题和主动悬架系统的随机干扰问题。但控制稳定性分析也是模糊控制系统应用的一个瓶颈。对具有模糊逻辑系统的滑模控制器在传递专家知识方面进行研究，验证了其稳定性的优势。然而，这些设计是复杂的，且对工程师来说调整参数的操作很难。从自适应能力的角度来看，神经网络和遗传算法在悬架系统的仿真和应用中也表现出了许多优点。此外，这些方法的结合，有望带来更好的性能。同时，这些混合系统表现出不佳的编译能力且在相同的测试条件下难以评估。

下面，我们列举了一些开放性的问题和科学难题，以供未来研究：

1）基于整车模型或 3D 模型的智能控制。目前提到的有关主动悬架智能控制的研究多是在四分之一模型或半车模型下进行的。全面考虑一个完整的汽车的 3D 模型将可能进一步挖掘出意想不到的功能和更好的安全性。而且，整车模型更便于集成其他控制子系统，如制动控制、转向控制、防侧倾控制等，对于混合智能系统来说，将更有利于分析整车性能。

2）多目标优化方法和模糊逻辑推理的结合。考虑到驾乘舒适性和操纵性之间的平衡，不同路面对目标优化的要求不同。因此需要对具有高实时计算效率的自适应多目标优化方法进行研究，特别是研究其在车辆主动悬架系统中的应用。

3）追求混合 ASCS 中（如神经网络－遗传算法－模糊控制器、遗传算法－神经网络控制器或神经网络－遗传算法－模糊滑模控制器）精度和编译能力之间的平衡。尽管混合智能系统在许多领域得到了广泛的研究，它们的未来将取决于最佳组合技术的集成，而不仅仅是将单个方法进行简单的组合。

4）从实际应用的角度评估混合智能控制方法。构建一个评估系统，并根据应用需求如计算成本、调整参数量、故障诊断接口等对不同智能系统进行比较很有必要。比较结果将有利于混合智能控制系统的应用，并指导未来的研究。

参 考 文 献

[1] D. Hrovat, "Ride Improvements with Unsprung Mass Dynamic Absorbers for Active Suspension Vehicles," *Ford Motor Company Research Reports*, vol. SR-87-120, 1987.

[2] A. Thompson and B. Davis, "Optimal Linear Active Suspensions with Derivative Constraints and Output Feedback Control," *Vehicle System Dynamics*, vol. 17, no. 4, pp. 179–192, 1988.

[3] A. Thompson and B. Davis, "A Technical Note on the Lotus Suspension Patents," *Vehicle System Dynamics*, vol. 20, no. 6, pp. 381–383, 1991.

[4] D. Hrovat, "Survey of Advanced Suspension Developments and Related Optimal Control Applications," *Automatica*, vol. 33, no. 10, pp. 1781–1817, 1997.

[5] M. Nagai, "Recent Researches on Active Suspensions for Ground Vehicles," *JSME International Journal. Series C, Mechanical systems, machine elements and manufacturing*, vol. 36, pp. 161–170, 1993.

[6] H. Taghirad and E. Esmailzadeh, "Automobile Passenger Comfort Assured Through LQG/LQR Active Suspension," *Journal of Vibration and Control*, vol. 4, no. 5, pp. 603–618, 1998.

[7] A. Hać, "Adaptive Control of Vehicle Suspension," *Vehicle System Dynamics*, vol. 16, no. 2, pp. 57–74, 1987.

[8] M. Sunwoo and K. Cheok, "An Application of Explicit Self-tuning Controller to Vehicle Active Suspension Systems," *Decision and Control, 1990. Proceedings of the 29th IEEE Conference on*, pp. 2251–2257, 1990.

[9] T. Gordon, C. Marsh, and M. Milsted, "A Comparison of Adaptive LQG and Nonlinear Controllers for Vehicle Suspension Systems," *Vehicle System Dynamics*, vol. 20, no. 6, pp. 321–340, 1991.

[10] R. Saeks, C. Cox, J. Neidhoefer, P. Mays, and J. Murray, "Adaptive Control of a Hybrid Electric Vehicle," *Intelligent Transportation Systems, IEEE Transactions on*, vol. 3, no. 4, pp. 213–234, 2002.

[11] A. Vahidi and A. Eskandarian, "Research Advances in Intelligent Collision Avoidance and Adaptive Cruise Control," *Intelligent Transportation Systems, IEEE Transactions on*, vol. 4, no. 3, pp. 143–153, 2003.

[12] A. Alleyne, P. Neuhaus, and J. Hedrick, "Application of Nonlinear Control Theory to Electronically Controlled Suspensions," *Vehicle System Dynamics*, vol. 22, no. 5, pp. 309–320, 1993.

[13] A. Alleyne and J. Hedrick, "Nonlinear Adaptive Control of Active Suspensions," *Control Systems Technology, IEEE Transactions on*, vol. 3, no. 1, pp. 94–101, 1995.

[14] C. Kim, "A Comparative Study of Active Suspension Systems Using Adaptive Self-Tuning Control and Sliding Mode Control Schemes," *Master Thesis*, Mechanical and Aerospace Engineering Department, North Carolina State University, 1996.

[15] C. Kim and P. Ro, "A Sliding Mode Controller for Vehicle Active Sus-

pension Systems with Non-linearities," *Proceedings of IMechE Part D: Journal of Automobile Engineering*, vol. 212, no. 2, pp. 79–92, 1998.

[16] M. Sunwoo, K. Cheok, and N. Huang, "Model Reference Adaptive Control for Vehicle Active Suspension Systems," *Industrial Electronics, IEEE Transactions on*, vol. 38, no. 3, pp. 217–222, 1991.

[17] L. Palkovics and P. Venhovens, "Investigation on Stability and Possible Chaotic Motions in the Controlled Wheel Suspension System," *Vehicle System Dynamics*, vol. 21, no. 1, pp. 269–296, 1992.

[18] J. Slotine and W. Li, *Applied Nonlinear Control*, Englewood Cliffs, NJ: Prantice-Hall, 1991.

[19] O. Kaynak, K. Erbatur, and M. Ertugnrl, "The Fusion of Computationally Intelligent Methodologies and Sliding-mode Control – A Survey," *Industrial Electronics, IEEE Transactions on*, vol. 48, no. 1, pp. 4–17, 2001.

[20] Y. Zhang, Y. Zhao, H. Yang, and L. Chen, "A Dynamic Sliding-Mode Controller with Fuzzy Adaptive Tuning for an Active Suspension System," *Proceedings of IMechE Part D: Journal of Automobile Engineering*, vol. 221, pp. 417–428, 2007.

[21] T. Fukuda and N. Kubota, "Intelligent Robotic Systems: Adaptation, Learning, and Evolution," *Artificial Life and Robotics*, vol. 3, no. 1, pp. 32–38, 1999.

[22] F. Yu, J. Zhang, and D. Crolla, "A Study of a Kalman Filter Active Vehicle Suspension System Using Correlation of Front and Rear Wheel Road Inputs," *Proceedings of IMechE Part D: Journal of Automobile Engineering*, vol. 214, no. 5, pp. 493–502, 2000.

[23] J. Cao, H. Liu, P. Li, and D. Brown, "Study on Active Suspension Control System Based on an Improved Half-Vehicle Model," *International Journal of Automation and Computing*, vol. 4, no. 3, pp. 236–242, 2007.

[24] L. Li, F. Wang, and Q. Zhou, "Integrated Longitudinal and Lateral Tire/Road Friction Modeling and Monitoring for Vehicle Motion Control," *Intelligent Transportation Systems, IEEE Transactions on*, vol. 7, no. 1, pp. 1–19, 2006.

[25] D. Liaw, H. Chiang, and T. Lee, "Elucidating Vehicle Lateral Dynamics Using a Bifurcation Analysis," *Intelligent Transportation Systems, IEEE Transactions on*, vol. 8, no. 2, pp. 195–207, 2007.

[26] E. Yeh and Y. Tsao, "A Fuzzy Preview Control Scheme of Active Suspension for Rough Road," *International Journal of Vehicle Design*, vol. 15, no. 1, pp. 166–180, 1994.

[27] S. Huang and C. Lin, "Application of a Fuzzy Enhance Adaptive Control on Active Suspension System," *International Journal of Computer Applications in Technology*, vol. 20, no. 4, pp. 152–160, 2004.

[28] M. Rao and V. Prahlad, "A Tunable Fuzzy Logic Controller for Vehicle-active Suspension Systems," *Fuzzy Sets and Systems*, vol. 85, no. 1, pp. 11–21, 1997.

[29] S. Huang and H. Chao, "Fuzzy Logic Controller for a Vehicle Active Suspension System," *Proceedings of IMechE Part D: Journal of Automobile Engineering*, vol. 214, no. 1, pp. 1–12, 2000.

[30] T. Terano, K. Asai, and M. Sugeno, *Fuzzy Systems Theory and Its Applica-*

tions, San Diego, CA: Academic Press Professional, Inc., 1992.

[31] J. Yang, J. Li, and Y. Du, "Adaptive Fuzzy Control of Lateral Semi-active Suspension for High-Speed Railway Vehicle," *Lecture Notes in Computer Science, Computational Intelligence*, vol. 4114, pp. 1104–1115, 2006.

[32] R. Lian, B. Lin, and W. Sie, "Self-organizing Fuzzy control of Active Suspension Systems," *International Journal of Systems Science*, vol. 36, no. 3, pp. 119–135, 2005.

[33] H. Hagras, "A Hierarchical Type-2 Fuzzy Logic Control Architecture for Autonomous Mobile Robots," *Fuzzy Systems, IEEE Transactions on*, vol. 12, no. 4, pp. 524–539, 2004.

[34] R. Sepúlveda, O. Castillo, P. Melin, A. Rodrguez-Daz, and O. Montiel, "Experimental Study of Intelligent Controllers Under Uncertainty Using Type-1 and Type-2 Fuzzy Logic," *Information Sciences*, vol. 177, no. 10, pp. 2023–2048, 2007.

[35] J. Mendel, "New Results About the Centroid of an Interval Type-2 Fuzzy Set, Including the Centroid of a Fuzzy Granule," *Infromation Sciences*, vol. 117, pp. 360–377, 2007.

[36] J. Cao, H. Liu, P. Li, and D. Brown, "Adaptive Fuzzy Logic Controller for Vehicle Active Suspensions with Interval Type-2 Fuzzy Membership Functions," *2008 IEEE World Congress on Computational Intelligence*, FUZZ2008, pp. 83–89, 2008, Hongkong, 2008.

[37] O. Kaynak, *Computational Intelligence: Soft Computing and Fuzzy-Neuro Integration with Applications*, Springer, Berlin German, 1998.

[38] M. Efe, O. Kaynak, and B. Wilamowski, "Stable Training of Computationally Intelligent Systems by Using Variable Structure Systems Technique," *Industrial Electronics, IEEE Transactions on*, vol. 47, no. 2, pp. 487–496, 2000.

[39] B. Yoo and W. Ham, "Adaptive Fuzzy Sliding Mode Control of Nonlinear System," *Fuzzy Systems, IEEE Transactions on*, vol. 6, no. 2, pp. 315–321, 1998.

[40] C. Ting, T. Li, and F. Kung, "Design of Fuzzy Controller for Active Suspension System," *Mechatronics*, vol. 5, no. 4, pp. 365–383, 1995.

[41] C. Chen and M. Chang, "Optimal Design of Fuzzy Sliding-mode Control: A Comparative Study," *Fuzzy Sets and Systems*, vol. 93, no. 1, pp. 37–48, 1998.

[42] S. Huang and W. Lin, "Adaptive Fuzzy Controller with Sliding Surface for Vehicle Suspension Control," *Fuzzy Systems, IEEE Transactions on*, vol. 11, no. 4, pp. 550–559, 2003.

[43] I. Kucukdemiral, S. Engin, V. Omurlu, and G. Cansever, "A Robust Single Input Adaptive Sliding Mode Fuzzy Logic Controller for Automotive Active Suspension System," *Lecture Notes in Artificial Intelligence*, vol. 3613, pp. 981–986, 2005.

[44] X. Feng, C. Lin, T. Yu, and N. Coleman, "Intelligent Control Design and Simulation Using Neural Networks," *AIAA Guidance, Navigation and Control Conference*, vol. Part 1, pp. 294–299, 1997.

[45] M. Agarwal, "A Systematic Classification of Neural-network-based Con-

trol," *Control Systems Magazine, IEEE*, vol. 17, no. 2, pp. 75–93, 1997.

[46] V. Vemuri, "Artificial Neural Networks in Control Applications," *Advances in Computers*, vol. 36, pp. 203–254, 1993.

[47] D. Guo, H. Hu, and J. Yi, "Neural Network Control for a Semi-Active Vehicle Suspension with a Magnetorheological Damper," *Journal of Vibration and Control*, vol. 10, no. 3, pp. 461–471, 2004.

[48] L. Davis, "Handbook of Genetic Algorithms," *Van Nostrand Reinhold New York*, 1991.

[49] D. Goldberg, *Genetic Algorithms in Search, Optimization, and Machine Learning*, Readomg, MA: Addison-Wesley, 1989.

[50] D. Goldberg, "A Meditation on the Computational Intelligence and Its Future," *Illigal Report No. 2000019*, Department of General Engineering, University of Illinois at Urbana-Champaign, 2000.

[51] A. Moran and M. Nagai, "Optimal Preview Control of Rear Suspension Using Nonlinear Neural Networks," *Vehicle System Dynamics*, vol. 22, no. 5, pp. 321–334, 1993.

[52] A. Baumal, J. McPhee, and P. Calamai, "Application of Genetic Algorithms to the Design Optimization of an Active Vehicle Suspension System," *Computer Methods in Applied Mechanics and Engineering*, vol. 163, no. 1, pp. 87–94, 1998.

[53] Y. Tsao and R. Chen, "Parameters Searching for Force Control of Active Suspension Design by Using Genetic Algorithm," *Automatic Control Conference*, Taipei, pp. 695–699, 1997.

[54] Y. Tsao and R. Chen, "Force Control for Active Suspension Design with a Half Car Model by Using Genetic Algorithms," *Proceedings of Fourth International Symposium on Advanced Vehicle Control, AVEC'98*, Nagoya, Japan, pp. 243–248, 1998.

[55] J. Tsao and R. Chen, "The Design of an Active Suspension Force Controller Using Genetic Algorithms with Maximum Stroke Constraints," *Proceedings of IMechE Part D: Journal of Automobile Engineering*, vol. 215, no. 3, pp. 317–327, 2001.

[56] J. Holland, *Adaptation in Natural and Artificial Systems*, Ann Arbor, MI: University of Michigan Press, 1975.

[57] A. Nürnberger, D. Nauck, and R. Kruse, "Neuro-Fuzzy Control Based on the NEFCON-Model: Recent Developments," *Soft Computing – A Fusion of Foundations, Methodologies and Applications*, vol. 2, no. 4, pp. 168–182, 1999.

[58] X. Dong, M. Yu, C. Liao, W. Chen, H. Zhang, and S. Huang, "Adaptive Fuzzy Neural Network Control for Transient Dynamics of Magneto-Rheological Suspension with Time-Delay," *Lecture Notes in Computer Science, ISNN 2006*, vol. 3972, pp. 1046–1051, 2006.

[59] S. Wu, C. Wu, and T. Lee, "Neural-Network-Based Optimal Fuzzy Control Design for Half-Car Active Suspension Systems," *Intelligent Vehicles Symposium, Proceedings, IEEE*, pp. 376–381, 2005.

[60] F. Herrera, M. Lozano, and J. Verdegay, "Tuning Fuzzy Logic Controllers by Genetic Algorithms," *International Journal of Approximate Reasoning*,

vol. 12, no. 3–4, pp. 299–315, 1995.

[61] F. Herrera, M. Lozano, and J. Verdegay, "A Learning Process for Fuzzy Control Rules Using Genetic Algorithms," *Fuzzy Sets and Systems*, vol. 100, no. 1–3, pp. 143–158, 1998.

[62] A. Homaifar and E. McCormick, "Simultaneous Design of Membership Functions and Rule Sets for Fuzzy controllers Using Genetic Algorithms," *Fuzzy Systems, IEEE Transactions on*, vol. 3, no. 2, pp. 129–139, 1995.

[63] L. Magdalena, O. Cordon, F. Gomide, F. Herrera, and F. Hoffmann, "Ten Years of Genetic Fuzzy Systems: Current Framework and New Trends," *Fuzzy Sets and Systems*, vol. 141, no. 1, pp. 5–31, 2004.

[64] N. Nawa, T. Furuhashi, T. Hashiyama, and Y. Uchikawa, "A Study on the Discovery of Relevant Fuzzy Rules Using Pseudobacterial Genetic Algorithm," *Industrial Electronics, IEEE Transactions on*, vol. 46, no. 6, pp. 1080–1089, 1999.

[65] C. Tang and T. Zhang, "The Research on Control Algorithms of Vehicle Active Suspension System," *Vehicular Electronics and Safety, 2005. IEEE International Conference on*, pp. 320–325, 2005.

第 3 章　集成悬架系统的鲁棒主动控制

Haiping Du，James Lam，Weihua Li 和 Nong Zhang

摘要

本章介绍了集成车辆悬架系统的鲁棒主动控制研究，该系统由底盘悬架、座椅悬架和驾驶员身体模型组成。该集成系统有 5 个控制输入和 10 个控制输出，每个控制输入可能需要不同的反馈信号并且具有不同的饱和限值。以可测变量为反馈信号，设计了一种 H_∞ 静态输出反馈控制器，在执行器饱和、悬架挠度限制和抓地性约束下，以驾驶员头部加速度为指标，改善汽车的平顺性。在控制器的设计过程中，考虑了驾驶员身体参数的不确定性。用通用的 Lyapunov 函数对每个控制输入分别进行处理，得到用线性矩阵不等式（LMI）表示的控制器的设计条件，从而找到可行解。此外，力跟踪控制策略应用于使用电液执行机构的控制系统。通过对典型路面扰动下驾驶员头部加速度响应的数值模拟，验证了乘坐舒适性的改善。

3.1　介绍

所有乘用车和商用车都采用车辆底盘悬架以提供乘坐舒适性、抓地性和其他功能。车辆底盘悬架的设计通常会在乘坐舒适性、悬架挠度限制和抓地能力方面遇到相互矛盾的要求。到目前为止，为了处理这些相互矛盾的要求，已经提出了三种主要的悬架类型，即被动悬架、主动悬架和半主动悬架。被动悬架简单、可靠、经济。然而，由于它不能提供可控的阻尼力，其性能不可避免地受到限制。在保持被动悬架结构的几何特性和动力学特性的同时，主动和半主动装置被考虑纳入现代悬架结构以满足相互矛盾的要求。主动悬架和半主动悬架在提高车辆乘坐舒适性和抓地能力方面越来越受到学术界和工业界的关注。除了车辆底盘悬架外，座椅悬架也被应用于车辆，尤其是用于商业、工业、农业和其他运输目的的车辆，以提高驾驶员的乘坐舒适性，减少因长时间驾驶或暴露于恶劣工作环境（如崎岖路况）而导致的驾驶员疲劳，改善驾驶员的安全性和健康。几十年来，座椅悬架的优化和控制一直是一个活跃的课题。与车辆悬架类似，还提出了被动、半主动和主动座椅悬架，被动座椅悬架的研究主要集中在弹簧刚度和阻尼系数的参数优化。

无论是汽车底盘悬架还是座椅悬架，其共同目标之一就是提高乘坐舒适性。然而，从文献中发现，目前大多数对主动/半主动座椅悬架和主动/半主动汽车底盘悬架的研究都是分开、独立进行的。因此，自然而然地产生了集成控制两个悬架的想法，以提供增强的乘坐舒适性性能。到目前为止，只有少数研究同时考虑了车辆悬架和座椅悬架来研究车辆或座椅悬架优化问题。另一方面，汽车底盘悬架研究中，在对人体舒适性敏感的频率范围内，弹簧质量加速度通常作为评价汽车乘坐舒适性的性能指标；在座椅悬架研究中，通常采用驾驶员或乘客的刚体加速度来评价乘坐舒适性。然而，无论是弹簧质量还是刚性假人都不能准确反映人体的生物动力学特性。之前的研究表明，在设计座椅悬架时，需要一个复杂的人体坐姿生物力学模型，以便更好地了解乘坐舒适性性能。因此，开发一个包含车辆悬架、座椅悬架和人体模型的集成模型，并设计一个集成的控制系统，对于提高人体乘坐舒适性具有重要意义。

在本章中，首先开发了一个包括全车底盘悬架（7自由度）、座椅悬架（2自由度）和驾驶员身体模型（4自由度）的集成系统。在这个集成模型的基础上，设计了一个 H_∞ 静态输出反馈控制器，在执行器饱和、悬架挠度限制和抓地能力约束下，产生预期的控制来降低驾驶员头部加速度。由于并非所有的状态变量在实际中都是可测量的，特别是与人体模型相关的状态变量，因此考虑了静态输出反馈控制器。此外，当驾驶员的身体状况发生变化或不同体重的驾驶员驾驶车辆时，驾驶员身体的质量可能会发生变化，并且驾驶员身体各部分的刚度和阻尼系数这些参数的值实际上很难在实践中精确测量，这样会出现参数不确定性的情况；在控制器的设计过程中，会考虑到驾驶员身体模型参数的不确定性。由于这是一个高阶系统，具有多个输入（五个控制输入：四个用于车辆悬架，一个用于座椅悬架）和多个输出（10个控制输出：驾驶员头部加速度、四个车辆悬架偏转、一个座椅偏转、四个轮胎偏转），并且每个控制输入可能需要不同的反馈信号，且具有不同的饱和限制，每个控制输入在一个共同的 Lyapunov 函数下分别处理，得到用线性矩阵不等式（LMI）表示的控制器设计条件。此外，由于电液执行器的高功率重量比和低成本，将选择它来提供所需的力。

最后通过数值仿真验证了该控制系统的有效性。

本章内容如下。在第3.2节中，开发了集成不确定系统模型。在第3.3节中，介绍了控制系统的设计。第3.4节讨论了模拟结果。最后，第3.5节总结结论。

整个章节使用的符号是标准的。对于实对称矩阵 W，用 $W>0$（$W<0$）表示其正（负）定性。‖·‖指欧氏向量范数或诱导矩阵2-范数。I 用来表示适当维数的

单位矩阵。

3.2 不确定综合系统建模

集成系统模型包括全车底盘悬架模型、座椅悬架模型和4自由度驾驶员身体模型，如图3.1所示。其中 m_s 是弹簧质量，代表汽车底盘；m_{fl}、m_{fr}、m_{rl} 和 m_{rr} 分别是左前（fl）、右前（fr）、左后（rl）和右后（rr）车轮的簧下质量；m_f 是座椅框架质量；m_c 是座垫质量；驾驶员身体由四个质量部分组成，即大腿 m_1、下半身 m_2、躯干 m_3 和头部 m_4；其中手臂和腿部分别与上半身和大腿结合；I_θ 和 I_ϕ 分别为车体滚转和俯仰运动的惯性矩；θ 和 ϕ 为滚转和俯仰角；z_s、z_{ufl}、z_{ufr}、z_{url}、z_{urr}、z_f、z_c 和 $z_{1\sim4}$ 是相应质量的位移；z_{rfl}、z_{rfr}、z_{rrl} 和 z_{rrr} 是每个车轮的道路位移输入；r_x 和 r_y 代表相对于质心的座椅位置。c_{sf}、c_{sr} 和 k_{sf}、k_{sr} 是汽车悬架系统的阻尼和刚度；k_{tf}、k_{tr} 和 c_{tf}、c_{tr} 代表充气轮胎的压缩性和阻尼；c_s、c_{ss}、$c_{1\sim4}$、k_s、k_{ss} 和 $k_{1\sim4}$ 的含

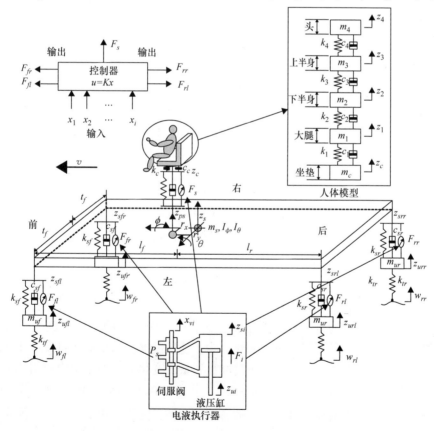

图3.1 集成的全车悬架、座椅悬架和驾驶员身体模型

义见表 3.1。F_{fl}、F_{fr}、F_{rl}、F_{rr} 和 F_s 表示施加在汽车悬架和座椅悬架上的可控阻尼力。

表 3.1 座椅-驾驶员悬架模型的参数

c_{ss}	座椅悬置阻尼	k_{ss}	座椅悬置刚度
c_c	坐垫阻尼	k_c	坐垫刚度
c_1	臀部和大腿阻尼	k_1	臀部和大腿刚度
c_2	脊柱阻尼	k_2	脊柱刚度
c_3	座椅阻尼	k_3	胸椎刚度
c_4	颈椎阻尼	k_4	颈椎刚度

综合标称系统的状态空间方程如下：

$$\dot{x} = Ax + B_w w + Bu \tag{3.1}$$

式中，$x = [p^T \quad \dot{p}^T]^T$ 是状态矢量。

$p = [x_u \quad q \quad x_d]^T$

$q = [z_s \quad \theta \quad \phi]^T$

$x_u = [z_{ufl} \quad z_{ufr} \quad z_{url} \quad z_{urr}]^T$

$x_d = [z_f \quad z_c \quad z_1 \quad z_2 \quad z_3 \quad z_4]^T$

$u = [F_a^T \quad F_s^T]^T$ 是控制输入矢量，$F_a = [F_{fl} \quad F_{fr} \quad F_{rl} \quad F_{rr}]^T$ 和 $w = [z_{rfl} \quad z_{rfr} \quad z_{rrl} \quad z_{rrr}]^T$ 是道路干扰矢量。有关推导的详细信息，请参见附录。

在实践中，所有的执行器都受到其物理性能的限制，因此，对于座椅悬架和汽车底盘悬架的主动控制来说，需要考虑执行器的饱和度。考虑到执行器的饱和度，式（3.1）修改为

$$\dot{x} = Ax + B_w w + B\bar{u} \tag{3.2}$$

式中，$\bar{u} = \text{sat}(u)$，$\text{sat}(u)$ 是由 a 定义的控制输入 u 的饱和函数，

$$\text{sat}(u) = \begin{cases} -u_{\lim} & \text{若 } u < -u_{\lim} \\ u & \text{若 } -u_{\lim} \leq u \leq u_{\lim} \\ u_{\lim} & \text{若 } u > u_{\lim} \end{cases} \tag{3.3}$$

式中，$u_{\lim}$ 是控制输入的极限值。

此外，当驾驶员的身体状况发生变化或具有不同质量的不同驾驶员驾驶车辆时，驾驶员身体的质量可能会发生变化。为了使控制器在驾驶员质量发生变化的情况下仍具有足够的性能，我们将考虑驾驶员质量的变化。参考本章中使用的驾驶员模型，可以看出驾驶员的质量是大腿、下半身、躯干和头部的质量，即，$m = \sum_{i=1}^{4} m_i$ 可以合理地假设，驾驶员身体各部分的质量变化率相等，驾驶员的质量实际上在 $[m_{\min}, m_{\max}]$ 的范围内变化，其中 $m_{\min}$ 和 $m_{\max}$ 是驾驶员可能的最小和最大质量。因此，将模型中出现的不确定的驾驶员质量表示为

$$\frac{1}{m} = h_1 \frac{1}{m_{\min}} + h_2 \frac{1}{m_{\max}} \tag{3.4}$$

其中 h_1、h_2 定义为

$$h_1 = \frac{1/m - 1/m_{\max}}{1/m_{\min} - 1m_{\max}}, \quad h_2 = \frac{1/m_{\max} - 1/m}{1/m_{\min} - 1/m_{\max}} \tag{3.5}$$

可以看出，$h_i \geqslant 0$（$i = 1, 2$），并且 $\sum_{i=1}^{2} h_i = 1$。如果我们定义

$$m_{\min} = (1-\delta)m = \delta_{\min} m = \delta_{\min} \sum_{i=1}^{4} m_i, m_{\max} = (1+\delta)m = \delta_{\max} m = \delta_{\max} \sum_{i=1}^{4} m_i$$

其中 $0 < \delta < 1$，$\delta_{\min} = 1 - \delta$，并且 $\delta_{\max} = 1 + \delta$，式（3.2）中有不确定的驾驶员质量的车辆模型可以表示为

$$\dot{x} = \sum_{i=1}^{2} h_i A_i x + B_w w + B\bar{u} \tag{3.6}$$

其中矩阵 A_i（$i = 1, 2$），是通过将矩阵 A 中的 m_j（$j = 1, 2, 3, 4$）分别替换为 $\delta_{\min} m_j$ 和 $\delta_{\max} m_j$ 获得的。

另一方面，由于驾驶员身体每个部分的刚度和阻尼系数的值在实际应用中很难准确测量，导致出现参数的不确定性。为了描述模型中的这些不确定性，可以使用范数有界的方法。如果我们使用范数有界矩阵 ΔA_i 来表示由于刚度和阻尼系数的不确定性而引起的参数不确定性，则系统（3.6）可以写成：

$$\dot{x} = \sum_{i=1}^{2} h_i (A_i + \Delta A_i) x + B_w w + B\bar{u} \tag{3.7}$$

式中，$\Delta A_i = H_a F E_i$，表示矩阵 A_i 上刚度和阻尼系数的不确定性，H_a 和 E_i 是已知的具有适当维数的常数矩阵，可以根据矩阵 A_i 中出现的不确定参数的位置和变化范围来定义。F 是一个未知的矩阵函数，它的边界条件是 $F^T F \leqslant I$，为了描述简单，我们定义 $A_h = \sum_{i=1}^{2} h_i A_i, \Delta A_h = \sum_{i=1}^{2} h_i \Delta A_i = \sum_{i=1}^{2} h_i H_a F E_i = H_a F E_h, E_h = \sum_{i=1}^{2} h_i E_i, \hat{A}_h = A_h + \Delta A_h$，然后，式（3.7）表示为

$$\dot{x} = \hat{A}_h x + B_w w + B\bar{u} \tag{3.8}$$

为了解决控制器设计过程中的饱和问题，将使用以下引理：

引理 3.1 对于由式（3.3）定义的饱和约束，只要 $|u| \leqslant \dfrac{u_{\lim}}{\varepsilon}$，我们就有

$$\left\| \bar{u} - \frac{1+\varepsilon}{2} u \right\| \leqslant \frac{1-\varepsilon}{2} \|u\| \tag{3.9}$$

因此

$$\left[\bar{u} - \frac{1+\varepsilon}{2} u \right]^T \left[\bar{u} - \frac{1+\varepsilon}{2} u \right] \leqslant \left(\frac{1-\varepsilon}{2} \right)^2 u^T u \tag{3.10}$$

式中，ε 是给定标量，$0 < \varepsilon < 1$。

为了在下一节中应用引理 3.1，系统（3.8）进一步写为

$$\dot{x} = \hat{A}_h x + B_w w + \frac{1+\varepsilon}{2} Bu + B\left(\bar{u} - \frac{1+\varepsilon}{2} u\right)$$

$$= \hat{A}_h x + B_w w + \frac{1+\varepsilon}{2} Bu + Bd \tag{3.11}$$

式中，$d = \bar{u} - \frac{1+\varepsilon}{2} u$。

为了得到主要结果，还使用了以下引理。

引理3.2 对于任何具有适当维数的矩阵（或向量）X 和 Y，有

$$X^T Y + Y^T X \leq \varepsilon X^T X + \varepsilon^{-1} Y^T Y \tag{3.12}$$

式中，ε 是大于0的任何标量。

3.3 鲁棒控制系统设计

3.3.1 控制目标

对于具有驾驶员身体模型的悬架设计，乘坐舒适性的性能将主要由驾驶员头部加速度来描述，因此，驾驶员头部加速度为

$$z_{g1} = \ddot{z}_4 = \hat{C}_h x \tag{3.13}$$

式中，$\hat{C}_h = C_h + \Delta C_h$，$C_h = \sum_{i=1}^{2} h_i C_i$，$\Delta C_h = \sum_{i=1}^{2} h_i \Delta C_i = \sum_{i=1}^{2} h_i H_c F E_i = H_c F E_h$，$C_i$ 是 A_i 矩阵的最后一行，ΔC_i 代表不确定性，将被定义为控制输出之一。另一方面，对于车辆悬架系统，除了乘坐舒适性之外，还应当考虑悬架挠度限制和抓地能力。为了使悬架挠度保持在极限范围内，汽车悬架挠度 $z_{si} - z_{ui}, i \in \{fl, fr, rl, rr\}$ 和座椅悬架挠度 $z_c - z_{ps}$ 必须要小。类似地，为了保持车轮与地面接触，车轮垂直位移 $z_{ui}, i \in \{fl, fr, rl, rr\}$ 必须较小，以便可以实现良好的道路保持性能。因此，我们将悬架挠度和车轮位移定义为另外两个控制输出，即

$$z_{g2} = [z_{sfl} - z_{ufl} \quad z_{sfr} - z_{ufr} \quad z_{srl} - z_{url} \quad z_{srr} - z_{urr} \quad z_c - z_{ps}]^T = C_2 x \tag{3.14}$$

和

$$z_{g3} = [z_{ufl} \quad z_{ufr} \quad z_{url} \quad z_{urr}]^T = C_3 x \tag{3.15}$$

式中，C_2 和 C_3 可以根据状态向量 x 进行适当定义。例如，C_2 的第一行可以被定义为

$[-1 \quad 0 \quad 0 \quad 0 \quad 1 \quad -l_f \quad t_f \quad [0]_{1\times 18}]$，$C_3$ 的第一行可以被定义为 $[1 \quad [0]_{1\times 25}]$。

由于三个控制目标相互冲突，因此无法同时优化它们。为了折中这些控制目标，并在控制器设计过程中将多目标问题转换为单个目标问题，最终控制输出定义为

$$z = \begin{bmatrix} z_{g1} \\ \alpha_2 z_{g2} \\ \alpha_3 z_{g3} \end{bmatrix} = \begin{bmatrix} \hat{C}_h \\ \alpha_2 C_2 \\ \alpha_3 C_3 \end{bmatrix} x = \left(\begin{bmatrix} C_h \\ \alpha_2 C_2 \\ \alpha_3 C_3 \end{bmatrix} + \begin{bmatrix} \Delta C_h \\ 0 \\ 0 \end{bmatrix} \right) x$$

$$= \left(\begin{bmatrix} C_h \\ \alpha_2 C_2 \\ \alpha_3 C_3 \end{bmatrix} + \begin{bmatrix} H_c F E_h \\ 0 \\ 0 \end{bmatrix} \right) x = (C_z + \Delta C_z) x \equiv \hat{C}_z x \tag{3.16}$$

式中，α_2 和 α_3 是用于在 z_{g1} 到 z_{g3} 之间进行权衡的加权参数：

$$C_z = \begin{bmatrix} C_h^T & \alpha_2 C_2^T & \alpha_3 C_3^T \end{bmatrix}^T = \begin{bmatrix} \sum_{i=1}^{2} h_i C_i^T & \alpha_2 C_2^T & \alpha_3 C_3^T \end{bmatrix}^T = \sum_{i=1}^{2} h_i \hat{C}_i$$

$$\hat{C}_i = \begin{bmatrix} C_i^T & \alpha_2 C_2^T & \alpha_3 C_3^T \end{bmatrix}^T, \Delta C_z = \hat{H}_c F E_h, \hat{H}_c = \begin{bmatrix} H_c^T & 0 & 0 \end{bmatrix}^T$$

为了获得良好的悬架性能并使控制器在宽范围的道路干扰下都能正常工作，道路干扰输入 w 和控制输出 z 之间的 L_2 增益定义为

$$\|T_{zw}\|_\infty = \sup_{w_2 \neq 0} \frac{\|z\|_2}{\|w\|_2} \tag{3.17}$$

式中，选 $\|z\|_2^2 = \int_0^\infty z^T(t) z(t) \mathrm{d}t$ 和 $\|w\|_2^2 = \int_0^\infty w^T(t) w(t) \mathrm{d}t$ 作为性能指标，$\|T_{zw}\|_\infty$ 的值小通常意味着在能量有限的道路扰动，合理的悬架偏转和抓地要求下驾驶员头部加速度的小的数值。控制目标是设计一种控制器，以使闭环系统渐近稳定且性能指标式（3.17）最小。

3.3.2 鲁棒的控制器设计

在实际应用中，并非所有的状态变量都是可测量的，特别是对于高自由度人体模型，在驾驶员驾驶时，大多数状态变量（如躯干位移和速度）不可测量或不适合测量。因此，将为集成系统设计仅使用可用度量的静态输出反馈控制器，以实现所需的目标。

静态输出反馈控制器设计为

$$u = \begin{bmatrix} K_1 C_{s1} \\ K_2 C_{s2} \\ \vdots \\ K_5 C_{s5} \end{bmatrix} x \tag{3.18}$$

式中，K_i（$i = 1, 2, \cdots, 5$）是要找到的反馈增益矩阵，C_{si}（$i = 1, 2, \cdots, 5$）是用于定义不同控制输入的可用状态变量的常数矩阵。

为了在式（3.18）中找到控制器增益矩阵 K_i，我们现在将式（3.8）的 Lyapunov 函数定义为

$$V(x) = x^T P x \tag{3.19}$$

式中，$P>0$，通过区分式（3.19）和式（3.8），得出：

$$\dot{V}(x) = \dot{x}^T P x + x^T P \dot{x}$$

$$= \left[\hat{A}_h x + B_w w + \frac{1+\varepsilon}{2} B u + B d\right]^T P x$$

$$+ x^T P \left[\hat{A}_h x + B_w w + \frac{1+\varepsilon}{2} B u + B d\right] \quad (3.20)$$

由于系统中有五个输入，每个输入可能使用不同的反馈信号并具有不同的饱和极限，因此我们将在推导控制器设计条件时分别描述每个输入，以减少可能的保守性。

控制输入向量定义为：$u = [F_{fl}, F_{fr}, F_{rl}, F_{rr}, F_s]^T = [u_1, u_2, u_3, u_4, u_5]^T$，其中 u_i 是第 i 个输入，$i = 1, 2, \cdots, 5$，于是也能得出 $Bu = \sum_{i=1}^{5} b_i u_i = \sum_{i=1}^{5} b_i K_i C_{si} x$，其中 b_i 是矩阵 B 的第 i 列。然后，将式（3.20）替换为

$$\dot{V}(x) = \dot{x}^T P x + x^T P \dot{x}$$

$$= \left\{\hat{A}_h x + B_w w + \sum_{i=1}^{5}\left[\frac{1+\varepsilon_i}{2} b_i u_i + b_i d_i\right]\right\}^T P x$$

$$+ x^T P \left\{\hat{A}_h x + B_w w + \sum_{i=1}^{5}\left[\frac{1+\varepsilon_i}{2} b_i u_i + b_i d_i\right]\right\}$$

式中，$d_i = \bar{u}_i - \frac{1+\varepsilon}{2} u_i$，通过使用引理 3.1、引理 3.2 和 $u_i = K_i C_{si} x$，有

$$\dot{V}(x) \leq x^T \left\{\hat{A}_h^T P + P \hat{A}_h + \sum_{i=1}^{5}\left[\left(\frac{1+\varepsilon_i}{2} b_i K_i C_{si}\right)^T P + \frac{1+\varepsilon_i}{2} P b_i K_i C_{si}\right]\right\} x$$

$$+ w^T B_w^T P x + x^T P B_w w + \sum_{i=1}^{5}(\epsilon_i d_i^T d_i + \epsilon_i^{-1} x^T P b_i b_i^T P x)$$

$$\leq x^T \left\{\hat{A}_h^T P + P \hat{A}_h + \sum_{i=1}^{5}\left[\left(\frac{1+\varepsilon_i}{2} b_i K_i C_{si}\right)^T P + \frac{1+\varepsilon_i}{2} P b_i K_i C_{si}\right]\right\} x$$

$$+ w^T B_w^T P x + x^T P B_w w + \sum_{i=1}^{5}\left[\epsilon_i \left(\frac{1-\varepsilon_i}{2}\right)^2 u_i^T u_i + \epsilon_i^{-1} x^T P b_i b_i^T P x\right]$$

$$= x^T \Theta x + w^T B_w^T P x + x^T P B_w w \quad (3.21)$$

式中

$$\Theta = \hat{A}_h^T P + P \hat{A}_h + \sum_{i=1}^{5}\left[\left(\frac{1+\varepsilon_i}{2} b_i K_i C_{si}\right)^T P + \frac{1+\varepsilon_i}{2} P b_i K_i C_{si}\right.$$

$$\left. + \epsilon_i \left(\frac{1-\varepsilon_i}{2}\right)^2 C_{si}^T K_i^T K_i C_{si} + \epsilon_i^{-1} P b_i b_i^T P\right]$$

给定标量 $0 < \varepsilon_i < 1$，ϵ_i（$i = 1, 2, \cdots, 5$）是任意的正标量。

在式（3.21）的两侧加上 $z^T z - \gamma^2 w^T w$，$\gamma > 0$ 构成了性能指标。

$$\dot{V}(x) + z^T z - \gamma^2 w^T w \leq \begin{bmatrix} x^T & w^T \end{bmatrix} \begin{bmatrix} \Theta + \hat{C}_z^T \hat{C}_z & PB_w \\ B_w^T P & -\gamma^2 I \end{bmatrix} \begin{bmatrix} x \\ w \end{bmatrix}$$

$$= \begin{bmatrix} x^T & w^T \end{bmatrix} \Pi \begin{bmatrix} x \\ w \end{bmatrix} \tag{3.22}$$

式中,$\Pi = \begin{bmatrix} \Theta + \hat{C}_z^T \hat{C}_z & PB_w \\ B_w^T P & -\gamma^2 I \end{bmatrix}$。

从式(3.22)推导出,如果 $\Pi < 0$,则 $\dot{V}(x) + z^T z - \gamma^2 w^T w < 0$,$\|T_{zw}\|_\infty < \gamma$ 初始条件为 $x(0) = 0$。当道路干扰为零,即 $w = 0$ 时,从式(3.22)可以推断出,如果 $\Pi < 0$,则 $\dot{V}(x) < 0$,具有控制器(3.18)的系统(3.8)是二次稳定的。

分别将有 diag(P^{-1}, I) 的 Π 与其转置进行预乘和后乘,并定义 $Q = P^{-1}$、$W_i C_{si} = C_{si} Q$ 和 $Y_i = K_i W_i$,$\Pi < 0$ 的条件等于

$$\begin{bmatrix} \Psi + Q \hat{C}_z^T \hat{C}_z Q & B_w \\ B_w^T & -\gamma^2 I \end{bmatrix} < 0 \tag{3.23}$$

式中

$$\Psi = Q \hat{A}_h^T + \hat{A}_h Q + \sum_{i=1}^5 \left[\frac{1+\varepsilon_i}{2} C_{si}^T Y_i^T b_i^T + \frac{1+\varepsilon_i}{2} b_i Y_i C_{si} \right.$$
$$\left. + \epsilon_i^{-1} \left(\frac{1-\varepsilon_i}{2} \right)^2 C_{si}^T Y_i^T Y_i C_{si} + \epsilon_i b_i b_i^T \right]$$

通过使用舒尔补码等价,式(3.23)等于

$$\begin{bmatrix} \Psi_1 & C_{s1}^T Y_1^T & C_{s2}^T Y_2^T & \cdots & C_{s5}^T Y_5^T & Q\hat{C}_z^T & B_w \\ * & -\epsilon_1 \left(\frac{2}{1-\varepsilon_1}\right)^2 I & 0 & 0 & 0 & 0 & 0 \\ * & * & -\epsilon_2 \left(\frac{2}{1-\varepsilon_2}\right)^2 I & 0 & 0 & 0 & 0 \\ * & * & * & \ddots & 0 & 0 & 0 \\ * & * & * & * & -\epsilon_5 \left(\frac{2}{1-\varepsilon_5}\right)^2 I & 0 & 0 \\ * & * & * & * & * & -I & 0 \\ * & * & * & * & * & * & -\gamma^2 I \end{bmatrix} < 0$$

$$\tag{3.24}$$

式中,$\Psi_1 = Q\hat{A}_h^T + \hat{A}_h Q + \sum_{i=1}^5 \left[\frac{1+\varepsilon_i}{2} C_{si}^T Y_i^T b_i^T + \frac{1+\varepsilon_i}{2} b_i Y_i C_{si} + \epsilon_i b_i b_i^T \right]$。式(3.24)进一步表示为

$$\begin{bmatrix} \Psi_2 & C_{s1}^T Y_1^T & C_{s2}^T Y_2^T & \cdots & C_{s5}^T Y_5^T & Q(C_z + \Delta C_z)^T & B_w \\ * & -\epsilon_1 \left(\frac{2}{1-\varepsilon_1}\right)^2 I & 0 & 0 & 0 & 0 & 0 \\ * & * & -\epsilon_2 \left(\frac{2}{1-\varepsilon_2}\right)^2 I & 0 & 0 & 0 & 0 \\ * & * & * & \ddots & 0 & 0 & 0 \\ * & * & * & * & -\epsilon_5 \left(\frac{2}{1-\varepsilon_5}\right)^2 I & 0 & 0 \\ * & * & * & * & * & -I & 0 \\ * & * & * & * & * & * & -\gamma^2 I \end{bmatrix} < 0$$

(3.25)

式中，$\Psi_2 = Q(A_h + \Delta A_h)^T + (A_h + \Delta A_h)Q + \sum_{i=1}^{5} \left[\frac{1+\varepsilon_i}{2} C_{si}^T Y_i^T b_i^T + \frac{1+\varepsilon_i}{2} b_i Y_i C_{si} + \epsilon_i b_i b_i^T \right]$，现在我们需要以下引理来得出结果。

引理 3.3 给定适当尺寸的矩阵 $\sum_1$、$\sum_2$、$\sum_3$，且 $\sum_1^T = \sum_1$，得

$$\sum_1 + \sum_3 \Delta \sum_2 + \sum_2^T \Delta \sum_3^T < 0$$

当且仅当 $\epsilon > 0$ 时，适用于所有满足 $\Delta^T \Delta \leq I$ 的 Δ：

$$\sum_1 + \epsilon \sum_3 \sum_3^T + \epsilon^{-1} \sum_2^T \sum_2 < 0$$

实际上，不等式（3.25）等于

$$\sum_1 + \sum_3 F \sum_2 + \sum_2^T F^T \sum_3^T < 0 \qquad (3.26)$$

式中

$$\sum_1 = \begin{bmatrix} \Psi_3 & C_{s1}^T Y_1^T & C_{s2}^T Y_2^T & \cdots & C_{s5}^T Y_5^T & QC_z^T & B_w \\ * & -\epsilon_1 \left(\frac{2}{1-\varepsilon_1}\right)^2 I & 0 & 0 & 0 & 0 & 0 \\ * & * & -\epsilon_2 \left(\frac{2}{1-\varepsilon_2}\right)^2 I & 0 & 0 & 0 & 0 \\ * & * & * & \ddots & 0 & 0 & 0 \\ * & * & * & * & -\epsilon_5 \left(\frac{2}{1-\varepsilon_5}\right)^2 I & 0 & 0 \\ * & * & * & * & * & -I & 0 \\ * & * & * & * & * & * & -\gamma^2 I \end{bmatrix}$$

$$\Psi_3 = QA_h^T + A_hQ + \sum_{i=1}^{5}\left[\frac{1+\varepsilon_i}{2}C_{si}^T Y_i^T b_i^T + \frac{1+\varepsilon_i}{2}b_i Y_i C_{si} + \varepsilon_i b_i b_i^T\right], \sum_3^T =$$
$[H_a^T \ 0 \ \cdots \ 0 \ \hat{H}_c^T \ 0], \sum_2 = [E_h Q \ 0 \ \cdots \ 0 \ 0 \ 0]$。通过使用引理 3.3，我们可以看到，如果对于 $\eta > 0$，以下不等式成立，则不等式（3.26）是满足的。

$$\begin{bmatrix} \Psi_4 & C_{s1}^T Y_1^T & C_{s2}^T Y_2^T & \cdots & C_{s5}^T Y_5^T & QC_z^T + \eta H_a \hat{H}_c^T & B_w & QE_h^T \\ * & -\epsilon_1\left(\frac{2}{1-\varepsilon_1}\right)^2 I & 0 & 0 & 0 & 0 & 0 & 0 \\ * & * & -\epsilon_2\left(\frac{2}{1-\varepsilon_2}\right)^2 I & 0 & 0 & 0 & 0 & 0 \\ * & * & * & \ddots & 0 & 0 & 0 & 0 \\ * & * & * & * & -\epsilon_5\left(\frac{2}{1-\varepsilon_5}\right)^2 I & 0 & 0 & 0 \\ * & * & * & * & * & -I + \eta H_c \hat{H}_c^T & 0 & 0 \\ * & * & * & * & * & * & -\gamma^2 I & 0 \\ * & * & * & * & * & * & * & -\eta I \end{bmatrix}$$
(3.27)

式中，$\Psi_4 = QA_h^T + A_h Q + \eta H_a H_a^T + \sum_{i=1}^{5}\left[\frac{1+\varepsilon_i}{2}C_{si}^T Y_i^T b_i^T + \frac{1+\varepsilon_i}{2}b_i Y_i C_{si} + \epsilon_i b_i b_i^T\right]$。

根据定义，$A_h = \sum_{j=1}^{2} h_j A_j, C_z = \sum_{j=1}^{2} h_j \hat{C}_j, E_h = \sum_{j=1}^{2} h_j E_j$ 和 $h_j \geq 0$ 且 $\sum_{i=1}^{2} h_j = 1$，式（3.27）等价于

$$\begin{bmatrix} \Psi_5 & C_{s1}^T Y_1^T & C_{s2}^T Y_2^T & \cdots & C_{s5}^T Y_5^T & Q\hat{C}_j^T + \eta H_a \hat{H}_c^T & B_w & QE_j^T \\ * & -\epsilon_1\left(\frac{2}{1-\varepsilon_1}\right)^2 I & 0 & 0 & 0 & 0 & 0 & 0 \\ * & * & -\epsilon_2\left(\frac{2}{1-\varepsilon_2}\right)^2 I & 0 & 0 & 0 & 0 & 0 \\ * & * & * & \ddots & 0 & 0 & 0 & 0 \\ * & * & * & * & -\epsilon_5\left(\frac{2}{1-\varepsilon_5}\right)^2 I & 0 & 0 & 0 \\ * & * & * & * & * & -I + \eta H_c \hat{H}_c^T & 0 & 0 \\ * & * & * & * & * & * & -\gamma^2 I & 0 \\ * & * & * & * & * & * & * & -\eta I \end{bmatrix} < 0$$

$$j = 1,2,$$
(3.28)

式中，$\Psi_5 = QA_j^T + A_j Q + \eta H_a H_a^T + \sum_{i=1}^{5}\left[\frac{1+\varepsilon_i}{2}C_{si}^T Y_i^T b_i^T + \frac{1+\varepsilon_i}{2}b_i Y_i C_{si} + \epsilon_i b_i b_i^T\right]$。

此外，根据式（3.18），约束 $|u_i| \leq \dfrac{u_{\text{lim}i}}{\varepsilon_i}$ 可以表示为

$$|K_i C_{si} x| \leq \frac{u_{\text{lim}i}}{\varepsilon_i} \tag{3.29}$$

让 $\Omega(K_i) = \left\{ x \mid |x^T C_{si}^T K_i^T K_i C_{si} x| \leq \left(\dfrac{u_{\text{lim}i}}{\varepsilon_i}\right)^2 \right\}$，椭圆体的等效条件 $\Omega(P,\rho) = \{x \mid x^T P x \leq \rho\}$ 作为 $\Omega(K_i)$ 的子集，即 $\Omega(P,\rho) \subset \Omega(K_i)$，表示为

$$K_i C_{si} \left(\frac{P}{\rho}\right)^{-1} C_{si}^T K_i^T \leq \left(\frac{u_{\text{lim}i}}{\varepsilon_i}\right)^2 \tag{3.30}$$

通过舒尔补码等式，不等式（3.30）可表示为

$$\begin{bmatrix} \left(\dfrac{u_{\text{lim}i}}{\varepsilon_i}\right)^2 & K_i C_{si} \left(\dfrac{P}{\rho}\right)^{-1} \\ \left(\dfrac{P}{\rho}\right)^{-1} C_{si}^T K_i^T & \left(\dfrac{P}{\rho}\right)^{-1} I \end{bmatrix} \geq 0 \tag{3.31}$$

使用定义 $Q = P^{-1}$，$W_i C_{si} = C_{si} Q$ 和 $Y_i = K_i W_i$，不等式（3.31）等价于

$$\begin{bmatrix} \left(\dfrac{u_{\text{lim}i}}{\varepsilon_i}\right)^2 & Y_i C_{si} \\ C_{si}^T Y_i^T & \rho^{-1} Q \end{bmatrix} \geq 0 \tag{3.32}$$

可以看出，静态输出反馈控制器的设计是等式约束 $W_i C_{si} = C_{si} Q$ 的 LMI 式（3.23）和式（3.32）的可行性问题。

$$\text{tr}\left[(W_i C_{si} - C_{si} Q)^T (W_i C_{si} - C_{si} Q) \right] = 0 \tag{3.33}$$

通过引入的条件

$$(W_i C_{si} - C_{si} Q)^T (W_i C_{si} - C_{si} Q) \leq \mu I \tag{3.34}$$

式中 $\mu > 0$，之后

$$\begin{bmatrix} -\mu I & (W_i C_{si} - C_{si} Q)^T \\ W_i C_{si} - C_{si} Q & -I \end{bmatrix} \leq 0 \tag{3.35}$$

通过舒尔补码等价。如果我们假设 μ 是一个非常小的正数，那么式（3.35）也是一个 LMI，可以用数值方法求解。

现在，我们将控制器的设计问题总结如下：对于给定的数字 $\gamma > 0$、$\varepsilon_i > 0$、$\rho > 0$、$\mu \approx 0$ 和 $u_{\text{lim}i}$，$i = 1, 2, \cdots, 5$，具有控制器（3.18）的系统（3.7）是二次稳定的，如果存在矩阵 $Q > 0$、W_i、Y_i 和标量 $\varepsilon_i > 0$，$\eta > 0$，$i = 1, 2, \cdots, 5$，则 $\|T_{zw}\|_\infty < \gamma$。这样 LMI（3.28）、LMI（3.32）和 LMI（3.35）是可行的。此外，获得反馈增益矩阵为 $K_i = Y_i W_i^{-1}$，$i = 1, 2, \cdots, 5$。

注意到式（3.28）、式（3.32）和式（3.35）是相对于 γ^2 的线性矩阵不等式

(LMI)，因此，为了最小化性能指标 γ，可以将控制器设计问题改为最小化问题：

$$\min \gamma^2 \quad \text{s. t.} \quad \text{LMIs}(3.23),(3.32) \text{ and}(3.35) \tag{3.36}$$

这个最小化问题是一个凸优化问题，可以用一些标准软件来解决。

3.3.3 电动液压执行器的力跟踪控制

以上设计的控制器将用于计算图 3.1 所示的电动液压执行器所需的力。电动液压执行器动力学可以表示为

$$\dot{F}_i = -\beta F_i - \alpha A_s^2(\dot{z}_{si} - \dot{z}_{ui}) + \gamma_a A_s \sqrt{P_s - \frac{\text{sgn}(x_{vi})F_i}{A_s}} x_{vi} \tag{3.37}$$

$$\dot{x}_{vi} = \frac{1}{\tau}(-x_{vi} + v_i) \tag{3.38}$$

式中，x_{vi} 是滑阀排量，v_i 是伺服阀的控制输入电压，i 表示 fl、fr、rl、rr 和 s。A_s 是执行器推杆面积。P_s 是液压供应压力。$\alpha = 4\beta_e/V_t$，$\beta = \alpha C_{tm}$，$\gamma_a = \alpha C_d \omega_a \sqrt{1/\rho_a}$，$\beta_e$ 为有效体积模量，V_t 是执行器的总体积，C_{tm} 是压力引起的总泄漏系数，C_d 是流量系数，ω_a 是滑阀面积梯度，ρ_a 是液压油密度，τ 是滑阀动力学的时间常数。

参照文献 [42]，将每个执行器的伺服阀的控制输入电压定义为

$$v_i = \tau \dot{x}_{vi} + x_{vi} \tag{3.39}$$

从式（3.37）可以得出

$$x_{vi} = h_i \dot{F}_i + g_i \tag{3.40}$$

其中

$$h_i = \frac{1}{\gamma_a A_s \sqrt{P_s - \frac{\text{sgn}(x_{vi})F_i}{A_s}}}, g_i = \frac{\alpha A_s^2(\dot{z}_{si} - \dot{z}_{ui}) + \beta F_i}{\gamma_a A_s \sqrt{P_s - \frac{\text{sgn}(x_{vi})F_i}{A_s}}}$$

通过定义

$$U_i = \dot{F}_{di} - K_p(F_i - F_{di}) \tag{3.41}$$

式中，F_{di} 是设计的控制器产生的所需力，K_p 是一个正比例系数，令 $U_i = \dot{F}_i$，从式（3.41）可以看出：

$$\dot{e} + K_p e = 0 \tag{3.42}$$

式中，$e = F_i - F_{di}$，是力跟踪误差，当时间接近无穷大时，执行器力将以指数形式收敛到期望的力。

将式（3.41）替换为式（3.40），然后是式（3.39），得出

$$v_i = (\tau \dot{h}_i + h_i)U_i + \tau h_i \dot{U}_i + g_i + \tau \dot{g}_i \tag{3.43}$$

因此，阀门控制输入电压可由式（3.43）计算，其中 U_i 根据所需控制力和力跟踪误差从式（3.41）中获得。

3.4 数值模拟

通过数值模拟评估了所提出的用于改善驾驶员乘坐舒适性的集成系统主动控制的有效性。

表 3.2 中列出了全车悬架的参数，表 3.3 中列出了座椅悬架和驾驶员人体模型参数，表 3.4 中列出了电动液压执行器参数。

就实践中信号的测量可用性而言，簧上和簧下质量之间的相对速度为 $\dot{z}_{si} - \dot{z}_{ui}$，簧下质量位移 z_{ui} 和速度 $\dot{z}_{ui}$，$i \in \{fl, fr, rl, rr\}$ 将用作汽车悬架控制的反馈信号。

表 3.2 全车悬架模型的参数取值

参数	值	单位	参数	值	单位
m_s	1460	kg	c_{sf}	946	N·m/s
I_θ	2460	kg·m^2	c_{sr}	946	N·m/s
I_ϕ	460	kg·m^2	k_{sf}	20580	N/m
m_{uf}	40	kg	k_{sr}	20580	N/m
m_{ur}	35.5	kg	k_{tf}, k_{tr}	175500	N/m
l_f	1.011	m	t_f	0.761	m
l_r	1.803	m	tr	0.755	m
r_x	0.3	m	r_y	0.25	m

表 3.3 座椅悬架和驾驶员人体模型的参数取值

质量	值/kg	阻尼系数	值/(Ns/m)	刚度	值/(N/m)
m_f	15	c_{ss}	830	k_{ss}	31000
m_c	1	c_c	200	k_c	18000
m_1	12.78	$c1$	2064	k_1	18000
m_2	8.62	$c2$	4585	k_2	162800
m_3	28.49	$c3$	4750	k_3	183000
m_4	5.31	$c4$	400	k_4	310000

表 3.4 电液执行器的参数取值

参数	a	β	γ	p_s	A_s	τ
单位	N/m^5	s^{-1}	N/m$^{5/2}$/kg$^{1/2}$	Pa	m^2	s
值	4.515×10^{13}	1	1.545×10^9	10342500	3.35×10^{-4}	0.003

在座椅悬架控制中,以座舱地板与座椅骨架之间的相对速度 $\dot{z}_f - \dot{z}_{ps}$ 和相对位移 $z_f - z_{ps}$ 作为反馈信号。通过求解式(3.36)的最小化问题,将集成系统模型(3.8)的静态输出反馈控制器增益矩阵设计为

$$K_1 = 10^5 \times [\ -0.2275x_1 \quad -0.0062x_{14} \quad 0.0862x_{18} \quad -0.0872x_{19} \quad 0.0656x_{20}\ ] \tag{3.44}$$

$$K_2 = 10^5 \times [\ -0.0590x_2 \quad -0.0025x_{15} \quad 0.0545x_{18} \quad -0.0551x_{19} \quad -0.0415x_{20}\ ] \tag{3.45}$$

$$K_3 = 10^5 \times [\ -0.1401x_3 \quad -0.0025x_{16} \quad 0.0429x_{18} \quad 0.0773x_{19} \quad 0.0324x_{20}\ ] \tag{3.46}$$

$$K_4 = 10^5 \times [\ -0.0868x_4 \quad -0.0014x_{17} \quad 0.0348x_{18} \quad 0.0627x_{19} \quad -0.0263x_{20}\ ] \tag{3.47}$$

$$K_5 = 10^5 \times [\ 3.9667x_8 \quad -0.0163x_{18} \quad 0.0049x_{19} \quad -0.0041x_{20} \quad 0.0463x_{21}\ ] \tag{3.48}$$

为了在时域上验证系统性能,将在仿真中考虑典型的道路干扰,即颠簸道路干扰,并将其应用于车轮。

在偶尔有坑洼的平滑路面上,其地面位移为

$$z_r(t) = \begin{cases} \dfrac{a}{2}\left(1 - \cos\left(\dfrac{2\pi v_0}{l}t\right)\right), & 0 \leqslant t \leqslant \dfrac{l}{v_0} \\ 0, & t > \dfrac{l}{v_0} \end{cases} \tag{3.49}$$

式中,a 和 l 是凸块的高度和长度,v_0 是车辆前进速度。我们在模拟中选择 $a = 0.08\text{m}$、$l = 2\text{m}$、$v_0 = 30\text{km/h}$。

颠簸的道路干扰如图3.2所示,其中前后轮的道路干扰具有相同的振幅峰值,时间延迟为 $(l_f + l_r)/v_0$;对左右车轮施加不同振幅的道路扰动,以激励车辆的侧倾运动。

图3.3中比较了集成系统的驾驶员头部加速度的碰撞响应,其中被动表示系统中未使用任何控制器,主动表示设计的控制器已应用到系统中。从图3.3可以看出,与被动系统相比,所设计的主动控制系统在驾驶员头部加速度的最大峰值方面改进了乘坐舒适性。汽车悬架挠度的比较如图3.4所示,从中可以看到,主动控制系统与被动系统相比,产生了同样的汽车悬架挠度。在图3.5中对轮胎变形做了进一步比较。从图3.5可以看出,两个系统都会产生相似的轮胎变形。这意味着主动控制系统保持与被动系统相似的抓地性能,同时实现更好的乘坐舒适性。图3.6所示的是底盘悬架中由电动液压执行器产生的所需力和相应的实际力,图3.7所示是座椅悬架的。可以看出,所用的力跟踪控制策略能够使执行器输出的力与所需的力

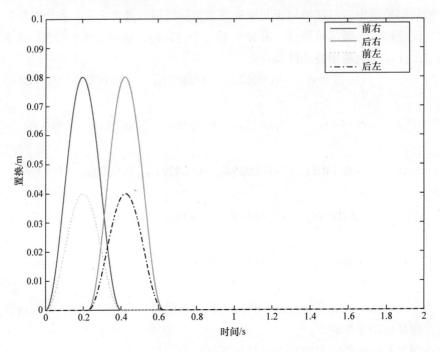

图 3.2 颠簸的道路干扰

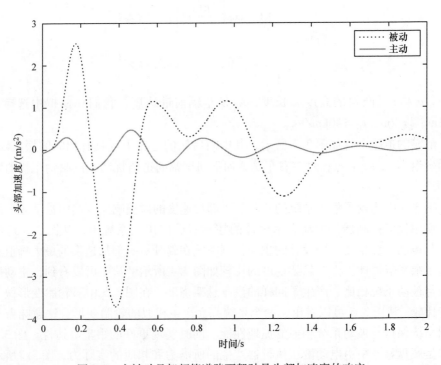

图 3.3 主被动悬架颠簸道路下驾驶员头部加速度的响应

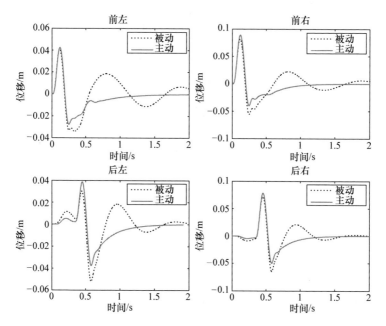

图 3.4　主被动悬架系统挠度的响应

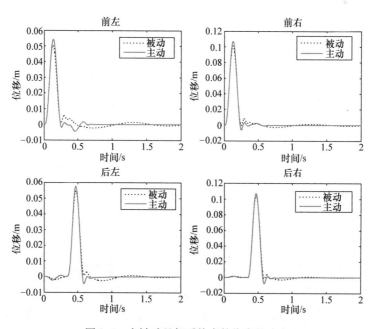

图 3.5　主被动悬架系统车轮挠度的响应

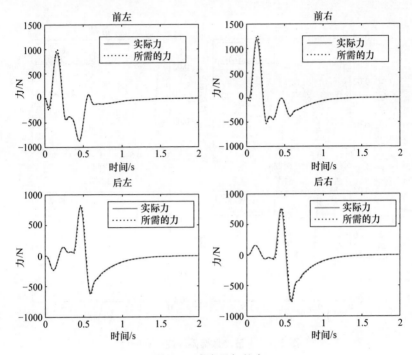

图 3.6 底盘悬架的力

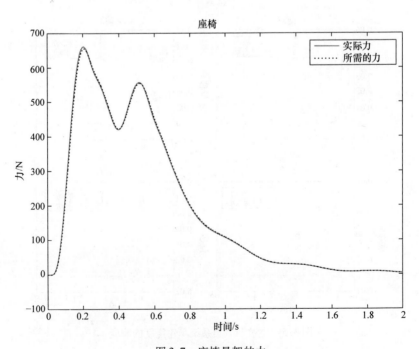

图 3.7 座椅悬架的力

接近，从而保证了所设计系统的性能。还可以得出，座椅悬架辅助汽车底盘悬架，能够用较小的输出力提高乘坐舒适性。

在仿真过程中，通过有意改变驾驶员身体模型的参数值来检验所设计控制系统的鲁棒性。首先考虑驾驶员身体质量的变化。选取 35~75kg 不同质量的驾驶员，根据颠簸路面输入下驾驶员头部加速度峰值来评价其乘坐舒适性。被动悬架和设计的主动悬架之间的比较如图 3.8 所示。从中可以看出，无论驾驶员质量如何变化，所设计的主动悬架几乎都能保持相同的性能，并且始终优于被动悬架。然后，将刚度系数和阻尼系数修改为标称值的上下 5%。生成了四种不同刚度和阻尼系数的实例。图 3.9 比较了五种情况，包括正常的情况。从图 3.9 可以看出，即使存在参数不确定性，与被动悬架相比，所设计的主动悬架仍可以获得良好的乘坐舒适性。主动悬架鲁棒性被证明是有效的。

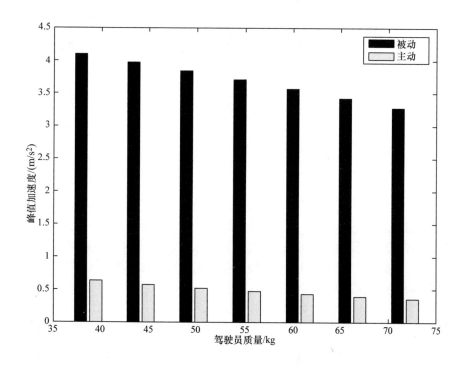

图 3.8 不同质量的驾驶员头部峰值加速度比较

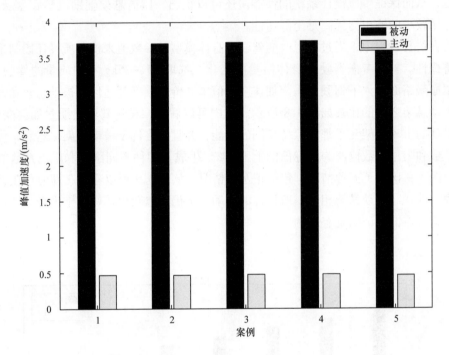

图 3.9　不同案例驾驶员头部峰值加速度比较

3.5　结论

在本章中,我们开发了一种集成式主动悬架。首先建立了集成悬架模型,然后设计了集成控制器。针对实际系统中某些状态变量不可测的问题,提出了一种静态输出反馈控制器的设计方法。通过数值仿真验证了所设计的主动悬架系统的性能。结果表明,与被动悬架相比,无论驾驶员身体模型参数如何变化,集成悬架都能提供更好的乘坐舒适性。

附录

对于小角度 φ 和 θ,$\sin\varphi \approx \varphi$,$\cos\varphi \approx 1$,$\sin\theta \approx \theta$,$\cos\theta \approx 1$,有以下近似线性关系:

$$z_{ps} = z_s - r_x\theta + r_y\phi \tag{3.50}$$

$$z_{sfl} = z_s - l_f\theta + t_f\phi \tag{3.51}$$

$$z_{sfr} = z_s - l_f\theta - t_f\phi \tag{3.52}$$

$$z_{srl} = z_s + l_r\theta + t_r\phi \tag{3.53}$$

$$z_{srr} = z_s + l_r\theta - t_r\phi \tag{3.54}$$

簧载质量和非簧载质量之间产生的被动力可以表示为

$$F_{sfl} = k_{sf}(z_{sfl} - z_{ufl}) + c_{sf}(\dot{z}_{sfl} - \dot{z}_{ufl}) \tag{3.55}$$

$$F_{sfr} = k_{sf}(z_{sfr} - z_{ufr}) + c_{sf}(\dot{z}_{sfr} - \dot{z}_{ufr}) \tag{3.56}$$

$$F_{srl} = k_{sr}(z_{srl} - z_{url}) + c_{sr}(\dot{z}_{srl} - \dot{z}_{url}) \tag{3.57}$$

$$F_{srr} = k_{sr}(z_{srr} - z_{urr}) + c_{sr}(\dot{z}_{srr} - \dot{z}_{urr}) \tag{3.58}$$

客舱地板与座椅骨架之间产生的被动力为

$$F_{ss} = k_{ss}(z_f - z_{ps}) + c_{ss}(\dot{z}_f - \dot{z}_{ps}) \tag{3.59}$$

非簧载质量的汽车动态垂直运动方程为

$$m_{ufl}\ddot{z}_{ufl} = F_{sfl} + F_{fl} - k_{tf}(z_{ufl} - z_{rfl}) \tag{3.60}$$

$$m_{ufr}\ddot{z}_{ufr} = F_{sfr} + F_{fr} - k_{tf}(z_{ufr} - z_{rfr}) \tag{3.61}$$

$$m_{url}\ddot{z}_{rul} = F_{srl} + F_{rl} - k_{tr}(z_{url} - z_{rrl}) \tag{3.62}$$

$$m_{urr}\ddot{z}_{urr} = F_{srr} + F_{rr} - k_{tr}(z_{urr} - z_{rrr}) \tag{3.63}$$

类似地,对于小角度 φ 和 θ,汽车底盘的动态垂直运动和旋转运动方程可以线性化为

$$m_s\ddot{z}_s = -F_{sfl} - F_{sfr} - F_{srl} - F_{srr} - F_{fl} - F_{fr} - F_{rl} - F_{rr} + F_{ss} + F_s \tag{3.64}$$

$$I_\theta\ddot{\theta} = l_f F_{sfl} + l_f F_{sfr} - l_r F_{srl} - l_r F_{srr} + l_f F_{fl} + l_f F_{fr} - l_r F_{rl} - l_r F_{rr} - r_x F_{ss} - r_x F_s \tag{3.65}$$

$$l_\phi\ddot{\phi} = -t_f F_{sfl} + t_f F_{sfr} - t_f F_{srl} + t_f F_{srr} - t_f F_{fl} + t_f F_{fr} - t_f F_{rl} + t_f F_{rr} + r_y F_{ss} + r_y F_s \tag{3.66}$$

座椅悬架和驾驶员身体的动态垂直运动方程由下式给出:

$$m_f\ddot{z}_f = k_c(z_c - z_f) + c_c(\dot{z}_c - \dot{z}_f) - F_{ss} - F_s \tag{3.67}$$

$$m_c\ddot{z}_c = -k_c(z_c - z_f) - c_c(\dot{z}_c - \dot{z}_f) + k_1(z_1 - z_c) + c_1(\dot{z}_1 - \dot{z}_c) \tag{3.68}$$

$$m_1\ddot{z}_1 = -k_1(z_1 - z_c) - c_1(\dot{z}_1 - \dot{z}_c) + k_2(z_2 - z_1) + c_2(\dot{z}_2 - \dot{z}_1) \tag{3.69}$$

$$m_2\ddot{z}_2 = -k_2(z_2 - z_1) - c_2(\dot{z}_2 - \dot{z}_1) + k_3(z_3 - z_2) + c_3(\dot{z}_3 - \dot{z}_2) \tag{3.70}$$

$$m_3\ddot{z}_3 = -k_3(z_3 - z_2) - c_3(\dot{z}_3 - \dot{z}_2) + k_4(z_4 - z_3) + c_4(\dot{z}_4 - \dot{z}_3) \tag{3.71}$$

$$m_4\ddot{z}_4 = -k_4(z_4 - z_3) - c_4(\dot{z}_4 - \dot{z}_3) \tag{3.72}$$

以质量、阻尼和刚度矩阵表示的集成模型的运动方程可以形式化为

$$M_u\ddot{x}_u = B_s(\dot{x}_s - \dot{x}_{u1}) + K_s(x_s - x_u) + K_t(w - x_u) + F_a \tag{3.73}$$

$$M_s\ddot{q} = LB_s(\dot{x}_u - \dot{x}_s) + LK_s(x_u - x_s) - LF_a$$
$$+ L_p(k_{ss}L_f x_d - k_{ss}L_p^T q + c_{ss}L_f \dot{x}_d - c_{ss}L_p^T \dot{q}) + L_p F_s \tag{3.74}$$

$$M_d\ddot{x}_d = B_d\dot{x}_d + K_d x_d + L_f^T k_{ss} L_p^T q + L_f^T c_{ss} L_p^T \dot{q} - L_f^T F_s \tag{3.75}$$

其中

$$M_u = \begin{bmatrix} m_{ufl} & 0 & 0 & 0 \\ 0 & m_{ufr} & 0 & 0 \\ 0 & 0 & m_{url} & 0 \\ 0 & 0 & 0 & m_{urr} \end{bmatrix}, M_s = \begin{bmatrix} m_s & 0 & 0 \\ 0 & I_\theta & 0 \\ 0 & 0 & I_\phi \end{bmatrix}$$

$$M_d = \begin{bmatrix} m_f & 0 & 0 & 0 & 0 & 0 \\ 0 & m_c & 0 & 0 & 0 & 0 \\ 0 & 0 & m_1 & 0 & 0 & 0 \\ 0 & 0 & 0 & m_2 & 0 & 0 \\ 0 & 0 & 0 & 0 & m_3 & 0 \\ 0 & 0 & 0 & 0 & 0 & m_4 \end{bmatrix}, B_s = \begin{bmatrix} c_{sf} & 0 & 0 & 0 \\ 0 & c_{sf} & 0 & 0 \\ 0 & 0 & c_{sr} & 0 \\ 0 & 0 & 0 & c_{sr} \end{bmatrix}$$

$$K_s = \begin{bmatrix} k_{sfl} & 0 & 0 & 0 \\ 0 & k_{sfr} & 0 & 0 \\ 0 & 0 & k_{srl} & 0 \\ 0 & 0 & 0 & k_{srr} \end{bmatrix}, K_t = \begin{bmatrix} k_{tf} & 0 & 0 & 0 \\ 0 & k_{tf} & 0 & 0 \\ 0 & 0 & k_{tr} & 0 \\ 0 & 0 & 0 & k_{tr} \end{bmatrix}$$

$$B_d = \begin{bmatrix} -c_{ss}-c_c & c_c & 0 & 0 & 0 & 0 \\ c_c & -c_c-c_1 & c_1 & 0 & 0 & 0 \\ 0 & c_1 & -c_1-c_2 & c_2 & 0 & 0 \\ 0 & 0 & c_2 & -c_2-c_3 & c_3 & 0 \\ 0 & 0 & 0 & c_3 & -c_3-c_4 & c_4 \\ 0 & 0 & 0 & 0 & c_4 & -c_4 \end{bmatrix}$$

$$K_d = \begin{bmatrix} -k_{ss}-k_c & k_c & 0 & 0 & 0 & 0 \\ k_c & -k_c-k_1 & k_1 & 0 & 0 & 0 \\ 0 & k_1 & -k_1-k_2 & k_2 & 0 & 0 \\ 0 & 0 & k_2 & -k_2-k_3 & k_3 & 0 \\ 0 & 0 & 0 & k_3 & -k_3-k_4 & k_4 \\ 0 & 0 & 0 & 0 & k_4 & -k_4 \end{bmatrix}$$

$$L = \begin{bmatrix} 1 & 1 & 1 & 1 \\ -l_f & -l_f & l_r & l_r \\ l_f & -t_f & t_r & -t_r \end{bmatrix}, L_p = \begin{bmatrix} 1 \\ -r_x \\ r_y \end{bmatrix}, L_f = \begin{bmatrix} 1 & 0 & 0 & 0 & 0 & 0 \end{bmatrix}$$

$$q = \begin{bmatrix} z_s & \theta & \phi \end{bmatrix}^T$$

$$x_s = \begin{bmatrix} z_{sfl} & z_{sfr} & z_{srl} & z_{srr} \end{bmatrix}^T, x_u = \begin{bmatrix} z_{ufl} & z_{ufr} & z_{url} & z_{urr} \end{bmatrix}^T$$

$$x_d = \begin{bmatrix} z_f & z_c & z_1 & z_2 & z_3 & z_4 \end{bmatrix}^T$$

$$w = \begin{bmatrix} z_{rfl} & z_{rfr} & z_{rrl} & z_{rrr} \end{bmatrix}^T, F_a = \begin{bmatrix} F_{fl} & F_{fr} & F_{rl} & F_{rr} \end{bmatrix}^T$$

通过使用向量之间的以下关系

$$z_f = L_f x_d$$
$$z_{ps} = L_p^T q$$
$$x_s = L^T q$$
$$F_{ss} = k_{ss} L_f x_d - k_{ss} L_p^T q + c_{ss} L_f \dot{x}_d - c_{ss} L_p^T \dot{q}$$

式（3.73）~式（3.75）可以进一步归类为

$$M_p \ddot{p} + B_p \dot{p} + K_p p = K_w w + K_f u \tag{3.76}$$

其中

$$p = \begin{bmatrix} x_u & q & x_d \end{bmatrix}^T, \quad M_p = \begin{bmatrix} M_u & 0 & 0 \\ 0 & M_s & 0 \\ 0 & 0 & M_d \end{bmatrix}$$

$$B_p = \begin{bmatrix} B_s & -B_s L^T & 0 \\ -LB_s & LB_s L^T + L_p c_{ss} L_p^T & -L_p c_{ss} L_f \\ 0 & -L_f^T c_{ss} L_p^T & -B_d \end{bmatrix}$$

$$K_p = \begin{bmatrix} K_s + K_t & -K_s L^T & 0 \\ -LK_s & LK_s L^T + L_p k_{ss} L_p^T & -L_p k_{ss} L_f \\ 0 & -L_f^T k_{ss} L_p^T & -K_d \end{bmatrix}$$

$$K_w = \begin{bmatrix} K_t \\ 0 \\ 0 \end{bmatrix}, \quad K_f = \begin{bmatrix} I & 0 \\ -L & L_p \\ 0 & -L_f^T \end{bmatrix}, \quad u = \begin{bmatrix} F_a \\ F_s \end{bmatrix}$$

通过将状态向量定义为 $x = \begin{bmatrix} p^T & \dot{p}^T \end{bmatrix}^T$，可以将动力学方程（3.76）写成状态空间形式，如下所示：

$$\dot{x} = Ax + B_w w + Bu \tag{3.77}$$

其中

$$A = \begin{bmatrix} 0 & I \\ -M_p^{-1} K_p & -M_p^{-1} B_p \end{bmatrix}, \quad B_w = \begin{bmatrix} 0 \\ M_p^{-1} K_w \end{bmatrix}, \quad B = \begin{bmatrix} 0 \\ M_p^{-1} K_f \end{bmatrix}$$

参 考 文 献

[1] M. S. Fallah, R. Bhat, and W. F. Xie. 'New model and simulation of Macpherson suspension system for ride control applications'. *Vehicle System Dynamics*, 47(2):195–220, 2009.

[2] D. Hrovat. 'Survey of advanced suspension developments and related optimal control applications'. *Automatica*, 33(10):1781–1817, 1997.

[3] R. A. Williams. 'Automotive active suspensions'. *Proceedings of the Institution of Mechanical Engineers, Part D: Journal of Automobile Engineering*, 211(6):415–444, 1997.

[4] H. Du, J. Lam, and K. Y. Sze. 'Design of non-fragile H_∞ controller for active vehicle suspensions'. *Journal of Vibration and Control*, 11:225–243, 2005.

[5] H. Du, K. Y. Sze, and J. Lam. 'Semi-active H_∞ control of vehicle suspension

with magneto-rheological dampers'. *Journal of Sound and Vibration*, 283: 981–996, 2005.

[6] H. Gao, J. Lam, and C. Wang. 'Multi-objective control of vehicle active suspension systems via load-dependent controllers'. *Journal of Sound and Vibration*, 290(3):654–675, 2006.

[7] E. Guglielmino, T. Sireteanu, C. W. Stammers, G. Ghita, and M. Giuclea. *Semi-active Suspension Control – Improved Vehicle Ride and Road Friendliness*. Springer, London, 2008.

[8] M. Zapateiro, N. Luo, H. R. Karimi, and J. Vehi. 'Vibration control of a class of semiactive suspension system using neural network and backstepping techniques'. *Mechanical Systems and Signal Processing*, 23(6):1946–1953, 2009.

[9] H. Gao, W. Sun, and P. Shi. 'Robust sampled-data H_∞ control for vehicle active suspension systems'. *IEEE Transactions on Control Systems Technology*, 18(1):238–245, 2010.

[10] W. Sun, H. Gao, and O. Kaynak. 'Finite frequency H_∞ control for vehicle active suspension systems'. *IEEE Transactions on Control Systems Technology*, 19(2):416–422, 2011.

[11] M. Zapateiro, F. Pozo, H. R. Karimi, and N. Luo. 'Semiactive control methodologies for suspension control with magnetorheological dampers'. *IEEE/ASME Transactions on Mechatronics*, 17(2):370–380, 2012.

[12] H. Li, H. Liu, H. Gao, and P. Shi. 'Reliable fuzzy control for active suspension systems with actuator delay and fault'. *IEEE Transactions on Fuzzy Systems*, 20(2):342–357, 2012.

[13] W. Sun, Y. Zhao, J. Li, L. Zhang, and H. Gao. 'Active suspension control with frequency band constraints and actuator input delay'. *IEEE Transactions on Industry Electronics*, 59(1):530–537, 2012.

[14] S.-B. Choi, M.-H. Nam, and B.-K. Lee. 'Vibration control of a MR seat damper for commercial vehicle'. *Journal of Intelligent Material Systems and Structures*, 11:936–944, 2000.

[15] I. J. Tiemessen, C. T. J. Hulshof, and M. H. W. Frings-Dresen. 'An overview of strategies to reduce whole-body vibration exposure on drivers: A systematic review'. *International Journal of Industrial Ergonomics*, 37:245–256, 2007.

[16] H. Du, W. Li, and N. Zhang. 'Semi-active variable stiffness vibration control of vehicle seat suspension using an MR elastomer isolator'. *Smart Materials and Structures*, 20(10):1–10, 2011.

[17] Y. Wan and J. M. Schimmels. 'Improved vibration isolating seat suspension designs based on position-dependent nonlinear stiffness and damping characteristics'. *Journal of Dynamic Systems, Measurement, and Control*, 125(3): 330–338, 2003.

[18] C.-M. Lee, A. H. Bogatchenkov, V. N. Goverdovskiy, Y. V. Shynkarenko, and A. I. Temnikov. 'Position control of seat suspension with minimum stiffness'. *Journal of Sound and Vibration*, 292:435–442, 2006.

[19] J.-D. Wu and R.-J. Chen. 'Application of an active controller for reducing small-amplitude vertical vibration in a vehicle seat'. *Journal of Sound and Vibration*, 274:939–951, 2004.

[20] M. Bouazara, M. J. Richard, and S. Rakheja. 'Safety and comfort analysis of a 3-D vehicle model with optimal non-linear active seat suspension'. *Journal of Terramechanics*, 43:97–118, 2006.

[21] I. Maciejewski, L. Meyer, and T. Krzyzynski. 'The vibration damping effectiveness of an active seat suspension system and its robustness to varying mass loading'. *Journal of Sound and Vibration*, 329(19):3898–3914, 2010.

[22] Y. Zhao, L. Zhao, and H. Gao. 'Vibration control of seat suspension using H_∞ reliable control'. *Journal of Vibration and Control*, 16(12):1859–1879, 2010.

[23] Y. Zhao, W. Sun, and H. Gao. 'Robust control synthesis for seat suspension systems with actuator saturation and time-varying input delay'. *Journal of Sound and Vibration*, 329(21):4335–4353, 2010.

[24] W. Sun, J. Li, Y. Zhao, and H. Gao. 'Vibration control for active seat suspension systems via dynamic output feedback with limited frequency characteristic'. *Mechatronics*, 21:250–260, 2011.

[25] O. Gundogdu. 'Optimal seat and suspension design for a quarter car with driver model using genetic algorithms'. *International Journal of Industrial Ergonomics*, 37:327–332, 2007.

[26] A. Kuznetsov, M. Mammadov, I. Sultan, and E. Hajilarov. 'Optimization of a quarter-car suspension model coupled with the driver biomechanical effects'. *Journal of Sound and Vibration*, 330:2937–2946, 2011.

[27] S.-B. Choi and Y.-M. Han. 'Vibration control of electrorheological seat suspension with human-body model using sliding mode control'. *Journal of Sound and Vibration*, 303:391–404, 2007.

[28] H. Du, J. Lam, and K. Y. Sze. 'Non-fragile output feedback H_∞ vehicle suspension control using genetic algorithm'. *Engineering Applications of Artificial Intelligence*, 16(8):667–680, 2003.

[29] H. Du and N. Zhang. 'Designing H_∞/GH_2 static-output feedback controller for vehicle suspensions using linear matrix inequalities and genetic algorithms'. *Vehicle System Dynamics*, 46(5):385–412, 2008.

[30] H. Du, N. Zhang, and J. Lam. 'Parameter-dependent input-delayed control of uncertain vehicle suspensions'. *Journal of Sound and Vibration*, 317(3): 537–556, 2008.

[31] J. H. Kim and F. Jabbari. 'Actuator saturation and control design for buildings under seismic excitation'. *Journal of Engineering Mechanics*, 128(4): 403–412, 2002.

[32] K. Zhou and P. P. Khargonekar. 'An algebraic Riccati equation approach to H_∞ optimization'. *Systems & Control Letters*, 11:85–91, 1988.

[33] S. Boyd, L. El Ghaoui, E. Feron, and V. Balakrishnan. *Linear Matrix Inequalities in System and Control Theory*. SIAM, Philadelphia, PA, June 1994.

[34] H. Gao and T. Chen. 'Network-based H_∞ output tracking control'. *IEEE Transactions on Automatic Control*, 53(3):655–667, 2008.

[35] Y.-Y. Cao and Z. Lin. 'Robust stability analysis and fuzzy-scheduling control for nonlinear systems subject to actuator saturation'. *IEEE Transactions on Fuzzy Systems*, 11(1):57–67, 2003.

[36] Y. Niu, J. Lam, X. Wang, and D. W. C. Ho. 'Observer-based sliding mode control for nonlinear state-delayed systems'. *International Journal of*

Systems Science, 35(2):139–150, 2004.

[37] D. W. C. Ho and Y. Niu. 'Robust fuzzy design for nonlinear uncertain stochastic systems via sliding-mode control'. *IEEE Transactions on Fuzzy Systems*, 15(3):350–358, 2007.

[38] A. Alleyne and J. K. Hedrick. 'Nonlinear adaptive control of active suspensions'. *IEEE Transactions on Control Systems Technology*, 3(1):94–101, 1995.

[39] P. C. Chen and A. C. Huang. 'Adaptive sliding control of active suspension systems with uncertain hydraulic actuator dynamics'. *Vehicle System Dynamics*, 44(5):357–368, 2006.

[40] A. Alleyne and R. Liu. 'On the limitations of force tracking control for hydraulic servosystems'. *Journal of Dynamic Systems, Measurement, and Control*, 121(2):184–190, 1999.

[41] H. Du and N. Zhang. 'Fuzzy control for nonlinear uncertain electrohydraulic active suspensions with input constraint'. *IEEE Transactions on Fuzzy Systems*, 17(2):343–356, 2009.

[42] M. M. Fateh and S. S. Alavi. 'Impedance control of an active suspension system'. *Mechatronics*, 19(1):134–140, 2009.

[43] S. B. Choi and S. S. Han. 'H_∞ control of electrorheological suspension system subjected to parameter uncertainties'. *Mechtronics*, 13:639–657, 2003.

第 4 章 车辆主动悬架系统的区间 2 型模糊控制器

Jiangtao Cao，Ping Li 和 Honghai Liu

摘要

针对车辆主动悬架系统的非线性控制问题，提出了一种新的区间 2 型模糊控制器结构。为了构造线性模型控制面之间的切换路径，它集成了 Takagi–Sugeno (T-S) 模糊模型、区间 2 型模糊推理、Wu–Mendel 不确定性边界方法和选定的优化算法。文中给出了该方法的稳定性分析。将该方法应用于一个非线性半车主动悬架系统的数值实例和实例研究，仿真结果验证了该方法的有效性和效率。

4.1 简介

车辆悬架系统作为一种典型的非线性系统，在乘坐舒适性、操作安全性和最小化道路损害方面起着至关重要的作用，并且对车辆的整体性能也有着重要的影响。显然，为了使所有类型的悬架系统（包括被动悬架、半主动悬架和主动悬架）的整体性能更好，必须进行权衡取舍。近年来，主动悬架受到了越来越多的关注，这主要是由于其较少的物理约束、灵活的结构以及用智能方法来处理随机振动。另外，主动悬架系统核心部件不同的开发控制算法对改善悬架性能有着显著的贡献。

为了对主动悬架进行控制，控制算法必须能够处理机械非线性动力学问题，并且能够在不精确和不确定的情况下工作，这些情况主要是由随机自然路面引起的。模糊逻辑控制器（FLC）背后的机制被认为是设计鲁棒控制器的一种可行方法，在非线性、不确定性和不精确性的情况下仍然能够提供令人满意的性能。因此，近年来 FLC 已成为主动悬架系统的一种常用方法。构造用于车辆悬架控制系统的 FLC 有多种不同的方法。通常，通过引出相应的模糊规则和基于专家知识或行业经验定义其隶属函数来构造 FLC。更重要的是，我们已经在改进只用计算智能策略的基本模糊控制结构方面做出了贡献。显然，将模糊控制器与神经网络和遗传算法等其他智能方法相结合确实可以改善不确定情况下的控制性能。

从应用的角度来看，所有现有的悬架控制系统都采用 1 型模糊集来建立 1 型模糊控制系统。它限制了通过预先定义的隶属函数从语言规则中引入不确定因素。为了克服这一缺点，最近人们提出了 2 型模糊集，它具有更一般的模糊隶属函数和解决现实世界中不确定情况的潜在能力。2 型模糊集的概念最初是由 Zadeh 作为普通模糊集的一个扩展而提出的。近十年来，它从理论研究到应用有了长足的发展。由至少一个 2 型模糊集组成的模糊逻辑系统称为 2 型模糊逻辑系统。与 1 型 FLS 相比，2 型 FLS 具有以下两个优点。首先，它具有直接处理由专家经验或语言描述引起的模糊规则的不确定因素的能力。其次，在难以或不可能确定精确的隶属函数和相关的不确定性度量的情况下，采用 2 型模糊逻辑系统是有效的。这些优势使得研究人员认为 2 型 FLS 更适合实际应用。

区间 2 型模糊系统（IT2 FS）是 2 型模糊系统的主要分支之一。由于其具有较低的计算代价，它在实时控制系统中得到了广泛的研究和应用。对于 IT2 模糊系统，有很多种方法将 IT2 模糊值聚合为清晰的输出。这里，考虑其中两个。一种是以 Karnik - Mendel 算法代表的，它涉及降阶（TR）。另一种用 Wu - Mendel 不确定性边界表示，不涉及 TR。

第一种方法可以使用简单的公式单调和超指数快速地计算出精确的解决方案，并且可以并行运行，但是算法迭代导致的延时是实时应用程序的瓶颈。另一方面，第二种方法用四个不确定边界代替 TR。这些边界只取决于每个规则的上下激发度和每个规则结果集的重心。Wu 和 Mendel 通过平均不确定边界来计算 IT2 FLS 的最终清晰输出。这意味着将平均算子和四个不确定性范围相结合以估计其去模糊输出是有效的计算方法。显然，现有的聚合运算符可以在解模糊化中发挥均值方法的作用，从而为个人应用程序实现更好的性能。参考文献［22 - 23］提出了一些有关 2 型模糊集去模糊化的新研究。

受 Mendel 工作的启发，本章提出了一种通过进一步优化结构将不确定性边界聚集到去模糊输出的通用结构。它将 Takagi - Sugeno（T - S）模糊模型、区间 2 型模糊推理、Wu - Mendel 不确定性界和优化算法相结合，在生成的线性模型控制面之间构造切换路径。考虑不确定性范围和进一步的优化算法，基于常见的二次 Lyapunov 函数，给出了闭环控制系统的稳定性分析。通过将 T - S 模糊模型集成到提出的 IT2 FLS 体系结构中，进一步优化模块重建生成的线性控制曲面之间的传递路径，并将控制性能和其他实际需求集成到去模糊化界面中。出于评估的目的，将所提出的结构应用于一个半车主动悬架系统的数值实例和实例研究中，得到了令人信服的结果。

本章其余部分的内容如下。第 4.2 节介绍了半车主动悬架系统的非线性模型。第 4.3 节提出了一个具有进一步优化结构的 IT2 T - S 模糊控制系统。第 4.4 节用提出的结构分析了闭环控制系统的稳定性。第 4.5 节给出了一些仿真。第 4.6 节讨论了结束语和今后的工作。

4.2 非线性主动悬架系统

车身通常是具有六个自由度（DOF）运动的刚体。它包括纵向、横向和起伏运动以及横滚、俯仰和偏航运动。这些运动受汽车悬架几何约束的约束，并在一定程度上相互耦合。忽略这种耦合问题，通常采用降阶数学模型来设计主动悬架控制系统。因此，主动悬架系统的理论分析和设计通常采用四分之一车模型或半车模型。

建立了包含纵向和起伏模式的半车模型来模拟简化后的整车的乘坐特性。在半车模型的基础上，设计了许多主动控制策略来提高车辆悬架的乘坐舒适性和操纵性能。f 和 r 表示前轮和后轮，x 和 z 表示纵向前进方向和垂直向上方向。

图 4.1 所示半车模型的符号如下所示：

d_f：前轴到重心的距离（m）。
d_r：后轴到重心的距离（m）。
m_b：半车质量（或簧上质量）（kg）。
m_{wf}：前轮质量（或簧下质量）（kg）。
m_{wr}：后轮质量（或簧下质量）（kg）。
K_{sf}：前悬架弹簧刚度（N/m）。
K_{sr}：后悬架弹簧刚度（N/m）。
K_{tf}：前轮胎刚度（N/m）。
K_{tr}：后轮胎刚度（N/m）。
c_f：前阻尼系数（N·s/m）。

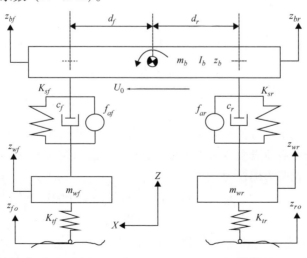

图 4.1 参考文献 [24] 中的半车悬架模型

c_r：后阻尼系数（N·s/m）。

f_{af}：前执行器作用力（N）。

f_{ar}：后执行器作用力（N）。

U_0：初始速度（m/s）。

z_b：车身位移（m）。

I_b：俯仰惯性（kg·m^2）。

z_{fo}：前车轮路面位移（m）。

z_{ro}：后车轮路面位移（m）。

z_{wf}：前车轮位移（m）。

z_{bf}：前车身位移（m）。

z_{wr}：后车轮位移（m）。

z_{br}：后车身位移（m）。

正如 Hrovat 所说，线性系统适用于某些操作。但是，在某些情况下会放大非线性效应。

这些非线性效应可能是由干摩擦和离散事件干扰（例如，单个凸起或坑洼）引起的。为了模拟真实的悬架系统并评估所提出的控制方法的潜在应用，非线性模型比线性模型更能准确地描述实际系统的动力学特性。同时，对于汽车悬架系统，高阶多项式函数比比例函数更能描述实际的弹簧力和阻尼力。基于参考文献[25]中的方法，可以使用测量数据将连接力（例如弹簧力和阻尼力）建模为非线性函数。弹簧力 f_s 由高阶多项式函数估算：

$$f_s = f_{sl} + f_{sn} = k_1 \Delta z + (k_0 + k_2 \Delta z^2 + k_3 \Delta z^3) \tag{4.1}$$

式中，f_{sl} 是弹簧力的线性项；f_{sn} 是弹簧力的非线性项。通过将方程与实验数据拟合得到系数。

通过拟合测量数据，还可以将阻尼力 f_d 建模为二阶多项式函数：

$$f_d = f_{dl} + f_{dn} = c_1 \Delta \dot{z} + c_2 \Delta \dot{z}^2 \tag{4.2}$$

式中，f_{dl} 是阻尼力的线性项；f_{dn} 是阻尼力的非线性项。同样，通过实验数据拟合得到系数。

轮胎垂向力除了具有弹簧力和阻尼力所表现出的非线性特性外，还具有高度的非线性，特别是当载荷发生较大变化时。当轮胎与路面失去接触时，甚至是垂直轮胎力也变为零。轮胎力建模为

$$f_{tl} = k_t(z_0 - z_w) \quad 若(z_0 - z_w) > 0$$
$$f_{tn} = 0 \quad 若(z_0 - z_w) \leq 0$$

式中，f_{tl} 表示线性轮胎力；f_{tn} 表示非线性轮胎力。

接下来是用于控制器设计和性能分析的主动悬架系统的非线性模型。考虑到式（4.1）和式（4.2）所示的非线性，主动悬架系统可以写成多输入多输出（MI-

MO）非线性模型：

$$\dot{X} = F(X, U) \tag{4.3}$$

式中，X 表示状态矩阵，包括车体的位移和速度（即 $\dot{Z}_b$ 和 Z_b）、悬架（即 $\dot{Z}_w$ 和 Z_w）的位移和速度，以及路面位移和速度的输入（即 $\dot{Z}_0$ 和 Z_0）；U 表示执行器控制力矩阵（即 f_{af} 和 f_{ar}）；$F(X, U)$ 是一个非线性函数，表示悬架的非线性动力学描述，可以通过将参考文献 [3] 中的线性模型与非线性力（即 f_s、f_t 和 f_d）积分得到。

4.3 区间 2 型 T–S 模糊控制系统

为了克服主动悬架系统的非线性和不确定性，人们进行了大量的研究，特别是模糊控制策略。本节内容首先简要介绍了通用的 T–S 模糊控制，然后介绍了区间隶属函数、类型 2 推理方法和所提出的优化结构，最后给出了一个新的 IT2 T–S 模糊控制系统。

4.3.1 通用 T–S 模糊模型和模糊控制系统

考虑到 T–S 模糊模型，模糊控制系统表示为一般形式：

$$R^{(l)}: \text{IF } z_1 \text{ is } F_1^l \text{ and } z_2 \text{ is } F_2^l, \cdots, \text{and } z_v \text{ is } F_v^l, \text{THEN } x(t+1) \text{ is } g^l(X, U) \tag{4.4}$$
$$\text{where } l \in L: = 1, 2 \cdots, m$$

式中，$R^{(l)}$ 表示第 l 个模糊推理规则，m 表示模糊规则的个数，$F_i^l(j=1,2,\cdots,v)$ 表示 1 型模糊集，$z(t):=[z_1, z_2, \cdots, z_v]$ 表示可测变量，$x(t) \in \Re^n$ 表示状态向量，T–S 后继项 g_i^l 定义为

$$g^l(X, U; \theta^l) = A_l x(t) + B_l u(t) + a_l$$
$$l \in L: = 1, 2, \cdots, m \tag{4.5}$$

式中，A_l、B_l 和 a_l 是 l_{th} 局部模型的参数矩阵，$u(t) \in \Re^p$ 表示输入向量。

选择模糊控制方案作为并行分布补偿控制，定义如下：

$$R^{(r)}: \text{IF } z_1 \text{ is } F_1^r \text{ and } z_2 \text{ is } F_2^r, \cdots, \text{and } z_v \text{ is } F_v^r \text{ THEN } u(t) \text{ is } K_r x(t)$$
$$r \in L: = 1, 2, \cdots, m \tag{4.6}$$

式中，K_r 代表第 r 个局部线性控制增益。

通过使用仿射项 $a_l = 0$ 的单值模糊器、乘积推论算子和中心平均解模糊公式，可以将闭环模糊控制系统重写为

$$x(t+1) = \sum_{l=1}^{m} \sum_{r=1}^{m} \mu_l \mu_r (A_l + B_l K_r) x(t) \tag{4.7}$$

假设归一化隶属函数 μ_l 和 μ_r 均满足以下条件：

$$\mu_l = \frac{\xi_l(z)}{\sum_{i=1}^{m} \xi_i(z)}$$

$$\xi_l(z) = \prod_{i=1}^{v} F_i^l(z_i)$$

$$\mu_l \geq 0, \sum_{l=1}^{m} \mu_l = 1 \tag{4.8}$$

式中，$F_i^l(z_i)$ 是模糊集 F_i^l 中 z_i 的隶属度。

4.3.2 区间2型T-S模糊控制系统

虽然 IT2 模糊推理系统具有处理高阶不确定性因素的能力，且计算成本较低，结构简单，但是在实时应用中，它难以解释 IT2 模糊推理中相关的不确定性情况。因此，本节提出了一个 IT2 T-S 模糊控制系统，以分析如何限制类型2推理过程中潜在的不确定性的问题。

为了提出 IT2 T-S FLS 的总体结构，可将式（4.4）中的第1条规则改写为以下格式：

$$R^{(l)}: \text{IF } z_1 \text{ is } \widetilde{F}_1^l \text{ and } z_2 \text{ is } \widetilde{F}_2^l, \cdots, \text{and } z_v \text{ is } \widetilde{F}_v^l \text{ THEN } x(t+1) = A_l x(t) + B_l u(t)$$
$$(l \in L: = 1, 2, \cdots, m) \tag{4.9}$$

式中，$\widetilde{F}_i^l$ 是规则1的区间2型模糊集，它对应于图4.2所示的隶属函数。第1条规则的启动强度属于以下间隔集：

$$\omega_l(x) \in [\underline{\omega}_l(x), \overline{\omega}_l(x)]; \ l = 1, 2, \cdots, m \tag{4.10}$$

其中

$$\underline{\omega}_l(x) = \underline{\mu}_{\widetilde{F}_1^l}(x) \underline{\mu}_{\widetilde{F}_2^l}(x), \cdots, \underline{\mu}_{\widetilde{F}_m^l}(x) \tag{4.11}$$

$$\overline{\omega}_l(x) = \overline{\mu}_{\widetilde{F}_1^l}(x) \overline{\mu}_{\widetilde{F}_2^l}(x), \cdots, \overline{\mu}_{\widetilde{F}_m^l}(x) \tag{4.12}$$

式中，$\underline{\mu}_{\widetilde{F}_i^l}(x)$ 和 $\overline{\mu}_{\widetilde{F}_i^l}(x)$ 分别表示较低和较高的隶属度。然后将推断的 IT2 T-S 模糊模型定义为

$$x(t+1) = \sum_{l=1}^{m} (\alpha \underline{\omega}_l(x) + \beta \overline{\omega}_l(x))(A_l x + B_l u)$$
$$= \sum_{l=1}^{m} \widetilde{\omega}_l(x)(A_l x + B_l u) \tag{4.13}$$

其中

$$\widetilde{\omega}_l(x) = \alpha \underline{\omega}_l(x) + \beta \overline{\omega}_l(x) \in [0,1]$$
$$\sum_{l=1}^{m} \widetilde{\omega}_l(x) = 1 \tag{4.14}$$

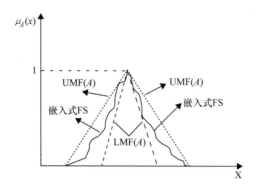

图4.2 一个IT2模糊隶属函数示例，UMF表示上隶属函数，LMF表示下隶属函数

在此，根据参考文献[26]，α 和 β 的值都被设置为0.5。

为了控制一个基于式（4.13）中描述的IT2 T-S模糊模型的非线性对象，设计了一个IT2 T-S模糊控制器，其模糊规则如下：

$$R^{(r)}: \text{IF } z_1 \text{ is } \widetilde{F}_1^r \text{ and } z_2 \text{ is } \widetilde{F}_2^r, \cdots, \text{and } z_v \text{ is } \widetilde{F}_v^r, \text{THEN } u(t) \text{ is } \widetilde{K}_r x(t)$$
$$(r \in L: = 1,2,\cdots,m) \quad (4.15)$$

式中，$\widetilde{K}_r$ 代表第 r 个局部线性控制增益。此控制器的输出定义为

$$u(t) = \sum_{r=1}^{m} f(\omega_r^L(x), \omega_r^U(x)) \widetilde{K}_r x \quad (4.16)$$

这里

$$\omega_r^L(x) = \frac{\underline{\omega}_r(x)}{\sum_{r=1}^{m}(\underline{\omega}_r(x) + \overline{\omega}_r(x))} \quad (4.17)$$

$$\omega_r^U(x) = \frac{\overline{\omega}_r(x)}{\sum_{r=1}^{m}(\underline{\omega}_r(x) + \overline{\omega}_r(x))} \quad (4.18)$$

ω_r^L 和 ω_r^U 满足：

$$\sum_{r=1}^{m}(\omega_r^L(x) + \omega_r^U(x)) = 1 \quad (4.19)$$

$f(\omega_r^L(x), \omega_r^U(x))$ 的值取决于TR方法并且属于一个区间。

本节采用TR方法，该方法基于极大极小不确定性范围。我们将 $\omega_r^L(x) + \omega_r^U(x)/2$ 赋给 $f(\omega_r^L(x), \omega_r^U(x))$，并将其代入式（4.16），得到如下结果：

$$u(t) \in [u^{(O)}(t), u^{(M)}(t)] \quad (4.20)$$

其中

$$u^{(O)}(t) = \frac{\sum_{i=1}^{m} \underline{\omega}^i K_i x}{\sum_{i=1}^{m} \underline{\omega}^i} \quad (4.21a)$$

$$u^{(M)}(t) = \frac{\sum_{i=1}^{m} \overline{\omega}^i K_i x}{\sum_{i=1}^{m} \overline{\omega}^i} \quad (4.21b)$$

然后可以通过式（4.22a）和式（4.22b）计算不确定范围。如果仅激活一个规则（即，$m=1$），则分配的下限 $\underline{u}_c(x)$ 等于上限 $\overline{u}_c(x)$。

$$\overline{u}_c(t) = \min\{u^{(O)}(t), u^{(M)}(t)\} \quad (4.22a)$$

$$\underline{u}_c(t) = \overline{u}_c(t) - \left[\frac{\sum_{i=1}^{m}(\overline{\omega}^i - \underline{\omega}^i)}{\sum_{i=1}^{m}\overline{\omega}^i \sum_{i=1}^{m}\underline{\omega}^i} \times \frac{\sum_{i=1}^{m}\underline{\omega}^i(K_i - K_1)x \sum_{i=1}^{m}\overline{\omega}^i(K_m - K_i)x}{\sum_{i=1}^{m}\underline{\omega}^i(K_i - K_1)x + \sum_{i=1}^{m}\overline{\omega}^i(K_m - K_i)x}\right]$$

$$(4.22b)$$

控制器的精确输出是

$$u(t) \approx \frac{1}{2}[\underline{u}_c(t) + \overline{u}_c(t)] \quad (4.23)$$

一般来说，T-S 模糊模型是用一组局部线性模型来描述全局非线性系统的，这些模型由模糊隶属函数平滑地连接起来。在此，IT2 T-S 模糊模型提供了一种在局部线性模型之间建立有界区间切换路径的替代方法。也就是说，在 IT2 T-S 模糊系统的原理下，一个系统模型在一个受不确定性和非线性动力学约束的区间路径上具有局部线性模型之间的切换能力。式（4.23）证明了区间项的中心路线是用于建立其全局系统模型的。为了提高从有界区间优化切换路径的性能，在该原则内确定一个合适的结构是至关重要的。

4.3.3 提出的 IT2 T-S 模糊控制系统

本节中提出了一种新颖的控制结构，旨在通过将 IT2 模糊推理结果与控制性能优化相结合来重建局部线性控制器之间的切换路径。结构如图 4.3 所示。

通过采用所提出的结构，IT2 T-S FLS 的清晰输出可以重新计算为

$$\underline{u}_c^* = \min\{u^{(O)}(t), u^{(M)}(t)\} \quad (4.24a)$$

$$\overline{u}_c^* = \max\{u^{(O)}(t), u^{(M)}(t)\} \quad (4.24b)$$

$$\Gamma = f(\tilde{u}(t))$$

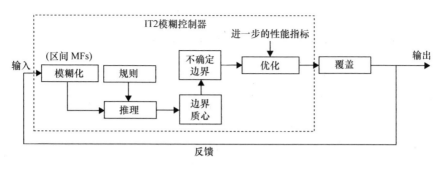

图 4.3　IT2 T-S 模糊控制器结构

$$\tilde{u}(t) \in (\underline{u}_c^* + \Delta u_c^*, \overline{u}_c^* + 2\Delta u_c^*, \cdots, \overline{u}_c^*) \quad (4.24c)$$

$$\Delta u_c^* = \frac{\overline{u}_c^* - \underline{u}_c^*}{n} \quad (4.25)$$

式中，$u^{(O)}(t)$ 和 $u^{(M)}(t)$ 可以从式（4.21a）和式（4.21b）中计算出，n 表示重采样数，Γ 表示进一步的优化目标，f 定义为变量为 $\tilde{u}(t)$ 的系统的性能函数。控制输出 $\tilde{u}(t)$ 可以通过现成的优化算法从式（4.24c）中求解。

根据以上信息，所提出框架的系统控制程序如下。

步骤 1：确定所有的状态变量，以及它们的区间 2 型模糊 MF 和模糊规则。

步骤 2：用控制装置和要求的控制目标，设计优化任务选择相关的合适的优化方法。

步骤 3：获得系统输入，使用式（4.13）、式（4.16）、式（4.21a）、式（4.22b）的区间 2 型模糊推理和降阶法计算间隔输出。

步骤 4：通过式（4.24a）和式（4.25）进一步优化结构计算模糊控制输出。

步骤 5：在装置上执行控制输出，更新系统输入，并重新计算进一步优化部分的系统性能。

步骤 6：返回步骤 3，进行下一个区间 2 型模糊推理。

循环此过程，直到获得预期的系统性能。

与传统的 IT2 T-S FLS 相比，该结构构建了一个更通用的框架来表示去模糊处理。如果所提出的 IT2 T-S FLS 的一个优化目标可以用式（4.23）来描述，则保证了优化方法的收敛性，并将一般方法缩小到与传统的 IT2 T-SFLS 相同的形式。然而，在该结构下，IT2 T-S FLS 的清晰输出代表了双重信息。一种是从专家知识或行业经验中提取的模糊规则。另一种是在实际问题中需要的或不可能与模糊规则相结合的更进一步的优化目标。优化算法可以根据领域相关的目标和实际需求进行选择。为了评估所提出的方法，第 4.5 节对一个非线性半车主动悬架系统进行了数值实例和实例研究。

4.4　IT2 T-S 模糊控制系统的稳定性分析

稳定性是控制系统分析和设计中最重要的问题之一。由于模糊控制系统本质上是非线性的，因此其稳定性分析变得更加困难。在探索已有的典型模糊控制系统稳定性分析结果的基础上，并基于强大的常规控制理论和技术，1 型 T-S 模糊控制系统已经出色地开发出分析稳定性的系统方法。然而，2 型模糊系统的稳定性只有很少的关注。

在本节中，我们将分析所提出的闭环 IT2 TS 模糊控制系统的稳定性，该系统由式 (4.13) 中的 IT2 TS 模糊模型和所提出的控制器组成。为了建立一种保守且不失通用性的系统，控制输出可以重写为

$$u(t) \approx \sum_{i=1}^{m} (\alpha \underline{\omega}^i + (1-\alpha) \overline{\omega}^i) K_i x, \ a \in [0,1] \tag{4.26}$$

然后，闭环 IT2 T-S 模糊控制系统可以描述如下：

$$x(t+1) = \sum_{i=1}^{m} \sum_{j=1}^{m} G_{ij}(A_i + B_i K_j) x(t) \tag{4.27}$$

式中，G_{ij} 表示 IT2 前因和 T-S 结果的固定的隶属度；它被描述为

$$G_{ij} = [\alpha \underline{\omega}_i + (1-\alpha) \overline{\omega}_i] \widetilde{\omega}_j = \omega_i \widetilde{\omega}_j \tag{4.28}$$

式中，$\underline{\omega}_i$、$\overline{\omega}_i$ 和 $\widetilde{\omega}_j$ 由式 (4.11)、式 (4.12) 和式 (4.14) 定义。

为了进行进一步的稳定性分析，可以将式 (4.27) 表示为通用的不确定系统：

$$\begin{aligned} x(t+1) &= G_0 x(t) + \sum_{i=1}^{m} \sum_{j=1}^{m} \omega_i \widetilde{\omega}_j \Delta G_{ij} x(t) \\ &= G_0 x(t) + \sum_{i=1}^{m} \omega_i \widetilde{\omega}_i \Delta G_{ii} x(t) + \sum_{i<j}^{m} \omega_i \widetilde{\omega}_j \Delta F_{ij} x(t) \\ &= \{G_0 + W\Delta(t)Z\} x(t) \end{aligned} \tag{4.29}$$

这里

$$G_0 = \frac{1}{m} \sum_{i=1}^{m} (A_i + B_i K_i) \tag{4.30}$$

$$\Delta G_{ij} = A_i + B_i K_j - G_0$$

$$\Delta G_{ii} = Q_{ii} \Phi_{ii} S_{ii}^T$$

$$\Delta F_{ij} = \Delta G_{ij} + \Delta G_{ji} = Q_{ij} \Phi_{ij} S_{ij}^T, \ i<j \tag{4.31}$$

Q 和 S 是酉矩阵，$W \in \Re^{\nu \times \gamma}$，$\Delta(t) \in \Re^{\gamma \times \gamma}$，$Z \in \Re^{\gamma \times \nu}$，$\gamma = [\nu \times m \times m(m+1)]/2$，矩阵 W 和 Z 定义如下：

$$W = [\overline{Q}_1 \quad \overline{Q}_2 \quad \cdots \quad \overline{Q}_m]$$
$$Z = [\overline{S}_1 \quad \overline{S}_2 \quad \cdots \quad \overline{S}_m] \tag{4.32}$$
$$\Delta(t) = \text{block} - \text{diag}[\overline{\Phi}_1^e \quad \overline{\Phi}_2^e \quad \cdots \quad \overline{\Phi}_m^e]$$

式中

$$\overline{Q}_i = [Q_{ii} \quad Q_{ii+1} \quad \cdots \quad Q_{ir}]$$
$$\overline{S}_i = [S_{ii} \quad S_{ii+1} \quad \cdots \quad S_{ir}] \tag{4.33}$$
$$\overline{\Phi}_i^e = \text{block} - \text{diag}[e_{ii}\Phi_{ii} \quad e_{ii+1}\Phi_{ii+1} \quad \cdots \quad e_{ir}\Phi_{ir}]$$
$$e_{ii} = \omega_i \widetilde{\omega}_j \in [\underline{\omega}_i \widetilde{\omega}_j, \overline{\omega}_i \widetilde{\omega}_j]$$

根据式（4.32），矩阵 M 和 N 定义如下：

$$M = N = \text{block} - \text{diag}[\overline{\Phi}_1^d \quad \overline{\Phi}_2^d \quad \cdots \quad \overline{\Phi}_r^d] \tag{4.34}$$

其中

$$\Phi_i^d = \text{block} - \text{diag}\left[\frac{d_{ii}}{2}\Phi_{ii} \quad \frac{d_{ii+1}}{2}\Phi_{ii+1} \quad \cdots \quad \frac{d_{ir}}{2}\Phi_{ir}\right]$$
$$d_{ij} = \max \omega_i \widetilde{\omega}_j \tag{4.35}$$

考虑到前因 $\omega_i \in [\underline{\omega}_i, \overline{\omega}_i]$ 的 IT2 隶属度，如果区间范围是固定的，那么 IT2 T–S 模糊系统的稳定性可以被 1 类 T–S 模糊系统的稳定性结果所覆盖。定理 4.1 总结了稳定性分析结果。

定理 4.1 IT2 T–S 模糊控制系统的平衡点在式（4.27）中给出，由第 4.3.3 节中的 TR 方法和控制结构构成，并且所提出的控制系统在大范围内是二次稳定的当且仅当满足以下条件之一。

1）存在一个正定矩阵 P，使得

$$P(G_0 + WMZ) + (G_0 + WMZ)^T P + PWNN^T W^T P + Z^T Z < 0$$

2）如果定义

$$H = \begin{bmatrix} G_0 + WMZ & -WNN^T W^T \\ Z^T Z & -(G_0 + WMZ) \end{bmatrix}$$

条件是

$$\text{Re}\lambda_i(H) \neq 0, \quad i = 1, 2, \cdots, 2 \times n$$

3）存在一个正定矩阵 P，使得

$$\begin{bmatrix} P(G_0 + WMZ) + (G_0 + WMZ)^T P & PWN & Z^T \\ N^T W^T P & -I & 0 \\ Z & 0 & -I \end{bmatrix} < 0$$

备注 4.1 由于使用降阶方法将 IT2 重心聚集到边界，因此闭环系统简化为 1 型 T–S FLS，其稳定性分析类似于 1 型 T–S FLS。还可以推论，如果所有与区间范围有关的子系统都是渐近稳定的，那么 IT2 FLS 就是渐近稳定的。然而，这些稳定性条件只是具有强约束的充分条件。

备注 4.2 考虑到图 4.3 中提出的控制结构，可以通过优化上下界的不确定性进一步选择算法来间接地调整 G_{ij}。定理 4.1 证明，如果满足定理中的条件之一，则优化算法不会影响所提出的 IT2 T–S FLS 的闭环稳定性。

4.5 仿真实例

本节以半车主动悬架模型为例进行了数值实例和实例研究。

4.5.1 数值实例

数值实例显示了新型 IT2 T–S FLS 的效果。

考虑具有以下两个规则的 T–S 模糊模型：

$$R^1: 若\ x\ is\ A_1, 则\ y = 0.2x + 9$$

$$R^2: 若\ x\ is\ A_2, 则\ y = 0.6x + 2$$

Takagi 的论文中已经使用了这个例子来说明 T–S 模型的模糊推理结果。在此，为了说明 IT2 FLS 的推理过程，在同一示例中使用了提出的间隔隶属函数。A_1 和 A_2 的隶属函数如图 4.3 所示。图中不仅包括 a 和 c 所示的区间隶属函数，还包括文献 [35] 中表示为 b 的清晰隶属函数。

图 4.4 展示了由一个 1 型 T–S 模糊系统、一个 IT2 T–S 模糊系统和进一步优化的 IT2 T–S 模糊系统生成的仿真结果。首先，通过使用图 4.5 中的类型 1 隶属函数 b 和参考文献 [35] 中的类型 1 模糊推理方法得到切换路径 1；使用图 4.5 中的边界隶属函数 a 和 c 以及相同的类型 1 推理方法生成路径 2 和 3。它说明从一条路径到另一条路径的滑动路线是非线性的，并且在上下路线之间具有边界区域。这表明，1 型模糊推理可以对两个线性曲面之间的非线性切换路径进行建模，但不能处理切换路径中的不确定性。

通过使用 IT2 隶属函数和 KM 算法，获得了切换路径 4。它不同于所有的类型 1 模糊推理结果，并且分段接近路径 2（即参考文献 [3, 4, 7, 8] 中的输入值）和路径 1（即参考文献 [5, 6] 中的输入值）。

路径 4 还显示出 IT2 T–SFLS 具有建立比类型 1 FLS 更为复杂的切换路径的固有能力。路径 5 是通过采用有式 (4.40) 中最佳目标的 IT2 T–S FLS 生成的。在线性控制面之间优化生成一条切换路径 5 来跟踪 sigmoid 函数。

$$f(x) = \frac{2.8}{1 + e^{2.5(x - 5.08)}} + 6.8 \tag{4.36}$$

推理结果表明，所提出的结构可以利用区间 2 型模糊推理能力，利用所提出的结构重建线性平面之间的切换线，具有处理高度非线性和不确定性的潜力。

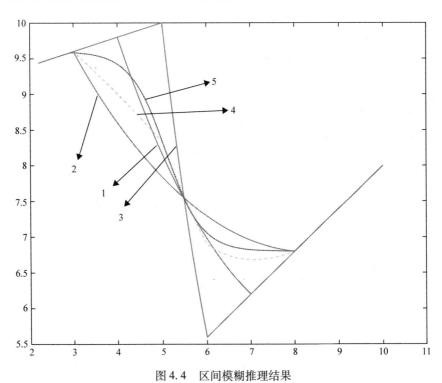

图 4.4　区间模糊推理结果

1—类型 1 推理中路径　2—类型 1 推理下路径　3—类型 1 推理上路径
4—K-MIT2 推理路径　5—推荐的 IT2 推理路径

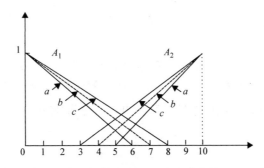

图 4.5　区间隶属函数（a 表示较低的 MF，b 表示清晰的 MF，c 表示较高的 MF）

4.5.2　半车主动悬架系统

将第 4.3 节中提出的方法应用于图 4.1 所示的半车主动悬架系统，其数学模型在第 4.2 节中给出。模型参数见表 4.1。选择车身速度（即 $\dot{z}_{bf}$，$\dot{z}_{br}$）和位移（即 z_{bf} 和 z_{br}）作为输入，选择执行器力（即 U_f 和 U_r）作为输出。输入的区间隶属函数如图 4.6 所示。

表 4.1 半车主动悬架参数

m_b/kg	I_b/kg·m²	m_{wf}/kg	m_{wr}/kg	d_f/m	d_r/m
1794.4	3443.05	187.15	440.04	1.15	1.60
c_{f1}/m	c_{f2}/m	k_{0f}/N	k_{1f}/(N/m)	k_{2f}/(N/m²)	k_{3f}/(N/m³)
1190	426	−136	60824	−10865	104
c_{1r}/m	c_{2r}/m	k_{0r}/N	k_{1r}/(N/m)	k_{2r}/(N/m²)	k_{3r}/(N/m³)
1000	215	−146	18615	−3665	384

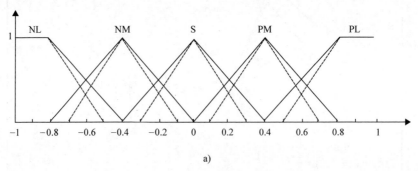

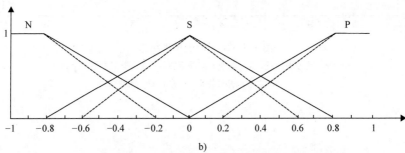

图 4.6 四个 FLC 输入变量的 IT2 模糊隶属函数

a) 车身速度的隶属函数（如 $\dot{z}_{bf}$、$\dot{z}_{br}$） b) 车身位移的隶属函数（如 z_{bf}、z_{br}）

结果是式（4.37）给出的线性控制输出。车速为 20m/s。

$$U = \begin{bmatrix} U_f \\ U_r \end{bmatrix} = -KX \quad (4.37)$$

其中

$$K = \begin{bmatrix} k_{11} & k_{12} & k_{13} & k_{14} \\ k_{21} & k_{22} & k_{23} & k_{24} \end{bmatrix} \quad (4.38)$$

$$X = \begin{bmatrix} \dot{Z}_{bf} \\ \dot{Z}_{br} \\ Z_{bf} \\ Z_{br} \end{bmatrix} \quad (4.39)$$

第4章 车辆主动悬架系统的区间2型模糊控制器

根据半车悬架系统的线性模型和 LQ 控制策略，可以求解控制增益 K。半车悬架控制系统共有 18 条模糊规则，见表 4.2。局部线性控制器增益如下：

$$K_0 = \begin{bmatrix} -28.9 & -4095.1 & -69.3 & -66341.6 \\ -3568.9 & -30.58 & -19019.6 & -73.34 \end{bmatrix}$$

$$K_1 = \begin{bmatrix} -28.9 & -4095.1 & -69.3 & -76365.6 \\ -3568.9 & -30.58 & -26874.6 & -73.34 \end{bmatrix}$$

$$K_2 = \begin{bmatrix} -28.9 & -4095.1 & -69.3 & -70365.6 \\ -3568.9 & -30.58 & -22874.66 & -73.34 \end{bmatrix}$$

$$K_3 = \begin{bmatrix} -28.9 & -4095.1 & -69.3 & -60541.6 \\ -3568.9 & -30.58 & -15474.66 & -73.34 \end{bmatrix}$$

$$K_4 = \begin{bmatrix} -28.9 & -4095.1 & -69.3 & -57541.6 \\ -3568.9 & -30.58 & -13474.66 & -73.34 \end{bmatrix}$$

表 4.2 模糊控制器的规则

$\dot{z}_{bf}$	$\dot{z}_{br}$	z_{bf}	z_{br}	U	$\dot{z}_{bf}$	$\dot{z}_{br}$	z_{bf}	z_{br}	U
S 或 NM	S 或 NM	S	S	$-K_0 X$	NL	NL	S	S	$-K_4 X$
PM 或 PL	S 或 NM	S	S	$-K_1 X$	S 或 NM	S 或 NM	P 或 N	P 或 N	$-K_3 X$
NL	S 或 NM	S	S	$-K_3 X$	PM 或 PL	S 或 NM	P 或 N	P 或 N	$-K_0 X$
S 或 NM	PM 或 PL	S	S	$-K_1 X$	NL	S 或 NM	P 或 N	P 或 N	$-K_3 X$
PM 或 PL	PM 或 PL	S	S	$-K_3 X$	PM 或 PL	S 或 NM	P 或 N	P 或 N	$-K_0 X$
NL	PM 或 PL	S	S	$-K_3 X$	PM 或 PL	PM 或 PL	P 或 N	P 或 N	$-K_1 X$
S 或 NM	NL	S	S	$-K_3 X$	NL	PM 或 PL	P 或 N	P 或 N	$-K_3 X$
PM 或 PL	NL	S	S	$-K_0 X$	S 或 NM	NL	P 或 N	P 或 N	$-K_2 X$
PM 或 PL	NL	P 或 N	P 或 N	$-K_1 X$	NL	NL	P 或 N	P 或 N	$-K_2 X$

模糊规则和局部线性控制器的主要目的是减少车身加速度，以提高乘坐舒适性。本文采用式（4.40）中提出的具有代价函数的新型控制结构来节省执行器的能量。

$$\Gamma(U_f, U_r) = \min \sqrt{(q_1 \ddot{z}_{bf}^2 + q_2 \ddot{z}_{br}^2 + q_3 U_f^2 + q_4 U_r^2)} \tag{4.40}$$

其中，为了确定参数的优先级，将 q_1 设置为 1，q_2 设置为 1，q_3 设置为 10，q_4 设置为 10。基于实时性和非线性的要求，将文献 [36] 中提出的粒子群优化算法（PSO）集成到该结构中。重采样次数默认设置为 20，惯性权重为 0.5，局部优化和全局优化的加速度系数为 2。

为了评估方案，还设计了一个线性二次型控制器（LQ 控制器）和具有 Wu - Mendel 不确定边界的 IT2 模糊控制器与所提出的方法进行了比较。

C 类路面（一种较差的路面）用作随机道路输入，其道路粗糙度为 2.56 × $10^3 m^3$/周期，是根据图 4.7 所示的功率谱密度（PSD）的 ISO（1982）分类进行划分的。

仿真结果如图 4.8 ~ 图 4.11 所示。关于前车身和后车身的加速度，本文提出的方法在乘坐舒适性方面比其他两种方法具有更好的性能。另一方面，线性控制器不满足与悬架系统的非线性有关的标准。图 4.10 和图 4.11 展示了控制力的比较。结果表明，与传统的 IT2 方法相比，该方法所需的力较小，但比 LQ 控制器所需的力更高。

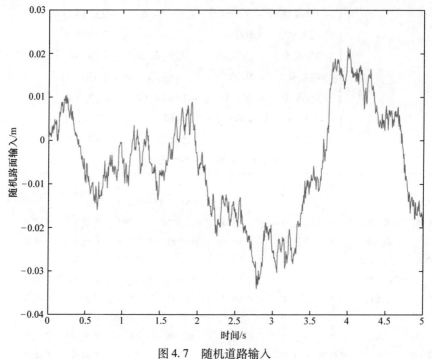

图 4.7 随机道路输入

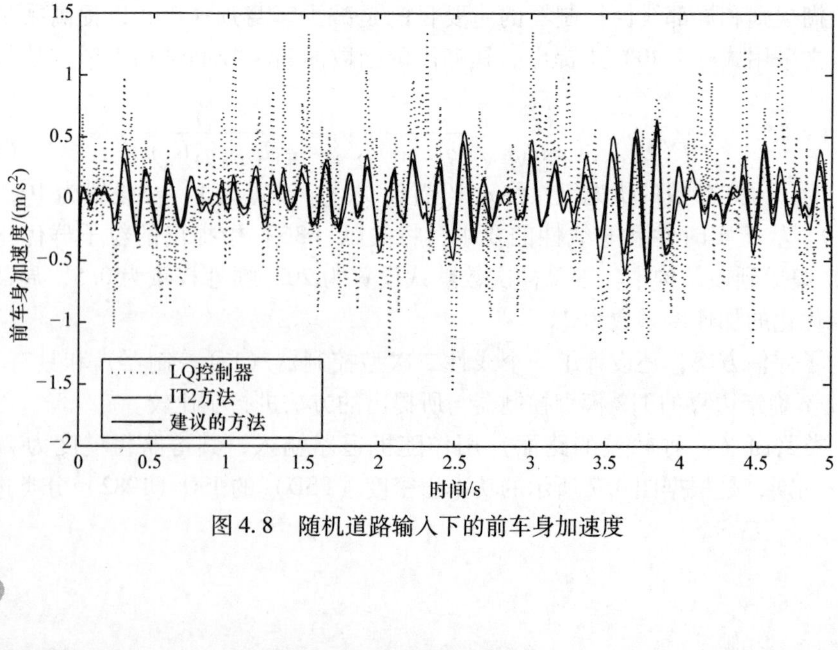

图 4.8 随机道路输入下的前车身加速度

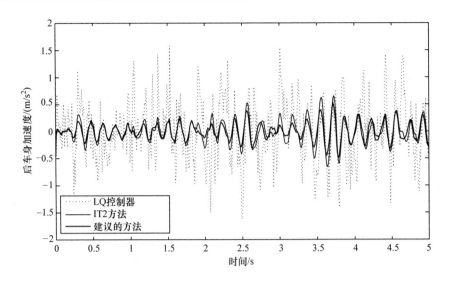

图 4.9　随机道路输入下的后车身加速度

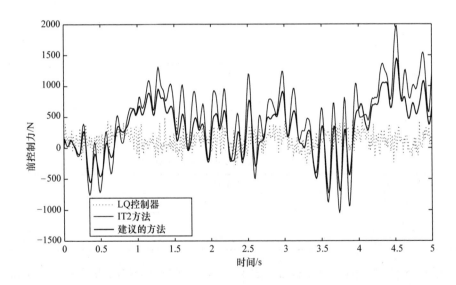

图 4.10　随机道路输入下的前控制力

从统计评估的角度来看，使用了两种性能标准比较了车辆主动悬架控制性能。一个是均方根（RMS）值，它从时域表示车辆的乘坐舒适性和操纵性能。另一个是车身振动的平顺性指数，它主要关注频率加权振动加速度的乘坐舒适性。垂直加速度和控制力的均方根值比较见表 4.3。

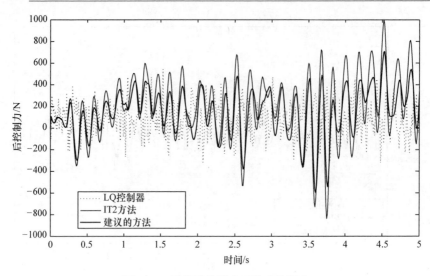

图 4.11 随机道路输入下的后控制力

表 4.3 车身加速度和控制力的 RMS 值比较

随机道路输入	前车身加速度/(m/s²)	后车身加速度/(m/s²)
LQ 控制器	0.5067	0.5652
IT2 方法	0.2195	0.2122
建议的方法	0.1811	0.1608
随机道路输入	前控制力/N	后控制力/N
LQ 控制器	191.85	176.09
IT2 方法	715.23	350.42
建议的方法	519.93	261.14

表 4.4 车身加速度的峰值因子比较

随机道路输入	前车身	后车身
LQ 控制器	3.1422	3.3526
IT2 方法	2.8366	2.2031
建议的方法	2.4235	2.1125

基于 ISO 汽车平顺性评价标准,表 4.4 确定了车体垂向振动和旋转振动的峰值因子。采用文献 [38] 中的平顺性指标计算方法,将车辆平顺性与 LQ 控制器、IT2 模糊控制系统进行了比较,提出了模糊控制系统。表 4.5 显示了平顺性指数的比较。对

表 4.5 车身平顺性指数比较

随机道路输入	前车身	后车身
LQ 控制器	0.3621	0.3765
IT2 方法	0.2874	0.2930
建议的方法	0.2655	0.2512

于前车身和后车身的 RMS 加速度和行驶指数，与其他两种方法相比，该方法在行驶舒适性方面具有更好的性能。同时，仿真结果表明，该方法比 LQ 控制系统需要更高的控制力。

4.6 结语

为了解决主动悬架的非线性动力学问题，深入理解模糊语言规则和推理中的不确定性，并从整体上满足实时性要求，本章提出了一种新型的 IT2 T-S 模糊控制系统。该方法将 IT2 隶属函数、T-S 模糊模型、Wu-Mendel 不确定边界和进一步的优化算法集成到一个控制框架中；它已被应用到案例研究中，并与现有的 IT2 模糊控制系统进行了比较。显然，所提出的方法优于 LQ 控制器和 IT2 模糊控制器。仿真结果表明，所提出的 IT2 T-S 模糊控制系统不仅可以有效地处理系统的不确定性，提高控制性能，而且可以通过增加优化模块来节省执行器的能量。

未来工作的重点是电动汽车悬架系统的实时应用。同时，将会基于区间推理对关于不确定性边界的更深的解释进行研究。所提出的闭环系统的稳定性条件将进一步放宽。未来的工作还旨在开发一种模糊推理引擎，它能够根据定性的和基于概率的信息进行推理。

参 考 文 献

[1] D. Hrovat, "Survey of advanced suspension developments and related optimal control applications," *Automatica*, vol. 33, no. 10, pp. 1781–1817, 1997.

[2] M. Nagai, "Recent researches on active suspensions for ground vehicles," *Japan Society of Mechanical Engineers*, vol. 36, pp. 161–170, 1993.

[3] J. Cao, H. Liu, P. Li, and D. Brown, "An interval type-2 fuzzy logic controller for quarter-vehicle suspensions," *Proc. IMechE Part D: J. Automobile Engineering*, vol. 222, no. 8, pp. 1361–1373, 2008.

[4] C. Ting, T. Li, and F. Kung, "Design of fuzzy controller for active suspension system," *Mechatronics*, vol. 5, no. 4, pp. 365–383, 1995.

[5] S. Huang and W. Lin, "Adaptive fuzzy controller with sliding surface for vehicle suspension control," *Fuzzy Systems, IEEE Transactions on*, vol. 11, no. 4, pp. 550–559, 2003.

[6] S. Kumarawadu and T. Lee, "Neuroadaptive combined lateral and longitudinal control of highway vehicles using RBF networks," *Intelligent Transportation Systems, IEEE Transactions on*, vol. 7, no. 4, pp. 500–512, 2006.

[7] S. Huang and C. Lin, "Application of a fuzzy enhance adaptive control on active suspension system," *International Journal of Computer Applications in Technology*, vol. 20, no. 4, pp. 152–160, 2004.

[8] I. Kucukdemiral, S. Engin, V. Omurlu, and G. Cansever, "A robust single input adaptive sliding mode fuzzy logic controller for automotive active suspension system," *Lecture Notes in Artificial Intelligence*, vol. 3613, pp. 981–986, 2005.

[9] S. Wu, C. Wu, and T. Lee, "Neural-network-based optimal fuzzy control design for half-car active suspension systems," *Intelligent Vehicles Symposium. Proceedings. IEEE*, pp. 376–381, 2005.

[10] R. Saeks, C. Cox, J. Neidhoefer, P. Mays, and J. Murray, "Adaptive control of a hybrid electric vehicle," *Intelligent Transportation Systems, IEEE Transactions on*, vol. 3, no. 4, pp. 213–234, 2002.

[11] R. Lian, B. Lin, and W. Sie, "Self-organizing fuzzy control of active suspension systems," *International Journal of Systems Science*, vol. 36, no. 3, pp. 119–135, 2005.

[12] H. Hagras, "A hierarchical type-2 fuzzy logic control architecture for autonomous mobile robots," *Fuzzy Systems, IEEE Transactions on*, vol. 12, no. 4, pp. 524–539, 2004.

[13] R. Sepúlveda, O. Castillo, P. Melin, A. Rodrguez-Daz, and O. Montiel, "Experimental study of intelligent controllers under uncertainty using type-1 and type-2 fuzzy logic," *Information Sciences*, vol. 177, no. 10, pp. 2023–2048, 2007.

[14] O. Castillo and P. Melin, *Type-2 fuzzy logic: theory and applications*, 1st ed. Heidelberg, Germany: Springer-Verlag, January 2008, vol. 223 (ISBN: 978-3-540-76283-6).

[15] L. Zadeh, "The concept of a linguistic variable and its application to approximate reasoning part i," *Information Sciences*, vol. 8, pp. 199–249, 1975.

[16] J. Mendel, "Advances in type-2 fuzzy sets and systems," *Information Sciences*, vol. 177, no. 1, pp. 84–110, 2007.

[17] Q. Liang and J. Mendel, "Interval type-2 fuzzy logic systems: theory and design," *Fuzzy Systems, IEEE Transactions on*, vol. 8, no. 5, pp. 535–550, 2000.

[18] H. Wu and J. Mendel, "Uncertainty bounds and their use in the design of interval type-2 fuzzy logic systems," *Fuzzy Systems, IEEE Transactions on*, vol. 10, no. 5, pp. 622–639, 2002.

[19] J. Mendel, H. Hagras, and R. John, "Standard background material about interval type-2 fuzzy logic systems that can be used by all authors." [Online]. Available: http://ieee-cis.org/files/standards.t2.win.pdf

[20] N. Karnik and J. Liang, "Type-2 fuzzy logic systems," *Fuzzy Systems, IEEE Transactions on*, vol. 7, no. 6, pp. 643–658, 1999.

[21] N. Karnik and J. Mendel, "Centroid of a type-2 fuzzy set," *Information Sciences*, vol. 132, nos. 1–4, pp. 195–220, 2001.

[22] S. Coupland and R. John, "A fast geometric method for defuzzification of type-2 fuzzy sets," *Fuzzy Systems, IEEE Transactions on*, vol. 16, no. 4, pp. 929–941, 2008.

[23] M. Nie and W. Tan, "Towards an efficient type-reduction method for interval type-2 fuzzy logic systems," *2008 IEEE International Conference on Fuzzy systems*, pp. 1425–1432, 2008.

[24] J. Cao, H. Liu, P. Li, and D. Brown, "Study on active suspension control system based on an improved half-vehicle model," *International Journal of Automation and Computing*, vol. 4, no. 3, pp. 236–242, 2007.

[25] C. Kim and P. Ro, "A sliding mode controller for vehicle active suspension

systems with nonlinearities," *Proceedings of IMechE Part D: Journal of Automobile Engineering*, vol. 212, no. 2, pp. 79–92, 1998.

[26] Q. Liang and J. Mendel, "Equalization of nonlinear time-varying channels using type-2 fuzzyadaptive filters," *Fuzzy Systems, IEEE Transactions on*, vol. 8, no. 5, pp. 551–563, 2000.

[27] G. Feng, "A survey on analysis and design of model-based fuzzy control systems," *Fuzzy systems, IEEE Transactions on*, vol. 14, no. 5, pp. 676–697, 2006.

[28] N. Cázarez, S. Cárdenas, L. Aguilar, and O. Castillo, "Lyapunov stability on type-2 fuzzy logic control," *IEEE-CIS International Seminar on Computational Intelligence*, México Distrito Federal, México, pp. 1–10, 2005.

[29] O. Castillo, N. Cázarez, D. Rico, and L. Aguilar, "Intelligent control of dynamic systems using type-2 fuzzy logic and stability issues," *International Mathematical Forum*, vol. 1, no. 28, pp. 1371–1382, 2006.

[30] O. Castillo, L. Aguilar, N. Cázarez, and S. Cárdenas, "Systematic design of a stable type-2 fuzzy logic controller," *Applied Soft Computing Journal*, vol. 8, no. 3, pp. 1274–1279, 2008.

[31] H. K. Lam and L. D. Seneviratne, "Stability analysis of interval type-2 fuzzy-model-based control systems," *Systems, Man and Cybernetics, Part B, IEEE Transactions on*, vol. 38, no. 3, pp. 617–628, 2008.

[32] B. M. Begian, W. W. Melek, and J. Mendel, "Stability analysis of type-2 fuzzy systems," *IEEE World Congress on Computational Intelligence*, pp. 947–953, 2008.

[33] J. Morales, O. Castillo, and J. Soria, "Stability on type-1 and type-2 fuzzy logic systems," *Soft Computing for Hybrid Intelligent Systems*, pp. 29–51, 2008.

[34] K. Tanaka, T. Ikeda, and H. Wang, "Robust stabilization of a class of uncertain nonlinear systems viafuzzy control: quadratic stabilizability, H8 control theory, and linear matrix inequalities," *Fuzzy Systems, IEEE Transactions on*, vol. 4, no. 1, pp. 1–13, 1996.

[35] T. Takagi and M. Sugeno, "Fuzzy identification of systems and its applications to modeling and control," *Systems, Man, and Cybernetics, IEEE Transactions on*, vol. 15, pp. 116–132, 1985.

[36] J. Kennedy and R. Eberhart, "Particle swarm optimization," *Neural Networks. Proceedings, IEEE International Conference on*, vol. 4, 1995.

[37] ISO2631-1, "Mechanical vibrations and shock – evaluation of human exposure to whole-body vibration part 1: general requirements," International Standardization Organization, 1997.

[38] M. Montazeri-Gh and M. Soleymani, "Genetic optimization of a fuzzy active suspension system based on human sensitivity to the transmitted vibrations," *Proceedings of the Institution of Mechanical Engineers, Part D, Journal of Automobile Engineering*, vol. 222, no. 8, pp. 1769–1780, 2008.

[39] H. Liu, D. Brown, and G. Coghill, "Fuzzy qualitative robot kinematics," *Fuzzy Systems, IEEE Transactions on*, vol. 16, no. 3, pp. 808–822, 2008.

[40] Z. Liu and H. Li, "A probabilistic fuzzy logic system for modelling and control," *Fuzzy Systems, IEEE Transations on*, vol. 13, no. 6, pp. 848–859, 2005.

第 5 章 执行器不确定的半车悬架系统的主动控制

Hongyi Li 和 Honghai Liu

摘要

本章针对一类具有执行器不确定性的主动悬架系统设计了非脆弱 H_∞ 控制器。利用 Lyapunov 稳定性理论，设计的非脆弱控制器可以保证所得到的主动悬架系统在给定的 H_∞ 扰动衰减水平下渐近稳定。通过保证其充分条件是可行的线性矩阵不等式（LMI）的凸优化方法，构造了该非脆弱 H_∞ 控制器。仿真结果表明了该控制方法的有效性。

5.1 引言

众所周知，车辆悬架模型在改善现代车辆悬架性能方面有重要作用。经常采用三种主要的悬架性能，即乘坐舒适性、道路操纵性和悬架偏转来评估悬架性能。在过去的几十年里，已经有一些研究探索了车辆悬架系统性能的改进。值得一提的是，需要更大的悬架行程和较小的车轮跳跃模式阻尼来提高乘坐舒适性，但会导致乘坐安全性下降。

因此，关于该问题的研究仍具有广阔的探索空间。最近，研究人员越来越关注解决相互矛盾的目标之间的折中问题。

最近，有人提出了被动悬架系统、半主动悬架系统和主动悬架系统来实现车辆所需的性能并权衡取舍。由于主动悬架能够灵活地处理相互冲突的参数，因此被广泛地认为是改善悬架性能的有效途径；为了解决主动悬架系统的设计问题，人们还进行了进一步有趣的研究。

通过使用不同的控制技术，如模糊逻辑和神经网络控制、增益调度控制、线性最优控制、自适应控制和 H_∞ 控制，人们开发了许多主动控制方法。在文献［3］

中，研究表明，主动悬架系统的 H_∞ 控制策略可能是可行的解决方案，其可通过折中需达到的要求而获得更好的组合性能。但是，应该注意的是，数学上提出了用于改善系统性能和鲁棒性的控制方法，其前提是所提出的控制器可以在一定程度上准确实现。

另一方面，涉及控制器的不确定性或故障可能由许多原因引起，例如数字系统中字长有限、控制器设备老化和模拟系统固有的不精确性，这可能导致在最终控制器实现过程中需要对参数进行额外调整。在文献 [21] 中，作者研究了具有执行器不确定性的四分之一汽车主动悬架系统的非脆弱 H_∞ 控制器问题。然而，对于执行器不确定的半车悬架系统，非脆弱控制的结果很少。

基于以上观察，本章针对执行器不确定的半车悬架系统设计了一种非脆弱 H_∞ 控制器。本章的主要目的是改善悬架性能，给出了基于线性矩阵不等式（LMI）的期望的非脆弱 H_∞ 控制器存在的充分条件，在此条件下通过凸优化得到期望的非脆弱 H_∞ 控制器。

记法：R^n 表示 n 维欧几里得空间，并且 $P>0$（≥ 0）表示 P 为实对称且为正定（半定）。上标"T"用于表示矩阵转置。在对称块矩阵中，我们使用星号（*）表示由对称性导出的项，并用 diag$\{\cdots\}$ 代表块对角矩阵。符号 sym(A) 被用来代表 $A+A^T$。平方可积矢量函数的区间超过 $[0,\infty)$ 被记作 $L_2[0,\infty)$，对于 $w=\{w(t)\in L_2[0,\infty)\}$，此范式由 $\|w\|_2=\sqrt{|w(t)|^2 dt}$ 给出。如果矩阵的维数未明确说明，则假定它们与代数运算兼容。

5.2 问题表述

在本章中，我们将考虑执行器不确定的半车悬架系统的非脆弱控制问题。首先，我们引入图 5.1 所示的半车模型，其中 $z_{sf}(t)$ 表示前车身位移，$z_{sr}(t)$ 表示后车身位移，l_1 是前轴到重心的距离，l_2 是后轴到重心的距离，$\varphi(t)$ 是俯仰角，$z_c(t)$ 是重心的位移。车身质量用 m_s 表示，前轮和后轮上非簧载质量用 m_{uf} 和 m_{ur} 表示，质心的俯仰惯性矩用 I_φ 表示，前后非簧载质量位移分别由 $z_{uf}(t)$ 和 $z_{ur}(t)$ 表示。$z_{rf}(t)$ 和 $z_{rr}(t)$ 代表前后地形的高度位移，而 c_{sf} 和 c_{sr} 分别是前后轮被动元件的刚度。k_{sf} 和 k_{sr} 是前后轮胎刚度，而 $u_f(t)$ 和 $u_r(t)$ 分别表示前后执行器力输入。假设在文献 [4] 中俯仰角很小，有

$$z_{sf}(t)=z_c(t)-l_1\varphi(t) \tag{5.1}$$

$$z_{sr}(t)=z_c(t)+l_2\varphi(t) \tag{5.2}$$

随后，我们可以得到：

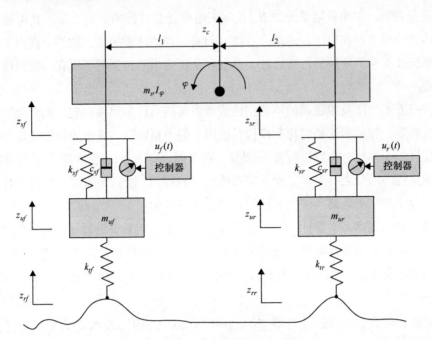

图 5.1　半车模型

$$m_s \ddot{z}_c(t) + k_{sf}[z_{sf(t)} - z_{uf}(t)] + c_{sf}[\dot{z}_{sf}(t) - \dot{z}_{uf}(t)]$$
$$+ k_{sr}[z_{sr}(t) - z_{ur}(t)] + c_{sr}[\dot{z}_{sr}(t) - \dot{z}_{ur}(t)] = u_f(t) + u_r(t)$$
$$I_\varphi \ddot{\varphi}(t) - l_1 k_{sf}[z_{sf}(t) - z_{uf}(t)] - l_1 c_{sf}[\dot{z}_{sf}(t) - \dot{z}_{uf}(t)]$$
$$+ l_2 k_{sr}[z_{sr}(t) - z_{ur}(t)] + l_2 c_{sr}[\dot{z}_{sr}(t) - \dot{z}_{ur}(t)] = -l_1 u_f(t) + l_2 u_r(t) \quad (5.3)$$
$$m_{uf} \ddot{z}_{uf}(t) - k_{sf}[z_{sf}(t) - z_{uf}(t)] - c_{sf}[\dot{z}_{sf}(t) - \dot{z}_{uf}(t)]$$
$$+ k_{rf}[z_{uf}(t) - z_{rf}(t)] = -u_f(t)$$
$$m_{ur} \ddot{z}_{ur}(t) - k_{sr}[z_{sr}(t) - z_{ur}(t)] - c_{sr}[\dot{z}_{sr}(t) - \dot{z}_{ur}(t)]$$
$$+ k_{rr}[z_{ur}(t) - z_{rr}(t)] = -u_r(t)$$

由式（5.1）~式（5.3），可以得到：

$$\ddot{z}_{sf}(t) = \ddot{z}_c(t) - l_1 \ddot{\varphi}(t)$$
$$= a_1 \{u_f(t) - k_{sf}[z_{sf}(t) - z_{uf}(t)] - c_{sf}[\dot{z}_{sf}(t) - \dot{z}_{uf}(t)]\}$$
$$+ a_2 \{u_r(t) - k_{sr}[z_{sr}(t) - z_{ur}(t)] - c_{sr}[\dot{z}_{sr}(t) - \dot{z}_{ur}(t)]\} \quad (5.4)$$
$$\ddot{z}_{sr}(t) = \ddot{z}_c(t) - l_2 \ddot{\varphi}(t)$$
$$= a_2 \{u_f(t) - k_{sf}[z_{sf}(t) - z_{uf}(t)] - c_{sf}[\dot{z}_{sf}(t) - \dot{z}_{uf}(t)]\}$$
$$+ a_3 \{u_r(t) - k_{sr}[z_{sr}(t) - z_{ur}(t)] - c_{sr}[\dot{z}_{sr}(t) - \dot{z}_{ur}(t)]\}$$

其中

第5章 执行器不确定的半车悬架系统的主动控制

$$a_1 = \frac{1}{m_s} + \frac{l_1^2}{I_\varphi}, \quad a_2 = \frac{1}{m_s} - \frac{l_1 l_2}{I_\varphi}, \quad a_3 = \frac{1}{m_s} + \frac{l_2^2}{I_\varphi}$$

我们定义以下状态变量：$x_1(t) = z_{sf}(t) - z_{uf}(t)$ 为前车身的悬架挠度，$x_2(t) = z_{sr}(t) - z_{ur}(t)$ 为后车体的悬架挠度，$x_e(t) = z_{uf}(t) - z_{rf}(t)$ 为前车身的轮胎挠度，$x_4(t) = z_{ur}(t) - z_{rr}(t)$ 为后车体的轮胎挠度，$x_5(t) = \dot{z}_{sf}(t)$ 是前车身的垂直速度，$x_6(t) = \dot{z}_{sr}(t)$ 是后车体的垂直速度，$x_7(t) = \dot{z}_{uf}(t)$ 是前轮的垂直速度，$x_8(t) = \dot{z}_{ur}(t)$ 是后轮的垂直速度。选择干扰输入 $w(t) = \begin{bmatrix} \dot{z}_{rf}(t) \\ \dot{z}_{rr}(t) \end{bmatrix}$ 且变量为

$$x(t) = \begin{bmatrix} x_1^T(t) & x_2^T(t) & x_3^T(t) & x_4^T(t) & x_5^T(t) & x_6^T(t) & x_7^T(t) & x_8^T(T) \end{bmatrix}^T$$

$$u(t) = \begin{bmatrix} u_f(t) \\ u_r(t) \end{bmatrix}$$

我们可以将式（5.3）和式（5.4）中的动力学方程表示为以下状态空间形式：

$$\dot{x}(t) = Ax(t) + Bu(t) + B_1 w(t) \tag{5.5}$$

其中

$$A = \begin{bmatrix} 0 & 0 & 0 & 0 & 1 & 0 & -1 & 0 \\ 0 & 0 & 0 & 0 & 0 & 1 & 0 & -1 \\ 0 & 0 & 0 & 0 & 0 & 0 & 1 & 0 \\ 0 & 0 & 0 & 0 & 0 & 0 & 0 & 1 \\ -a_1 k_{sf} & -a_2 k_{sr} & 0 & 0 & -a_1 c_{sf} & -a_2 c_{sr} & a_1 c_{sf} & a_2 c_{sr} \\ -a_2 k_{sf} & -a_3 k_{sr} & 0 & 0 & -a_2 c_{sf} & -a_3 c_{sr} & a_2 c_{sf} & a_3 c_{sr} \\ \dfrac{k_{sf}}{m_{uf}} & 0 & -\dfrac{k_{tf}}{m_{uf}} & 0 & \dfrac{c_{sf}}{m_{uf}} & 0 & -\dfrac{c_{sf}}{m_{uf}} & 0 \\ 0 & \dfrac{k_{sr}}{m_{ur}} & 0 & -\dfrac{k_{tr}}{m_{ur}} & 0 & \dfrac{c_{sr}}{m_{ur}} & 0 & -\dfrac{c_{sr}}{m_{ur}} \end{bmatrix}$$

$$B = \begin{bmatrix} 0 & 0 & 0 & 0 & a_1 & a_2 & -\dfrac{1}{m_{uf}} & 0 \\ 0 & 0 & 0 & 0 & a_2 & a_3 & 0 & -\dfrac{1}{m_{ur}} \end{bmatrix}^T$$

$$B_1 = \begin{bmatrix} 0 & 0 & -1 & 0 & 0 & 0 & 0 \\ 0 & 0 & 0 & -1 & 0 & 0 & 0 \end{bmatrix}^T$$

(5.6)

对于主动悬架控制设计问题，应注意乘坐舒适性、抓地能力和悬架挠度是要考虑的三个关键性能特征。人们普遍认为乘坐舒适性与车身承受的垂直加速度密切相关。在这项研究中，举升和俯仰加速度都被选作性能输出矢量，即

$$z_1(t) = \begin{bmatrix} \ddot{z}_c(t) \\ \ddot{\varphi}(t) \end{bmatrix}$$

为了确保设计的控制器具有运转悬架系统的能力,在车辆部件的机械约束和满足乘客舒适度的条件下,使用以下不等式来保证悬架挠度约束:

$$|z_{sf}(t) - z_{uf}(t)| \leq z_{f\max}, \quad |z_{sr}(t) - z_{ur}(t)| \leq z_{r\max} \tag{5.7}$$

式中,$z_{f\max}$ 和 $z_{r\max}$ 分别表示最大前后悬架挠度硬极限。

此外,为了确保车轮与道路的牢固不间断接触,我们合理地假设,对于前轮和后轮,轮胎动载荷不应超过轮胎静载荷:

$$|k_{sf}(z_{uf}(t) - z_{rf}(t))| \leq F_f, \quad |k_{sr}(z_{ur}(t) - z_{rr}(t))| \leq F_r \tag{5.8}$$

式中,F_f 和 F_r 代表静态荷载,由下式计算而得:

$$F_r(l_1 + l_2) = m_s g l_1 + m_{ur} g (l_1 + l_2) \tag{5.9}$$

$$F_f + F_r = (m_s + m_{uf} + m_{ur})g \tag{5.10}$$

在上述条件中,选择式(5.7)和式(5.8)中的条件作为约束输出;车辆主动悬架系统可重写如下:

$$\begin{aligned} \dot{x}(t) &= Ax(t) + B_1 w(t) + Bu(t) \\ z_1(t) &= C_1 x(t) + D_1 u(t) \\ z_2(t) &= C_2 x(t) \end{aligned} \tag{5.11}$$

其中 A、B_1 和 B 已在式(5.5)中被定义,此外

$$C_1 = \begin{bmatrix} -\dfrac{k_{sf}}{m_s} & -\dfrac{k_{sr}}{m_s} & 0 & 0 & -\dfrac{c_{sf}}{m_s} & -\dfrac{c_{sr}}{m_s} & \dfrac{c_{sf}}{m_s} & \dfrac{c_{sr}}{m_s} \\ \dfrac{l_1 k_{sf}}{I_\varphi} & -\dfrac{l_2 k_{sr}}{I_\varphi} & 0 & 0 & \dfrac{l_1 c_{sf}}{I_\varphi} & -\dfrac{l_2 c_{sr}}{I_\varphi} & -\dfrac{l_1 c_{sf}}{I_\varphi} & \dfrac{l_2 c_{sr}}{I_\varphi} \end{bmatrix}$$

$$D_1 = \begin{bmatrix} \dfrac{1}{m_s} & \dfrac{1}{m_s} \\ -\dfrac{l_1}{I_\varphi} & \dfrac{l_2}{I_\varphi} \end{bmatrix}, \quad C_2 = \begin{bmatrix} \dfrac{1}{z_{f\max}} & 0 & 0 & 0 & 0 & 0 & 0 & 0 \\ 0 & \dfrac{1}{z_{r\max}} & 0 & 0 & 0 & 0 & 0 & 0 \\ 0 & 0 & \dfrac{k_{sf}}{F_f} & 0 & 0 & 0 & 0 & 0 \\ 0 & 0 & 0 & \dfrac{k_{sr}}{F_r} & 0 & 0 & 0 & 0 \end{bmatrix} \tag{5.12}$$

众所周知,执行器的不确定性在许多情况下都存在,并且可能由许多因素引起,例如数字系统中的缓存器字长和主动悬架系统控制器装置的老化。利用非弹性反馈控制器对反馈控制增益变化不敏感的特点,构造了如下状态反馈控制器:

$$u(t) = Kx(t) \tag{5.13}$$

其中 K 是为非脆弱控制问题的目标而设计的。在本章中,控制器不确定性按以下形式考虑:

$$\Delta K(t) = HF(t)E \tag{5.14}$$

式中，H 和 E 是具有适当维数的已知常数矩阵，$F(t)$ 是具有 $F^T(t)F(t) \leq I$ 性质的未知矩阵函数。

具有非抖振控制器式（5.13）的闭环系统可以写成

$$\dot{x}(t) = \bar{A}x(t) + B_1 w(t)$$
$$z_1(t) = \bar{C}_1 x(t)$$
$$z_2(t) = C_2 x(t) \tag{5.15}$$

式中，$\bar{A} = A + B(K + \Delta K(t))$，$\bar{C}_1 = C_1 + D_1(K + \Delta K(t))$。

通常假设 $w \in L_2[0, \infty)$，正常情况下可得 $\|w\|_2^2 \leq w_{\max} < \infty$。简而言之，本章的目标是在式（5.13）中设计一个非脆弱控制器，以便：

1）闭环系统渐近稳定。

2）在零初始条件下，闭环系统保证 $\|z_1\|_2 < \gamma \|w\|_2$（$w \in L_2[0, \infty)$，非零），其中 $\gamma > 0$ 是规定的标量。

3）保证以下控制输出约束：

$$|\{z_2(t)\}_q| \leq 1, \quad q = 1, 2, 3, 4 \tag{5.16}$$

5.3 主要结论

在以上提出的控制策略中，在统一的框架中提出了多种要求，即乘坐舒适性、道路保持和悬架挠度。请注意，下面的引理用于在下一节中得出我们的主要结果。

引理 5.1 令 θ、φ 和 γ 是适当维数的实矩阵，并且时变矩阵 $F(t)$ 满足 $F^T(t)F(t) \leq I$，则 $\Theta + \Psi F(t)\gamma + \gamma^T F^T(t)\Psi^T < 0$ 当且仅当存在标量 $\varepsilon > 0$ 时，使得式 $\Theta + \varepsilon^{-1}\Psi\Psi^T + \varepsilon\gamma^T\gamma < 0$。

在这一节中，我们设计了 H_∞ 非脆弱状态反馈控制器，使得式（5.15）中的闭环系统渐近稳定，并且在满足式（5.16）中的输出约束的前提下，还可以保证从扰动 $w(t)$ 到性能输出 $z(t)$ 的规定增益。首先，我们有以下提案。

命题 5.1 对于式（5.15）中的闭环系统和给定的矩阵 K，如果存在矩阵 $P > 0$ 和 $q = 1、2、3、4$ 满足

$$\begin{bmatrix} \text{sym}(P\bar{A}) & PB_1 & \bar{C}_1^T \\ * & -\gamma^2 I & 0 \\ * & * & -I \end{bmatrix} < 0 \tag{5.17}$$

$$\begin{bmatrix} -P & \sqrt{\rho}\{C_2\}_q^T \\ * & -I \end{bmatrix} < 0 \tag{5.18}$$

则可提出式（5.13）形式的非脆弱控制器，使得：

1）闭环系统是渐近稳定的。

2）在式（5.16）中，当干扰能量低于边界 $w_{\max} = (\rho - V(0))/\gamma^2$ 时，性能 $\|T_{z_1w}\|_\infty < \gamma$ 在输出约束下最小化，其中 T_{z_1w} 表示从道路干扰 $w(T)$ 到控制输出 $z(T)$ 的闭环传递函数。

证明： 在该证明中，我们考虑了式（5.15）中系统在 $w(t) = 0$ 条件下的渐近稳定性。在此基础上，给出了基于稳定性准则的 H_∞ 性能分析条件。因此，对系统（5.15）提出了如下 Lyapunov 函数：

$$V(t) = x^T(t)Px(t) \tag{5.19}$$

随后，我们得出 $\dot{V}(t) = x^T(t)(\text{sym}(P\bar{A}))x(t)$ 从命题 5.1 的式（5.17）可以看出 $\text{sym}(P\bar{A}) < 0$，这意味着式（5.15）中 $w(t) = 0$ 的系统是渐近稳定的。给出了零初始条件下主动悬架系统的 H_∞ 性能，不难获得

$$z_1^T(t)z_1(t) - \gamma^2 w^T(t)w(t) + \dot{V}(t) = \xi^T(t)\Theta\xi(t) \tag{5.20}$$

$$\xi(t) = \begin{bmatrix} x^T(t) & w^T(t) \end{bmatrix}^T, \Theta = \begin{bmatrix} \text{sym}(P\bar{A} + \bar{C}_1^T\bar{C}_1) & PB_1 \\ * & -\gamma^2 I \end{bmatrix} \tag{5.21}$$

其中通过对式（5.17）使用舒尔补，可以使 $\Theta < 0$；这意味着

$$z_1^T(t)z_1(t) - \gamma^2 w^T(t)w(t) + \dot{V}(t) < 0 \tag{5.22}$$

对于任意非零 $w \in L_2[0,\infty)$，表明 $J < 0$。故对于任意非零 $w \in L_2[0,\infty)$ 可保证 $\|z_1\|_2 < \gamma\|w\|_2$。

在以下部分中，考虑了式（5.16）中的输出约束问题。根据文献［7］和式（5.16），可以得出约束条件得到保证，如果

$$\rho P^{-\frac{1}{2}} \{C_2\}_q^T \{C_2\}_q P^{-\frac{1}{2}} < I, q = 1,2,3,4 \tag{5.23}$$

通过舒尔补，式（5.23）等同于定理 5.1 中的式（5.25），证明完成。

我们通过定理 5.1 来处理命题 5.1 中存在的不确定性。

定理 5.1 对于式（5.15）中的闭环系统，给定矩阵 K，如果存在矩阵 $P > 0$，并且有标量 ε，($q = 1、2、3、4$) 满足

$$\begin{bmatrix} \Omega & PB_1 & C_1^T + K^T D_1^T & \varepsilon E^T & PBH \\ * & -\gamma^2 & 0 & 0 & 0 \\ * & * & -I & 0 & D_1 H \\ * & * & * & -\varepsilon I & 0 \\ * & * & * & * & -\varepsilon I \end{bmatrix} < 0 \tag{5.24}$$

$$\begin{bmatrix} -P & \sqrt{\rho}\{C_2\}_q^T \\ * & -I \end{bmatrix} < 0 \tag{5.25}$$

其中
$$\Omega = \text{sym}(P(A+BK)) \tag{5.26}$$

则：

1）闭环系统是渐近稳定的。

2）在式（5.16）中，当干扰能量低于边界 $w_{\max} = (\rho - V(0))/\gamma^2$ 时，性能 $\|T_{z1w}\|_\infty < \gamma$ 在输出约束下最小化。

证明从式（5.17）中可以得到：

$$\begin{bmatrix} \text{sym}(P\bar{A}) & PB_1 & \bar{C}_1^T \\ * & -\gamma^2 I & 0 \\ * & * & -I \end{bmatrix} = \begin{bmatrix} \text{sym}(P(A+BK)) & PB_1 & (C_1+D_1K)^T \\ * & -\gamma^2 I & 0 \\ * & * & -I \end{bmatrix}$$
$$+ \text{sym}\left(\begin{bmatrix} PBH \\ 0 \\ DH \end{bmatrix} F(t) \begin{bmatrix} E & 0 & 0 \end{bmatrix} \right) < 0$$

另一方面，通过使用舒尔补，式（5.24）等于

$$\begin{bmatrix} \text{sym}(P(A+BK)) & PB_1 & (C_1+D_1K)^T \\ * & -\gamma^2 & 0 \\ * & * & -I \end{bmatrix}$$
$$+ \varepsilon^{-1} \begin{bmatrix} PBH \\ 0 \\ DH \end{bmatrix} \begin{bmatrix} PBH \\ 0 \\ DH \end{bmatrix}^T + \varepsilon \begin{bmatrix} E^T \\ 0 \\ 0 \end{bmatrix} \begin{bmatrix} E & 0 & 0 \end{bmatrix} < 0$$

这意味着条件（5.17）通过引理5.1成立。因此，得出满足命题5.1中的条件。

根据定理5.1中提出的准则，在以下定理中给出了非脆弱 H_∞ 控制器的存在条件。

定理 5.2 对于式（5.15）中的闭环系统，如果存在矩阵 $\bar{P} > 0$ 和 $\bar{K}$ 且标量 $\bar{\varepsilon}$（$q=1,2,3,4$）使得以下 LMI 成立：

$$\begin{bmatrix} \bar{\Omega} & B_1 & \bar{P}C_1^T + \bar{K}^T D_1^T & \bar{P}E^T & \bar{\varepsilon}BH \\ * & -\gamma^2 & 0 & 0 & 0 \\ * & * & -I & 0 & \varepsilon D_1 H \\ * & * & * & -\bar{\varepsilon}I & 0 \\ * & * & * & * & -\bar{\varepsilon}I \end{bmatrix} < 0 \tag{5.27}$$

$$\begin{bmatrix} -\bar{P} & \sqrt{\rho}\bar{P}\{C_2\}_q^T \\ * & -I \end{bmatrix} < 0 \tag{5.28}$$

其中，$\overline{\Omega} = \text{sym}(A\overline{P} + B\overline{K})$，则存在式（5.13）形式的非脆弱控制器，使得：

1) 闭环系统是渐近稳定的。

2) 在式（5.16）中，当干扰能量低于边界 $w_{\max} = (\rho - V(0))/\gamma^2$ 时，性能 $\|T_{z_1 w}\|_\infty < \gamma$ 在输出约束下最小化。

此外，如果不等式（5.27）和式（5.28）有可行解，则式（5.13）中的控制器由 $K = \overline{K}\overline{P}^{-1}$ 给出。

证明：我们定义 $K = \overline{K}\overline{P}^{-1}$，$P = \overline{P}^{-1}$ 和 $\varepsilon = \overline{\varepsilon}^{-1}$，利用舒尔补，式（5.27）和式（5.28）分别通过同余变换 $\text{diag}\{P, I, I, I, I, I\}$、$\text{diag}\{P, I\}$ 与式（5.24）和式（5.25）等价。因此，定理5.1中的所有条件都满足，证明完成。

5.4 仿真结果

在本节中，仿真结果表明了该方法的有效性。我们在表5.1中提供半车模型参数。

表5.1 半车悬架模型的系统参数值

m_s	m_{uf}	k_{sf}	k_{tf}	c_{sf}	l_1
690kg	40kg	18000N/m	2000000N/m	1000Ns/m	1.3m
I_φ	m_{ur}	k_{sr}	k_{tr}	c_{sr}	l_2
1222kg·m²	45kg	22000N/m	2000000N/m	1000Ns/m	1.5m

利用表5.1中的参数，为式（5.15）中的半车主动悬架系统开发了一种非脆弱 H_∞ 控制器。假设最大允许悬架行程 $z_{\max f} = z_{\max r} = 0.08\text{m}$。$\rho = 1$ 是根据文献[3]中研究设定的。对于式（5.13）中的执行器的不确定性，我们考虑以下两种可能的情况：

方案 I：

$$H = \begin{bmatrix} 1 & 0 \\ 0 & 1 \end{bmatrix}, F(t) = \begin{bmatrix} \sin(t) & 0 \\ 0 & \sin(t) \end{bmatrix}$$

$$E = \begin{bmatrix} -0.3 & -0.5 & 0 & -0.1 & 1 & 0.8 & 0.9 & 1 \\ 2.1 & -2.5 & 2 & 1 & -2 & -0.8 & -0.2 & -2.5 \end{bmatrix}$$

方案 II：

$$H = \begin{bmatrix} 0.5 & 0 \\ 0 & 0.5 \end{bmatrix}, F(t) = \begin{bmatrix} \cos(t) & 0 \\ 0 & \cos(t) \end{bmatrix}$$

$$E = \begin{bmatrix} 0.8 & 0 & 0.8 & 0.1 & 1 & 1.8 & 5.9 & 2 \\ -1 & 3.5 & 2.5 & 1 & -2 & -0.8 & -0.2 & 2.5 \end{bmatrix}$$

根据定理 5.1，利用凸优化方法，对于方案 I 和方案 II，我们获得的最低保证闭环 H_∞ 性能指标分别为 5.5419 和 5.5421。可容许的控制增益矩阵如下：

$$K_{case1} = 10^5$$

$$\times \begin{bmatrix} -1.0317 & -0.0848 & -0.6468 & -0.0176 & -0.1963 & -0.0329 & -0.0053 & -0.0055 \\ 0.2684 & -0.8364 & -0.0146 & -0.6233 & 0.0224 & -0.1540 & 0.0016 & -0.0050 \end{bmatrix}$$

$$K_{case2} = 10^5$$

$$\times \begin{bmatrix} -1.0294 & -0.0824 & -0.6466 & -0.0154 & -0.1960 & -0.0327 & -0.0052 & -0.0054 \\ 0.2647 & -0.8498 & -0.0149 & -0.6376 & 0.0217 & -0.1557 & 0.0015 & -0.0051 \end{bmatrix}$$

为了检验所提出的非脆弱控制器的有效性，期望所设计的控制器能满足以下要求：①第一控制输出 $z_1(t)$，包括举升加速度 $\ddot{z}_c(t)$ 和俯仰加速度 $\ddot{\varphi}(t)$ 尽可能小；②悬架挠度低于最大允许悬架行程 $z_{f\max} = 0.08\text{m}$ 和 $z_{r\max} = 0.08\text{m}$，这表明 $z_2(t)_1 < 1$ 和 $z_2(t)_2 < 1$；③在式（5.11）中定义的控制输出满足 $z_2(t)_3 < 1$ 和 $z_2(t)_4 < 1$。

为了评估车辆的行驶舒适性、操纵性和悬架工作空间的特性，考虑了路面轮廓的可变性。在主动悬架性能的背景下，道路干扰通常可以假设为冲击。冲击是持续时间相对较短、强度较高的离散事件，例如，由其他光滑路面上的明显隆起或坑洞引起。在本研究中，首先考虑道路纵断面的这种情况，以揭示瞬态响应特性，该特性由下式给出：

$$z_{rf}(t) = \begin{cases} \dfrac{A}{2}\left(1 - \cos\left(\dfrac{2\pi V}{L}t\right)\right), & \text{若 } 0 \leq t \leq \dfrac{L}{V} \\ 0, & \text{若 } t > \dfrac{L}{V} \end{cases} \quad (5.29)$$

式中，A 和 L 是隆起的高度和长度，假设 $A = 0.05\text{m}$，$L = 2\text{m}$，车辆前进速度 $V = 20\text{km/h}$。在本节中，我们假设后轮的道路状况 $z_{rr}(t)$ 与前轮相同，但延迟时间为 $(l_1 + l_2)/V$。图 5.2 描述了前后车轮相对地面的速度。

对于方案 I，图 5.3~图 5.5 显示了被动和闭环系统的举升加速度和俯仰加速度、前后悬架偏转约束以及前后轮胎偏转约束的响应。从图 5.3 可以看出，闭环系统中垂直加速度 $\ddot{z}_c(t)$ 和俯仰加速度 $\ddot{\varphi}(t)$ 远小于开环系统，并且在执行器不确定性的情况下，通过使用非抖振 H_∞ 控制器，改善了乘坐舒适性。

此外，图 5.4 证明了悬架行程约束 $x_1(t)/z_{f\max} < 1$ 和 $x_2(t)/z_{r\max} < 1$ 都可以得到保证，从而产生 $z_2(t)_1 < 1$ 和 $z_2(t)_2 < 1$。图 5.5 进一步验证了前轮胎动态载荷 $k_{tf}x_3(t)/F_f$ 和后轮胎载荷 $k_{tr}x_4(t)/F_r$ 均小于 1，即 $z_2(t)_3 < 1$ 和 $z_2(t)_4 < 1$。图 5.6 显示了前后主动力的响应。从这些图中我们知道，闭环系统在保证输出约束下是渐近稳定的，并且比具有执行器不确定性的开环系统具有更好的性能。此外，对于方案 II，从图 5.7~图 5.10 也可以看出，非脆弱控制器可以改善悬架性能。

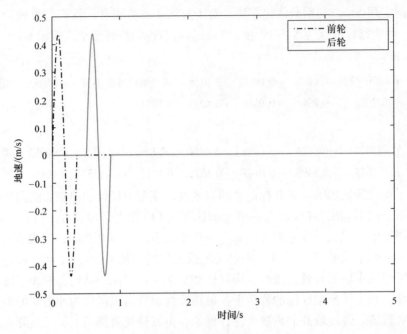

图 5.2 地面扰动

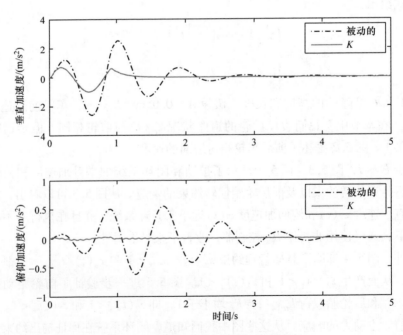

图 5.3 垂直加速度和俯仰加速度响应

第 5 章　执行器不确定的半车悬架系统的主动控制

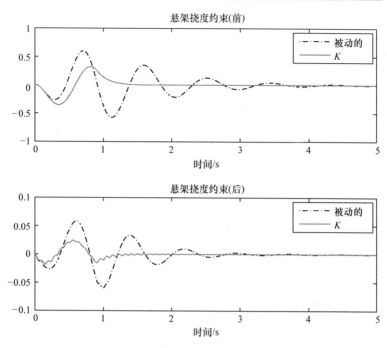

图 5.4　前后悬架挠度约束响应

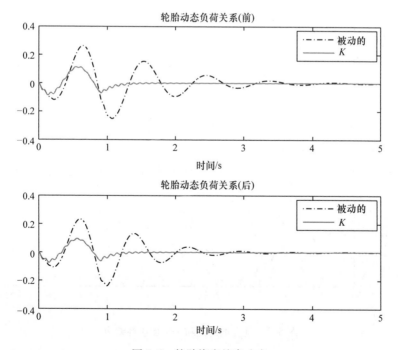

图 5.5　轮胎挠度约束响应

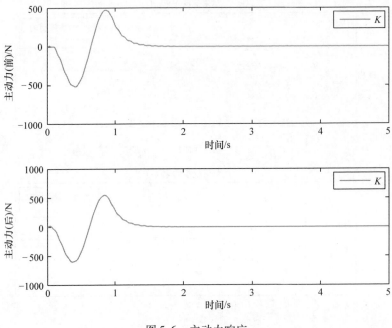

图 5.6　主动力响应

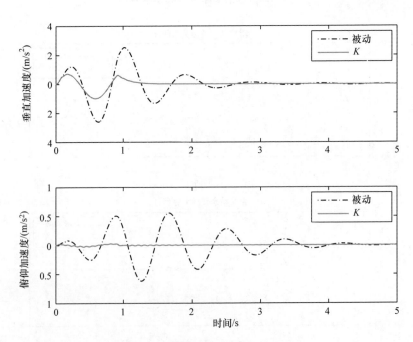

图 5.7　垂直加速度和俯仰加速度响应

第 5 章 执行器不确定的半车悬架系统的主动控制

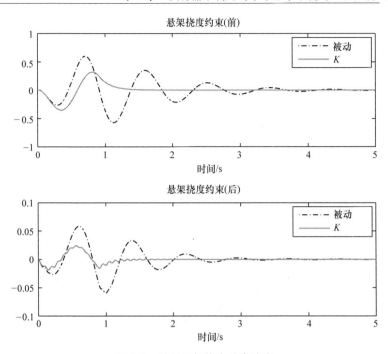

图 5.8 前后悬架挠度约束响应

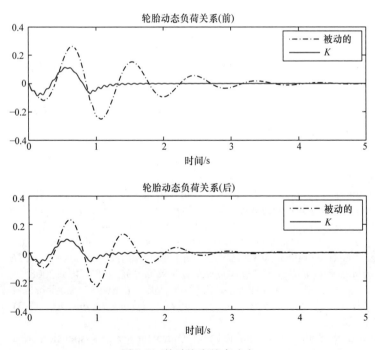

图 5.9 轮胎挠度约束响应

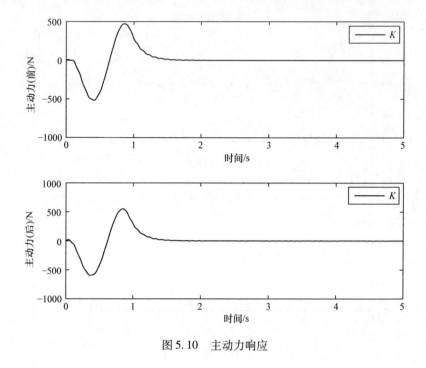

图 5.10 主动力响应

5.5 结论

本章研究了具有执行器不确定性的半车主动悬架系统的非脆弱 H_∞ 控制器设计问题。基于 Lyapunov 稳定性理论，设计了一个非脆弱 H_∞ 控制器，使闭环系统在满足约束性能的同时在给定的 H_∞ 扰动衰减水平下保证闭环系统渐近稳定。仿真结果表明了该方法的有效性。

参 考 文 献

[1] N. Al-Holou, T. Lahdhiri, D. Joo, J. Weaver, and F. Al-Abbas. 'Sliding mode neural network inference fuzzy logic control foractive suspension systems'. *IEEE Transactions on Fuzzy Systems*, 10(2):234–246, 2002.

[2] J. Cao, H. Liu, P. Li, and D. Brown. 'State of the art in vehicle active suspension adaptive control systems based on intelligent methodologies'. *IEEE Transactions on Intelligent Transportation Systems*, 9(3):392–405, 2008.

[3] H. Chen and K. Guo. 'Constrained H_∞ control of active suspensions: An LMI approach'. *IEEE Transactions on Control Systems Technology*, 13(3): 412–421, 2005.

[4] H. Du and N. Zhang. 'Constrained H_∞ control of active suspension for a half-car model with a time delay in control'. *Proceedings of the Institution of Mechanical Engineers, Part D: Journal of Automobile Engineering*, 222(5):

665–684, 2008.

[5] M. El Madany and Z. Abduljabbar. 'Linear quadratic Gaussian control of a quarter-car suspension'. *Vehicle System Dynamics*, 32(6):479–497, 1999.

[6] I. Fialho and G. Balas. 'Road adaptive active suspension design using linear parameter-varying gain-scheduling'. *IEEE Transactions on Control Systems Technology*, 10(1):43–54, 2002.

[7] H. Gao, W. Sun, and P. Shi. 'Robust sampled-data H_∞ control for vehicle active suspension systems'. *IEEE Transactions on Control Systems Technology*, 18(1):238–245, 2010.

[8] T. Gordon, C. Marsh, and M. Milsted. 'A comparison of adaptive LQG and nonlinear controllers for vehicle suspension systems'. *Vehicle System Dynamics*, 20(6):321–340, 1991.

[9] D. Hrovat. 'Survey of advanced suspension developments and related optimal control applications'. *Automatica*, 33(10):1781–1817, 1997.

[10] D. Hrovat, D. Margolis, and M. Hubbard. 'An approach toward the optimal semi-active suspension'. *Journal of Dynamic Systems, Measurement, and Control*, 110:288, 1988.

[11] B. Jiang, K. Zhang, and P. Shi. 'Integrated fault estimation and accommodation design for discrete-time Takagi–Sugeno fuzzy systems with actuator faults'. *IEEE Transactions on Fuzzy Systems*, 19(2):291–304, 2011.

[12] L. Keel and S. Bhattacharyya. 'Robust, fragile or optimal'? *Proceedings of the 1997 American Control Conference, 1997.* vol. 2, 1997.

[13] C. Sivrioglu and I. Cansever. 'LPV gain-scheduling controller design for a non-linear quarter-vehicle active suspension system'. *Transactions of the Institute of Measurement and Control*, 31(1):71–95, 2009.

[14] J. Tamboli and S. Joshi. 'Optimum design of a passive suspension system of a vehicle subjected to actual random road excitations'. *Journal of Sound and Vibration*, 219(2):193–205, 1999.

[15] C. Ting, T. Li, and F. Kung. 'Design of fuzzy controller for active suspension system'. *Mechatronics*, 5(4):365–383, 1995.

[16] Y. Wang, L. Xie, and C. De Souza. 'Robust control of a class of uncertain nonlinear systems'. *Systems & Control Letters*, 19(2):139–149, 1992.

[17] M. Yamashita, K. Fujimori, K. Hayakawa, and H. Kimura. 'Application of H_∞ control to active suspension systems'. *Automatica*, 30(11):1717–1729, 1994.

[18] G. Yang and J. Liang Wang. 'Non-fragile protect H_∞ control for linear systems with multiplicative controller gain variations'. *Automatica*, 37(5): 727–737, 2001.

[19] G. Yang and J. Wang. 'Non-fragile H_∞ output feedback controller design for linear systems'. *Journal of Dynamic Systems, Measurement, and Control*, 125:117, 2003.

[20] B. Zhang, S. Zhou, and T. Li. 'A new approach to robust and non-fragile H_∞ control for uncertain fuzzy systems'. *Information Sciences*, 177(22): 5118–5133, 2007.

[21] J. Zhang, P. Shi, and J. Qiu. 'Non-fragile guaranteed cost control for uncertain stochastic nonlinear time-delay systems'. *Journal of the Franklin Institute*, 346(7):676–690, 2009.

第6章 基于有限频率法的主动悬架控制

Weichao Sun，Huihui Pan，Pinchao Wang 和 Huijun Gao

摘要

在本章中，研究了具有频带约束的汽车主动悬架控制问题。根据状态测量的在线可用性，基于广义的 Kalman – Yakubovich – Popov（KYP）引理，可以解决状态反馈和动态输出反馈控制问题。与主动悬架系统的传统全频率方法相比，本章提出的有限频率方法在选定的频率范围内具有更好的干扰衰减性能，同时在控制器设计中保证了实际情况所需的约束。通过对几种类型的道路干扰进行仿真，验证了该方法的有效性和优点。

6.1 介绍

如今，处理主动悬架控制的一种流行方法是基于状态空间实现。当所有状态都能在线可测时，状态反馈是一个很好的选择，因为它可以利用全部信息，所以闭环性能达到最大潜力。尽管状态反馈控制是一种强大的策略，但它基于所有状态变量在线可测的前提，这有时会因测量所有状态而带来更高的成本和额外的复杂性。在并非所有状态变量在线可测的情况下，可以选择输出反馈控制，它可以根据部分可测量状态进行有效控制。换句话说，与状态反馈的对应部分相比，输出反馈策略需要较少的传感器，并且已经在许多研究中进行了探讨。

关于主动悬架系统，已经引入了各种控制策略，旨在提高乘坐舒适性。值得一提的是，大多数研究人员在整个频率范围内为悬架系统设计控制器，而现有结果很少关注主动悬架系统仅属于某个频带这一事实。根据 ISO 2361，人体对垂直方向 4~8Hz 的振动更加敏感，人体器官将在此频域中产生振动。因此，有限频率控制的发展对于主动悬架系统具有重要意义。

在本章中，考虑了具有频带约束的车辆主动悬架控制问题，其中在统一的框架中考虑了状态反馈控制和动态输出反馈控制的情况。以四分之一汽车模型为研究对象。通过使用广义 KYP 引理,将有限频率问题转换为一组线性矩阵不等式(LMI)进行求解。此外,在控制器设计中保证了时域约束,这些约束代表了车辆悬架的性能要求(方向稳定性和悬架挠度)。基于所有状态变量在线可测的假设,首先设计有限频率范围内的状态反馈 H_∞ 控制器以满足有限主动悬架系统的有限频率特性。为了应对实际情况,还设计了一个工业级的顺序动态输出反馈控制器,其中使用有效的乘数展开,对变量做线性变化使控制器设计的条件转换为 LMI 条件。可以通过使用标准数值算法求解一组 LMI 来获得所需的控制器。大量的仿真证明了该方法的有效性。

符号:对于一个矩阵 P、P^T、P^{-1} 和 $P^\perp$,分别表示它的转置、逆和正交补;符号 $P > 0$ (≥ 0) 意味着 P 实对称正定(半定);$[P]_s = P + P_T$。对于向量或矩阵,$\{\cdot\}_i (i = 1, 2, \cdots)$ 代表这个向量或矩阵的第 i 行,$\|G\|_\infty$ 表示传递函数矩阵 $G(s)$ 的 H_∞ 范数。在对称分块矩阵或复杂的矩阵表达式中,我们使用星号(*)表示对称性的术语,diag$\{\cdots\}$ 表示分块对角矩阵。平方可积函数在 $[0, \infty)$ 的空间表示为 $L_2[0, \infty)$,对于 $w = \{w(t)\} \in L_2[0, \infty)$,它的术语表示为 $\|w\|_2 = \sqrt{\int_{t=0}^\infty |w(t)|^2 dt}$。

6.2 问题表述

通过考虑垂向动力学和车辆的对称性,悬架首先可以简化为图 6.1 所示的 1/4 汽车模型。

该模型已在文献中广泛使用,并包含了更详细模型的许多重要特征。在本章,忽略执行机构动力学,该执行器被建模为理想的力发生器。这些参数在表 6.1 中定义。

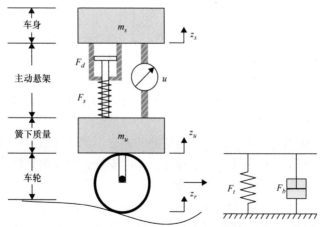

图 6.1　1/4 车辆模型与一个主动控制悬架系统

表 6.1　主动式悬架系统的参数

m_s 簧上质量	m_u 簧下质量
c_s 悬架系统的阻尼	k_s 悬架系统的刚度
k_t 充气轮胎的压缩率	c_t 充气轮胎的阻尼
z_s 簧上质量的位移	z_u 簧下质量的位移
z_r 路面位移输入	u 悬架系统的主动输入

簧上质量与簧下质量的理想动态方程如下：

$$m_s \ddot{z}_s(t) + c_s[\dot{z}_u(t) - \dot{z}_u(t)] + k_s[z_s(t) - z_u(t)] = u(t)$$
$$m_u \ddot{z}_u(t) + c_s[\dot{z}_u(t) - \dot{z}_s(t)] + k_s[z_u(t) - z_s(t)]$$
$$+ k_t[z_u(t) - z_r(t)] + c_t[\dot{z}_u(t) - \dot{z}_r(t)] = -u(t) \quad (6.1)$$

定义以下状态变量：

$$x_1(t) = z_s(t) - z_u(t),\ x_2(t) = z_u(t) - z_r(t),\ x_3(t) = \dot{z}_s(t),\ x_4(t) = \dot{z}_u(t) \quad (6.2)$$

式中，$x_1(t)$ 为悬架挠度，$x_2(t)$ 为轮胎变形量，$x_3(t)$ 为簧上质量的速度，$x_4(t)$ 表示簧下质量的速度。我们定义的扰动输入 $w(t) = \dot{z}_r(t)$。然后，通过定义

$$x(t) = [x_1(t)\ x_2(t)\ x_3(t)\ x_4(t)]^T$$

动态方程（6.1）可以改写为如下状态空间的形式：

$$\dot{x}(t) = A(x) + B_1 w(t) + B u(t) \quad (6.3)$$

其中

$$A = \begin{bmatrix} 0 & 0 & 1 & -1 \\ 0 & 0 & 0 & 1 \\ -\dfrac{k_s}{m_s} & 0 & -\dfrac{c_s}{m_s} & \dfrac{c_s}{m_s} \\ \dfrac{k_s}{m_u} & -\dfrac{k_u}{m_u} & \dfrac{c_s}{m_u} & -\dfrac{c_s + c_t}{m_u} \end{bmatrix},\ B = \begin{bmatrix} 0 \\ 0 \\ \dfrac{1}{m_s} \\ -\dfrac{1}{m_u} \end{bmatrix},\ B_1 = \begin{bmatrix} 0 \\ -1 \\ 0 \\ \dfrac{c_t}{m_u} \end{bmatrix} \quad (6.4)$$

在设计悬架系统的控制律时，我们需要考虑乘坐舒适性。人们普遍认为，乘坐舒适性与 4~8Hz 频段的车身加速度密切相关。因此，为了提高乘坐舒适性，重要的是要保持从干扰输入 $w(t)$ 到车身加速度 $\ddot{z}_s(t)$ 的传递函数在 4~8Hz 频带上尽可能小。

由于道路颠簸引起的干扰，车轮与道路的充分不间断接触对于汽车操纵性很重要，并且与行驶安全高度相关。为了保证汽车的安全，应确保车轮与道路的充分不间断接触，并且轮胎的动载荷应小，即

$$k_t |z_u(t) - z_r(t)| < (m_s + m_u)g$$

此外，车辆的结构特征还限制了悬架挠度，即

$$|z_s(t) - z_u(t)| \leq z_{\max}$$

式中，z_{max} 是最大悬架挠度。

为了满足性能要求，控制输出定义为

$$z_1(t) = \ddot{z}_s(t)$$
$$z_2(t) = \left[\frac{z_s(t) - z_u(t)}{z_{max}} \quad \frac{k_t |z_u(t) - z_r(t)|}{(m_s + m_u)g} \right]^T \tag{6.5}$$

因此，汽车悬架控制系统可以被描述为

$$\dot{x}(t) = Ax(t) + Bu(t) + B_1 w(t)$$
$$z_1(t) = C_1 x(t) + D_1 u(t)$$
$$z_2(t) = C_2 x(t)$$
$$y(t) = Cx(t) \tag{6.6}$$

其中 C 是测量矩阵，然后

$$C_1 = \left[-\frac{k_s}{m_s} \quad 0 \quad -\frac{c_s}{m_s} \quad \frac{c_s}{m_s} \right], \quad D_1 = \frac{1}{m}$$

$$C_2 = \begin{bmatrix} \dfrac{1}{z_{max}} & 0 & 0 & 0 \\ 0 & \dfrac{k_t}{(m_s + m_u)g} & 0 & 0 \end{bmatrix}$$

$G(j\omega)$ 表示从干扰输入 $w(t)$ 到控制输出 $z_1(t)$ 的传递函数。有限频率 H_∞ 控制问题是设计一个控制器，使闭环系统满足

$$\sup_{\omega_1 < \omega < \omega_2} \| G(j\omega) \|_\infty < \gamma \tag{6.7}$$

式中，$\gamma > 0$ 是规定的标量，而 ω_1、ω_2 分别表示相关频率的上限和下限。另外，从安全和机械结构的角度来看，约束应满足

$$| \{z_2(t)\}_i | \leq 1, \quad i = 1, 2 \tag{6.8}$$

为便于演示，我们引入必要的引理。考虑简洁性，省略引理的所有证明。

引理 6.1（投影引理） 给定 Γ、Λ、Θ。存在矩阵 F 满足

$$\Gamma F \Lambda + (\Gamma F \Lambda)^T + \Theta < 0$$

当且仅当下列两个条件成立：

$$\Gamma^\perp \Theta \Gamma^{\perp T} < 0, \quad \Lambda^\perp \Theta \Lambda^{\perp T} < 0$$

引理 6.2（互惠投影引理） 设 P 为任何给定的正数定矩阵。以下语句是等价的：

1) $\Psi + S + S^T < 0$。

2) LMI 问题：

$$\begin{bmatrix} \Psi + P - [X]_S & S^T + X^T \\ * & -P \end{bmatrix} < 0$$

对 X 而言是等价的。

引理 6.3（广义 KYP 引理） 考虑线性系统 $(\bar{A}, \bar{B}, \bar{C}, \bar{D})$。给定一个对称矩阵 Π，以下语句是等价的：

1）有限频率不等式：

$$\begin{bmatrix} G(j\omega) \\ I \end{bmatrix}^T \Pi \begin{bmatrix} G(j\omega) \\ I \end{bmatrix} < 0, \quad \bar{\omega}_1 \leq \omega \leq \bar{\omega}_2$$

2）存在对称矩阵 P 和 Q 满足 $Q>0$ 且

$$\begin{bmatrix} \Gamma[P,Q,\bar{C},\bar{D}] & [\bar{C}\ \bar{D}]^T \\ * & -I \end{bmatrix} < 0$$

式中，$\Gamma[P,Q,\bar{C},\bar{D}]$ 的定义是

$$\Gamma[P,Q,\bar{C},\bar{D}] = \begin{bmatrix} \bar{A} & \bar{B} \\ I & 0 \end{bmatrix}^T \begin{bmatrix} -Q & P+j\bar{\omega}_c Q \\ P-j\bar{\omega}_c Q & -\bar{\omega}_1\bar{\omega}_2 Q \end{bmatrix} \begin{bmatrix} \bar{A} & \bar{B} \\ I & 0 \end{bmatrix}$$

$$+ \begin{bmatrix} 0 & \bar{C}^T \Pi_{12} \\ * & [\bar{D}^T \Pi_{12}]_s + \Pi_{22} \end{bmatrix}$$

Π_{12} 和 Π_{22} 是 Π 的边界的右和右下块矩阵。

6.3 状态反馈控制器的设计

在本节中，我们的目的是设计一种控制器，该控制器可以确保从扰动输入 $w(t)$ 到受控输出 $z_1(t)$ 的传递函数在 4～8Hz 频带上尽可能小，而时域约束在式（6.8）中得到保证。这里，假设所有状态变量都可以测量，并且我们感兴趣的是设计状态反馈控制器：

$$u(t) = Kx(t) \tag{6.9}$$

式中，K 是需要去设计的状态反馈增益矩阵。通过结合式（6.9）、式（6.6），闭环系统如下：

$$\begin{aligned} \dot{x}(t) &= \bar{A}x(t) + \bar{B}w(t) \\ z_1(t) &= \bar{C}x(t) + \bar{D}w(t) \\ z_2(t) &= C_2 x(t) \end{aligned} \tag{6.10}$$

其中

$$\begin{bmatrix} \bar{A} & \bar{B} \\ \bar{C} & \bar{D} \end{bmatrix} = \begin{bmatrix} A+BK & B_1 \\ C_1+D_1 K & 0 \end{bmatrix}$$

对于主动悬架系统，根据要求，建立了受约束的 H_∞ 控制问题，以在固定频段 $\omega_1 \leq \omega \leq \omega_2$ 上的时域约束（6.8）下，将 $w(t)$ 到 $z_1(t)$ 的 H_∞ 范数最小化。

定理 6.1 设正标量 γ、η、ρ。状态反馈控制器以式（6.9）的形式存在，使得式（6.10）中的闭环系统随着 $w(t)=0$ 渐近稳定，并且对于所有非零 $w \in L_2[0, \infty)$ 满足 $\|G(j\omega)\|_\infty^{\omega_1 < \omega < \omega_2} < \gamma$，在边界 $w_{max} = (\rho - V(0))/\eta$ 内的微扰能可以满足式（6.8）的约束，如果存在对称矩阵 P，$P_1 > 0$，$Q > 0$ 并且满足一般实矩阵 F：

$$\begin{bmatrix} -[F]_s & F^T \overline{A} + P_1 & F^T & F^T \overline{B} \\ * & -P_1 & 0 & 0 \\ * & * & -P_1 & 0 \\ * & * & * & -\eta I \end{bmatrix} < 0 \quad (6.11)$$

$$\begin{bmatrix} -Q & P + j\omega_c Q - F & 0 & 0 \\ * & -\omega_1 \omega_2 Q + [F^T \overline{A}]_s & F^T \overline{B} & \overline{C}^T \\ * & * & -\gamma^2 I & 0 \\ * & * & * & -I \end{bmatrix} < 0 \quad (6.12)$$

$$\begin{bmatrix} -I & \sqrt{\rho}\{C_2\}_i \\ * & -P_1 \end{bmatrix} < 0, \quad i = 1, 2 \quad (6.13)$$

式中，$\omega_c = (\omega_1 + \omega_2)/2$ 是一个给定的标量。

证明：通过使用舒尔补，不等式（6.11）等于

$$\begin{bmatrix} \frac{1}{\eta} F^T \overline{B} \overline{B}^T F + F^T P_1^{-1} F - [F]_s & F^T \overline{A} + P_1 \\ * & -P_1 \end{bmatrix} < 0 \quad (6.14)$$

令 $F := W^{-1}$，通过 $\text{diag}\{F^{-1}, P_1^{-1}\}$ 对不等式（6.14）进行全等转换，可以将不等式（6.14）转换为以下不等式：

$$\begin{bmatrix} \frac{1}{\eta} \overline{B} \overline{B}^T + P_1^{-1} + [W]_s & \overline{A} P_1^{-1} + W^T \\ * & -P_1^{-1} \end{bmatrix} < 0 \quad (6.15)$$

通过使用引理 6.2，不等式（6.15）等价于

$$\overline{A} P_1^{-1} + P_1^{-1} \overline{A}^T + \frac{1}{\eta} \overline{B} \overline{B}^T < 0$$

令 $\Psi = \frac{1}{\eta} \overline{B} \overline{B}^T$，$S^T = AP_1^{-1}$，显然我们可以得到

$$\overline{A}^T P_1 + P_1 \overline{A} + \frac{1}{\eta} P_1 \overline{B} \overline{B}^T P_1 < 0 \quad (6.16)$$

这样可以保证

$$\overline{A}^T P_1 + P_1 \overline{A} < 0$$

根据连续时间线性系统的标准 Lyapunov 理论，闭环系统 (6.10) 在 $w(t) = 0$ 时渐近稳定。

将不等式 (6.12) 改写为

$$J \Xi J^T + H \Pi H^T + [\Gamma F \Lambda]_s < 0 \qquad (6.17)$$

其中

$$J = \begin{bmatrix} I & 0 \\ 0 & I \\ 0 & 0 \end{bmatrix}, \Xi = \begin{bmatrix} -Q & \overline{P} + j\overline{\omega}_c Q \\ \overline{P} - j\overline{\omega}_c Q & -\overline{\omega}_1 \overline{\omega}_2 Q \end{bmatrix}$$

$$\Pi = \begin{bmatrix} I & 0 \\ 0 & -\gamma^2 I \end{bmatrix}, H = \begin{bmatrix} 0 & \overline{C} & 0 \\ 0 & 0 & I \end{bmatrix}^T$$

$$\Gamma = \begin{bmatrix} -I & \overline{A} & \overline{B} \end{bmatrix}^T, \Lambda = \begin{bmatrix} 0 & I & 0 \end{bmatrix}$$

然后，根据引理6.1，不等式 (6.17) 成立当且仅当

$$\begin{aligned} W^T (J\Xi J^T + H\Pi H^T) W &< 0 \\ U (J\Xi J^T + H\Pi H^T) U^T &< 0 \end{aligned} \qquad (6.18)$$

其中

$$W = \begin{bmatrix} I & 0 & 0 \\ 0 & 0 & I \end{bmatrix}^T, U = \begin{bmatrix} \overline{A}^T & I & 0 \\ \overline{B}^T & 0 & I \end{bmatrix}$$

注意不等式 (6.18) 可以转化为以下形式：

$$\begin{bmatrix} \overline{A} & \overline{B} \\ I & 0 \end{bmatrix}^T \Xi \begin{bmatrix} \overline{A} & \overline{B} \\ I & 0 \end{bmatrix} + \begin{bmatrix} \overline{C} & 0 \\ 0 & I \end{bmatrix}^T \Pi \begin{bmatrix} \overline{C} & 0 \\ 0 & I \end{bmatrix} < 0 \qquad (6.19)$$

其可以进一步转化为

$$L + \begin{bmatrix} \overline{C} & 0 \end{bmatrix}^T \begin{bmatrix} \overline{C} & 0 \end{bmatrix} < 0 \qquad (6.20)$$

其中

$$L = \begin{bmatrix} \overline{A} & \overline{B} \\ I & 0 \end{bmatrix}^T \Xi \begin{bmatrix} \overline{A} & \overline{B} \\ I & 0 \end{bmatrix} + \begin{bmatrix} 0 & 0 \\ 0 & -\gamma^2 I \end{bmatrix}$$

利用舒尔补和引理6.3，我们可以得到

$$\begin{bmatrix} G(j\omega) \\ I \end{bmatrix}^T \Pi \begin{bmatrix} G(j\omega) \\ I \end{bmatrix} < 0, \omega_1 < \omega < \omega_2 \qquad (6.21)$$

这恰好是式 (6.7) 中的有限频率 H_∞ 的性能指标不等式。

记 $V(t)=x^T(t)P_1x(t)$ 作为能量函数，对其求导为

$$\dot{V}(t)=2x^T(t)P_1\bar{A}x(t)+2x^T(t)P_1\bar{B}w(t)$$

注意

$$2x^T(t)P_1\bar{B}w(t)\leq\frac{1}{\eta}x(t)^TP_1\bar{B}\bar{B}^TP_1x(t)+\eta w(t)^Tw(t),\ \forall\eta>0$$

可以得出

$$\dot{V}(t)\leq x(t)^T(\bar{A}^TP_1+P_1\bar{A}+\frac{1}{\eta}P_1\bar{B}\bar{B}^TP_1)x(t)+\eta w(t)^Tw(t) \quad (6.22)$$

根据不等式（6.16），不等式（6.22）确保了

$$\dot{V}(t)\leq\eta w(t)^Tw(t) \quad (6.23)$$

对不等式（6.23）两端从 0 到 t 积分可以得到

$$V(t)-V(0)\leq\eta\int_0^t w^T(t)w(t)\mathrm{d}t\leq\eta\|w\|_2^2=\eta w_{\max}$$

这表明

$$x^T(t)P_1x(t)\leq V(0)+\eta w_{\max}=\rho \quad (6.24)$$

考虑

$$\max_{t\geq 0}|\{z_2(t)\}_i|^2=\max_{t\geq 0}(x^T(t)\{C_2\}_i^T\{C_2\}_ix(t))$$

使用变换 $\bar{x}(t)=P_1^{\frac{1}{2}}x(t)$，可以得出 $\bar{x}^T(t)\bar{x}(t)\leq\rho$。因此

$$\max_{t\geq 0}|\{z_2(t)\}_i|^2\leq\rho\lambda_{\max}(P_1^{-\frac{1}{2}}\{C_2\}_i^T\{C_2\}_iP_1^{-\frac{1}{2}})$$

式中，$\lambda_{\max}(\cdot)$ 表示最大特征值。那么，约束（6.8）成立，如果有

$$\rho P_1^{-\frac{1}{2}}\{C_2\}_i^T\{C_2\}_iP_1^{-\frac{1}{2}}<I \quad (6.25)$$

其中，由 Schur 补充，相当于式（6.13）。证明完毕。

由于像式（6.11）和式（6.12）这样的表达式涉及耦合项，因此所产生的可行性问题是非线性的。所以，它不能直接由 LMI 优化处理。为了解决非线性问题，定义

$$J_1=\mathrm{diag}\{F^{-1},F^{-1},F^{-1},I\}$$
$$J_2=\mathrm{diag}\{F^{-1},F^{-1},I,I\}$$
$$J_3=\mathrm{diag}\{I,F^{-1}\}$$

然后，我们分别通过左侧的满秩矩阵 J_1^T、J_2^T、J_3^T 以及右侧的 J_1、J_2、J_3 对式（6.11）~式（6.13）进行全等变换。

定义

$$\bar{Q}=(F^{-1})^TQF^{-1},\ \bar{P}=(F^{-1})^TPF^{-1}$$
$$\bar{P}_1=(F^{-1})^TP_1F^{-1},\ \bar{K}=KF^{-1},\ \bar{F}=F^{-1}$$

获得以下定理。

定理6.2 给定正标量 γ、η、ρ。状态反馈控制器以式（6.9）的形式存在，使得式（6.10）中的闭环系统随着 $w(t)=0$ 渐近稳定，并且对于所有非零 $w \in L_2[0,\infty)$ 满足 $\|G(j\omega)\|_\infty^{\omega_1<\omega<\omega_2} < \gamma$，在边界 $w_{\max}=(\rho-V(0))/\eta$ 内的微扰能可以满足式（6.8）的约束，如果存在对称矩阵 $\bar{P}$，$\bar{P}_1>0$，$\bar{Q}>0$ 并且满足一般实矩阵 $\bar{F}$ 不等式（6.26）~式（6.28）。

$$\begin{bmatrix} -[\bar{F}]_s & A\bar{F}+B\bar{K}+\bar{P}_1 & \bar{F} & B_1 \\ * & -\bar{P}_1 & 0 & 0 \\ * & * & -\bar{P}_1 & 0 \\ * & * & * & -\eta I \end{bmatrix} < 0 \quad (6.26)$$

$$\begin{bmatrix} -\bar{Q} & \bar{P}+j\omega_c\bar{Q}-\bar{F} & 0 & 0 \\ * & -\omega_1\omega_2\bar{Q}+[A\bar{F}+B\bar{F}]_s & B_1 & \bar{F}^T C_1^T + \bar{K}^T D_1^T \\ * & * & -\gamma^2 I & 0 \\ * & * & * & -I \end{bmatrix} < 0 \quad (6.27)$$

$$\begin{bmatrix} -I & \sqrt{\rho}\{C_2\}_i \bar{F} \\ * & -\bar{P}_1 \end{bmatrix} \leq 0, \quad i=1,2 \quad (6.28)$$

另外，如果不等式（6.26）~式（6.28）有一组可行解，式（6.9）中的控制增益 K 由下式给出：

$$K = \bar{K}\bar{F}^{-1}$$

备注6.1 需要注意的是线性矩阵不等式（6.27）有复杂的变量。根据参考文献 [24]，可以将复杂变量中的 LMI 转换为实变量中较大维度的 LMI。这意味着不等式 $S_1+jS_2<0$ 等价于 $\begin{bmatrix} S_1 & S_2 \\ -S_2 & S_1 \end{bmatrix} < 0$。

6.4 动态输出反馈控制器设计

在本节中，我们感兴趣的是设计动态输出反馈控制器，使得该闭环系统的 H_∞ 范数在特定的频域最小，同时满足边界在式（6.8）的约束。

对于主动悬架系统（6.6），动态输出反馈控制器 $K(s)$ 如下：

$$\dot{\eta}(t) = A_K\eta(t) + B_K y(t)$$
$$u(t) = C_K\eta(t) + D_K y(t) \quad (6.29)$$

将式（6.29）代入式（6.6），并且定义

$$x_c(t) = \begin{bmatrix} x(t) \\ \eta(t) \end{bmatrix} \quad (6.30)$$

实现闭环系统

$$\dot{x}_c(t) = Ax_c(t) + Bw(t)$$
$$z_1(t) = C_1 x_c(t)$$
$$z_2(t) = C_2 x_c(t) \quad (6.31)$$

其中

$$A = \begin{bmatrix} A + BD_K C & BC_K \\ B_K C & A_K \end{bmatrix}, B = \begin{bmatrix} B_1 \\ 0 \end{bmatrix}$$
$$C_1 = [C_1 \quad 0], C_2 = [C_2 \quad 0] \quad (6.32)$$

闭环系统的传递函数从干扰输入 $w(t)$ 到被控输出 $z_1(t)$ 定义如下：

$$G(j\omega) = C_1(j\omega I - A)^{-1}B$$

6.4.1 有限频率的情况下

在本小节中，在有限频域中设计了动态输出反馈控制器，以使式（6.31）中的闭环系统渐近稳定，并满足

$$\sup_{\omega_1 < \omega < \omega_2} \|G(j\omega)\|_\infty < \gamma \quad (6.33)$$

同时满足式（6.8）中的约束。

定理 6.3 给定正标量 γ、η、ρ。式（6.31）中的闭环系统渐进稳定，且满足 $\sup_{\omega_1 < \omega < \omega_2} \|G(j\omega)\|_\infty < \gamma$，同时满足 $w_{max} = (\rho - V(0))/\eta$ 下的微扰能约束，如果存在对称矩阵 P，$P_s > 0$，$\overline{Q} > 0$ 并且一般实矩阵 F 满足不等式（6.34）~式(6.36)。

$$\begin{bmatrix} [W]_s & -W^T A + P_s & -W^T & -W^T B \\ * & -P_s & 0 & 0 \\ * & * & -P_s & 0 \\ * & * & * & -\eta I \end{bmatrix} < 0 \quad (6.34)$$

$$\begin{bmatrix} -\omega_1\omega_2 Q - [A^T W]_s & P - j\omega_c Q + W^T & -W^T B & C_1^T \\ * & -Q & 0 & 0 \\ * & * & -\gamma^2 I & 0 \\ * & * & * & -I \end{bmatrix} < 0 \quad (6.35)$$

$$\begin{bmatrix} -I & \sqrt{\rho}\{C_2\}_i \\ * & -P_s \end{bmatrix} < 0, i = 1, 2 \quad (6.36)$$

证明：由于证明与定理6.1类似，这里进行省略。

定理6.3中的表达式是非凸的，这是由乘数W、控制器参数和系数矩阵的乘积项决定的。为了解决非凸问题，我们进行以下变换。

根据式（6.32）中A的分区，我们引入W的分区及其逆W^{-1}的形式：

$$W = \begin{bmatrix} X & Y \\ U & V \end{bmatrix}, \quad W^{-1} = \begin{bmatrix} M & G \\ H & L \end{bmatrix} \tag{6.37}$$

根据文献［25］，假设U和H是可逆的，则不会失去一般性。

$$\Delta_1 = \begin{bmatrix} X & I \\ U & 0 \end{bmatrix}, \quad \Delta_2 = \begin{bmatrix} I & M \\ 0 & H \end{bmatrix}$$

并注意

$$W\Delta_2 = \begin{bmatrix} X & XM + YH \\ U & UM + VH \end{bmatrix} = \Delta_1 \tag{6.38}$$

定义

$$\overline{J}_1 = \text{diag}\{\Delta_2^T, \Delta_2^T, \Delta_2^T, I\}$$

$$\overline{J}_2 = \text{diag}\{\Delta_2^T, \Delta_2^T, I, I\}$$

$$\overline{J}_3 = \text{diag}\{I, \Delta_2^T\}$$

将式（6.34）～式(6.36) 分别前乘和后乘$\overline{J}_1$、$\overline{J}_2$、$\overline{J}_3$及其转置，并且定义

$$\overline{Q} = \Delta_2^T Q \Delta_2, \quad \overline{P} = \Delta_2^T P \Delta_2, \quad \overline{P}_s = \Delta_2^T P_s \Delta_2$$

$$\overline{A} = \Delta_2^T W^T A \Delta_2 = \begin{bmatrix} X^T A + \hat{B}_K C & \hat{A}_K \\ A + B\hat{D}_K C & AM + B\hat{C}_K \end{bmatrix}$$

$$\overline{B} = \Delta_2^T W^T B \begin{bmatrix} X^T B_1 \\ B_1 \end{bmatrix}$$

$$\overline{C}_1 = C_1 \Delta_2 = [\, C_1 \quad C_1 M \,]$$

$$\overline{C}_2 = C_2 \Delta_2 = [\, C_2 \quad C_2 M \,]$$

$$\overline{W} = \Delta_2^T W \Delta_2 = \begin{bmatrix} X^T & Z \\ I & M \end{bmatrix}$$

用下面的变量线性变化：

$$\hat{A}_K = X^T A M + X^T B D_K C M + U^T B_K C M + X^T B C_K H + U^T A_K H$$

$$\hat{B}_K = X^T B D_K + U^T B_K$$

$$\hat{C}_K = C_K H + D_K C M$$

$$\hat{D}_K = D_K$$

$$\tag{6.39}$$

$$Z = X^T M + U^T H \tag{6.40}$$

我们能得出如下定理。

定理6.4 设矢量 γ、η 和 ρ,那么一种动态输出反馈控制器以式(6.29)的形式存在,因此式(6.31)中的闭环系统是渐近稳定的,并且满足 $sup_{\omega_1 < \omega < \omega_2}$ $\| G(j\omega) \|_\infty < \gamma$,同时满足 $w_{\max} = (\rho - V(0))/\eta$ 下的微扰能约束,如果存在对称矩阵 P,$P_s > 0$,$\overline{Q} > 0$,且一般实矩阵 $\overline{W}$,$\hat{A}_k$,$\hat{B}_k$,$\hat{C}_k$,$\hat{D}_k$,M,X,Z 满足

$$\begin{bmatrix} [\overline{W}]_s & -\overline{A} + \overline{P}_s & -\overline{W}^T & -\overline{B} \\ * & -\overline{P}_s & 0 & 0 \\ * & * & -\overline{P}_s & 0 \\ * & * & * & -\eta I \end{bmatrix} < 0 \tag{6.41}$$

$$\begin{bmatrix} -\omega_1\omega_2\overline{Q} - [\overline{A}]_s & \overline{P} - j\overline{\omega}_c\overline{Q} + \overline{W}^T & -\overline{B} & \overline{C}_1^T \\ * & -\overline{Q} & 0 & 0 \\ * & * & -\gamma^2 I & 0 \\ * & * & * & -I \end{bmatrix} < 0 \tag{6.42}$$

$$\begin{bmatrix} -I & \sqrt{\rho}\{\overline{C}_2\}_i \\ * & -\overline{P}_s \end{bmatrix} < 0 \tag{6.43}$$

此外,如果上述不等式有一个可行解,那么可以求出矩阵 $\overline{W}$,$\hat{A}_k$,$\hat{B}_k$,$\hat{C}_k$,$\hat{D}_k$,M,X,Z。根据式(6.39)和式(6.40),我们将通过下列公式计算控制器:

$$D_K = \hat{D}_K$$
$$C_K = (\hat{C}_K - D_K CM)H^{-1}$$
$$B_K = U^{-T}(\hat{B}_K - X^T BD_K)$$
$$A_K = U^{-T}[\hat{A}_K - X^T AM - X^T BD_K CM - U^T B_K CM - X^T BC_K H]H^{-1} \tag{6.44}$$

备注6.2 当我们计算控制器时,必要的矩阵 U 和 H 不可能由定理6.4直接求得,因此令它们满足

$$U^T H = Z - X^T M$$

值得一提的是,总是可以实现 $U^T H$ 的因式分解,从而推导出可逆矩阵 U 和 H。在本章中,使用奇异值分解方法获得了两个可逆矩阵

6.4.2 整个频率的情况下

为了突出在有限频率下设计控制器的优势,基于文献[26]中提出的方法,

我们在整个频域上开发了另一种动态输出反馈控制器。在本小节中,将在整个频域中设计一个动态输出反馈控制器,以使式(6.31)中的闭环系统渐近稳定,并且在零初始状态下,对于所有非零的 $w \in L_2[0, \infty)$ 闭环系统满足 $\|z_1\|_2 < \gamma \|w\|_2$。下面的推论给出了设计整个频率控制器的结论。

推论6.1 给定正标量 ρ 和 γ。如果存在对称矩阵 $P_c > 0$ 满足

$$\begin{bmatrix} [P_c A]_s & P_c B & C_1^T \\ * & -\gamma^2 I & 0 \\ * & * & -I \end{bmatrix} < 0 \tag{6.45}$$

$$\begin{bmatrix} -I & \sqrt{\rho}\{C_2\}_i \\ * & -P_c \end{bmatrix} < 0 \tag{6.46}$$

那么,存在一个如式(6.29)形式的稳定的动态输出反馈控制器,满足

1) 式(6.31)的闭环系统是渐近稳定的。
2) 在零初始条件下,对所有非零的 $w \in L_2[0, \infty)$ 闭环系统满足 $\|z_1\|_2 < \gamma \|w\|_2$。
3) 在边界 $w_{max} = (\rho - V(0))/\eta$ 内的微扰能可以满足式(6.8)的约束。

证明: 由于可以很容易地得到结果,在这里省略证明。

此后,我们将展示如何将式(6.45)和式(6.46)转化为可以直接求解的形式,将矩阵 P_c 及其逆 P_c^{-1} 划分为以下形式:

$$P_c = \begin{bmatrix} Y_c & N_c \\ N_c^T & \# \end{bmatrix}, \quad P_c^{-1} = \begin{bmatrix} X_c & M_c \\ M_c^T & \# \end{bmatrix} \tag{6.47}$$

其中"#"代表这个位置可以是任意的。根据文献[26],假设 N_c、M_c 可逆是具有一般性的。定义

$$\Delta_{c1} = \begin{bmatrix} X_c & I \\ M_c^T & 0 \end{bmatrix}, \quad \Delta_{c2} = \begin{bmatrix} I & Y_c \\ 0 & N_c^T \end{bmatrix}$$

并注意

$$P_c \Delta_{c1} = \Delta_{c2} \tag{6.48}$$

定义

$$J_{c1} = \mathrm{diag}\{\Delta_{c1}, I, I\}, \quad J_{c2} = \mathrm{diag}\{I, \Delta_{c1}\}$$

分别用 J_{c1}、J_{c2} 及它们的转置前乘和后乘式(6.45)和式(6.46),并且定义

$$\overline{A}_c = \Delta_{c1}^T P_c A \Delta_2 = \begin{bmatrix} AX_c + B\hat{C}_c & A + B\hat{D}_c C \\ \hat{A}_C & Y_c A + \hat{B}_c C \end{bmatrix}$$

$$\overline{B}_c = \Delta_{c1}^T P_c B = \begin{bmatrix} B_1 \\ Y_c B_1 \end{bmatrix}$$

$$\overline{C}_{c1} = C_1 \Delta_{c1} = [\, C_1 X_c \quad C_1 \,]$$

$$\overline{C}_{c2} = C_2 \Delta_{c1} = [\, C_2 X_c \quad C_2 \,]$$

$$\overline{P}_c = \Delta_{c1}^T P_c \Delta_{c1} = \begin{bmatrix} X_c & I \\ I & Y_c \end{bmatrix}$$

用下面的线性变化的变量：

$$\hat{A}_c = Y_c A X_c + Y_c B \hat{D}_C C X_c + N_c B_K C X_c + Y_c B C_K M_c^T + N_c A_K M_c^T \quad (6.49)$$

$$\hat{B}_c = Y_c B \hat{D}_C + N_c B_K$$

$$\hat{C}_c = C_K M_c^T + \hat{D}_C C X_c$$

$$\hat{D}_c = D_K \quad (6.50)$$

我们可以给出以下定理。

推论 6.2 给定标量 $\gamma > 0$。如果存在矩阵 $Y_c > 0$，$X_c > 0$，和一般实矩阵 $\hat{A}_c$，$\hat{B}_c$，$\hat{C}_c$，$\hat{D}_c$ 满足

$$\begin{bmatrix} [\overline{A}_c]_s & \overline{B}_c & \overline{C}_{c1}^T \\ * & -\gamma^2 I & 0 \\ * & * & -I \end{bmatrix} < 0 \quad (6.51)$$

$$\begin{bmatrix} -I & \sqrt{\rho}\{\overline{C}_{c2}\}_i \\ * & -\overline{P}_c \end{bmatrix} < 0 \quad (6.52)$$

那么，存在一个如式（6.29）形式的稳定的动态输出反馈控制器，满足

1）式（6.31）的闭环系统是渐近稳定的。

2）在零初始条件下，对所有非零的 $w \in L_2[0, \infty)$ 闭环系统满足 $\|z_1\|_2 < \gamma \|w\|_2$。

3）在边界 $w_{\max} = (\rho - V(0))/\eta$ 内的微扰能可以满足式（6.8）的约束。

此外，如果不等式（6.51）和式（6.52）有可行解，那么我们将通过下列式子计算控制器：

$$D_K = \hat{D}_c$$

$$C_K = (\hat{C}_c - \hat{D}_c C X_c) M_c^{-T}$$

$$B_K = N_c^{-1}(\hat{B}_c - Y_c B \hat{D}_c)$$

$$A_K = N_c^{-1}[\hat{A}_c - Y_c A X_c - Y_c B \hat{D}_c C X_c - N_c B_K C X_c - Y_c B C_K M_c^T] M_c^{-T} \quad (6.53)$$

备注 6.3 与备注 6.2 相同，矩阵 N_c、M_c 不能通过推论 6.2 直接求解，应满足

$$N_c M_c^T = I - Y_c X_c$$

在这里，我们利用奇异值分解方法也能求出两个可逆矩阵。

6.5 仿真

在本节中,我们将应用上面的方法基于6.2节描述的四分之一汽车模型设计一个有限频率 H_∞ 控制器。四分之一汽车模型参数列于表6.2。

表6.2 四分之一汽车模型参数

m_s	m_u	k_s	k_t	c_s	c_t
320kg	40kg	18kN/m	200kN/m	1kN·s/m	10N·s/m

6.5.1 状态反馈的情况

为了进行后续比较,基于所有状态变量均可以测量的假设,首先设计式(6.6)中系统的有限频域的状态反馈 H_∞ 控制器。在零初始条件下,通过求解矩阵 $\overline{P}$,$\overline{P}_1 > 0$,$\overline{Q} > 0$ 的矩阵不等式(6.26)~式(6.28),优化参数 $\gamma > 0$ 且 $\omega_1 = 4\text{Hz}(8\pi \text{ rad/s})$,$\omega_2 = 8\text{Hz}(16\pi \text{ rad/s})$,$\rho = 5$,$\eta = 1000$,$z_{\max} = 100\text{mm}$,可获得最小的闭环 H_∞ 性能是

$$\gamma_{\min} = 4.3914$$

然后,基于 $K = \overline{K}\,\overline{F}^{-1}$ 给定容许控制增益矩阵是

$$K = 10^5 \times [-1.1169 \quad -0.7377 \quad -0.4488 \quad -0.0088]$$

方便起见,在下文中,我们将该有限频率控制器称为控制器Ⅰ。

然后,我们给出另一个 H_∞ 状态反馈控制器,它是基于整个频域设计的,可获得最小的闭环 H_∞ 性能是

$$\gamma_{\min} = 8.7929$$

然后,允许控制增益矩阵如下

$$K = 10^4 \times [1.0567 \quad 6.2035 \quad -0.2689 \quad 0.1081]$$

考虑简洁性,我们将该控制器表示为Ⅱ控制器。

在获得有限频率控制器(控制器Ⅰ)和全频率控制器(控制器Ⅱ)后,我们将比较两个控制器来说明闭环悬架系统在有限频域的性能。通过仿真,在图6.2中比较了开环系统,以及由控制器Ⅰ组成的闭环系统和由控制器Ⅱ组成的闭环系统的响应。在此图中,实线和虚线分别是使用控制器Ⅰ和控制器Ⅱ的闭环系统的响应,而点画线是无源系统的响应。从图中可以看出,与无源系统和带有全频率控制器的闭环系统相比,有限频率控制器在4~8Hz频率范围出现 H_∞ 范数的最小值。这清楚地表明,改善乘坐舒适性的目标已经实现。

车辆悬架性能评价基于三个响应量,即车身加速度的具体频率域、车轮与车身之间的悬架挠度、轮胎变形量。为了评估这三个性能要求的悬架特性,我们给予如下干扰信号来说明我们的有限频率控制器的有效性。考虑在原本平坦的路面上出现

孤立凸点的情况，干扰输入如下：

$$w(t) = \begin{cases} A\sin(2\pi ft), & \text{若 } 0 \leqslant t \leqslant T \\ 0, & \text{若 } t > T \end{cases} \tag{6.54}$$

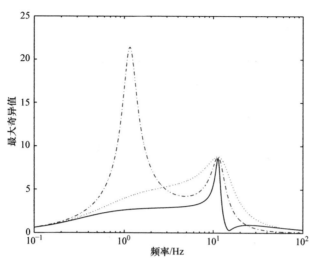

图 6.2 最大奇异值曲线（点线：开环系统；虚线：使用控制器Ⅱ的系统；实线：使用控制器Ⅰ的系统）

式中，A、f、T 代表振幅、频率和振动周期。假设 $A = 0.5\text{m}$，$f = 5\text{Hz}$（在 $4 \sim 8\text{Hz}$ 的频带中），且 $T = 1/f = 0.2\text{s}$，这意味着微扰能是 $0.025\text{m}^2 \cdot \text{s}$。主动悬架系统的车身垂直加速度的时域响应如图 6.3 所示，其中实线和虚线分别是有限频率控制器和全频率控制器对车身垂直加速度的响应。我们可以清楚地看到，有限频率控制器的人体加速度值小于全频率控制器的加速度。另外，图 6.4 和图 6.5 表明比率 $x_1(t)/z_{\max}$ 和轮胎动静载之比 $k_t x_2(t)/(m_s + m_u)g$ 小于 1，这意味着所设计的控制器能保证时域约束。

从定理 6.2 可知，微扰能信号以 $0.005\text{m}^2 \cdot \text{s}$ 为界（零初始条件下，计算 ρ/η）。如前所述，我们模拟的微扰能是 $0.025\text{m}^2 \cdot \text{s}$，远远高于理论上允许的；但是，硬约束与整体相关。这揭示了设计的保守性。

随机振动是一致的，通常将其指定为给定地面位移功率谱密度（PSD）的随机过程，PSD 大小为

$$G_q(n) = G_q(n_0)\left(\frac{n}{n_0}\right)^{-W} \tag{6.55}$$

式中，n 为空间频率，n_0 是参考空间频率，$n_0 = 0.1(1/\text{m})$；$G_q(n_0)$ 代表道路粗糙度系数；$W = 2$ 为路粗糙常数，与时间频率 f 相关，令 $f = nV$，其中 V 为车辆前进速度。

由式（6.55），我们可以获得 PSD 的地面位移：

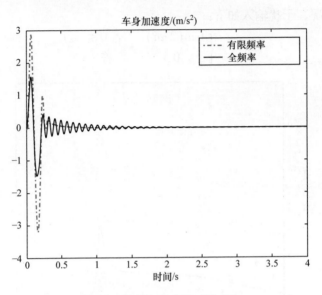

图 6.3 车体加速度的时域响应

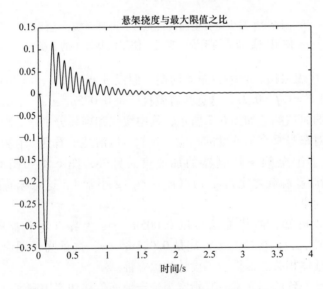

图 6.4 悬架挠度与其最大限值之比（$(z_s - z_u)/z_{max}$）

$$G_q(f) = G_q(n_0) n_0^2 \frac{V}{f^2} \tag{6.56}$$

相应地，PSD 地面速度由下式给出：

$$G_{\dot{q}}(f) = (2\pi f)^2 G_q(f) = 4\pi G_q(n_0) n_0^2 V \tag{6.57}$$

这仅与车辆前进速度有关。当车辆前进速度固定时，地面速度可以视为白噪声

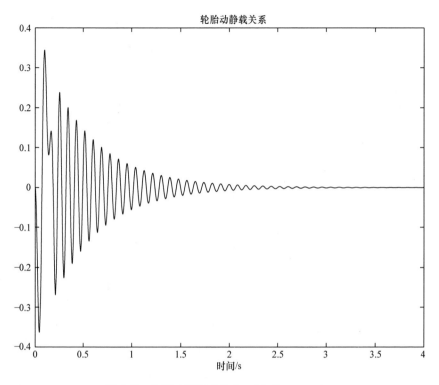

图 6.5　轮胎动静载之比 $k_t x_2(t)/(m_s + m_u)g$

信号。根据 ISO 2361，将道路平整度选择为 $G_q(n_0) = 256 \times 10^{-6} \mathrm{m}^3$ 对应于 D 级（差），以生成随机道路轮廓。将车辆前进速度设置为 $V + 45 \mathrm{km/h}$，正如预期的那样，从图 6.6 中可以看出，与频率范围为 4~8Hz 的系统相比，带有有限频率控制器的闭环系统实现了更好的乘坐舒适性（因为使用控制器 I 的闭环系统的 PSD 车身加速度低于控制器 II 的 PSD 车身加速度，而较小的 PSD 车身加速度值会有更好的乘坐舒适性。

其中 PSD 车身加速度可以通过下式计算：

$$G_{z_1}(f) = |G(j\omega)|^2 G\dot{q}(f) \tag{6.58}$$

为了检查更多随机道路轮廓，我们选择道路粗糙度分别为 $G_q(n_0) = 16 \times 10^{-6}$ m^3（B 级，好），$G_q(n_0) = 64 \times 10^{-6} \mathrm{m}^3$（C 级，一般），$G_q(n_0) = 1024 \times 10^{-6} \mathrm{m}^3$（E 级，很差）。根据图 6.7~图 6.9，可以发现尽管道路粗糙度不同，使用控制器 I 的闭环系统达到了更好的乘坐舒适性。

6.5.2　动态输出反馈情况

在这里，我们将在有限频域中使用动态输出反馈 H_∞ 控制器对闭环系统进行仿真。该过程与状态反馈的情况相似。首先，基于第 6.4 节中提出的方法，可以获得

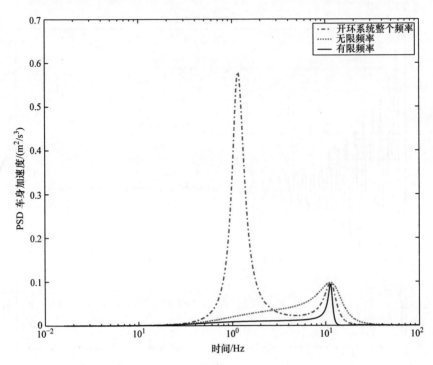

图6.6 车身加速度的功率谱密度（虚线：开环系统；点线：带有控制器Ⅱ的系统；实线：带有控制器Ⅰ的系统）

在有限频域中具有动态输出反馈 H_∞ 控制器的闭环系统，为简便起见，我们将该闭环系统称为系统 Σ_1。在令 $C = [I_{3\times 3} \quad 0_{3\times 1}]$ 后（我们假设有三个测量状态）求解对称矩阵 $\overline{P}, \overline{P}_s > 0, \overline{Q} > 0$ 和一般实矩阵 $\overline{W}, \hat{A}_k, \hat{B}_k, \hat{C}_k, \hat{D}_k, M, X, Z$ 的矩阵不等式（6.41）~式（6.43）

给定标量 $\gamma > 0$，$\omega_1 = 4Hz$，$\omega_2 = 8Hz$，$\eta = 10000$，最佳的保证闭环 H_∞ 性能是

$$\gamma_{min} = 2.8648$$

为了进行后续比较，根据推论6.2，我们可以得到另一个在整个频率范围内具有动态输出反馈 H_∞ 控制器的闭环系统，并将其设置为系统 Σ_2。求解推论6.2中的矩阵不等式之后，我们获得了最佳的保证闭环 H_∞ 性能：

$$\gamma_{min} = 6.0245$$

图6.10 显示了最大奇异值的曲线，其中比较了开环系统（无源模式）、闭环系统 Σ_1（有源有限频率模式）和闭环系统 Σ_2（有源全频率模式）。在图6.10中，点虚线/点线/实线分别表示开环系统/系统 Σ_2/系统 Σ_1 中最大奇异值的曲线。从该图可以看出，与无源系统和具有整个频率控制器的闭环系统相比，具有有限频率控制器的闭环系统在 4~8Hz 频率范围内具有 H_∞ 范数的最小值。有限频率控制器已经提高了乘坐舒适性。

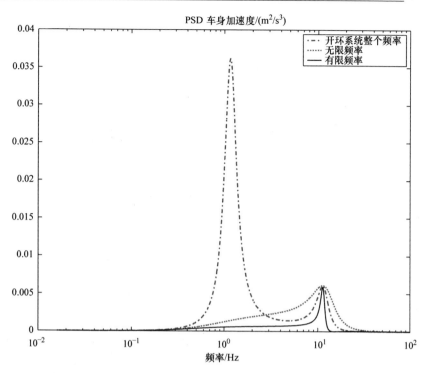

图 6.7 车身加速度的功率谱密度（B 级）

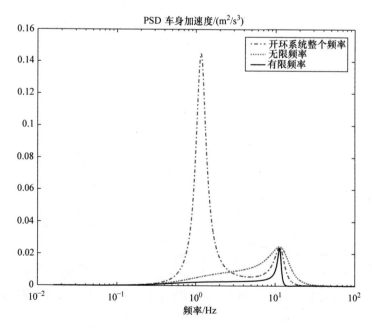

图 6.8 车身加速度的功率谱密度（C 级）

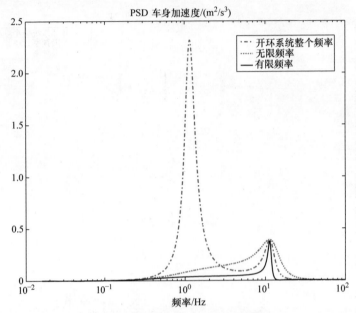

图 6.9 车身加速度的功率谱密度（E 级）

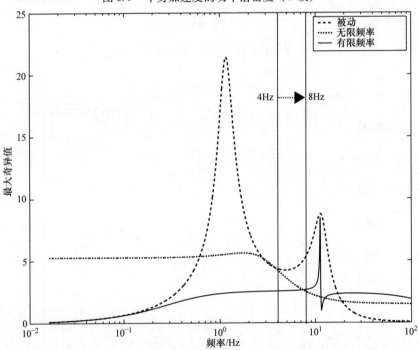

图 6.10 最大奇异值曲线（虚线：开环系统；点线：系统 Σ_2；实线：系统 Σ_1）

选择式（6.54）中的信号作为扰动输入，并假设 $A=0.5\mathrm{m}$，$f=5\mathrm{Hz}$，并且车体垂直加速度的时域响应如图 6.11 所示，其中实线/虚线对应有限频率/全频率控制器控制下的车身垂直加速度的响应,虚线表示无源系统的响应。从该图可以看出,车身加速度明显降低。特别地,减小的加速度表明乘坐舒适性得到改善,并且该结果证实了有限频率控制器的效率。图 6.12 和图 6.13 显示了主动悬架系统的时域约束,我们可以清楚地看到,时域约束由设计的控制器保证。

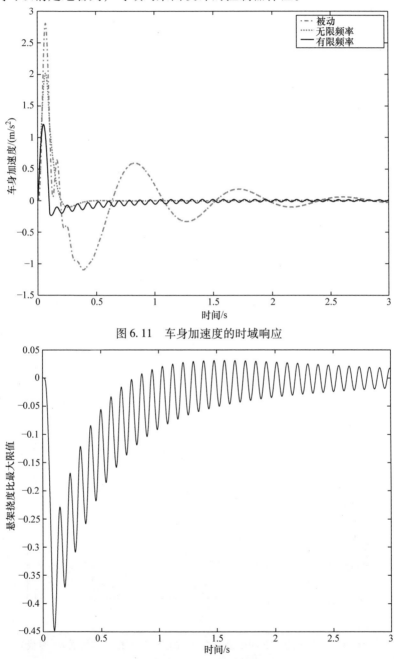

图 6.11 车身加速度的时域响应

图 6.12 悬架挠度与其最大限度之比

和状态反馈情况下的仿真一样，图 6.14~图 6.17 表明，我们设计的控制器在随机输入信号下也有效。

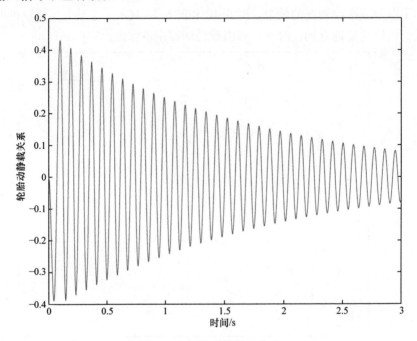

图 6.13　轮胎动静载荷之比

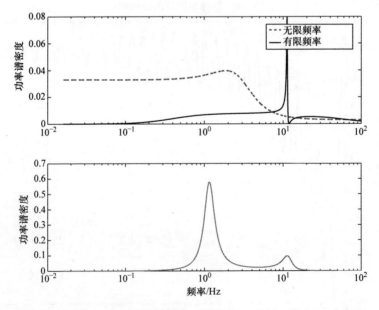

图 6.14　车身加速度的功率谱密度（系统 Σ_1：实线；系统 Σ_2：虚线）

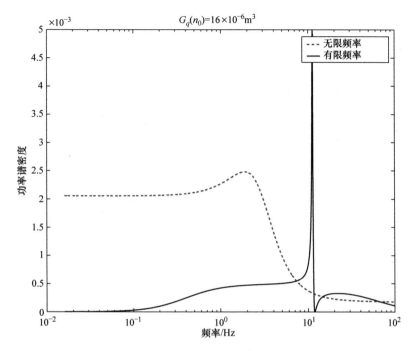

图6.15 车身加速度的功率谱密度（B级）

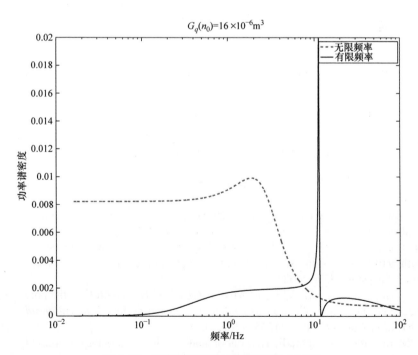

图6.16 车身加速度的功率谱密度（C级）

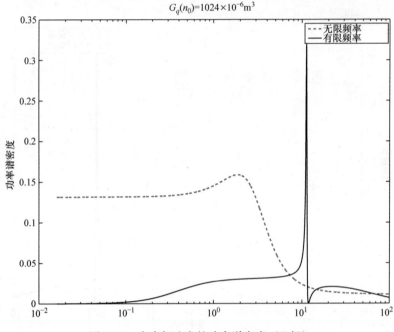

图 6.17 车身加速度的功率谱密度（E 级）

6.6 总结

在本章中，已经在统一的框架中设计了具有频带约束的主动悬架系统的状态反馈和动态输出反馈 H_∞ 控制器，以提高乘坐舒适性。设计所提出的控制器的关键思想是使用广义的 Kalman – Yakubovich – Popov（KYP）引理。同时，在控制器设计中也保证了时域约束。仿真结果表明，与在整个频率范围内设计的控制器相比，有限频率控制器在相关频率范围内具有更好的干扰衰减性能。

参 考 文 献

[1] D. Hrovat. Survey of advanced suspension developments and related optimal control applications. *Automatica*, 33(10):1781–1817, 1997.

[2] H.-J. Kim, H. S. Yang and Y.-P. Park. Improving the vehicle performance with active suspension using road-sensing algorithm. *Computers and Structures*, 80:1569–1577, 2002.

[3] J. Wang and D. A. Wilson. Mixed $GL_2/H_2/GH_2$ control with pole placement and its application to vehicle suspension systems. *International Journal of Control*, 74(13):1353–1369, 2001.

[4] J. Marzbanrad, G. Ahmadi, H. Zohoor and Y. Hojjat. Stochastic optimal

previewcontrol of a vehicle suspension. *Journal of Sound and Vibration*, 275:973–990, 2004.

[5] P. S. Els, N. J. Theron, P. E. Uys and M. J. Thoresson. The ride comfort vs. handling compromise for off-road vehicles. *Journal of Terramechanics*, 44:303–317, 2007.

[6] R. A. Williams. Automotive active suspensions. *Proceedings of the Institution of Mechanical Engineers Part D: Journal of Automobile Engineering*, 211:415–444, 1997.

[7] S. Türkay and H. Akcay. Aspects of achievable performance for quarter-car active suspensions. *Journal of Sound and Vibration*, 311:440–460, 2008.

[8] S.-J. Huang and H.-Y. Chen. Adaptive sliding controller with self-tuning fuzzy compensation for vehicle suspension control. *Mechatronics*, 16:607–622, 2006.

[9] T. Yoshimura, A. Kume, M. Kurimoto and J. Hino. Construction of an active suspension system of a quarter car model using the concept of sliding mode control. *Journal of Sound and Vibration*, 239(2):187–199, 2001.

[10] Y. P. He and J. McPhee. Multidisciplinary design optimization of mechatronic vehicles with active suspensions. *Journal of Sound and Vibration*, 283:217–241, 2005.

[11] C. Kaddissi, J. P. Kenné and M. Saad. Drive by wire control of an electrohydraulic active suspension a backstepping approach. *Proceedings of the 2005 IEEE Conference on Control Applications*, Toronto, Canada, August 28–31, 2005.

[12] D. Hrovat. A class of active LQG optimal actuators. *Automatica*, 18(1): 117–119, 1982.

[13] H. Du, J. Lam and K. Y. Sze. Design of non-fragile H_∞ controller for active vehicle suspensions. *Journal of Vibration and Control*, 11:225–243, 2005.

[14] I. Fialho and G. J. Balas. Road adaptive active suspension design using linear parameter-varying gain-scheduling. *IEEE Transactions on Control Systems Technology*, 10(1):43–54, 2002.

[15] M. Yamashita, K. Fujimori, K. Hayakawa and H. Kimura. Application of H_∞ control to active suspension systems. *Automatica*, 30(11):1717–1729, 1994.

[16] N. Al-Holou, T. Lahdhiri, D. S. Joo, J. Weaver and F. Al-Abbas. Sliding mode neural network inference fuzzy logic control for active suspension systems. *IEEE Transactions on Fuzzy Systems*, 10(2):234–246, 2002.

[17] N. Yagiz and Y. Hacioglu. Backstepping control of a vehicle with active suspensions. *Control Engineering Practice*, 16:1457–1467, 2008.

[18] B. Hencey and A. G. Alleyne. A KYP Lemma for LMI Regions. *IEEE Transactions on Automatic Control*, 52(10):1926–1930, 2007.

[19] H. Khatibi, A. Karimi and R. Longchamp. Fixed-order controller design for polytopic systems using LMIs. *IEEE Transactions on Automatic Control*, 53(1):428–434, 2008.

[20] J. Collado, R. Lozano and R. Johansson. On Kalman–Yakubovich–Popov Lemma for stabilizable systems. *IEEE Transactions on Automatic Control*, 46(7):1089–1093, 2001.

[21] T. Iwasaki and S. Hara. Generalized KYP Lemma: unified frequency domain inequalities with design applications. *IEEE Transactions on Automatic Control*, 50(1):41–59, 2005.

[22] T. Iwasaki and S. Hara. Feedback control synthesis of multiple frequency domain specifications via generalized KYP lemma. *International Journal of Robust Nonlinear Control*, 17:415–434, 2007.

[23] T. Iwasaki and S. Hara. Dynamic output feedback synthesis with general frequency domain specications. *Proceedings of the 16th IFAC World Congress*, Elsevier, Prague, Czechoslovakia, 2005.

[24] P. Gahinet, A. Nemirovskii, A. J. Laub and M. Chilali. *LMI control toolbox user's Guide*. The math. Works Inc., Natick, MA, 1995.

[25] P. Apkarian, H. D. Tuan and J. Bernussou. Continuous-time analysis, eigenstructure assignment, and H_2 synthesis with enhanced linear matrix inequalities (LMI) characterizations. *IEEE Transactions on Automatic Control*, 42(12):1941–1946, 2001.

[26] C. Scherer, P. Gahinet and M. Chilali. Multi-objective output-feedback control via LMI optimization. *IEEE Transactions on Automatic Control*, 42(7):896–911, 1997.

第7章 基于模糊控制方法的不确定车辆悬架系统容错控制

Hongyi Li, Hong hai Liu

摘要

本章研究了主动车辆悬架系统的容错模糊控制器设计问题。我们使用 Takagi-Sugeno（TS）模糊模型来研究簧上、簧下质量变化，执行器故障以及其他悬架系统性能。设计了一种新颖的容错模糊控制器，使所得的 TS 模糊系统渐近稳定，并在给定约束下具有规定的 H_∞ 性能。最后，基于四分之一汽车悬架模型提供了一些仿真结果，以证明所提出设计方法的有效性。

7.1 介绍

最近，车辆系统在评估车辆动力学性能方面起着重要作用，因为悬架组件可以支撑车辆的重量，有效地隔离底盘和路面激励，使轮胎与地面保持接触并将车轮保持在路面上适当的位置。车辆悬架系统的主要作用是充分发挥车辆稳定性，并通过改善隔离乘客与道路振动和冲击的基本功能为乘客提供尽可能舒适的体验。对于如何优化所需的悬架性能，即乘坐舒适性、方向稳定性和悬架挠度，已经引起了人们极大的关注，并且已经做出了具有挑战性的工作。显然，在参考文献［3-9］中已经报道了许多车辆模型和控制器设计方法。

但是，所有上述悬架控制结果均基于系统的所有控制组件均处于理想工作状态的完全可靠性假设。随着自动控制系统复杂性的增加，可能会遇到各种故障，特别是来自执行器和传感器的故障。最近，对于具有不确定性的动态系统（例如执行器和传感器故障），容错控制问题已引起广泛关注。另外，还提出了大量的理论结果。在参考文献［10］中，作者证明了传统的控制器与容错控制器相比无法实现更好的性能。因此，设计一种容错控制器非常有意思，这样可以使系统稳定性和主动悬架闭环系统的性能容错传感器或执行器故障。

众所周知，主动悬架系统具有通过减轻外部冲击（例如路面对车辆行驶舒适性的影响）来增强车辆动力的能力。就其控制设计而言，应考虑汽车簧上和簧下质量的不确定性，例如其装载条件，以符合车辆行驶性能标准。例如，多面体参数不确定性被用来模拟变化的汽车簧上或簧下质量。对于伴随簧上质量变化的四分之一汽车悬架系统，提出了参数独立控制器。在四分之一汽车悬架系统的案例研究中，提出了参数独立的采样数据 H_∞ 控制器设计策略，以处理簧上和簧下质量变化。

然而，在这些情况下，悬架控制设计的最新技术无法为具有执行器故障的不确定主动悬架系统提供可行的性能。显然，需要一种有能力满足控制条件的新型控制器设计方法。另一方面，由于 Zadeh 提出了模糊集，模糊逻辑控制已发展成为自动化和控制理论的一个引人注目的成功的分支。Takagi – Sugeno（TS）模糊模型已被证明是表示复杂非线性系统和应用的有效理论方法和实用工具。

本章考虑基于 T – S 模糊模型的伴有执行器故障的不确定主动悬架系统的容错模糊控制。利用 Lyapunov 稳定性理论，设计了一种容错模糊 H_∞ 控制器，以保证系统的渐近稳定性和 H_∞ 性能，同时满足约束性能。最后，仿真结果表明了所提方法的有效性。

符号：上标 T 表示矩阵转置。R^n 表示 n 维欧氏空间。$\|\cdot\|_\infty$ 表示矩阵的 H_∞ 范数。$P > 0$（≥ 0）表示对称正定（半定）矩阵。在对称分块矩阵或复杂矩阵表达式中，星号（*）表示易于通过对称性导出的项，$\mathrm{diag}\{\ldots\}$ 表示分块对角矩阵。为了简单起见，使用 $\mathrm{sym}(A)$ 表示 $A + A^T$。如果未明确说明尺寸，则假定矩阵与代数运算相匹配。平方可积矢量函数的空间为 $[0, \infty)$，用 $L_2[0, \infty)$ 表示，对于 $w = \{w(t)\} \in L_2[0, \infty)$，$w$ 范数用 $\|w\|_2 = \sqrt{\int_{t=0}^{\infty} |w(t)|^2 \mathrm{d}t}$ 表示。

7.2 问题表述

在本章中，我们考虑用于设计主动悬架控制器的四分之一汽车模型。在图 7.1 中，m_s 用来表示汽车底盘的簧上质量；m_u 代表车轮组件的簧下质量；$u(t)$ 表示悬架系统的主动输入；z_s 和 z_u 分别表示簧上和簧下质量的位移；z_r 用于表示道路位移输入；c_s 和 k_s 分别是悬架系统的阻尼和刚度；k_t 和 c_t 分别代表充气轮胎的可压缩性和阻尼。然后，我们求得悬架模型的动力学方程：

$$\begin{aligned} & m_u \ddot{z}_u(t) + c_s[\dot{z}_u(t) - \dot{z}_s(t)] + k_s[z_u(t) - z_s(t)] + k_t[z_u(t) - z_r(t)] \\ & + c_t[\dot{z}_u(t) - \dot{z}_r(t)] = -u(t) \\ & m_s \ddot{z}_s(t) + c_s[\dot{z}_s(t) - \dot{z}_u(t)] + k_s[z_s(t) - z_u(t)] = u(t) \end{aligned} \quad (7.1)$$

定义 $x_1(t) = z_s(t) - z_u(t)$ 为悬架挠度，$x_2(t) = z_u(t) - z_r(t)$ 为轮胎变形量，$x_3(t) = \dot{z}_s(t)$ 为簧上质量速度，$x_4(t) = \dot{z}_u(t)$ 为簧下质量速度，$w(t) = \dot{z}_r(t)$ 为干扰输入。然后，我们能将式（7.1）中的系统重新写为

$$\dot{x}(t) = A(t)x(t) + B_1(t)w(t) + B(t)u(t) \tag{7.2}$$

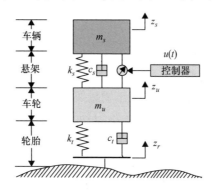

图 7.1 四分之一汽车模型

其中

$$A(t) = \begin{bmatrix} 0 & 0 & 1 & -1 \\ 0 & 0 & 0 & 1 \\ -\dfrac{k_s}{m_s} & 0 & -\dfrac{c_s}{m_s} & \dfrac{c_s}{m_s} \\ \dfrac{k_s}{m_u} & -\dfrac{k_t}{m_u} & \dfrac{c_s}{m_u} & -\dfrac{c_s + c_t}{m_u} \end{bmatrix}$$

$$B(t) = \begin{bmatrix} 0 \\ 0 \\ \dfrac{1}{m_s} \\ -\dfrac{1}{m_u} \end{bmatrix}, \quad B_1(t) = \begin{bmatrix} 0 \\ -1 \\ 0 \\ \dfrac{c_t}{m_u} \end{bmatrix}$$

$$x(t) = [x_1(t)\ x_2(t)\ x_3(t)\ x_4(t)]^T$$

悬架系统的性能，例如乘坐舒适性和悬架挠度、方向稳定性，是要考虑的基本要素。人们普遍接受的是，在四分之一汽车模型中，乘坐舒适性通常可以通过垂直方向上的车身加速度来量化；因此，将车身加速度 $\ddot{z}_s(t)$ 选择为首要控制输出是可行的。它表明目标之一是最大限度地减少垂直加速度 $\ddot{z}_s(t)$，以确保车辆行驶的舒适性。

回想一下 H_∞ 控制方法，将 H_∞ 范数的值定义为均方根增益的上限，主要目的是最小化从扰动 $w(t)$ 到控制输出 $z_1(t) = \ddot{z}_s(t)$ 的传递函数的 H_∞ 范数，重点在于提高乘坐舒适性。同时，还必须考虑以下要求的性能：

1）悬架挠度不能超过受机械结构约束的最大值，即

$$|z_s(t) - z_u(t)| \leq z_{\max} \tag{7.3}$$

式中，z_{max} 是悬架挠度的最大值。

2）轮胎动载必须小于轮胎静载，以确保车轮在道路上稳定，不间断地接触：

$$k_t(z_u(t) - z_r(t)) < (m_s + m_u)g \tag{7.4}$$

根据上述标准，选择车身加速度 $\ddot{z}_s(t)$ 作为性能控制输出，选择悬架行程 $z_s(t) - z_u(t)$ 和轮胎相对动载荷 $k_t(z_u(t) - z_r(t))/(m_s + m_u)g$ 作为次要控制输出 $z_2(t)$。因此，导出以下系统来表示主动车辆悬架系统：

$$\begin{aligned}\dot{x}(t) &= A(t)x(t) + B_1(t)w(t) + B(t)u(t)\\ z_1(t) &= C_1(t)x(t) + D_1(t)u(t)\\ z_2(t) &= C_2(t)x(t)\end{aligned} \tag{7.5}$$

其中 $A(t), B_1(t), B(t)$ 已经在式（7.2）中定义，且

$$C_1(t) = \begin{bmatrix} -\dfrac{k_s}{m_s} & 0 & -\dfrac{c_s}{m_s} & \dfrac{c_s}{m_s} \end{bmatrix}, D_1(t) = \dfrac{1}{m_s}$$

$$C_2(t) = \begin{bmatrix} \dfrac{1}{z_{max}} & 0 & 0 & 0 \\ 0 & \dfrac{k_t}{(m_s + m_u)g} & 0 & 0 \end{bmatrix} \tag{7.6}$$

请注意，式（7.5）中的悬架系统是一个不确定性模型，其中簧上质量 m_s 和簧下质量 m_u 在给定范围内变化，m_s 和 m_u 分别表示 $m_s(t)$ 和 $m_u(t)$。同时，由于悬架性能可能受这些因素影响，因此应考虑执行器故障。它导致系统为

$$\begin{aligned}\dot{x}(t) &= A(t)x(t) + B_1(t)w(t) + B(t)u_f(t)\\ z_1(t) &= C_1(t)x(t) + D_1(t)u_f(t)\\ z_2(t) &= C_2(t)x(t)\end{aligned} \tag{7.7}$$

考虑从控制器到执行器的故障通道

$$u^f(t) = m_a u(t) \tag{7.8}$$

m_a 用于表示相应执行器 $u^f(t)$ 的可能故障。$\check{m}_a \leq m_a \leq \hat{m}_a$，其中 $\check{m}_a$ 和 $\hat{m}_a$ 是常数标量，用于约束执行器故障的上下限。以下三种情况对应于三种不同的执行器条件：

1）$\check{m}_a = \hat{m}_a = 0$，那么 $m_a = 0$，这表示相应的执行器 $u^f(t)$ 完全失效。

2）$\check{m}_a = \hat{m}_a = 1$，那么 $m_a = 1$，这表示相应的执行器 $u^f(t)$ 未失效。

3）$0 < \check{m}_a < \hat{m}_a < 1$，这表示相应的执行器 $u^f(t)$ 部分失效。

簧上质量 m_s 和簧下质量 m_u 是不确定的，它们在给定范围内变化，即，$m_s(t) \in [m_{s\,min}, m_{s\,max}]$ 和 $m_u(t) \in [m_{u\,min}, m_{u\,max}]$。也就是说，质量 $m_s(t)$ 的不确定值受其最小值 $m_{s\,min}$ 和最大值 $m_{s\,max}$ 的限制。另外，质量 $m_u(t)$ 的不确定值受其最小值 $m_{u\,min}$ 和最大值 $m_{u\,max}$ 的限制。接下来，我们发现 $\dfrac{1}{m_s(t)}$，$\dfrac{1}{m_u(t)}$ 来自 $m_s(t)$

$\in [m_{s\,\min}, m_{s\,\max}]$ 和 $m_u(t) \in [m_{u\,\min}, m_{u\,\max}]$。那么可以得出

$$\max \frac{1}{m_s(t)} = \frac{1}{m_{s\,\min}} =: \hat{m}_s, \quad \min \frac{1}{m_s(t)} = \frac{1}{m_{s\,\max}} =: \check{m}_s$$

$$\max \frac{1}{m_u(t)} = \frac{1}{m_{u\,\min}} =: \hat{m}_u, \quad \min \frac{1}{m_u(t)} = \frac{1}{m_{u\,\max}} =: \check{m}_u$$

用扇形非线性方法表示 $1/m_s(t)$ 和 $1/m_u(t)$：

$$\frac{1}{m_s(t)} = M_1(\xi_1(t))\hat{m}_s + M_2(\xi_1(t))\check{m}_s$$

$$\frac{1}{m_u(t)} = N_1(\xi_2(t))\hat{m}_u + N_2(\xi_2(t))\check{m}_u$$

其中 $\xi_1(t) = 1/m_s(t)$，$\xi_2(t) = 1/m_u(t)$ 是前提变量，

$$M_1(\xi_1(t)) + M_2(\xi_1(t)) = 1$$
$$N_1(\xi_2(t)) + N_2(\xi_2(t)) = 1$$

隶属函数 $M_1(\xi_1(t))$，$M_2(\xi_1(t))$，$N_1(\xi_2(t))$，$N_2(\xi_2(t))$ 可以这样计算：

$$M_1(\xi_1(t)) = \frac{\frac{1}{m_s(t)} - \check{m}_s}{\hat{m}_s - \check{m}_s}, \quad M_2(\xi_1(t)) = \frac{\hat{m}_s - \frac{1}{m_s(t)}}{\hat{m}_s - \check{m}_s}$$

$$N_1(\xi_2(t)) = \frac{\frac{1}{m_u(t)} - \check{m}_u}{\hat{m}_u - \check{m}_u}, \quad N_2(\xi_2(t)) = \frac{\hat{m}_u - \frac{1}{m_u(t)}}{\hat{m}_u - \check{m}_u}$$

隶属函数分别标记为"Heavy""Light"和"Heavy""Light"，如图 7.2 所示。然后，用以下模糊模型表示式（7.7）中具有不确定性的系统。

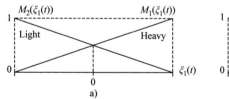 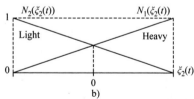

图 7.2 隶属函数

a) 隶属函数 $M_1(\xi_1(t))$ 和 $M_2(\xi_1(t))$　b) 隶属函数 $N_1(\xi_2(t))$ 和 $N_2(\xi_2(t))$

模型规则1：如果 $\xi_1(t)$ 是"Heavy"且 $\xi_2(t)$ 是"Heavy"
那么

$$\dot{x}(t) = A_1 x(t) + B_1 u_f(t) + B_{11} w(t)$$
$$z_1(t) = C_{11} x(t) + D_{11} u_f(t)$$
$$z_2(t) = C_{21} x(t)$$

通过用 $\hat{m}_s$ 和 $\hat{m}_u$ 的矩阵 $A(t)$，$B(t)$，$B_1(t)$，$C_1(t)$，$D_1(t)$，$C_2(t)$ 分别替换

$\dfrac{1}{m_s(t)}$,$\dfrac{1}{m_u(t)}$得到矩阵 A_1,B_1,B_{11},C_{11},D_{11},C_{21}。

模型规则 2：如果 $\xi_1(t)$ 是 "Heavy" 且 $\xi_2(t)$ 是 "Light"

那么

$$\dot{x}(t) = A_2 x(t) + B_2 u_f(t) + B_{12} w(t)$$

$$z_1(t) = C_{12} x(t) + D_{12} u_f(t)$$

$$z_2(t) = C_{22} x(t)$$

通过用 $\hat{m}_s$ 和 $\hat{m}_u$ 的矩阵 $A(t)$,$B(t)$,$B_1(t)$,$C_1(t)$,$D_1(t)$,$C_2(t)$ 分别替换 $\dfrac{1}{m_s(t)}$,$\dfrac{1}{m_u(t)}$得到矩阵 A_1,B_1,B_{11},C_{11},D_{11},C_{21}。

模型规则 3：如果 $\xi_1(t)$ 是 "Light" 且 $\xi_2(t)$ 是 "Heavy"

那么

$$\dot{x}(t) = A_3 x(t) + B_3 u_f(t) + B_{13} w(t)$$

$$z_1(t) = C_{13} x(t) + D_{13} u_f(t)$$

$$z_2(t) = C_{23} x(t)$$

通过用 $\hat{m}_s$ 和 $\hat{m}_u$ 的矩阵 $A(t)$,$B(t)$,$B_1(t)$,$C_1(t)$,$D_1(t)$,$C_2(t)$ 分别替换$\dfrac{1}{m_s(t)}$,$\dfrac{1}{m_u(t)}$得到矩阵 A_1,B_1,B_{11},C_{11},D_{11},C_{21}。

模型规则 4：如果 $\xi_1(t)$ 是 "Light" 且 $\xi_2(t)$ 是 "Light"

那么

$$\dot{x}(t) = A_4 x(t) + B_4 u_f(t) + B_{14} w(t)$$

$$z_1(t) = C_{14} x(t) + D_{14} u_f(t)$$

$$z_2(t) = C_{24} x(t)$$

通过用 $\hat{m}_s$ 和 $\hat{m}_u$ 的矩阵 $A(t)$,$B(t)$,$B_1(t)$,$C_1(t)$,$D_1(t)$,$C_2(t)$ 分别替换 $\dfrac{1}{m_s(t)}$,$\dfrac{1}{m_u(t)}$得到矩阵 A_1,B_1,B_{11},C_{11},D_{11},C_{21}。

模糊混合推断总体模糊模型如下所示。

$$\begin{aligned}\dot{x}(t) &= \sum_{i=1}^{4} h_i(\xi(t))[A_i x(t) + B_i u_f(t) + B_{1i} w(t)] \\ z_1(t) &= \sum_{i=1}^{4} h_i(\xi(t))[C_{1i} x(t) + D_{1i} u_f(t)] \\ z_2(t) &= \sum_{i=1}^{4} h_i(\xi(t)) C_{2i} x(t)\end{aligned} \quad (7.9)$$

其中

$$h_1(\xi(t)) = M_1(\xi_1(t)) \times N_1(\xi_2(t))$$
$$h_2(\xi(t)) = M_1(\xi_1(t)) \times N_2(\xi_2(t))$$
$$h_3(\xi(t)) = M_2(\xi_1(t)) \times N_1(\xi_2(t))$$
$$h_4(\xi(t)) = M_2(\xi_1(t)) \times N_2(\xi_2(t))$$

显然，模糊权重函数 $h_i(\xi(t))$ 满足 $h_i(\xi(t)) \geqslant 0$，$\sum_{i=1}^{4} h_i(\xi(t)) = 1$。为了设计模糊容错控制器，对并行分布补偿进行了调整，并获得了以下模糊控制器。

控制规则 1：如果 $\xi_1(t)$ "Heavy" 且 $\xi_2(t)$ "Heavy"

那么 $u(t) = K_{a1}x(t)$

控制规则 2：如果 $\xi_1(t)$ "Heavy" 且 $\xi_2(t)$ "Light"

那么 $u(t) = K_{a2}x(t)$

控制规则 3：如果 $\xi_1(t)$ "Light" 且 $\xi_2(t)$ "Heavy"

那么 $u(t) = K_{a3}x(t)$

控制规则 4：如果 $\xi_1(t)$ "Light" 且 $\xi_2(t)$ "Light"

那么 $u(t) = K_{a4}x(t)$

因此，总体模糊控制定律可以表示为

$$u(t) = \sum_{j=1}^{4} h_j(\xi(t)) K_{aj} x(t) \tag{7.10}$$

其中 $K_{aj}(j=1,2,3,4)$ 是局部控制增益且 $u(t) = \sum_{j=1}^{4} h_j(\xi(t)) K_{aj} x(t)$。考虑到简洁性，将使用下面的符号：

$$h_i =: h_i(\xi(t)), h_j =: h_j(\xi(t))$$

将模糊控制器（7.10）应用于系统（7.9）产生闭环系统：

$$\begin{aligned} \dot{x}(t) &= \sum_{i=1}^{4}\sum_{j=1}^{4} h_i h_j [(A_i + B_i m_a(t) K_{aj}) x(t) + B_{1i} w(t)] \\ z_1(t) &= \sum_{i=1}^{4}\sum_{j=1}^{4} h_i h_j [(C_{1i} + D_{1i} m_a K_{aj}) x(t)] \\ z_2(t) &= \sum_{i=1}^{4} h_i C_{2i} x(t) \end{aligned} \tag{7.11}$$

式（7.11）中的模糊系统是基于实际可测量的簧上质量 $m_s(t)$ 和簧下质量 $m_u(t)$ 建立的。扇形非线性方法用来分析簧上质量 $m_s(t)$ 和簧下质量 $m_u(t)$ 的变化，并在式（7.11）中给出了 T-S 模糊系统。

7.3 容错模糊控制器设计

本节重点关注的是，为具有执行器故障的主动悬架系统设计容错模糊控制 i。容错模糊控制器可以确保式（7.11）中的闭环系统是渐近稳定的，并且还可以在满足悬架行程和轮胎变形量的约束条件下，保证从扰动 $w(t)$ 到性能输出 $z_1(t)$ 的规定增益。首先，提出以下引理。

引理7.1 对于一个时变对角矩阵 $\Phi(t) = \mathrm{diag}\{\sigma_1(t), \sigma_2(t), \ldots, \sigma_p(t)\}$ 和两个合适维度的矩阵 R，S，如果 $|\Phi(t)| \leq V$，其中 $V > 0$ 是已知的对角矩阵，那么对于任意标量 $\varepsilon > 0$，都有

$$R\Phi S + S^T \Phi^T R^T \leq \varepsilon R V R^T + \varepsilon^{-1} S^T V S$$

接下来，介绍以下标量，这些标量将在本章稍后用到。$M_{a0} = (\hat{\dot{m}}_a + \hat{m}_a)/2$，$L_a = [m_a - M_{a0}]/m_{a0}$，且 $(\hat{m}_a - \hat{\dot{m}}_a)/(\hat{m}_a + \hat{\dot{m}}_a)$。因此，已知 $m_a = M_{a0}(I + L_a)$ 和 $L_a^T L_a \leq J_a^T J_a \leq I$。然后，得出以下定理。

定理7.1 考虑式（7.11）中的闭环系统。对于给定的矩阵 K_{aj}，如果存在矩阵 $P > 0$，且矩阵的维度合适，且正标量 $\varepsilon_{ij} > 0 (i, j = 1, 2, 3, 4)$，则以下线性矩阵不等式（LMI）对于 $q = 1, 2$ 成立：

$$\begin{bmatrix} \mathrm{sym}(PA_i + PB_i M_{a0} K_{aj}) & PB_{1i} & C_{1i}^T + K_{aj}^T M_{a0} D_{1i}^T & PB_i & \varepsilon_{ij} M_{a0} K_{aj}^T \\ * & -\gamma^2 I & 0 & 0 & 0 \\ * & * & -I & D_{1i} & 0 \\ * & * & * & -\varepsilon_{ij} J_a^{-1} & 0 \\ * & * & * & * & -\varepsilon_{ij} J_a^{-1} \end{bmatrix} < 0$$

(7.12)

$$\begin{bmatrix} -P & \sqrt{\rho}\{C_{2i}\}_q^T \\ * & -I \end{bmatrix} < 0 \tag{7.13}$$

1) 闭环系统是鲁棒渐近稳定的。

2) 干扰能量小于界限 $w_{\max} = (\rho - V(0))/\gamma^2$ 时，受到输出约束，性能 $\|T_{Z_1 w}\|_\infty < \gamma$ 被最小化，其中 $T_{Z_1 w}$ 表示从道路扰动 $w(t)$ 到控制输出 $z_1(t)$ 的闭环传递函数。

定理7.1的证明在附录中给出。

接下来，在式（7.11）中给出了主动悬架系统的容错模糊 H_∞ 控制器的存在条件。它基于定理7.1中的容错模糊 H_∞ 性能分析标准。

定理7.2 考虑式（7.11）中的闭环系统。如果存在维度合适的矩阵 $\overline{P} > 0$ 和 Y_{aj}，且正标量 $\overline{\varepsilon}_{ij} > 0 (i, j = 1, 2, 3, 4)$，则以下线性矩阵不等式（LMI）对于 $q = 1, 2$

成立：

$$\Psi_{ij} = \begin{bmatrix} \text{sym}(A_i\bar{P}+B_iY_{aj}) & B_{1i} & \bar{P}C_{1i}^T+Y_{aj}^TD_{1i}^T & \bar{\varepsilon}_{ij}B_i & Y_{aj}^T \\ * & -\gamma^2 I & 0 & 0 & 0 \\ * & * & -I & \bar{\varepsilon}_{ij}D_{1i} & 0 \\ * & * & * & -\bar{\varepsilon}_{ij}J_a^{-1} & 0 \\ * & * & * & * & -\bar{\varepsilon}_{ij}J_a^{-1} \end{bmatrix} < 0$$

(7.14)

$$\begin{bmatrix} -\bar{P} & \sqrt{\rho}\bar{P}\{C_{2i}\}_q^T \\ * & -I \end{bmatrix} < 0 \quad (7.15)$$

则存在式（7.10）形式的容错控制器，使得：

1）闭环系统是鲁棒渐近稳定的。

2）扰动能量小于界限 $w_{\max} = (\rho - V(0))/\gamma^2$ 时，受到输出约束，性能 $\|T_{Z_1w}\|_\infty < \gamma$ 被最小化。

此外，如果不等式（7.14）和式（7.15）存在可行解，那么式（7.10）中的控制增益 $K_{aj} = M_{a0}^{-1}Y_{aj}\bar{P}^{-1}$。

定理 7.2 的证明在附录中给出。

本章提出了基于 T-S 模糊模型方法的主动悬架系统模糊 H_∞ 控制器设计。如果主动悬架系统中没有执行器故障，则可以得出

$$\begin{aligned} \dot{x}(t) &= A(t)x(t) + B_1(t)w(t) + B(t)u(t) \\ z_1(t) &= C_1(t)x(t) + D_1(t)u(t) \\ z_2(t) &= C_2(t)x(t) \end{aligned} \quad (7.16)$$

在上述模糊建模的基础上，可以推断出总体模糊模型如下：

$$\begin{aligned} \dot{x}(t) &= \sum_{i=1}^{4} h_i(\xi(t))[A_i x(t) + B_i u(t) + B_{1i} w(t)] \\ z_1(t) &= \sum_{i=1}^{4} h_i(\xi(t))[C_{1i} x(t) + D_{1i} u(t)] \\ z_2(t) &= \sum_{i=1}^{4} h_i(\xi(t)) C_{2i} x(t) \end{aligned} \quad (7.17)$$

此外，总体模糊控制定律由下式表示：

$$u(t) = \sum_{j=1}^{4} h_j(\xi(t)) K_{sj} x(t) \quad (7.18)$$

对于标准控制器（7.18），闭环系统由下式给出：

$$\dot{x}(t) = \sum_{i=1}^{4}\sum_{j=1}^{4} h_i h_j [A_i x(t) + B_i K_{sj} x(t) + B_{1i} w(t)]$$

$$z_1(t) = \sum_{i=1}^{4}\sum_{j=1}^{4} h_i h_j [C_{1i} x(t) + D_{1i} K_{sj} x(t)] \quad (7.19)$$

$$z_2(t) = \sum_{i=1}^{4} h_i C_{2i} x(t)$$

采用本节前面提出的类似方法,从定理 7.2 得出以下模糊 H_∞ 控制器设计条件。

推论 7.1 如果存在维度合适的矩阵 $\overline{P}>0$ 和 $Y_{sj}(j=1,2,3,4)$,使 $q=1$,2 时下列线性矩阵不等式(LMI)成立,那么 H_∞ 干扰衰减水平为 γ 的闭环系统(7.19)是渐近稳定的。

$$\overline{\Psi}_{ij} = \begin{bmatrix} \text{sym}(A_i \overline{P} + B_i Y_{sj}) & B_{1i} & \overline{P} C_{1i}^T + Y_{sj}^T D_{1i}^T \\ * & -\gamma^2 I & 0 \\ * & * & -I \end{bmatrix} < 0 \quad (7.20)$$

$$\begin{bmatrix} -\overline{P} & \sqrt{\rho}\,\overline{P}\{C_{2i}\}_q^T \\ * & -I \end{bmatrix} < 0 \quad (7.21)$$

那么存在式(7.18)形式的标准控制器,使得:
1)闭环系统渐进稳定。
2)受到输出约束,性能 $\|T_{Z_1w}\|_\infty < \gamma$ 被最小化。

此外,如果不等式(7.20)和式(7.21)存在可行解,那么式(7.18)中的控制增益 $K_{sj} = Y_{sj}\overline{P}^{-1}$。

备注 7.1 在本章中,如果再次从式(A.2)方程组中推导得出定理 7.1,则其保守性将会降低。

$$\dot{V}(t) + z_1^T(t) z_1(t) - \gamma^2 w^T(t) w(t) \leq \sum_{i=1}^{4}\sum_{j=1}^{4} h_i h_j \overline{\xi}^T(t) \Pi_{ij} \overline{\xi}(t)$$

$$= \overline{\xi}^T(t) \Big(\sum_{i=1}^{4} h_i^2 \Pi_{ii} + \sum_{i=1}^{3}\sum_{j=i+1}^{4} h_i(\xi(t)) h_j(\xi(t)) (\Pi_{ij} + \Pi_{ji}) \Big) \overline{\xi}(t)$$

然后,基于定理 7.1,通过使用舒尔补,我们可以得到以下不那么保守的推论。

推论 7.2 考虑式(7.11)中的闭环系统。如果存在维度合适的矩阵 $\overline{P}>0$ 和 Y_{aj},且正标量 $\overline{\varepsilon}_{ij}>0(i,j=1,2,3,4)$,则以下线性矩阵不等式(LMI)对于 $q=1$,2 成立:

$$\Psi_{ij} < 0, \ i = 1, 2, \cdots, 4$$

$$\Psi_{ij} + \Psi_{ji} < 0, \ i < j, \ i, j = 1, 2, \cdots, 4$$

$$\begin{bmatrix} -\overline{P} & \sqrt{\rho}\overline{P}\{C_{2i}\}_q^T \\ * & -I \end{bmatrix} < 0$$

其中 Ψ_{ij} 由引理 7.1 定义。那么存在式（7.10）形式的容错控制器且 $K_{aj} = M_{a0}^{-1} Y_{aj} \overline{P}^{-1}$ 满足：

1）闭环系统渐进稳定。

2）干扰能量小于界限 $w_{\max} = (\rho - V(0))/\gamma^2$ 时，受到输出约束，性能 $\|T_{Z1w}\|_\infty < \gamma$ 被最小化。

同样地，推论 7.1 的保守性将因以下推论而降低。

推论 7.3 考虑式（7.19）中的闭环系统。如果存在维度合适的矩阵 $\overline{P} > 0$ 和 Y_{sj}（$j = 1, 2, 3, 4$），使 $q = 1, 2$ 时下列线性矩阵不等式（LMI）成立，那么 H_∞ 干扰衰减水平 γ 的闭环系统（7.19）渐近稳定：

$$\overline{\Psi}_{ii} < 0, \ i = 1, 2, \ldots, 4$$

$$\overline{\Psi}_{ij} + \overline{\Psi}_{ji} < 0, \ i < j, \ i, j = 1, 2, \ldots, 4$$

$$\begin{bmatrix} -\overline{P} & \sqrt{\rho}\overline{P}\{C_{2i}\}_q^T \\ * & -I \end{bmatrix} < 0$$

其中 $\overline{\Psi}_{ij}$ 由引理 7.1 定义。那么存在式（7.10）形式的标准控制器满足

1）闭环系统渐进稳定。

2）受到输出约束，性能 $\|T_{Z1w}\|_\infty < \gamma$ 被最小化。

此外，如果不等式（7.20）和式（7.21）有可行解，那么式（7.18）中的控制增益 $K_{sj} = Y_{sj} \overline{P}^{-1}$。

7.4 仿真结果

在本节中，我们利用四分之一汽车主动悬架系统来展示所提出方法的有效性和优点。首先，表 7.1 列出了四分之一车的参数。假设簧上质量 $m_s(t)$ 设置在 [943kg, 1003kg] 的范围内，并且簧下质量 $m_u(t)$ 设置在 [110kg, 118kg] 的范围内。在这项研究中，$\rho = 1$ 时最大允许悬架行程设置为 $z_{\max} = 0.08\text{m}$。假设存在以下执行器故障，即 $\check{m}_a = 0.001$，$\hat{m}_a = 0.5$。对于式（7.11）中的不确定主动悬架系统，通过将凸优化应用于推论 7.2，可以找到容错模糊控制器增益矩阵：

$$K_{a1} = 10^5 \times [-0.4097 \ 1.7146 \ -2.1528 \ 0.3107]$$
$$K_{a2} = 10^5 \times [-0.5271 \ 1.9489 \ -2.2148 \ 0.3351] \quad (7.22)$$
$$K_{a3} = 10^5 \times [-0.5113 \ 1.8143 \ -2.2044 \ 0.3077]$$
$$K_{a4} = 10^5 \times [-0.4090 \ 1.7387 \ -2.1530 \ 0.3104]$$

同样地,可以从推论7.3中找到模糊控制器增益矩阵:

$$K_{s1} = 10^7 \times [-1.6214 \ -0.1972 \ -0.3708 \ -0.0266]$$
$$K_{s2} = 10^7 \times [-1.5460 \ -0.1859 \ -0.3538 \ -0.0252] \quad (7.23)$$
$$K_{s3} = 10^7 \times [-1.8240 \ -0.2084 \ -0.4204 \ -0.0295]$$
$$K_{s4} = 10^7 \times [-1.4860 \ -0.1795 \ -0.3401 \ -0.0243]$$

在执行器可能出现故障的情况下,为了确定容错模糊控制器相比于标准模糊控制器的有效性和优势,我们考虑以下道路干扰。在主动悬架性能的背景下,通常可以将道路干扰假定为持续时间相对较短且强度较高的离散事件,例如,原本平坦的路面上出现明显的凸起或坑洼。路面用下式表示:

$$z_r(t) = \begin{cases} \dfrac{A}{2}(1 - \cos(\dfrac{2\pi V}{L}t)), & \text{若 } 0 \leqslant t \leqslant \dfrac{L}{V} \\ 0, & \text{若 } t > \dfrac{L}{V} \end{cases} \quad (7.24)$$

其中 A 和 L 分别是突起的高度和宽度。假设 $A = 50$ mm,$L = 6$ m,且车辆的前进速度为 $V = 35$ km/h。

表7.1 四分之一车模型参数

k_s	k_t	c_s	c_t
42720N/m	101115N/m	1095N·s/m	14.6N·s/m

首先,当没有执行器故障时,参数(7.23)中的标准模糊控制器(7.18)对于不确定的悬架系统有效。此外,我们希望该模糊控制器可以保证:①簧上质量的加速度 $z_1(t)$ 尽可能小;②悬架挠度低于允许的最大悬架行程 $z_{max} = 0.08$ m,这意味着 $x_1(t)/z_{max}$ 小于1;③轮胎动静载荷之比 $k_t x_2(t)/(m_s(t) + m_u(t))g < 1$。变化的簧上质量和变化的簧下质量分别设置为 $m_s(t) = 973 + 30\sin(t)$ kg 和 $m_u(t) = 114 + 4\cos(t)$ kg,用于推导模糊隶属泛函数 $h_i(\xi(t))$ ($i = 1,2,3,4$)。通过使用具有式(7.23)中参数的标准模糊 H_∞ 控制器,我们导出了相应的闭环模糊系统。图7.3和图7.4描述了对于开环(例如,被动的)和闭环(例如,主动的)系统,车身垂直加速度和执行器作动力的响应。图7.5展示了悬架行程的响应,图7.6展示了被动和主动系统的轮胎变形量约束响应。从图7.3中可以看出,在相同道路干扰下,相比于被动悬架,所提出的模糊 H_∞ 控制策略显著降低了簧上质量的加速度。相比于被动系统,对主动悬架系统而言设计的控制器能达到更小的最大车身加

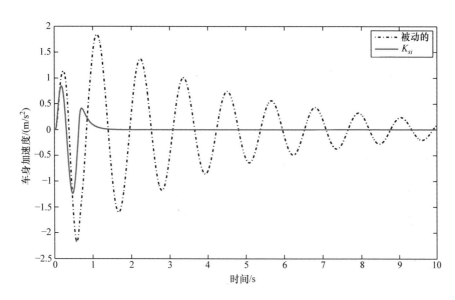

图7.3 车身垂直加速度的响应

速度,主动悬架系统中的乘客加速度显著降低,从而确保了更好的乘坐舒适性。另外,根据图7.5和图7.6,可以看出满足悬架挠度$x_1(t)/z_{\max}$小于1,轮胎动静载荷之比$k_t x_2(t)/(m_s(t)+m_u(t))g<1$的约束条件,这表明设计的模糊控制器可以保证方向稳定性能。

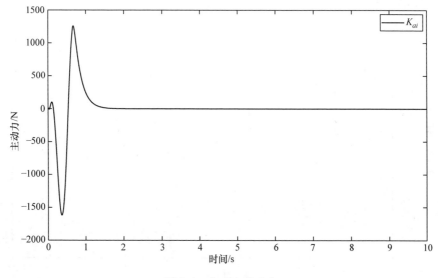

图7.4 主动力的响应

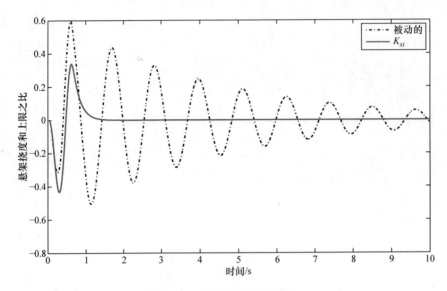

图 7.5 悬架挠度约束响应

在图 7.7 ~ 图 7.10 中,给出了使用标准模糊控制器 K_{si} 和容错模糊控制器 K_{ai} ($i=1,2,3,4$) 的具有执行器故障的开环和闭环系统的响应。这些数字表明,对于主动悬架系统,最大车身加速度可以更小,相比于被动悬架系统,通过使用标准模糊控制器 K_{si} 和容错模糊控制器 K_{ai} ($i=1,2,3,4$) 可以保证悬架挠度约束 $x_1(t)/z_{\max} < 1$ 且轮胎动静载荷之比 $k_t x_2(t)/(m_s(t)+m_u(t))g < 1$。

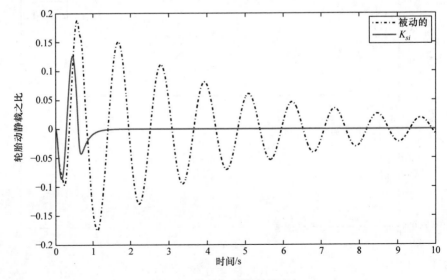

图 7.6 轮胎行程限制的响应

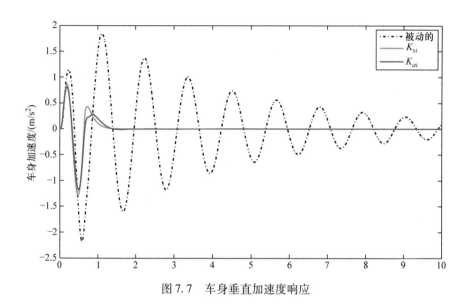

图 7.7　车身垂直加速度响应

但是，应注意的是，在这些仿真结果中，对于执行器故障的主动悬架系统，容错模糊控制器所能达到的最大车身加速度值要小于标准 H_∞ 控制器。从图 7.7 ~ 图 7.10 可以看出，在故障条件下，K_{ai}（$i=1,2,3,4$）能够提供比标准控制器 K_{si}（$i=1,2,3,4$）更稳定的控制力。

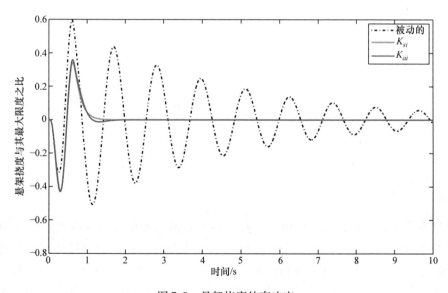

图 7.8　悬架挠度约束响应

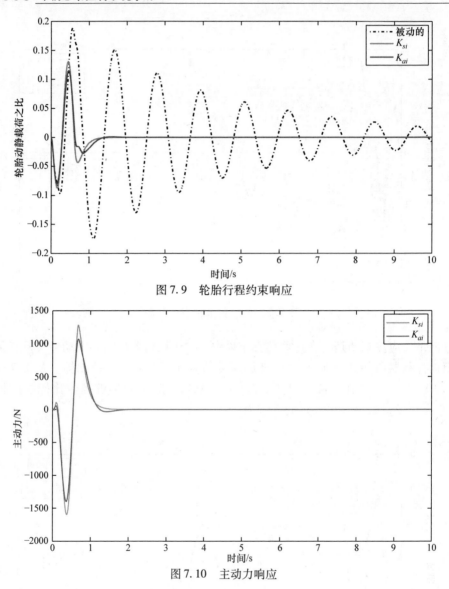

图 7.9 轮胎行程约束响应

图 7.10 主动力响应

7.5 总结

在本章中,我们研究了执行器故障的主动悬架系统的容错模糊 H_∞ 控制问题,包括簧上和簧下质量变化、执行器故障和悬架性能,从而为控制设计目标构建了 T-S 模糊系统。我们设计了容错模糊 H_∞ 控制器,以便使生成的闭环 T-S 模糊系统具有 H_∞ 性能的渐近稳定,同时满足悬架性能约束。仿真结果证明了该设计方法的有效性和优点。

附录

A.1 定理7.1的证明

考虑以下的Lyapunov泛函:
$$V(t) = x^T(t)Px(t) \tag{A.1}$$

$V(t)$ 沿着系统(7.11)的解的导数表示为
$$\dot{V}(t) \leq 2x^T(t)P\dot{x}(t)$$

为了建立 H_∞ 性能分析标准,系统(7.11)在 $w(t)=0$ 时稳定;则满足 H_∞ 性能指标。得到以下不等式:

$$\dot{V}(t) = \sum_{i=1}^{4}\sum_{j=1}^{4} h_i h_j x^T(t)\{\text{sym}(PA_i + PB_i m_a K_{aj})\}x(t)$$

由引理7.1,根据 $m_a = M_{a0}(I + L_a)$ 得到

$$\text{sym}(PA_i + PB_i m_a K_{aj}) = \text{sym}(PA_i + PB_i M_{a0} K_{aj}) + \text{sym}(PB_i M_{a0} L_a K_{aj})$$
$$\leq \text{sym}(PA_i + PB_i M_{a0} K_{aj}) + \varepsilon_{ij}^{-1} PB_i J_a B_i^T P + \varepsilon_{ij} K_{aj}^T M_{a0} J_a M_{a0} K_{aj}$$

从式(7.12)可以知道 $\dot{V}(t) < 0$,因此式(7.11)中的系统是渐近稳定的。接下来,在零初始条件下建立式(7.11)中系统的 H_∞ 性能。首先,如式(A.1)所示定义Lyapunov函数。不难实现

$$\dot{V}(t) + z_1^T(t)z_1(t) - \gamma^2 w^T(t)w(t)$$
$$\leq \sum_{i=1}^{4}\sum_{j=1}^{4} h_i h_j x^T(t)\{\text{sym}(PA_i + PB_i m_a K_{aj})\}$$
$$+ (C_{1i} + D_{1i} m_a K_{aj})^T (C_{1i} + D_{1i} m_a K_{aj})\}x(t)$$
$$+ \sum_{i=1}^{4}\sum_{j=1}^{4} h_i h_j x^T(t) 2PB_{1i} w(t) - \gamma^2 w^T(t)w(t)$$
$$= \sum_{i=1}^{4}\sum_{j=1}^{4} h_i h_j \bar{\xi}^T(t) \Pi_{ij} \bar{\xi}(t) \tag{A.2}$$

其中

$$\bar{\xi}(t) = [x^T(t) \quad w^T(t)]^T, \quad \Pi_{ij} = \begin{bmatrix} \Theta_{ij} & PB_{1i} \\ * & -\gamma^2 \end{bmatrix}$$

$$\Theta_{ij} = \text{sym}(PA_i + PB_i m_a K_{aj}) + (C_{1i} + D_{1i} m_a K_{aj})^T (C_{1i} + D_{1i} m_a K_{aj})$$

另一方面

$$\Pi_{ij} = \begin{bmatrix} \text{sym}(PA_i + PB_i m_a K_{aj}) & PB_{1i} & C_{1i}^T + K_{aj}^T M_{a0} D_{1i}^T \\ * & -\gamma^2 & 0 \\ * & * & -I \end{bmatrix}$$

$$\leq \begin{bmatrix} \text{sym}(PA_i + PB_i m_a K_{aj}) & PB_{1i} & C_{1i}^T + K_{aj}^T M_{a0} D_{1i}^T \\ * & -\gamma^2 & 0 \\ * & * & -I \end{bmatrix}$$

$$+\varepsilon_{ij}^{-1}\begin{bmatrix}PB_i\\0\\D_{1i}\end{bmatrix}J_a\begin{bmatrix}PB_i\\0\\D_{1i}\end{bmatrix}^T+\varepsilon_{ij}[K_{aj}\ \ 0\ \ 0]^T M_{a0}J_a M_{a0}[K_{aj}\ \ 0\ \ 0]$$

根据舒尔补和上述方法，我们求得

$$\dot{V}(t)+z_1^T(t)z_1(t)-\gamma^2 w^T(t)w(t)<0 \qquad (A.3)$$

对于所有的非零 $w\in L_2[0,\infty)$。在零初始条件下，我们能得出 $V(0)=0$ 和 $V(\infty)\geqslant 0$。对于所有非零 $w\in L_2[0,\infty)$，对式（A.3）的两边进行积分可得出 $\|z_1\|_2<\gamma\|w\|_2$，且能达到 H_∞ 性能。

不等式（A.3）保证 $\dot{V}(t)-\gamma^2 w^T(t)w(t)<0$。对上述不等式两端从0到任意 $t>0$ 积分，我们得到

$$V(t)-V(0)<\gamma^2\int_0^t w^T(s)w(s)\mathrm{d}s<\gamma^2\|w\|_2^2 \qquad (A.4)$$

根据式（A.1）中 Lyapunov 泛函的定义，我们得到，$\rho=\gamma^2 w_{\max}+V(0)$ 时 $x^T(t)Px(t)<\rho$。以下不等式成立：

$$\max_{t>0}|\{z_2(t)\}_q|^2 \leqslant \max_{t>0}\left\|\sum_{i=1}^4 h_i x^T(t)\{C_{2i}\}_q^T\{C_{2i}\}_q x(t)\right\|_2$$

$$=\max_{t>0}\left\|\sum_{i=1}^4 h_i x^T(t)P^{\frac{1}{2}}P^{-\frac{1}{2}}\{C_{2i}\}_q^T\{C_{2i}\}_q P^{-\frac{1}{2}}P^{\frac{1}{2}}x(t)\right\|_2$$

$$<\rho\theta_{\max}\left(\sum_{i=1}^4 h_i P^{-\frac{1}{2}}\{C_{2i}\}_q^T\{C_{2i}\}_q P^{-\frac{1}{2}}\right),\ q=1,2$$

其中 $\theta_{\max}(\cdot)$ 代表最大特征值。以上不等式说明满足约束，如果

$$\rho\sum_{i=1}^4 h_i P^{-\frac{1}{2}}\{C_{2i}\}_q^T\{C_{2i}\}_q P^{-\frac{1}{2}}<I \qquad (A.5)$$

这意味着

$$\sum_{i=1}^4 h_i(\rho P^{-\frac{1}{2}}\{C_{2i}\}_q^T\{C_{2i}\}_q P^{-\frac{1}{2}}-I)<0$$

（）的可行性保证了这一点。证毕。

A.2 定理7.2 的证明

执行与式（7.14）对应的同余转换：

$$\mathrm{diag}\{\overline{P}^{-1},I,I,\overline{\varepsilon}_{ij}^{-1}I,\overline{\varepsilon}_{ij}^{-1}I\}$$

以及由下列等式定义的矩阵变量的变化：

$$P=\overline{P}^{-1},K_j=M_{a0}^{-1}Y_j\overline{P}^{-1},\varepsilon_{ij}=\overline{\varepsilon}_{ij}^{-1}$$

结论是式（7.12）中的条件成立。另一方面，通过对 $\mathrm{diag}\{\overline{P}^{-1},I\}$ 执行简单的等价转换，式（7.15）等效于式（7.13）。因此，满足定理7.1中的所有条件。证毕。

参 考 文 献

[1] J. Cao, H. Liu, P. Li, and D. Brown. State of the art in vehicle active suspension adaptive control systems based on intelligent methodologies. *IEEE Transactions on Intelligent Transportation Systems*, 9(3):392–405, 2008.

[2] D. Hrovat. Survey of advanced suspension developments and related optimal control applications. *Automatica*, 33(10):1781–1817, 1997.

[3] N. Al-Holou, T. Lahdhiri, D. Joo, J. Weaver, and F. Al-Abbas. Sliding mode neural network inference fuzzy logic control for active suspension systems. *IEEE Transactions on Fuzzy Systems*, 10(2):234–246, 2002.

[4] A. Alleyne and J. Hedrick. Nonlinear adaptive control of active suspensions. *IEEE Transactions on Control Systems Technology*, 3(1):94–101, 1995.

[5] H. Chen and K. Guo. Constrained H_∞ control of active suspensions: an LMI approach. *IEEE Transactions on Control Systems Technology*, 13(3):412–421, 2005.

[6] M. ElMadany and Z. Abduljabbar. Linear quadratic Gaussian control of a quarter-car suspension. *Vehicle System Dynamics*, 32(6):479–497, 1999.

[7] I. Fialho and G. Balas. Road adaptive active suspension design using linear parameter-varying gain-scheduling. *IEEE Transactions on Control Systems Technology*, 10(1):43–54, 2002.

[8] C. Sivrioglu and I. Cansever. LPV gain-scheduling controller design for a non-linear quarter-vehicle active suspension system. *Transactions of the Institute of Measurement and Control*, 31(1):71–95, 2009.

[9] M. Yamashita, K. Fujimori, K. Hayakawa, and H. Kimura. Application of H_∞ control to active suspension systems. *Automatica*, 30(11):1717–1729, 1994.

[10] Y. Zhao, L. Zhao, and H. Gao. Vibration control of seat suspension using H_∞ reliable control. *Journal of Vibration and Control*, 16(12):1859, 2010.

[11] H. Du, N. Zhang, and J. Lam. Parameter-dependent input-delayed control of uncertain vehicle suspensions. *Journal of Sound and Vibration*, 317(3–5): 537–556, 2008.

[12] H. Gao, J. Lam, and C. Wang. Multi-objective control of vehicle active suspension systems via load-dependent controllers. *Journal of Sound and Vibration*, 290(3–5):654–675, 2006.

[13] H. Gao, W. Sun, and P. Shi. Robust sampled-data H_∞ control for vehicle active suspension systems. *IEEE Transactions on Control Systems Technology*, 18(1):238–245, 2010.

[14] L. Zadeh. Fuzzy sets. *Information and Control*, 8(3):338–353, 1965.

[15] G. Feng. A survey on analysis and design of model-based fuzzy control systems. *IEEE Transactions on Fuzzy Systems*, 14(5):676–697, 2006.

[16] C. Lin, G. Wang, and T. Lee. *LMI approach to analysis and control of Takagi–Sugeno fuzzy systems with time delay*. Springer Verlag, 2007.

[17] M. Sugeno. An introductory survey of fuzzy control. *Information Sciences*, 36(1–2):59–83, 1985.

[18] K. Tanaka and H. Wang. *Fuzzy control systems design and analysis: a linear matrix inequality approach*. Wiley-Interscience, 2001.

第 8 章 执行器饱和的悬架系统的 H_∞ 模糊控制

Dounia Saifia，Mohammed Chadli 和 Salim Labiod

摘要

本章重点介绍执行器饱和下的悬架系统的 H_∞ 模糊控制。Takagi – Sugeno（T‑S）方法通过对不同局部线性模型进行插值来对悬架系统（四分之一车、半车和整车）进行建模。采用非线性状态反馈控制并行分布补偿（PDC）设计控制系统。该控制器的主要思想在于为每个局部线性模型设计线性反馈控制。为了解决输入饱和问题，提出了约束控制和饱和控制两种输入情况。在两种情况下，H_∞ 稳定条件是使用 Lyapunov 方法得出的。此外，将具有最大吸引域的控制器的设计过程公式化并求解为线性矩阵不等式优化问题。给出了四分之一汽车悬架系统的应用。我们的仿真结果表明，无论是饱和控制还是约束控制，都可以通过 PDC 控制来稳定最终的闭环四分之一汽车悬架，即使存在饱和，也可以消除外部干扰的影响。的确，汽车悬架系统的主要作用包括提高乘客的乘坐舒适性和车辆的方向稳定性。

8.1 介绍

悬架系统分为三种类型：被动式、半主动式和主动式。被动悬架（图 8.1a）由储能机械部件（弹簧）和耗散（阻尼）组成。半主动悬架（图 8.1b）由弹簧和受外源信号控制的阻尼器组成。阻尼器只能在随半主动执行器的类型变化的频率范围内耗散能量。主动悬架（图 8.1c）由处于簧上和簧下质量之间的力执行器组成。

在这些类型的悬架系统中，主动悬架受到了广泛的关注，因为它们似乎提供了最佳性能。实际上，有许多控制方法，例如 crone 控制、阻抗控制、反推控制、奇异摄动、基于 H_∞ 的控制器、自适应滑动控制器、模糊控制都用于控制主动悬架。但是，在上文中，作者并未考虑执行器饱和的固有非线性。执行器的局限性导致其振幅/速度受到约束和饱和。例如，电液执行器更多地用于主动悬架中，其中输入

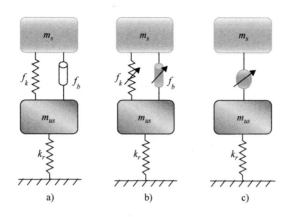

图 8.1 悬架的不同类型

电压实际上受到限制。

悬架系统是非线性系统。传统的线性控制将导致较差的动态性能或系统不稳定。在本章中，我们将使用 Takagi – Sugeno（T – S）模糊系统对悬架系统进行建模。该控制设计基于并行分布补偿（PDC）方案中的状态反馈。这个想法是为每个局部线性模型设计一个线性反馈控制。最近，在存在外部干扰的情况下，H_∞ 方法对于 T – S 模糊模型的控制设计显得非常有吸引力。这些工作大多数使用线性矩阵不等式（LMI）技术来解决非线性系统的控制问题。基于这些工作，我们通过 PDC 控制解决执行器饱和的非线性系统的 H_∞ 稳定问题。Lyapunov 方法用于在执行器饱和以及外部干扰作用下稳定多模型，因此开发了约束和饱和控制设计。具有较大吸引域的 H_∞ 稳定问题被公式化并按 LMI 问题求解。

本章内容安排如下。8.2 节和 8.3 节介绍了悬架系统的物理模型及其 T – S 模糊建模。8.4 ~ 8.6 节分别给出了执行器饱和度、T – S 模糊模型和 H_∞ 方法的二次正定的数学描述。8.7 节和 8.8 节根据 LMI 优化问题给出了 H_∞ 状态反馈稳定条件。最后，在 8.9 节中，使用四分之一汽车悬架系统来展示所提出方法的有效性。

符号：I_r 代表集合 $\{1, 2, \cdots, r\}$，R 代表实数集，$R^{n \times m}$ 表示所有 $n \times m$ 维实数矩阵的集合。$M > (\geq, <, \leq)$ 用于表示对称正定（分别为正半定、负定、负半定）矩阵。$*$ 表示对称分块矩阵，$X + (*)$ 表示 $X + X^T$，$\times$ 表示乘法，co 表示凸包。

8.2 悬架系统模型

车辆悬架系统的主要作用是确保乘坐舒适性和车辆的操纵稳定性。悬架应充当过滤器，以消除不想要的振动频率，以确保方向稳定性和乘坐舒适性。

动态模型的选择取决于我们感兴趣的车辆悬架运动。通常考虑的主要运动是（图 8.2）垂向、横向和纵向的运动，即构成车辆悬架系统的各个元件的侧倾

（φ）、偏航（ψ）和俯仰（θ）（图8.2）。

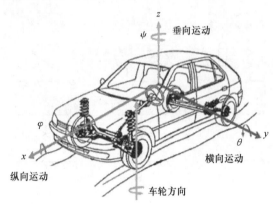

图 8.2　不同的运动类型

建模的目的是更好地理解这种类型的悬架，以便根据汽车领域的不同约束条件开发有效的控制策略。在本节中，我们研究主动悬架系统建模。

8.2.1　主动四分之一汽车悬架模型

最简单的模型是四分之一汽车悬架模型，它仅影响车身和车轮的垂向运动。在寻求舒适性时，我们只能考虑车身的垂直位移，而不考虑车轮的垂直位移。该模型称为1 DOF（自由度）四分之一汽车模型。如果考虑到操纵稳定性，则还应考虑车轮的垂向运动。该模型称为2自由度四分之一汽车悬架模型。

图 8.3 显示了2自由度主动四分之一汽车悬架和产生力的执行器，其中 z_s 和 z_u 分别表示簧上质量和簧下质量的垂直位移，z_r 是路面的垂直轮廓，m_s 和 m_u 分别是四分之一的簧上和簧下质量，k_s 和 k_t 分别是悬架弹簧和轮胎弹簧的系数，b_c 是阻尼器的阻尼比。

将牛顿第二运动定律应用于图 8.3 所示的四分之一汽车模型，可以得出以下运动方程：

$$m\ddot{x} = \sum F_i \tag{8.1}$$

$$\begin{aligned} m_s \ddot{z}_s &= -f_k - f_b + u \\ m_u \ddot{z}_u &= f_k + f_b - f_t - u \end{aligned} \tag{8.2}$$

式中，f_k 是弹簧施加的力；f_b 是阻尼器施加的力；f_t 是轮胎施加的力；u 是控制力。

线性模型的情况：在悬架的线性模型中，假定弹簧和阻尼器的影响为线性。

$$\begin{aligned} f_k &= k_s(z_s - z_u) \\ f_b &= b_c(\dot{z}_s - \dot{z}_u) \\ f_t &= k_t(z_u - z_r) \end{aligned} \tag{8.3}$$

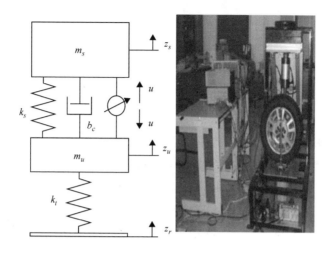

图 8.3　2 自由度主动四分之一汽车悬架

因此，线性模型可以由下式给出：

$$m_s \ddot{z}_s = -k_s(z_s - z_u) - b_c(\dot{z}_s - \dot{z}_u) + u$$
$$m_u \ddot{z}_u = k_s(z_s - z_u) + b_c(\dot{z}_s - \dot{z}_u) - k_t(z_u - z_r) - u \qquad (8.4)$$

式中，$\ddot{z}_s$ 是簧上质量的垂直加速度（车身）；$\ddot{z}_u$ 是簧下质量的垂直加速度（车轮）；$\dot{z}_s$ 是簧上质量垂直速度；$\dot{z}_u$ 是车轮速度；$(z_s - z_u)$ 是悬架挠度；$(z_u - z_r)$ 是轮胎变形量。

如果我们设状态向量为

$$x = \begin{bmatrix} x_1 \\ x_2 \\ x_3 \\ x_4 \end{bmatrix} = \begin{bmatrix} z_s \\ z_u \\ \dot{z}_s \\ \dot{z}_u \end{bmatrix} \qquad (8.5)$$

表示这个系统的状态空间如下：

$$\dot{x}(t) = Ax(t) + B_1 w(t) + B_2 u(t) \qquad (8.6)$$

式中，

$$A = \begin{pmatrix} 0 & 0 & 1 & 0 \\ 0 & 0 & 0 & 1 \\ -\dfrac{k_s}{m_s} & \dfrac{k_s}{m_s} & -\dfrac{b_c}{m_s} & \dfrac{b_c}{m_s} \\ \dfrac{k_s}{m_u} & -\dfrac{(k_s + k_t)}{m_u} & \dfrac{b_c}{m_u} & -\dfrac{b_c}{m_u} \end{pmatrix}$$

$$B_1 = \begin{bmatrix} 0 \\ 0 \\ 0 \\ \dfrac{k_t}{m_u} \end{bmatrix}, B_2 = \begin{bmatrix} 0 \\ 0 \\ \dfrac{1}{m_s} \\ -\dfrac{1}{m_u} \end{bmatrix}$$

非线性模型的情况：我们考虑了悬架弹簧的非线性效应，作用力如下：

$$f_k = k_s(z_s - z_u) + p_s(z_s - z_u)^3 \tag{8.7}$$
$$f_b = b_c(\dot{z}_s - \dot{z}_u)$$

代入式（8.2），所得系统是一个非线性系统，方程如下：

$$m_s\ddot{z}_s = -k_s(z_s - z_u) - p_s(z_s - z_u)^3 - b_c(\dot{z}_s - \dot{z}_u) + u \tag{8.8}$$
$$m_u\ddot{z}_u = k_s(z_s - z_u) + p_s(z_s - z_u)^3 + b_c(\dot{z}_s - \dot{z}_u) - k_t(z_u - z_r) - u$$

式中，$p_s = 10\% k_s$。

8.2.2 半车悬架模型

半车悬架模型除了用于垂向运动，还习惯将侧倾运动或车身俯仰运动考虑在内。该模型表示车辆的侧视图。

图 8.4 是自行车类型的简化模型，其中包括俯仰运动。假设俯仰角 θ 很小，我们有

$$z_{sf} = z - a\sin\theta \approx z - a\theta \tag{8.9}$$
$$z_{sr} = z + b\sin\theta \approx z + b\theta$$

应用牛顿第二运动定律，运动方程如下：

$$\begin{cases} m\ddot{x} = \sum F_i \\ j\ddot{\theta} = \sum M_i \end{cases} \tag{8.10}$$

$$m_s\ddot{z}_{sf} = m_s\ddot{z} - m_s a \ddot{\theta}$$
$$m_s\ddot{z}_{sr} = m_s\ddot{z} + m_s b \ddot{\theta}$$
$$m_s\ddot{z}_{sf} = F_f + F_r - m_s a \ddot{\theta}$$
$$m_s\ddot{z}_{sr} = F_f + F_r + m_s b \ddot{\theta}$$
$$m_{uf}\ddot{z}_{uf} = -F_f - f_{tf}$$
$$m_{ur}\ddot{z}_{ur} = -F_r - f_{tr}$$
$$m_s\ddot{z} = F_f + F_r$$
$$j\ddot{\theta} = -aF_f + bF_r \tag{8.11}$$

施加到弹簧上的力的数学公式为

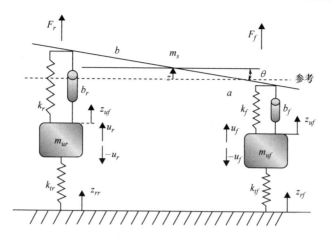

图 8.4　半车悬架

$$F_f = -f_{kf} - f_{bf} + u_f$$
$$F_r = -f_{kr} - f_{br} + u_r \quad (8.12)$$

线性模型的情况，作用力如下：

$$f_{ki} = k_i(z_{si} - z_{ui})$$
$$f_{bi} = b_i(\dot{z}_{si} - \dot{z}_{ui}) \quad (8.13)$$
$$f_{ti} = k_{ti}(z_{ui} - z_{ri}), i = \{f, r\}$$

将作用力代入式（8.10），得到：

$$\ddot{z}_{sf} = -\alpha k_f(z_{sf} - z_{uf}) - \alpha b_f(\dot{z}_{sf} - \dot{z}_{uf}) + \beta k_r(z_{sr} - z_{ur}) +$$
$$\beta b_r(\dot{z}_{sr} - \dot{z}_{ur}) + \alpha u_f - \beta u_r$$
$$\ddot{z}_{sr} = -\beta k_f(z_{sf} - z_{uf}) + \beta b_f(\dot{z}_{sf} - \dot{z}_{uf}) +$$
$$\gamma k_r(z_{sr} - z_{ur}) - \gamma b_r(\dot{z}_{sr} - \dot{z}_{ur}) - \beta u_f$$
$$\ddot{z}_{uf} = k_f(z_{sf} - z_{uf}) + b_f(\dot{z}_{sf} - \dot{z}_{uf}) - k_{tf}(z_{uf} - z_{rf}) - \frac{u_f}{m_{uf}}$$
$$\ddot{z}_{ur} = k_r(z_{sr} - z_{ur}) + b_r(\dot{z}_{sr} - \dot{z}_{ur}) - k_{tr}(z_{ur} - z_{rr}) - \frac{u_{ur}}{m_{ur}}$$
$$\ddot{\theta} = \frac{ak_f}{J}(z_{sf} - z_{uf}) + \frac{ab_f}{J}(\dot{z}_{sf} - \dot{z}_{uf}) - \frac{bk_r}{J}(z_{sr} - z_{ur})$$
$$-\frac{bb_r}{J}(\dot{z}_{sr} - \dot{z}_{ur}) - au_f + bu_r \quad (8.14)$$

式中，$\alpha = \frac{1}{m_s} + \frac{a^2}{J}$，$\beta = \frac{1}{m_s} - \frac{ab}{J}$，$\gamma = \frac{1}{m_s} + \frac{b^2}{J}$；$\ddot{z}_{sf}$，$\ddot{z}_{sr}$ 分别是前、后簧上质量的垂直加速度；$\ddot{z}_{uf}$，$\ddot{z}_{ur}$ 分别是前、后簧下质量的垂直加速度；z_{sr} 是后簧上质量的位移；$\dot{z}_{sr}$ 是后簧上质量的速度；$(z_{sf} - z_{uf})$ 是前侧悬架挠度；$(z_{uf} - z_{rf})$ 是前侧轮胎变形

量；$(z_{ur} - z_{rr})$ 是后侧轮胎变形量；z_{uf} 是前簧下质量的位移；$\dot{z}_{uf}$ 是前簧下质量的速度；$(z_{sr} - z_{ur})$ 是后侧悬架挠度；z_{ur} 是后簧下质量的位移；$\dot{z}_{ur}$ 是后簧下质量的速度；$\dot{z}$ 是车体垂直速度；$\dot{\theta}$ 是车体的（侧倾）角速度；u_f，u_r 是控制力输入；m_s 是 1/2 簧上质量；m_f，m_r 分别是前、后簧下质量；J_θ 是俯仰惯性矩；a，b 是前、后轴到车辆重心的距离；k_f，k_r 是前、后悬架的弹簧刚度；r_f，r_r 是前后侧的刚性防倾杆；b_f，b_r 是前后悬架的阻尼系数；k_{tf}，k_{tr} 是前后轮胎的刚度。

考虑到 z_{rf}，z_{rr} 是外部扰动，$\omega(t) = [\omega_f \ \omega_r]^T = [z_{rf} \ z_{rr}]^T$。

对于该系统的状态空间表示，选择下列状态变量：

$$x(t) = \begin{bmatrix} x_1(t) \\ x_2(t) \\ x_3(t) \\ x_4(t) \\ x_5(t) \\ x_6(t) \\ x_7(t) \\ x_8(t) \end{bmatrix} = \begin{bmatrix} (z_{sf} - z_{uf}) \\ z_{uf} \\ \dot{z}_{uf} \\ (z_{sr} - z_{ur}) \\ z_{ur} \\ \dot{z}_{ur} \\ \dot{z} \\ \dot{\theta} \end{bmatrix} \tag{8.15}$$

然后，获得了一个包含八个方程的系统：

$$\begin{aligned}
\dot{x}_1 &= -x_3 + x_7 - ax_8 \\
\dot{x}_2 &= x_3 \\
\dot{x}_3 &= \frac{k_f}{m_{uf}}x_1 - \frac{k_{tf}}{m_{uf}}x_2 - \frac{b_f}{m_{uf}}x_3 + \frac{b_f}{m_{uf}}x_7 - \frac{ab_f}{m_{uf}}x_8 + \frac{k_{tf}}{m_{uf}}\omega_f - \frac{1}{m_{uf}}u_f \\
\dot{x}_4 &= -x_6 + x - bx_8 \\
\dot{x}_5 &= x_6 \\
\dot{x}_6 &= \frac{k_r}{m_{ur}}x_4 - \frac{k_{tr}}{m_{ur}}x_5 - \frac{b_r}{m_{ur}}x_6 + \frac{b_r}{m_{ur}}x_7 + \frac{bb_r}{m_{ur}}x_8 + \frac{k_{tr}}{m_{ur}}\omega_r - \frac{1}{m_{ur}}u_r \\
\dot{x}_7 &= -\frac{k_f}{m_s}x_1 + \frac{b_f}{m_s}x_3 - \frac{k_r}{m_s}x_4 + \frac{b_r}{m_s}x_6 - \frac{(b_f + b_r)}{m_s}x_7 + \frac{(ab_f - bb_r)}{m_s}x_8 + \frac{1}{m_s}u_f + \frac{1}{m_s}u_r \\
\dot{x}_8 &= \frac{ak_f}{J}x_1 - \frac{ab_f}{J}x_3 - \frac{bk_r}{J}x_4 + \frac{bb_r}{J}x_6 + \frac{(ab_f - bb_r)}{J}x_7 - \frac{(b_f a^2 + b_r b^2)}{J}x_8 - \frac{a}{J}u_f + \frac{b}{J}u_r
\end{aligned} \tag{8.16}$$

半车模型的线性状态空间表示形式为

$$\dot{x}(t) = Ax(t) + B_1\omega(t) + B_2 u(t) \tag{8.17}$$

和以下矩阵：

$$A = \begin{bmatrix} 0 & 0 & -1 & 0 & 0 & 0 & 1 & -a \\ 0 & 0 & 1 & 0 & 0 & 0 & 0 & 0 \\ \dfrac{k_f}{m_{uf}} & -\dfrac{k_{tf}}{m_{uf}} & -\dfrac{b_f}{m_{uf}} & 0 & 0 & 0 & \dfrac{b_f}{m_{uf}} & -\dfrac{ab_f}{m_{uf}} \\ 0 & 0 & 0 & 0 & 0 & -1 & 1 & b \\ 0 & 0 & 0 & 0 & 0 & 1 & 0 & 0 \\ 0 & 0 & 0 & \dfrac{k_r}{m_{ur}} & -\dfrac{k_{tr}}{m_{ur}} & -\dfrac{b_r}{m_{ur}} & \dfrac{b_r}{m_{ur}} & \dfrac{bb_r}{m_{ur}} \\ -\dfrac{k_f}{m_s} & 0 & \dfrac{b_f}{m_s} & -\dfrac{k_r}{m_s} & 0 & \dfrac{b_r}{m_s} & -\dfrac{b_f+b_r}{m_s} & \dfrac{ab_f-bb_r}{m_s} \\ \dfrac{ak_f}{J} & 0 & -\dfrac{ab_f}{J} & -\dfrac{bk_r}{J} & 0 & \dfrac{bb_r}{J} & \dfrac{ab_f-bb_r}{J} & -\dfrac{b_f a^2 + b_r b^2}{J} \end{bmatrix}$$

$$B_1 = \begin{bmatrix} 0 & 0 & \dfrac{k_{tf}}{m_{uf}} & 0 & 0 & 0 & 0 & 0 \\ 0 & 0 & 0 & 0 & 0 & \dfrac{k_{tr}}{m_{ur}} & 0 & 0 \end{bmatrix}^T$$

$$B_2 = \begin{bmatrix} 0 & 0 & -\dfrac{1}{m_{uf}} & 0 & 0 & 0 & \dfrac{1}{m_s} & -\dfrac{a}{J} \\ 0 & 0 & 0 & 0 & 0 & -\dfrac{1}{m_{ur}} & \dfrac{1}{m_s} & \dfrac{b}{J} \end{bmatrix}^T$$

非线性模型的情况：考虑弹簧的非线性效应，因此作用力由下式给出：

$$\begin{aligned} f_{kr} &= k_i(z_{si} - z_{ui}) + p_{si}(z_{si} - z_{ui})^3 \\ f_{bi} &= b_i(\dot{z}_{si} - \dot{z}_{ui}) \end{aligned} \tag{8.18}$$

其中，$i = \{f, r\}$。

式（8.10）中的系统变为

$$\begin{aligned} \ddot{z}_{sf} &= \alpha(-f_{kf} - f_{bf} + u_f) + \beta(-f_{kr} - f_{br} + u_r) \\ \ddot{z}_{sr} &= \beta(-f_{kf} - f_{bf} + u_f) + \gamma(-f_{kr} - f_{br} + u_r) \\ \ddot{z}_{uf} &= \dfrac{1}{m_{uf}}(f_{kf} + f_{bf} - u_f - f_{tf}) \\ \ddot{z}_{ur} &= \dfrac{1}{m_{ur}}(f_{kr} + f_{br} - u_r - f_{tr}) \\ \ddot{\theta} &= \dfrac{1}{J}[a(f_{kf} + f_{bf} - u_f) + b(-f_{kr} - f_{br} + u_r)] \\ \ddot{z} &= (-f_{kf} - f_{bf} + u_f) + (-f_{kr} - f_{br} + u_r) \end{aligned} \tag{8.19}$$

8.2.3 整车悬架模型

根据复杂度和所需的真实性，可以开发出不同的模型来模拟所有车辆悬架的行为。下面考虑了一个完整的 7 自由度模型，该模型仅为说明垂向运动的侧倾和俯仰，因为它们直接产生悬架的垂向偏转。

在研究中，我们考虑文献 [18] 中开发的模型。该模型包括三个完整的车辆运动（侧倾、车身俯仰和四个车轮中每个车轮的垂直位移），假定底盘是刚性的。每个悬架均连接至独立于底盘四个角的四轮之一。悬架由弹簧、阻尼器和执行器组成（图 8.5）。前后放置两个稳定杆，用于减小车身侧倾角。

基于下列假设：

1）刚性底盘。

2）平衡点附近的小位移。

Park 和 Kim 提出的模型如下：

$$\begin{cases} M_s \ddot{q} = TF_r + Tu \\ M_u \ddot{z}_u = -F_s - F_t - u \end{cases} \quad (8.20)$$

$$F_r = -F_{kr} - F_b \quad (8.21)$$

$$F_s = -F_{ks} - F_b$$

通过使用式（8.21）和式（8.20），我们得到

$$\begin{cases} M_s \ddot{q} = T(-F_{kr} - F_b + u) \\ M_u \ddot{z}_u = F_{ks} + F_b - F_t - u \end{cases} \quad (8.22)$$

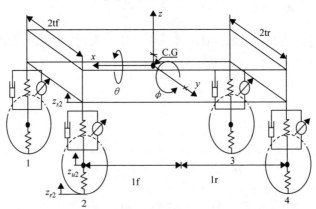

图 8.5 整车悬架

符号如下：

$q = [z_c, \theta, \varphi]^T$ 分别是重心的垂直位移，簧上质量的侧倾角、俯仰角。

$z_u = [z_{u1}, z_{u2}, z_{u3}, z_{u4}]^T$ 是每个执行器产生的推力。

$z_s = [z_{s1}, z_{s2}, z_{s3}, z_{s4}]^T$ 是簧上质量每个角的垂直位移。
$z_r = [z_{r1}, z_{r2}, z_{r3}, z_{r4}]^T$ 是每个车轮下的道路轮廓。
$u = [u_{f1}, u_{f2}, u_{r3}, u_{r4}]^T$ 是每个执行器产生的力。
式（8.22）中使用的矩阵是

$$M_s = \mathrm{diag}[m_s, J_\theta, J_\varphi]^T$$

$$M_u = \mathrm{diag}[m_f, m_f, m_r, m_r]^T$$

$$B_s = \mathrm{diag}[b_f, b_f, b_r, b_r]^T$$

$$k_{ss} = \mathrm{diag}[k_f, k_f, k_r, k_r]^T$$

$$k_t = \mathrm{diag}[k_{tf}, k_{tf}, k_{tr}, k_{tr}]^T$$

$$K_{sr} = \begin{pmatrix} k_f + r_f/2 & -r_f/2 & 0 & 0 \\ -r_f/2 & k_f + r_f/2 & 0 & 0 \\ 0 & 0 & k_r + r_r/2 & -r_r/2 \\ 0 & 0 & -r_r/2 & k_r + r_r/2 \end{pmatrix}$$

$$T = \begin{pmatrix} 1 & 1 & 1 & 1 \\ -t_f & t_f & -t_r & t_r \\ -l_f & -l_f & l_r & l_r \end{pmatrix}$$

其中，

m_s 是簧上质量；m_f，m_r 分别是前、后侧的簧下质量；J_θ，J_φ 分别是簧上质量的俯仰、侧倾惯性矩；l_f，l_r 是车辆重心到前、后轴的距离；t_f，t_r 分别是车辆前、后部拐角距离的一半；k_f，k_r 是前、后悬架的弹簧刚度；r_f，r_r 是前、后侧的刚性防倾杆；b_f，b_r 是前、后悬架的阻尼系数；k_{tf}，k_{tr} 是前、后轮胎的刚度。

计算四个悬架中每个悬架的挠度需要从簧载质量的所有角点出发，向量 z_s 表示每个框角的位置。假定车体是刚性的，向量通过以下方程组：

$$\begin{cases} z_{sf1} = z_c - t_f \sin\theta - l_f \sin\varphi \\ z_{sf2} = z_c + t_f \sin\theta - l_f \sin\varphi \\ z_{sr1} = z_c - t_r \sin\theta + l_r \sin\varphi \\ z_{sr2} = z_c + t_r \sin\theta + l_r \sin\varphi \end{cases} \quad (8.23)$$

对于小位移角（θ，φ）：

$$\begin{cases} z_{sf1} = z_c - t_f \theta - l_f \varphi \\ z_{sf2} = z_c + t_f \theta - l_f \varphi \\ z_{sr1} = z_c - t_r \theta + l_r \varphi \\ z_{sr2} = z_c + t_r \theta + l_r \varphi \end{cases}$$

$$z_s = \begin{pmatrix} z_{sf1} \\ z_{sf2} \\ z_{sr1} \\ z_{sr2} \end{pmatrix} = \begin{pmatrix} 1 & -t_f & -l_f \\ 1 & t_f & -l_f \\ 1 & -t_r & l_r \\ 1 & t_r & l_r \end{pmatrix} \begin{pmatrix} z_c \\ \theta \\ \varphi \end{pmatrix}$$

$$z_s = T^T q \tag{8.24}$$

线性模型的情况：我们认为弹簧和阻尼器的线性效应如下：

$$F_{kr} = k_{sr}(z_s - z_u)$$
$$F_{ks} = k_{ss}(z_s - z_u)$$
$$F_b = b_s(\dot{z}_s - \dot{z}_u)$$
$$F_t = k_s(z_u - z_r) \tag{8.25}$$

式 (8.20) 变为

$$\begin{cases} M_s \ddot{q} = T(k_{sr}(z_u - z_s) + b_s(\dot{z}_u - \dot{z}_s) + u) \\ M_u \ddot{z}_u = k_{ss}(z_s - z_u) + b_s(\dot{z}_s - \dot{z}_u) + k_t(z_r - z_u) - u \end{cases} \tag{8.26}$$

将式 (8.24) 代入式 (8.26)，得到

$$\begin{cases} M_s \ddot{q} = -TB_s T^T \dot{q} + TB_s \dot{z}_u - TK_{sr} T^T q + Tk_{sr} z_u + Tu \\ M_u \ddot{z}_u = B_s T^T \dot{q} - B_s \dot{z}_u + k_{ss} T^T q - (k_{ss} + k_t) z_u + k_t z_r - u \end{cases} \tag{8.27}$$

或写为矩阵形式：

$$\begin{pmatrix} M_s & 0_{3 \times 4} \\ 0_{4 \times 3} & M_u \end{pmatrix} \begin{pmatrix} \ddot{q} \\ \ddot{z}_u \end{pmatrix} = \begin{pmatrix} -TB_s T^T & TB_s \\ B_s T^T & -B_s \end{pmatrix} \begin{pmatrix} \dot{q} \\ \dot{z}_u \end{pmatrix}$$

$$+ \begin{pmatrix} -Tk_{sr} T^T & Tk_{sr} \\ k_{ss} T^T & -(k_{ss} + k_t) \end{pmatrix} \begin{pmatrix} q \\ z_u \end{pmatrix} + \begin{pmatrix} 0_{3 \times 4} \\ k_t \end{pmatrix} z_r + \begin{pmatrix} T \\ -I_{4 \times 4} \end{pmatrix} u \tag{8.28}$$

我们定义：

$$z = [q, z_u]^T \tag{8.29}$$

式 (8.27) 能写为

$$M_z \ddot{z} = B_z \dot{z} + k_z z + k_r z_r + k_u u \tag{8.30}$$

其中，

$$M_z = \begin{pmatrix} M_s & 0_{3 \times 4} \\ 0_{4 \times 3} & M_u \end{pmatrix}, B_z = \begin{pmatrix} TB_s T^T & -TB_s \\ -B_s T^T & B_s \end{pmatrix}$$

$$K_z = \begin{pmatrix} Tk_{sr} T^T & -Tk_{sr} \\ -k_{ss} T^T & k_t + k_{ss} \end{pmatrix}, K_r = \begin{pmatrix} 0_{3 \times 4} \\ k_t \end{pmatrix}$$

$$T_a = \begin{pmatrix} T \\ 0_{4 \times 4} \end{pmatrix}$$

或者用状态空间表示：
$$\dot{x}(t) = Ax(t) + B_1\omega(t) + B_2u(t) \tag{8.31}$$

代入

$$\begin{bmatrix} x_1 \\ x_2 \\ x_3 \\ x_4 \\ x_5 \\ x_6 \\ x_7 \\ x_8 \\ x_9 \\ x_{10} \\ x_{11} \\ x_{12} \\ x_{13} \\ x_{14} \end{bmatrix} = \begin{bmatrix} z_c \\ \theta \\ \varphi \\ z_{uf1} \\ z_{uf2} \\ z_{ur1} \\ z_{ur2} \\ \dot{z}_c \\ \dot{\theta} \\ \dot{\varphi} \\ \dot{z}_{uf1} \\ \dot{z}_{uf2} \\ \dot{z}_{ur1} \\ \dot{z}_{ur2} \end{bmatrix} \tag{8.32}$$

以及下列矩阵：

$$A = \begin{pmatrix} 0_{7\times7} & I_{7\times7} \\ -M_z^{-1}k_z & -M_z^{-1}B_z \end{pmatrix}, B_1 = \begin{pmatrix} 0_{7\times4} \\ M_z^{-1}k_r \end{pmatrix} \tag{8.33}$$

$$B_2 = \begin{pmatrix} 0_{7\times4} \\ M_z^{-1}T_a \end{pmatrix}$$

非线性系统的情况：在这种情况下，考虑以下非线性力：

$$\begin{aligned} F_{kr} &= k_{sr}(z_s - z_u)(1 + 0.1(z_s - z_u)^2) \\ F_{ks} &= k_{ss}(z_s - z_u)(1 + 0.1(z_s - z_u)^2) \\ F_b &= b_s(\dot{z}_s - \dot{z}_u) \\ F_t &= k_s(z_u - z_r) \end{aligned} \tag{8.34}$$

将式（8.34）代入式（8.20）得到文献［18］中的动态模型。

备注8.1 在这里，我们考虑悬架弹簧。我们可以采用其他非线性效应，例如轮胎弹簧效应和阻尼器，见文献［7］。

8.3 悬架系统的 Takagi – Sugeno 模糊模型

T – S 模糊系统有效地表示了由一组线性模型描述的复杂非线性系统。这种方法已广泛用于非线性系统的稳定性分析和控制。

这个方法提出的非线性系统如下：

$$\begin{cases} \dot{x}(t) = \sum_{i=1}^{r} \mu_i[\xi(t)][A_i x(t) + B_{1i} w(t) + B_{2i} \sigma(t)] \\ z(t) = \sum_{i=1}^{r} \mu_i[\xi(t)][C_i x(t) + D_{1i} w(t) + D_{2i} \sigma(t)] \end{cases} \quad (8.35)$$

式中，$x(t) \in R^n$ 是系统的状态向量，$\sigma(t) \in R^m$ 是控制力输入，$z(t) \in R^{nz}$ 是受控输出变量，$w(t) \in \varsigma_2$ 是干扰变量，假设 $\varsigma_2 = \{w(t) \in R^{nw} | \ \|w\|_2 \leq \bar{w}, \bar{w} > 0\}$ 和决策变量 $\xi(t) \in R^q$ 可测，且与第 i 个子模型相关的标准激活函数 $u_i[\xi(t)]$ 满足：

$$\begin{cases} \sum_{i=1}^{r} \mu_i[\xi(t)] = 1 \\ 0 \leq \mu_i[\xi(t)] \leq 1 \quad \forall i \in I_r \end{cases} \quad (8.36)$$

通常，通过以下三种方法可以获得 T – S 模糊模型：识别方法，围绕不同工作点进行线性化，或者通过变换扇区非线性进行。在第一种方法中，首先选择 T – S 模糊系统结构，然后使用识别技术来估计模型的参数。第二种方法基于围绕不同工作点的非线性系统的线性化。在这种方法中，可以通过预先选择具有激活函数的众多局部模型的插值来给出 T – S 模糊系统。最后一种方法给出了非线性系统的精确表示。该方法基于非线性函数的边界，并给出了最少数量的局部模型。在这里，我们将使用最后一种方法来表示悬架系统。

以下引理将在本章下面的章节中使用。

引理 8.1 令 $f[x(t)]: R \to R$ 为边界函数，那么始终存在两个函数，$\eta_1[x(t)]$，$\eta_2[x(t)]$，和两个常数 α 和 β 满足：

$$f[x(t)] = \alpha \eta_1[x(t)] + \beta \eta_2[x(t)] \quad (8.37)$$

其中，

$$\eta_1[x(t)] + \eta_2[x(t)] = 1 \quad (8.38)$$
$$\eta_1[x(t)] \geq 0, \eta_2[x(t)] \geq 0$$

在这种情况下，获得的 T – S 模糊模型精确地表示了 $x \in R^n$ 的带有 2^{nl} 个局部模型的非线性系统，其中 nl 代表局部模型的数量。

在本节中，我们将描述四分之一汽车、半车和整车主动悬架系统的 T – S 模糊模型表示。

8.3.1 主动四分之一汽车悬架的 Takagi – Sugeno 表示

考虑由式（8.8）给出的具有悬架弹簧非线性效应的主动四分之一汽车悬架模型，并让

$$z_1 = z_s - z_u \tag{8.39}$$

如果 $z_1 \in [-a, a]$，那么 $z_1^2 \in [0, a^2]$ 且

$$\max(z^2) = a^2, \min(z^2) = 0$$

通过使用引理 8.1：

$$z^2 = \eta_1(x)a^2 + \eta_2(x)0$$

其中，

$$\eta_1(x) = \frac{z^2 - \min(z^2)}{\max(z^2) - \min(z^2)} = \frac{z^2}{a^2}$$

$$\eta_2(x) = \frac{\max(z^2) - z^2}{\max(z^2) - \min(z^2)} = \frac{a^2 - z^2}{a^2} \tag{8.40}$$

通过选择式（8.5），可以用下面的 T – S 模糊模型表示主动四分之一汽车悬架系统：

$$\dot{x}(t) = \sum_{i=1}^{2} \mu_i [A_i x(t) + B_1 w(t) + B_2 u(t)] \tag{8.41}$$

$$A_1 = \begin{pmatrix} 0 & 0 & 1 & 0 \\ 0 & 0 & 0 & 1 \\ -\dfrac{k_s(1+0.1a^2)}{m_s} & \dfrac{k_s(1+0.1a^2)}{m_s} & -\dfrac{b_c}{m_s} & \dfrac{b_c}{m_s} \\ \dfrac{k_s(1+0.1a^2)}{m_u} & -\dfrac{k_s(1+0.1a^2)+k_t}{m_u} & \dfrac{b_c}{m_u} & -\dfrac{b_c}{m_u} \end{pmatrix}$$

$$A_2 = \begin{pmatrix} 0 & 0 & 1 & 0 \\ 0 & 0 & 0 & 1 \\ -\dfrac{k_s}{m_s} & \dfrac{k_s}{m_s} & -\dfrac{b_c}{m_s} & \dfrac{b_c}{m_s} \\ \dfrac{k_s}{m_u} & -\dfrac{k_s+k_t}{m_u} & \dfrac{b_c}{m_u} & -\dfrac{b_c}{m_u} \end{pmatrix}$$

$$B_2 = \begin{bmatrix} 0 \\ 0 \\ \dfrac{1}{m_s} \\ -\dfrac{1}{m_u} \end{bmatrix}, B_1 = \begin{bmatrix} 0 \\ 0 \\ 0 \\ \dfrac{k_t}{m_u} \end{bmatrix}$$

其中，$w(t) = z_r(t)$ 且 $u(t)$ 是驱动力。

8.3.2 主动半车悬架的 Takagi – Sugeno 表示

$$z_{1i} = (z_{si} - z_{ui}), i = \{f, r\}$$

$$M_i^1(x) = \frac{z_i^2 - \min(z_i^2)}{\max(z_i^2) - \min(z_i^2)}$$

$$M_i^2(x) = \frac{\max(z_i^2) - z_i^2}{\max(z_i^2) - \min(z_i^2)}$$

$$i = \{f, r\} \tag{8.42}$$

主动半车悬架系统可以用下面的 T – S 模糊模型表示：

$$\dot{x}(t) = \sum_{i=1}^{4} \mu_i [A_i x(t) + B_1 \omega(t) + B_2 u(t)]$$

$$\mu_1(t) = M_f^1[x(t)] M_r^1[x(t)]$$

$$\mu_2(t) = M_f^1[x(t)] M_r^2[x(t)]$$

$$\mu_3(t) = M_f^2[x(t)] M_r^1[x(t)]$$

$$\mu_4(t) = M_f^2[x(t)] M_r^2[x(t)] \tag{8.43}$$

其中，

$$A_1 = \begin{bmatrix} 0 & 0 & -1 & 0 & 0 & 0 & 1 & -a \\ 0 & 0 & 1 & 0 & 0 & 0 & 1 & 0 \\ \dfrac{k_f S_f}{m_{uf}} & -\dfrac{k_{tf}}{m_{uf}} & -\dfrac{b_f}{m_{uf}} & 0 & 0 & 0 & \dfrac{b_f}{m_{uf}} & -\dfrac{ab_f}{m_{uf}} \\ 0 & 0 & 0 & 0 & 0 & -1 & 1 & b \\ 0 & 0 & 0 & 0 & 0 & 1 & 0 & 0 \\ 0 & 0 & 0 & 0 & -\dfrac{k_{tr}}{m_{ur}} & -\dfrac{b_r}{m_{ur}} & \dfrac{b_r}{m_{ur}} & \dfrac{bb_r}{m_{ur}} \\ -\dfrac{k_f S_f}{m_s} & 0 & \dfrac{b_f}{m_s} & -\dfrac{k_r S_r}{m_s} & 0 & \dfrac{b_r}{m_s} & -\dfrac{b_f + b_r}{m_s} & \dfrac{ab_f - bb_r}{m_s} \\ \dfrac{ak_f S_f}{J} & 0 & -\dfrac{ab_f}{J} & -\dfrac{bk_r S_r}{J} & 0 & \dfrac{bb_r}{J} & \dfrac{ab_f - bb_r}{J} & -\dfrac{b_f a^2 + b_r b^2}{J} \end{bmatrix}$$

第 8 章 执行器饱和的悬架系统的 H_∞ 模糊控制

$$A_2 = \begin{bmatrix} 0 & 0 & -1 & 0 & 0 & 0 & 1 & -a \\ 0 & 0 & 1 & 0 & 0 & 0 & 1 & 0 \\ \dfrac{k_f S_f}{m_{uf}} & -\dfrac{k_{tf}}{m_{uf}} & -\dfrac{b_f}{m_{uf}} & 0 & 0 & 0 & \dfrac{b_f}{m_{uf}} & -\dfrac{ab_f}{m_{uf}} \\ 0 & 0 & 0 & 0 & 0 & -1 & 1 & b \\ 0 & 0 & 0 & 0 & 0 & 1 & 0 & 0 \\ 0 & 0 & 0 & 0 & -\dfrac{k_{tr}}{m_{ur}} & -\dfrac{b_r}{m_{ur}} & \dfrac{b_r}{m_{ur}} & \dfrac{bb_r}{m_{ur}} \\ -\dfrac{k_f S_f}{m_s} & 0 & \dfrac{b_f}{m_s} & -\dfrac{k_r}{m_s} & 0 & \dfrac{b_r}{m_s} & -\dfrac{b_f+b_r}{m_s} & \dfrac{ab_f-bb_r}{m_s} \\ \dfrac{ak_f S_f}{J} & 0 & -\dfrac{ab_f}{J} & -\dfrac{bk_r}{J} & 0 & \dfrac{bb_r}{J} & \dfrac{ab_f-bb_r}{J} & -\dfrac{b_f a^2 + b_r b^2}{J} \end{bmatrix}$$

$$A_3 = \begin{bmatrix} 0 & 0 & -1 & 0 & 0 & 0 & 1 & -a \\ 0 & 0 & 1 & 0 & 0 & 0 & 1 & 0 \\ \dfrac{k_f S_f}{m_{uf}} & -\dfrac{k_{tf}}{m_{uf}} & -\dfrac{b_f}{m_{uf}} & 0 & 0 & 0 & \dfrac{b_f}{m_{uf}} & -\dfrac{ab_f}{m_{uf}} \\ 0 & 0 & 0 & 0 & 0 & -1 & 1 & b \\ 0 & 0 & 0 & 0 & 0 & 1 & 0 & 0 \\ 0 & 0 & 0 & 0 & -\dfrac{k_{tr}}{m_{ur}} & -\dfrac{b_r}{m_{ur}} & \dfrac{b_r}{m_{ur}} & \dfrac{bb_r}{m_{ur}} \\ -\dfrac{k_f}{m_s} & 0 & \dfrac{b_f}{m_s} & -\dfrac{k_r S_r}{m_s} & 0 & \dfrac{b_r}{m_s} & -\dfrac{b_f+b_r}{m_s} & \dfrac{ab_f-bb_r}{m_s} \\ \dfrac{ak_f}{J} & 0 & -\dfrac{ab_f}{J} & -\dfrac{bk_r S_r}{J} & 0 & \dfrac{bb_r}{J} & \dfrac{ab_f-bb_r}{J} & -\dfrac{b_f a^2 + b_r b^2}{J} \end{bmatrix}$$

$$A_4 = \begin{bmatrix} 0 & 0 & -1 & 0 & 0 & 0 & 1 & -a \\ 0 & 0 & 1 & 0 & 0 & 0 & 1 & 0 \\ \dfrac{k_f S_f}{m_{uf}} & -\dfrac{k_{tf}}{m_{uf}} & -\dfrac{b_f}{m_{uf}} & 0 & 0 & 0 & \dfrac{b_f}{m_{uf}} & -\dfrac{ab_f}{m_{uf}} \\ 0 & 0 & 0 & 0 & 0 & -1 & 1 & b \\ 0 & 0 & 0 & 0 & 0 & 1 & 0 & 0 \\ 0 & 0 & 0 & 0 & -\dfrac{k_{tr}}{m_{ur}} & -\dfrac{b_r}{m_{ur}} & \dfrac{b_r}{m_{ur}} & \dfrac{bb_r}{m_{ur}} \\ -\dfrac{k_f}{m_s} & 0 & \dfrac{b_f}{m_s} & -\dfrac{k_r}{m_s} & 0 & \dfrac{b_r}{m_s} & -\dfrac{b_f+b_r}{m_s} & \dfrac{ab_f-bb_r}{m_s} \\ \dfrac{ak_f}{J} & 0 & -\dfrac{ab_f}{J} & -\dfrac{bk_r}{J} & 0 & \dfrac{bb_r}{J} & \dfrac{ab_f-bb_r}{J} & -\dfrac{b_f a^2 + b_r b^2}{J} \end{bmatrix}$$

$$B_1 = \begin{bmatrix} 0 & 0 & \dfrac{k_{tf}}{m_{uf}} & 0 & 0 & 0 & 0 & 0 \\ 0 & 0 & 0 & 0 & 0 & \dfrac{k_{tr}}{m_{ur}} & 0 & 0 \end{bmatrix}^t$$

$$B_2 = \begin{bmatrix} 0 & 0 & -\dfrac{1}{m_{uf}} & 0 & 0 & 0 & \dfrac{1}{m_s} & -\dfrac{a}{J} \\ 0 & 0 & 0 & 0 & 0 & -\dfrac{1}{m_{ur}} & \dfrac{1}{m_s} & \dfrac{b}{J} \end{bmatrix}^t$$

其中,$S_i = (1 + p_{si}a^2)$,$i = \{f,r\}$。

另外,如果取 $p_{sf} = 10\% k_f$,$p_{sr} = 10\% k_f$,它满足 $S_i = (1 + 0.1a^2)$,$i = \{f,r\}$。

8.3.3 主动整车悬架的 Takagi – Sugeno 表示

主动整车悬架系统可以用下面的 T – S 模糊模型表示:

$$\dot{x}(t) = \sum_{i=1}^{16} \mu_i [A_i x(t) + B_1 \omega(t) + B_2 u(t)] \tag{8.44}$$

$$\mu_1(t) = M_{f1}^1[x(t)]M_{f2}^1[x(t)]M_{r1}^1[x(t)]M_{r2}^1[x(t)]$$
$$\mu_2(t) = M_{f1}^1[x(t)]M_{f2}^1[x(t)]M_{r1}^1[x(t)]M_{r2}^2[x(t)]$$
$$\mu_3(t) = M_{f1}^1[x(t)]M_{f2}^1[x(t)]M_{r1}^2[x(t)]M_{r2}^1[x(t)]$$
$$\mu_4(t) = M_{f1}^1[x(t)]M_{f2}^1[x(t)]M_{r1}^2[x(t)]M_{r2}^2[x(t)]$$
$$\mu_5(t) = M_{f1}^1[x(t)]M_{f2}^2[x(t)]M_{r1}^1[x(t)]M_{r2}^1[x(t)]$$
$$\mu_6(t) = M_{f1}^1[x(t)]M_{f2}^2[x(t)]M_{r1}^1[x(t)]M_{r2}^2[x(t)]$$
$$\mu_7(t) = M_{f1}^1[x(t)]M_{f2}^2[x(t)]M_{r1}^2[x(t)]M_{r2}^1[x(t)]$$
$$\mu_8(t) = M_{f1}^1[x(t)]M_{f2}^2[x(t)]M_{r1}^2[x(t)]M_{r2}^2[x(t)]$$
$$\mu_9(t) = M_{f1}^1[x(t)]M_{f2}^2[x(t)]M_{r1}^2[x(t)]M_{r2}^2[x(t)]$$
$$\mu_{10}(t) = M_{f1}^2[x(t)]M_{f2}^1[x(t)]M_{r1}^1[x(t)]M_{r2}^2[x(t)]$$
$$\mu_{11}(t) = M_{f1}^2[x(t)]M_{f2}^1[x(t)]M_{r1}^2[x(t)]M_{r2}^1[x(t)]$$
$$\mu_{12}(t) = M_{f1}^2[x(t)]M_{f2}^1[x(t)]M_{r1}^2[x(t)]M_{r2}^1[x(t)]$$
$$\mu_{13}(t) = M_{f1}^2[x(t)]M_{f2}^1[x(t)]M_{r1}^2[x(t)]M_{r2}^2[x(t)]$$
$$\mu_{14}(t) = M_{f1}^2[x(t)]M_{f2}^2[x(t)]M_{r1}^1[x(t)]M_{r2}^1[x(t)]$$
$$\mu_{15}(t) = M_{f1}^2[x(t)]M_{f2}^2[x(t)]M_{r1}^1[x(t)]M_{r2}^2[x(t)]$$
$$\mu_{16}(t) = M_{f1}^2[x(t)]M_{f2}^2[x(t)]M_{r1}^2[x(t)]M_{r2}^2[x(t)]$$

$$z_{1i} = z_{si} - z_{ui}, i = \{f,r\} \tag{8.45}$$

$$M_{ij}^1(x) = \frac{z_{ij}^2 - \min(z_{ij}^2)}{\max(z_{ij}^2) - \min(z_{ij}^2)} \tag{8.46}$$

$$M_{ij}^2(x) = \frac{\max(z_{ij}^2) - z_{ij}^2}{\max(z_{ij}^2) - \min(z_{ij}^2)}$$

$$i = \{f, r\}, j = \{1, 2\}$$

$$B_1 = \begin{pmatrix} 0_{7 \times 4} \\ M_z^{-1} k_r \end{pmatrix}, B_2 = \begin{pmatrix} 0_{7 \times 4} \\ M_z^{-1} T_a \end{pmatrix}$$

$$A_1 = \begin{pmatrix} 0_{7 \times 7} & I_{7 \times 7} \\ -M_z^{-1} k_{z1} & -M_z^{-1} B_z \end{pmatrix}$$

$$K_{z1} = \begin{pmatrix} T k_{sr} T^T & -T k_{sr} E_{k1} \\ -k_{ss} E_{k1} T^T & k_t + k_{ss} E_{k1} \end{pmatrix}$$

$$E_{k1} = \mathrm{diag}[(1+0.1a_f^2)(1+0.1a_f^2)(1+0.1a_r^2)(1+0.1a_r^2)]$$

$$A_2 = \begin{pmatrix} 0_{7 \times 7} & I_{7 \times 7} \\ -M_z^{-1} k_{z2} & -M_z^{-1} B_z \end{pmatrix}$$

$$K_{z2} = \begin{pmatrix} T k_{sr} T^T & -T k_{sr} E_{k2} \\ -k_{ss} E_{k2} T^T & k_t + k_{ss} E_{k2} \end{pmatrix}$$

$$E_{k2} = \mathrm{diag}[(1+a_f^2)(1+a_f^2)(1+a_r^2)1]$$

$$A_3 = \begin{pmatrix} 0_{7 \times 7} & I_{7 \times 7} \\ -M_z^{-1} k_{z3} & -M_z^{-1} B_z \end{pmatrix}$$

$$K_{z3} = \begin{pmatrix} T k_{sr} T^T & -T k_{sr} E_{k3} \\ -k_{ss} E_{k3} T^T & k_t + k_{ss} E_{k3} \end{pmatrix}$$

$$E_{k3} = \mathrm{diag}[(1+0.1a_f^2)(1+0.1a_f^2) \quad 1 \quad (1+0.1a_r^2)]$$

$$A_4 = \begin{pmatrix} 0_{7 \times 7} & I_{7 \times 7} \\ -M_z^{-1} k_{z4} & -M_z^{-1} B_z \end{pmatrix}$$

$$K_{z4} = \begin{pmatrix} T k_{sr} T^T & -T k_{sr} E_{k4} \\ -k_{ss} E_{k4} T^T & k_t + k_{ss} E_{k4} \end{pmatrix}$$

$$E_{k4} = \mathrm{diag}[(1+a_f^2) \quad (1+a_f^2) \quad 1 \quad 1]$$

$$A_5 = \begin{pmatrix} 0_{7 \times 7} & I_{7 \times 7} \\ -M_z^{-1} k_{z5} & -M_z^{-1} B_z \end{pmatrix}$$

$$K_{z5} = \begin{pmatrix} T k_{sr} T^T & -T k_{sr} E_{k5} \\ -k_{ss} E_{k5} T^T & k_t + k_{ss} E_{k5} \end{pmatrix}$$

$$E_{k5} = \text{diag}[\,(1+0.1a_f^2) \quad 1 \quad (1+0.1a_r^2) \quad (1+0.1a_r^2)\,]$$

$$A_6 = \begin{pmatrix} 0_{7\times7} & I_{7\times7} \\ -M_z^{-1}k_{z6} & -M_z^{-1}B_z \end{pmatrix}$$

$$K_{z6} = \begin{pmatrix} Tk_{sr}T^T & -Tk_{sr}E_{k6} \\ -k_{ss}E_{k6}T^T & k_t + k_{ss}E_{k6} \end{pmatrix}$$

$$E_{k6} = \text{diag}[\,(1+0.1a_f^2) \quad 1 \quad (1+0.1a_r^2) \quad 1\,]$$

$$A_7 = \begin{pmatrix} 0_{7\times7} & I_{7\times7} \\ -M_z^{-1}k_{z7} & -M_z^{-1}B_z \end{pmatrix}$$

$$K_{z7} = \begin{pmatrix} Tk_{sr}T^T & -Tk_{sr}E_{k7} \\ -k_{ss}E_{k7}T^T & k_t + k_{ss}E_{k7} \end{pmatrix}$$

$$E_{k7} = \text{diag}[\,(1+0.1a_f^2) \quad 1 \quad 1 \quad (1+0.1a_r^2)\,]$$

$$A_8 = \begin{pmatrix} 0_{7\times7} & I_{7\times7} \\ -M_z^{-1}k_{z8} & -M_z^{-1}B_z \end{pmatrix}$$

$$K_{z8} = \begin{pmatrix} Tk_{sr}T^T & -Tk_{sr}E_{k8} \\ -k_{ss}E_{k8}T^T & k_t + k_{ss}E_{k8} \end{pmatrix}$$

$$E_{k8} = \text{diag}[\,(1+0.1a_f^2) \quad 1 \quad 1 \quad 1\,]$$

$$A_9 = \begin{pmatrix} 0_{7\times7} & I_{7\times7} \\ -M_z^{-1}k_{z9} & -M_z^{-1}B_z \end{pmatrix}$$

$$K_{z9} = \begin{pmatrix} Tk_{sr}T^T & -Tk_{sr}E_{k9} \\ -k_{ss}E_{k9}T^T & k_t + k_{ss}E_{k9} \end{pmatrix}$$

$$E_{k9} = \text{diag}[\,1 \quad (+0.1a_r^2) \quad (1+0.1a_r^2) \quad (1+0.1a_r^2)\,]$$

$$A_{10} = \begin{pmatrix} 0_{7\times7} & I_{7\times7} \\ -M_z^{-1}k_{z10} & -M_z^{-1}B_z \end{pmatrix}$$

$$K_{z10} = \begin{pmatrix} Tk_{sr}T^T & -Tk_{sr}E_{k10} \\ -k_{ss}E_{k10}T^T & k_t + k_{ss}E_{k10} \end{pmatrix}$$

$$E_{k10} = \text{diag}[\,1 \quad (1+0.1a_r^2) \quad (1+0.1a_r^2) \quad 1\,]$$

$$A_{11} = \begin{pmatrix} 0_{7\times7} & I_{7\times7} \\ -M_z^{-1}k_{z11} & -M_z^{-1}B_z \end{pmatrix}$$

$$K_{z11} = \begin{pmatrix} Tk_{sr}T^T & -Tk_{sr}E_{k11} \\ -k_{ss}E_{k11}T^T & k_t + k_{ss}E_{k11} \end{pmatrix}$$

$$E_{k11} = \text{diag}[\,1 \quad (1+0.1a_r^2) \quad 1 \quad (1+0.1a_r^2)\,]$$

$$A_{12} = \begin{pmatrix} 0_{7\times7} & I_{7\times7} \\ -M_z^{-1}k_{z12} & -M_z^{-1}B_z \end{pmatrix}$$

$$K_{z12} = \begin{pmatrix} Tk_{sr}T^T & -Tk_{sr}E_{k12} \\ -k_{ss}E_{k12}T^T & k_t + k_{ss}E_{k12} \end{pmatrix}$$

$$E_{k12} = \text{diag}[\,1 \quad (1+0.1a_r^2) \quad 1 \quad 1\,]$$

$$A_{13} = \begin{pmatrix} 0_{7\times7} & I_{7\times7} \\ -M_z^{-1}k_{z13} & -M_z^{-1}B_z \end{pmatrix}$$

$$K_{z13} = \begin{pmatrix} Tk_{sr}T^T & -Tk_{sr}E_{k13} \\ -k_{ss}E_{k13}T^T & k_t + k_{ss}E_{k13} \end{pmatrix}$$

$$E_{k13} = \text{diag}[\,1 \quad 1 \quad (1+0.1a_r^2) \quad (1+0.1a_r^2)\,]$$

$$A_{14} = \begin{pmatrix} 0_{7\times7} & I_{7\times7} \\ -M_z^{-1}k_{z14} & -M_z^{-1}B_z \end{pmatrix}$$

$$K_{z14} = \begin{pmatrix} Tk_{sr}T^T & -Tk_{sr}E_{k14} \\ -k_{ss}E_{k14}T^T & k_t + k_{ss}E_{k14} \end{pmatrix}$$

$$E_{k14} = \text{diag}[\,1 \quad 1 \quad (1+0.1a_r^2) \quad 1\,]$$

$$A_{15} = \begin{pmatrix} 0_{7\times7} & I_{7\times7} \\ -M_z^{-1}k_{z15} & -M_z^{-1}B_z \end{pmatrix}$$

$$K_{z15} = \begin{pmatrix} Tk_{sr}T^T & -Tk_{sr}E_{k15} \\ -k_{ss}E_{k15}T^T & k_t + k_{ss}E_{k15} \end{pmatrix}$$

$$E_{k15} = \text{diag}[\,1 \quad 1 \quad 1 \quad (1+0.1a_r^2)\,]$$

$$A_{16} = \begin{pmatrix} 0_{7\times7} & I_{7\times7} \\ -M_z^{-1}k_{z16} & -M_z^{-1}B_z \end{pmatrix}$$

$$K_{z16} = \begin{pmatrix} Tk_{sr}T^T & -Tk_{sr}E_{k16} \\ -k_{ss}E_{k16}T^T & k_t + k_{ss}E_{k16} \end{pmatrix}$$

$$E_{k16} = \text{diag}(\,1 \quad 1 \quad 1 \quad 1\,)$$

8.4　Takagi – Sugeno 模糊模型的验证

在本节中，我们将对四分之一汽车悬架系统的 T – S 模糊模型表示进行验证。

8.4.1 仿真参数

系统的参数选择如下：

$m_s = 250\text{kg}$，$m_u = 30\text{kg}$，$k_s = 15000\text{N/m}$，$k_r = 150000\text{N/m}$，$b_c = 1000\text{Ns/m}$，$p_s = 0.1 k_s$。

8.4.2 Takagi-Sugeno 模糊模型的验证

图 8.7~图 8.13 显示了开环 T-S 模糊模型和带有外部干扰（图 8.6）的车辆悬架装置的响应。

这些图表明，T-S 模糊系统与非线性系统具有相同的行为。这意味着 T-S 模糊模型具有令人满意的拟合能力。

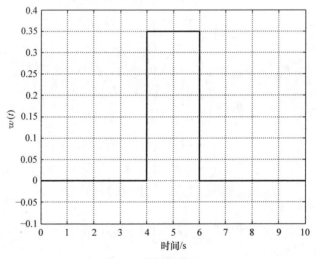

图 8.6 外部干扰 $w(t)$

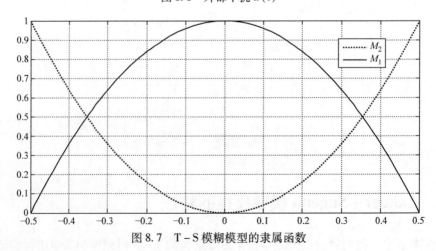

图 8.7 T-S 模糊模型的隶属函数

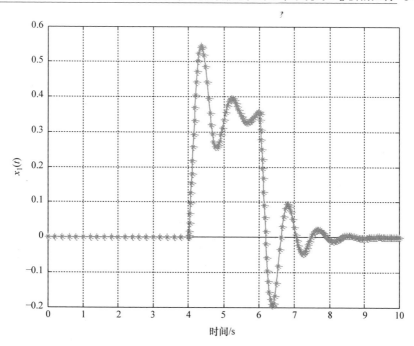

图 8.8 簧上质量 $x_1(t)$ 的垂直位移（实线：非线性装置；星形线：T‐S 模糊模型）

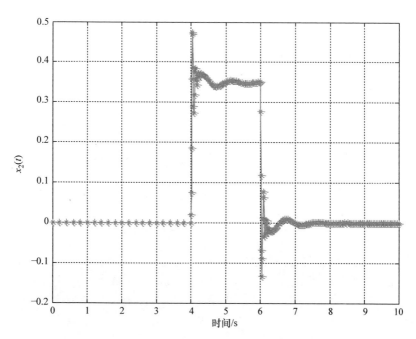

图 8.9 簧下质量 $x_2(t)$ 的垂直位移（实线：非线性装置；星形线：T‐S 模糊模型）

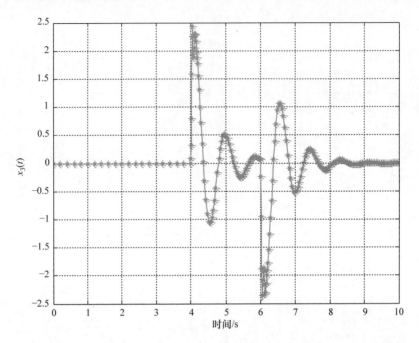

图 8.10 簧上质量 $x_3(t)$ 的速度（实线：非线性装置；星形线：T-S 模糊模型）

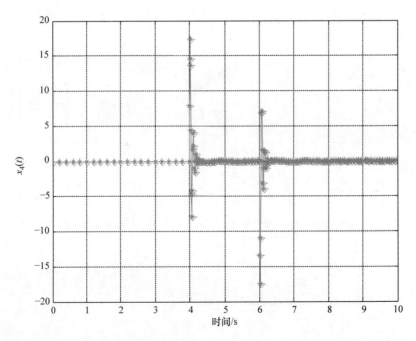

图 8.11 簧下质量 $x_4(t)$ 的速度（实线：非线性装置；星形线：T-S 模糊模型）

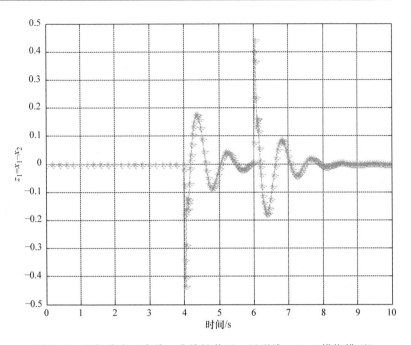

图 8.12 悬架挠度（实线：非线性装置；星形线：T-S 模糊模型）

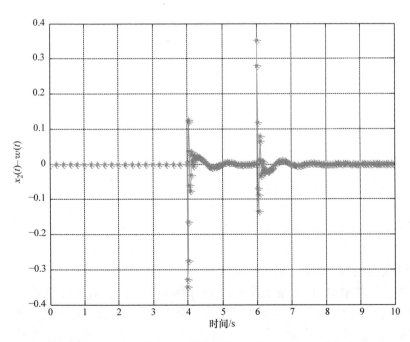

图 8.13 车轮挠度（实线：非线性装置；星形线：T-S 模糊模型）

8.5 执行器饱和

主动悬架包括一个放置在簧上和簧下之间的驱动力执行器。实际上，这种驱动力是有限的。例如，电动液压执行器更多地用于主动悬架系统（图8.2），其输入电压实际上受到限制。

执行器饱和会降低闭环系统的性能，并经常使稳定的闭环系统不稳定。

示例8.1 考虑以下线性系统：

$$\dot{x} = Ax(t) + Bu(t) \qquad (8.47)$$

其中

$$A = \begin{bmatrix} 0 & 1 \\ 1 & 0 \end{bmatrix}, B = \begin{bmatrix} 0 \\ -1 \end{bmatrix}$$

开环系统（$\dot{x} = Ax(t)$）不稳定，其特征值为 $\text{eig}\{A\} = \{-1, 1\}$。

我们考虑将线性状态反馈定义为

$$u(t) = Kx(t) \qquad (8.48)$$

其中 $K = [13 \quad 7]$，线性控制式（8.48）可以稳定线性系统。闭环系统的特征值是 $\text{eig}\{A + BK\} = \{-3, -4\}$。这表示原点是渐近稳定的。

我们假设系统（8.26）受到执行器饱和的约束，约束为

$$-5 \leq \text{sat}[u(t)] \leq 5 \qquad (8.49)$$

由式（8.47）~式（8.49）组成的闭环系统为

$$\dot{x}(t) = Ax(t) = B\text{sat}[u(t)] \qquad (8.50)$$

其中

$$\text{sat}[u(t)] = \begin{cases} 5 & Kx \geq 5 \\ Kx & -5 < Kx < 5 \\ -5 & Kx \leq -5 \end{cases} \qquad (8.51)$$

在饱和的情况下，不良平衡点为

$$x_{e1} = [-5 \quad 0]^T, x_{e2} = [5 \quad 0]^T (\text{参见图8.15})$$

图8.14 说明具有不同初始条件的状态空间中闭环系统的轨迹：

$$x_{e1} = [3 \quad 2]^T, x_{e2} = [-1 \quad 3]^T, x_{e3} = [-3 \quad -3]^T, x_{e4} = [-2 \quad -3]^T$$

该图说明在饱和状态下，初始条件点 $x_0 = [-2 \quad -3]^T$ 不稳定。

因此，不考虑饱和效应而设计的控制律的实施可能会对系统性能产生不良影响。对于线性和非线性系统控制的问题已引起越来越多的关注。通常，通过设计低增益控制定律并考虑系统初始状态的有界集合，可以避免饱和和极限。但是，这种方法通常会降低性能。或者，通过在执行器饱和的情况下估计闭环系统的吸引域来解决该问题。

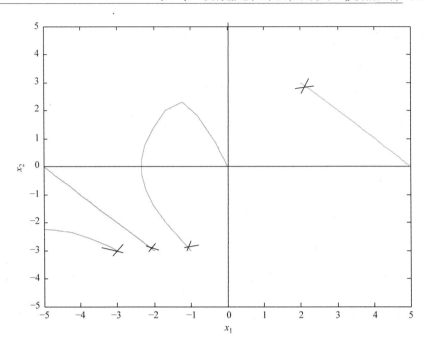

图 8.14　不同初始状态下状态空间中闭环系统的轨迹

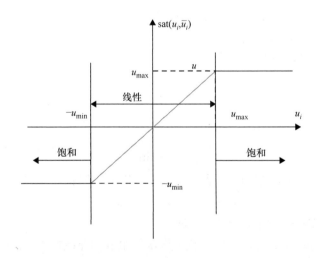

图 8.15　饱和度函数

饱和度函数为

$$\mathrm{sat}(u) = \begin{bmatrix} \mathrm{sat}(u_1) \\ \vdots \\ \mathrm{sat}(u_m) \end{bmatrix} \tag{8.52}$$

8.5.1 饱和的类型

在文献中，执行器饱和有两种类型：

- 速率执行器饱和：在这种类型的饱和中，执行器受到速率限制，如

$$-\Delta \underline{u}_i \leq \Delta u(t) \leq \Delta \bar{u}_i \tag{8.53}$$

- 振幅执行器饱和：在这种类型的饱和中，执行器受到振幅限制（图 8.15），如下所示：

$$-\underline{u}_i \leq u(t) \leq \bar{u}_i \tag{8.54}$$

在大多数情况下，振幅的饱和是对称的（$\underline{u}_i = \bar{u}_i$）。

在这种情况下，饱和度函数的每个分量都可以表示为

$$\operatorname{sat}(u_i, \bar{u}_i) = \begin{cases} \bar{u}_i & \text{若 } \bar{u}_i \leq u(t) \\ u_i(t) & \text{若 } -\bar{u}_i < u(t) < \bar{u}_i \\ -\bar{u}_i & \text{若 } u(t) \leq -\underline{u}_i \end{cases} \tag{8.55}$$

式中，$\bar{u}_i$ 和 $\underline{u}_i$ 分别表示 $\bar{u}$ 和 $\underline{u}$ 的第 i 个元素；$\bar{u} \in R^m$ 表示饱和度，$\bar{u}_i$ 和 $\underline{u}_i$ 表示 $\bar{u}$ 和 $u(t)$ 的第 i 个元素。

8.5.2 饱和效应建模

在大多数情况下，饱和非线性项可转换为死区非线性或由多面体模型表示。为了模拟饱和效果，我们将使用多面体表示。

让图 8.16 的死区功能：

$$\psi(u_i) = \begin{cases} u_i - \bar{u}_i & \text{若 } u_i > \bar{u}_i \\ 0 & \text{若 } -\underline{u}_i \leq u_i \leq \bar{u}_i, i \in I_m \\ u_i + \underline{u}_i & \text{若 } u_i < -\underline{u}_i \end{cases} \tag{8.56}$$

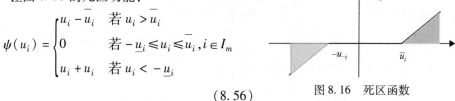

图 8.16 死区函数

式（8.55）定义的饱和度根据以下公式转换为死区：

$$\operatorname{sat}(u_i) = u_i - \psi(u_i) \tag{8.57}$$

在研究结果扩展时将使用以下引理。

引理 8.2 $\varphi(\alpha)$ 是由 m 个归一化死区函数组成的非线性算子。令 $|v_i| < \bar{u} \in \Re^m$ 且 $i \in I_m$，有一个矩阵 $\Lambda = \operatorname{diag}(\lambda_1, \lambda_2, \cdots, \lambda_m), \lambda_i \in [1 \ 0], i \in I_m$ 使得

$$\phi(a) = (I_m - \Lambda)(u - v) \tag{8.58}$$

其中

$$v = Hx(t), H \in \Re^{m \times m}$$

矩阵 L 是由下列矩阵定义的 $2m$ 个顶点组成的多边形：

$$E = \operatorname{diag}(\lambda_1, \lambda_2, \cdots, \lambda_m), \lambda_i \in [1 \ 0], i \in I_m \tag{8.59}$$

以下引理直接来自式（8.57）和式（8.58）。

引理 8.3 令 E 为对角元素为 1 或 0 的 $m \times m$ 个对角矩阵的集合。假设所有 $i \in I_m$ 都有 $|v_i| \leq \bar{u}_i$，其中 v_i 和 u_i 分别表示 $v(t) \in R^m$ 和 $u(t) \in R^m$ 的元素。如果 $x(t) \in R^n$ 的 $x(t) \in \cap_{j=1}^r \mathfrak{I}(H_j)$，则

$$\begin{cases} \mathrm{sat}(u(t),\bar{u}) = \sum_{s=1}^{2^m} \alpha_s(E_s u(t) + \bar{E}_s v(t)) \\ \sum_{i=1}^{2^m} \alpha_s = 1, 0 \leq \alpha_s \leq 1 \\ v(t) = \sum_{j=1}^{r} \mu_j(\xi(t)) H_j x(t) \end{cases} \quad (8.60)$$

$$\mathfrak{I}(H_j) = \{x(t) \in R^n \mid |h_i^j x| \leq \bar{u}_i\} \quad (8.61)$$

E_s 表示 E 的所有元素，$\bar{E}_s = I - E_s$，H_j 是 $m \times n$ 矩阵，h_i^j 是矩阵 H_j 的第 i 行。因此，如果 $m = 2$，则有

$$E \in co\left\{\begin{bmatrix} 0 & 0 \\ 0 & 0 \end{bmatrix}, \begin{bmatrix} 1 & 0 \\ 0 & 0 \end{bmatrix}, \begin{bmatrix} 0 & 0 \\ 0 & 1 \end{bmatrix}, \begin{bmatrix} 1 & 0 \\ 0 & 1 \end{bmatrix}\right\}$$

8.5.3 饱和控制和约束控制

通常，通过合成约束控制定律或通过设计饱和控制定律来处理执行器饱和时的控制定律设计。在第一种方法中，设计控制律是为了使执行器永远不会饱和，并且通过确定一组防止饱和的系统状态初始条件来解决问题。因此，控制输入信号保持在其线性区域（图 8.16），并且使

$$-\bar{u}_i \leq u(t) \leq \bar{u}_i, u(t) = \mathrm{sat}[u(t)] \quad (8.62)$$

但在第二种方法中，执行器可能会饱和，并且可以通过估算吸引域来解决问题。在该吸引域内存在饱和的情况下，任何系统初始化都不会产生不稳定性。在这种情况下，表示式（8.60）形式的模型代表了饱和的非线性效应，对于控制律的分析和综合来说是必需的。

8.6 Takagi – Sugeno 模糊模型的二次稳定

作为局部线性模型插值的 T – S 模糊模型的简单结构，使许多研究人员可以将其用于非线性系统的稳定性分析和稳定化。稳定性和稳定化研究通常使用李雅普诺夫理论，尤其是第二李雅普诺夫方法。通过求解一组 LMI 得出稳定性。如果 LMI 被证明可以解决，则可以使用凸优化领域的工具来解决。

8.6.1 凸分析和线性矩阵不等式

严格（非严格）LMI 的格式为

$$F(x) = F_0 + \sum_{i=1}^{n} x_i F_i > 0 (resp. \geq 0) \tag{8.63}$$

其中，P_0 和 P_i，$i \in I_n \in R^{p \times p} \in R^{p \times p}$ 是给定对称矩阵和 $x = (x_1, x_2, \cdots, x_n)^T \in R^n$ 的族。约束 $F(x) > 0$ 称为凸约束 LMI。

将非线性矩阵不等式最优化问题转换为 LMI 的现有技术包括：舒尔补码，它可以转换 LMI 中的凸非线性。

引理 8.4 考虑变量 x 在三个矩阵 $Q(x) = Q(x)^T$，$R(x) = R(x)^T$ 和 $S(x)$ 中的仿射，以下 LMI 是等效的：

$$R(x) > 0, Q(x) - S(x) R(x)^{-1} S^T(x) > 0$$

$$\begin{pmatrix} Q(x) & S(x) \\ S(x)^T & R(x) \end{pmatrix} > 0 \tag{8.64}$$

示例 8.2 标准约束：

$$\|H(x)\| < 1 \tag{8.65}$$

其中 $H(x) \in R^{n \times m}$ 是 x 的仿射，等效于：

$$I - H(X) H^T(X) > 0 \tag{8.66}$$

舒尔补码对 LMI 约束的变换由下式给出：

$$\begin{bmatrix} I & (*) \\ H^T(x) & I \end{bmatrix} > 0 \tag{8.67}$$

同余性：W 是具有适当维数的对称正定矩阵，而 X 是具有兼容维数的非奇异矩阵。

如果 $W > 0$，则有

$$X^T W X > 0 \tag{8.68}$$

示例 8.3 若矩阵满足条件：

$$\begin{bmatrix} W_{11} & W_{12} & \cdots & W_{1n} \\ W_{21} & W_{22} & \cdots & W_{2n} \\ \vdots & \vdots & \ddots & \vdots \\ * & \cdots & \cdots & W_{12} \end{bmatrix} < 0 \tag{8.69}$$

则以下内容也成立：

$$\begin{bmatrix} \mu_1 I \\ \mu_2 I \\ \vdots \\ \mu_r I \end{bmatrix}^T \begin{bmatrix} W_{11} & W_{12} & \cdots & W_{1r} \\ W_{21} & W_{22} & \cdots & W_{2r} \\ \vdots & \vdots & \ddots & \vdots \\ * & \cdots & \cdots & W_{1r} \end{bmatrix} \begin{bmatrix} \mu_1 I \\ \mu_2 I \\ \vdots \\ \mu_r I \end{bmatrix} = \sum_{i=1}^{r} \mu_i^2 W_{ii} + \sum_{i<j}^{r} \mu_i \mu_j W_{ij} < 0 \tag{8.70}$$

LMI 方法在多种模型的稳定性分析中非常有效果。实际上，LMI 的优化问题是凸优化问题。凸性是非常重要的属性，具有两个主要优点：

1）没有要优化的目标函数的局部解决方案，获得的解对应于唯一的全局解。
2）寻找解决方案的计算成本是合理的。

需要注意的是，如果问题不是凸的，则从凸公式得出的最优解不一定对此问题最优。

8.6.2 李雅普诺夫意义上的稳定性

李雅普诺夫（Lyapunov）稳定性原理是基于系统的总能量动态特性。该能量通常由系统状态 x 的函数 $V[x(t)]$ 表示。该函数的符号及其在平衡点附近的时间导数提供了系统稳定性的信息。主要结果表明，对于具有连续时间的自治系统，如果存在满足以下条件的正函数，则原点是全局渐近稳定的平衡点：

$$\begin{cases} V[x(t)] > 0 \\ \dot{V}[x(t)] < 0 \\ V(0) = 0, V(\infty) \to \infty \end{cases} \quad (8.71)$$

二次函数类在控制器和观察者的稳定性和稳定化研究中起着非常重要的作用。在这项工作中，二次函数的形式为

$$V[x(t)] = x^T(t) P x(t) \quad (8.72)$$

其中对称正定矩阵 $P \in R^{n \times n}$。

尽管已知二次方法已取得成功，但获得稳定的条件似乎还是一次，非常保守。引入菜单的做法是放松了在文献 [39,49] 中报告的约束条件。

8.6.3 吸引域

Lyapunov 函数的概念与吸引域有关，是吸引区域状态空间中的最大集合，在该区域中开始的任何轨迹都收敛于原点。如果一个系统是全局渐近稳定的，那么原点的吸引域就是整个状态空间。就算通过分析方法精确确定该区域可行，也是一项艰巨的任务。但是可以使用 Lyapunov 域和正不变集来确定渐近稳定性区域。

引理 8.5 对于常数 $r > 0$，定义集合：

$$\Omega(x) = \{x \in \Re^n \mid V(x) \leq \rho\} \quad (8.73)$$

如果要让集合 $\Omega(x)$ 收缩不变（图 8.17），则需要满足以下条件：

$$\dot{V}(x) < 0, \forall x \in \Omega(x) \mid \{0\} \quad (8.74)$$

因此，如果集合 $\Omega(x)$ 是收缩不变的，则它在吸引域内。

需要注意的是，如果选择二次 Lyapunov 函数（8.72），则集合（8.73）是由下述定义的椭球：

$$\varepsilon(P, \rho) = \{x \in R^n \mid x^T P x \leq 1\} \quad (8.75)$$

因此，如果使用引理 8.5，则在以下情况下，椭球（8.75）被称为不变性集：

$$\dot{V}(x) < 0, \forall x \in \varepsilon(P,1) \mid \{0\} \quad (8.76)$$

因此，如果椭球收缩不变，它就在吸引域之内。

引理 8.6 当且仅当对于所有 $i, j \in I_r^2$，椭球 $\varepsilon(P, \rho)$ 位于 $\cap_{j=1}^r \mathfrak{J}(H_j)$ 内：

$$h_i^j(P)^{-1}(h_i^j)^T \leq \bar{u}_i^2 \quad (8.77)$$

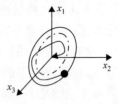

图 8.17 收缩不变集示例

8.6.4 通过 PDC 控制实现二次稳定

在这项工作中，控制器是一个非线性状态反馈，具有与 T-S 模糊模型（8.1）相同的激活函数，并且具有以下形式：

$$u(t) = \sum_{j=1}^r \mu_j[\xi(t)]K_j x(t) \quad (8.78)$$

其中 $K_j \in R^{m \times n}$ 是要确定的本地控制器矩阵。

在没有饱和和外部扰动的情况下，由式（8.35）和式（8.78）组成的闭环系统描述为

$$\begin{cases} \dot{x}(t) = (A_\mu + B_{2\mu}K_\mu)x(t) \\ z(t) = (C_{1\mu} + D_{2\mu}K_\mu)x(t) \end{cases} \quad (8.79)$$

$$A_\mu = \sum_{i=1}^r \mu_i[\xi(t)]A_i, \quad C_{1\mu} = \sum_{i=1}^r \mu_i[\xi(t)]C_{1i}$$

$$B_{2\mu} = \sum_{i=1}^r \mu_i[\xi(t)]B_{2i} \quad (8.80)$$

稳定的第一个条件由文献 [41] 给出：

$$G_{ii}^T P + PG_{ii} < 0, \forall i \in I_n$$

$$\left(\frac{G_{ij} + G_{ji}}{2}\right)^T P + P\left(\frac{G_{ij} + G_{ji}}{2}\right) \leq 0, i < j \quad (8.81)$$

其中

$$G_{ij} = A_i + B_i K_j \quad (8.82)$$

证明：

$$\dot{x}(t) = \sum_{i=1}^r \mu_i^2[\xi(t)]G_{ii}x(t) + 2\sum_{i<j}^r \mu_i[\xi(t)]\mu_j[\xi(t)]\left(\frac{G_{ij}+G_{ji}}{2}\right)x(t) \quad (8.83)$$

$$\dot{V}[x(t)] = \dot{x}^T(t)Px(t) + x^T(t)P\dot{x}(t)$$

$$= x^T(t)\left[\sum_{i=1}^r \mu_i^2[\xi(t)]G_{ii}x(t) + 2\sum_{i<j}^r \mu_i[\xi(t)]\mu_j[\xi(t)]\left(\frac{G_{ij}+G_{ji}}{2}\right)x(t)\right]x(t)$$

如果式（8.81）已验证，则

$$\sum_{i=1}^{r}\mu_j^2[\xi(t)]G_{ii}x(t) + 2\sum_{i<j}^{r}\mu_i[\xi(t)]\mu_j[\xi(t)]\left(\frac{G_{ij}+G_{ji}}{2}\right)x(t)$$

和 $\dot{V}[x(t)] < 0$，证明结束。

备注 8.2 可通过以下变量更改获得 LMI 条件（8.81）。

$$Q = P^{-1}, F_i = K_i P^{-1}, \forall i \in I_r \tag{8.84}$$

对于条件（8.81），不需要所有交叉稳定模型。但是，如果规则数量很多，则很难找到一个通用的 Lyapunov 矩阵来确保主导模型（AipBiKi）和交叉模型（AipBiKj）的稳定性。据报道，用于多个模型系统的宽松稳定条件可以放松条件的保守性（8.81）。在文献［41］中，松弛是基于每次的活动局部模型的最大数量。金和李通过引入对称矩阵给出了放松先前研究保守性的方法。

引入不一定与对角矩阵块对称的矩阵，可能在保证多模型控制系统的稳定性方面提供了更大的自由度（或尺寸）。通过使用等价性（8.68）实现松弛，并在以下定理中进行总结。

定理 8.1 如果存在对称矩阵 W_{ii} $P = P^T > 0$ 和矩阵 K_i，$W_{ij} = W_{ji}^T$，则系统（8.79）可通过 PDC 控件（8.78）进行二次稳定化：

1) $G_{ii}^T P + P G_{ii} < W_{ii} \quad \forall i \in I_n$

2) $\left(\dfrac{G_{ij}+G_{ji}}{2}\right)^T P + P\left(\dfrac{G_{ij}+G_{ji}}{2}\right) \leq W_{ij} + W_{ji}^T$

3) $\begin{bmatrix} W_{11} & W_{12} & \cdots & W_{1n} \\ W_{21} & W_{22} & \cdots & W_{2n} \\ \vdots & \vdots & \ddots & \vdots \\ * & \cdots & \cdots & W_{12} \end{bmatrix} < 0$
\tag{8.85}

证明见文献［39］。

8.7 H_∞ 法

H_∞ 法用于分析和综合控制器/观测器，以达到最佳的干扰衰减水平，并确保闭环系统的稳定性。在文献中，已经对采用 H_∞ 方法不确定性的一系列控制律 T‐S 模型进行了研究（例如文献［50‐54］及其参考）。此方法的思想是最小化 H_∞ 范数，该范数表示由以下定义给出的输出信号能量（受控输出）与输入信号能量（干扰输入）之间的最大比值。

定义 8.1 给定标量为 γ，如果对于所有 $w(t) \in \mathfrak{S}_2$，系统（8.35）稳定并且响应 $z(t)$ 在零初始下，则称 T‐S 模糊系统（8.35）具有 γ 衰减是稳定的。条件满足以下方程式：

$$\|z(t)\|_2^2 < \gamma^2 \|w(t)\|_2^2 \tag{8.86}$$

在本章中，为了确保闭环系统（8.35）的稳定性并消除外部干扰的影响，在执行器饱和的情况下，我们使用 $\mathfrak{I}_2$ - 范数。这表示：

$$\|z(t)\|_2^2 = \int_0^\infty z(\tau)^T z(\tau) \mathrm{d}\tau$$
$$\|z(t)\|_2^2 = \int_0^\infty z(\tau)^T z(\tau) \mathrm{d}\tau \tag{8.87}$$

8.8 具有外部干扰和执行器饱和的 PDC 控制分析

用最佳干扰衰减水平估计吸引域的问题等效于以下优化问题：

$$\begin{cases} \min \gamma \\ \dot{V}(t) + z(t)^T z(t) - \gamma^2 w(t)^T w(t) < 0 \end{cases} \tag{8.88}$$

8.8.1 约束控制

在本节中，我们的目标是设计一个可以避免饱和极限的 PDC 控制器。在这种情况下，我们确定：

$$\sigma(t) = u(t) = \sum_{j=1}^r \mu_j[\xi(t)] K_j x(t) \tag{8.89}$$

其中：

$$x(t) \in \bigcap_{j=1}^r \mathfrak{I}(K_j) \tag{8.90}$$

对于所有 $i \in I_m$，$j \in I_r$ 和 k_i^j，$\mathfrak{I}(K_j) = \{x(t) \in R^n \mid |k_i^j x| \le \bar{u}_i\}$ 是矩阵 K_j 的第 i 行。

令

$$B_{1\mu} = \sum_{i=1}^r \mu_i[\xi(t)] B_{1i}$$

$$D_{1\mu} = \sum_{i=1}^r \mu_i[\xi(t)] D_{1i} \tag{8.91}$$

由式（8.1）和式（8.78）组成的闭环系统为

$$\begin{cases} \dot{x}(t) = (A_\mu + B_{2\mu} K_\mu) x(t) + B_{1\mu} w(t) \\ z(t) = (C_\mu + D_{2\mu} K_\mu) x(t) + D_{1\mu} w(t) \end{cases} \tag{8.92}$$

定理 8.2 对于给定的系统（8.35）和给定的状态反馈控制（8.89），如果存在对称正定矩阵 Q 和矩阵 $F_j \in R^{m \times n}$，则椭球 $\varepsilon(P, \rho)$ 是闭环系统的收缩不变集 (8.92)，并且达到了干扰抑制水平 γ，LMI 问题的解：

$$\min_{Q, F_j} \gamma \tag{8.93}$$

$$\begin{bmatrix} \bar{u}_i^2 & f_i^j \\ (f_i^j)^T & Q \end{bmatrix} \ge 0, \ i \in I_m, j \in I_r \tag{8.94}$$

$$\Sigma_{ij} = \begin{bmatrix} A_i Q + B_{2i} F_j + (*) & * & * \\ B_{1i}^T & -\gamma^2 I & * \\ C_{1i} Q + D_{2i} F_j & D_{1i}^T & -1 \end{bmatrix} < 0, \quad i, J \in I_r^2 \qquad (8.95)$$

控制律（8.78）由 $K_j = F_j Q^{-1}$ 给出。

证明： 通过式（8.90）并使用引理 8.6，我们对于所有 $i \in I_m$ 和 $j \in I_r$ 具有：

$$k_j^i (P)^{-1} (k_i^j)^T \le \bar{u}_i^2 \qquad (8.96)$$

假设变量（8.84）发生变化，则不等式（8.96）可以写为

$$\bar{u}_i^2 Q - f_i^j (f_i^j)^T \ge 0 \qquad (8.97)$$

其中 f_i^j 是矩阵 F_j 的第 i 行。

通过舒尔补码，最后的不等式可以写成 LMI（8.94）。

使用式（8.11），可得到

$$z^T z = [(C_{1\mu} + D_{2\mu} K_\mu) x + D_{1\mu} w]^T [(C_{1\mu} + D_{2\mu} K_\mu) x + D_{1\mu} w]$$

$$= \begin{bmatrix} x \\ w \end{bmatrix}^T \begin{bmatrix} (C_{1\mu} + D_{2\mu} K_\mu)^T \\ D_{1\mu}^T \end{bmatrix} \begin{bmatrix} (C_{1\mu} + D_{2\mu} K_\mu) \\ D_{1\mu} \end{bmatrix}^T \begin{bmatrix} x \\ w \end{bmatrix}$$

可得

$$\Sigma_\mu = \dot{V} - \gamma^2 w^T w + z^T z$$

$$= \begin{bmatrix} x \\ w \end{bmatrix}^T \begin{bmatrix} (A_\mu + B_{2\mu} K_\mu)^T P + (*) & * \\ B_{1\mu}^T P & -\gamma^2 I \end{bmatrix} \begin{bmatrix} x \\ w \end{bmatrix} + z^T z$$

$$= \begin{bmatrix} x \\ w \end{bmatrix}^T \left\{ \begin{bmatrix} (A_\mu + B_{2\mu} K_\mu)^T P + (*) & * \\ B_{1\mu}^T P & -\gamma^2 I \end{bmatrix} + \begin{bmatrix} (C_{1\mu} + D_{2\mu} K_\mu)^T \\ D_{1\mu}^T \end{bmatrix} \begin{bmatrix} (C_{1\mu} + D_{2\mu} K_\mu) \\ D_{1\mu} \end{bmatrix}^T \right\} \begin{bmatrix} x \\ w \end{bmatrix}$$

通过舒尔补码（参见引理 8.4），我们有

$$\Sigma_\mu = \begin{bmatrix} P^T (A_\mu + B_{2\mu} K_\mu) + (*) & * & * \\ B_{1\mu}^T P & -\gamma^2 I & * \\ C_{1\mu} + D_{2\mu} K_\mu & D_{1\mu}^T & -I \end{bmatrix}$$

将第一不等式前乘以、后乘以 $\Gamma = \text{diag}(Q, I, I)$，得到

$$\Gamma \Sigma_\mu \Gamma = \begin{bmatrix} (A_\mu + B_{2\mu} K_\mu) Q + (*) & * & * \\ B_{1\mu}^T & -\gamma^2 I & * \\ (C_{1\mu} + D_{2\mu} K_\mu) Q & D_{1\mu}^T & -I \end{bmatrix}$$

通过应用式（8.17），可得

$$\varGamma\varSigma_\mu\varGamma = \begin{bmatrix} A_\mu Q + B_{2\mu}F_\mu + (*) & * & * \\ B_{1\mu}^T & -\gamma^2 I & * \\ C_{1\mu}Q + D_{2\mu}F_\mu & D_{1\mu}^T & -I \end{bmatrix}$$

保证优化问题（8.88）中的不等式，足以验证 $\varGamma\varSigma_\mu\varGamma < 0$，证明结束。

8.8.2 饱和控制

在这种控制设计中，我们的目标是在饱和的情况下设计 PDC 控制器。与第一种情况不同，我们将允许饱和度限制。因此，可得

$$\sigma(t) = \text{sat}[u(t), \bar{u}] \tag{8.98}$$

使用引理 8.3，由式（8.1）和式（8.78）组成的闭环系统描述为

$$\begin{cases} \dot{x}(t) = [A_\mu + B_{2\mu}(E_\alpha K_\mu + \bar{E}_\alpha H_\mu)]x(t) + B_{1\mu}w(t) \\ z(t) = [C_{1\mu} + D_{2\mu}(E_\alpha K_\mu + \bar{E}_\alpha H_\mu)]x(t) + D_{1\mu}w(t) \end{cases} \tag{8.99}$$

使得 $x(t) \in \cap_{j=1}^r \mathfrak{I}(H_j)$ 且 $H_\mu = \sum_{i=1}^r \mu_i[\xi(t)]H_i$，$E_\alpha = \sum_{s=1}^{2^m} \alpha_s E_s$ 和 $\bar{E}_\alpha = \sum_{s=1}^{2^m} \alpha_s \bar{E}_s$。

定理 8.3 对于给定的系统（8.35）和给定的状态反馈控制（8.98），如果存在对称正定矩阵 Q 和矩阵 $F_j \in R^{m \times n}$，$Z_j \in R^{m \times n}$，椭球 $\varepsilon(P, \rho)$ 是闭环系统（8.99）的一个压缩不变集合，且达到干扰抑制水平 γ，LMI 问题的解：

$$\min_{Q, F_j, Z_j} \gamma \tag{8.100}$$

$$\begin{bmatrix} \bar{u}_i^2 & z_i^j \\ (z_i^j)^T & Q \end{bmatrix} \geq 0, \ i \in I_m, j \in I_r \tag{8.101}$$

$$\varSigma_{ij}^s = \begin{bmatrix} A_i Q + B_{2i} E_s F_j + B_{2i} \bar{E}_s Z_j + (*) & * & * \\ B_{1i}^T & -\gamma^2 I & * \\ C_{1i}Q + D_{2i}E_s F_j + B_{2i}\bar{E}_s Z_j & D_{1i}^T & -I \end{bmatrix} < 0 \ i, j \in I_r^2 \tag{8.102}$$

控制律（8.78）由 $K_j = F_j Q^{-1}$ 和矩阵 $H_j = Z_j Q^{-1}$ 给出。

证明：通过式（8.61）并使用引理 8.5，可得

$$h_j^j(P)^{-1}(h_i^j)^T \leq \bar{u}_i^2 \tag{8.103}$$

令

$$Z_j = H_j Q \tag{8.104}$$

通过式（8.104）和式（8.84），不等式（8.103）可写成

$$\bar{u}_i^2 Q - z_i^j(z_i^j)^T \geq 0 \tag{8.105}$$

其中 z_i^j 是矩阵 Z_j 的第 i 行。通过舒尔补码，最后的不等式可以写为 LMI（8.101）。对于 LMI（8.102），可通过使用式（8.100）并遵循约束控制的相同说明来获得证明。

8.8.3 吸引域的优化

在本节中，我们有兴趣估算最大的吸引域，即椭球 $\varepsilon(P, 1)$ 的最大化。最大的椭球被公式化为以下优化约束：

$$\begin{cases} \sup \alpha \\ \alpha X_R \subset \varepsilon(P,1) \end{cases}$$

其中 $X_R \subset R^n$ 是包含原点的指定有界凸集。有两种情况取决于参考集的形状。第一种情况，X_R 是一个椭球：

$$X_R = \{x \in R^n \mid x^T N x \leq 1\} \tag{8.106}$$

其中 $N > 0$ 可被选取，例如作为兼容维度。另一种情况 X_R 是一个多面体：

$$X_R = co\{x_0^1, x_0^2, \cdots, x_0^l\} \tag{8.107}$$

其中 $x_0^1, x_0^2, \cdots, x_0^l$ 是 R^n 中给出的先验点。如果 X_R 由式（8.103）给出，则集合 αX_R 由以下项定义：

$$\alpha X_R = \{x \in R^n \mid x^T N x \leq \alpha^2\}$$

$\alpha X_R \subset \varepsilon(P, 1)$ 等效于 $\alpha^{-2} N - P \leq 0$。

通过舒尔补码，可以用 LMI 形式将最后一个不等式写成：

$$\begin{bmatrix} \delta N & 1 \\ 1 & Q \end{bmatrix} \geq 0 \tag{8.108}$$

其中 $\delta = \alpha^{-2}$。如果 X_R 由式（8.107）给出，则集合 αX_R 由以下项定义：

$$\alpha X_R = co\{\alpha x_0^1, \alpha x_0^2, \cdots, \alpha x_0^l\}$$

$\alpha X_R \subset \varepsilon(P, 1)$ 等效于

$$\alpha(x_0^i)^T (P) \alpha x_0^i \leq 1 \quad \forall i \in I_l$$

或以 LMI 形式

$$\begin{bmatrix} \delta & x_0^i \\ (x_0^i)^T & Q \end{bmatrix} \geq 0 \quad \forall i \in I_l \tag{8.109}$$

在执行器饱和下，在尽可能大的吸引域范围内，具有 γ 衰减的状态反馈的稳定问题可以表述为以下 LMI 条件。

定理 8.4（约束情况） 对于给定的系统（8.1）和给定的状态反馈控制（8.78），如果存在对称正定矩阵 Q 和矩阵 $F_j \in R^{m \times n}$，则椭球 $\varepsilon(P, \rho)$ 是闭环系统（8.11）的压缩不变集，并达到了具有尽可能大的吸引域的干扰抑制水平 γ，则 LMI 问题的解：

$$\begin{cases} \min_{Q, F_j} \gamma \\ \text{LMI}(8.94), \text{LMI}(8.95) \\ \text{LMI}(8.108) \text{ 或 } \text{LMI}(8.109) \end{cases}$$

其中 δ 越小越好。

定理 8.5（饱和控制案例） 对于给定的系统（8.1）和给定的状态反馈控制

(8.78)，如果存在对称正定矩阵 Q 和矩阵 $F_j \in R^{m \times n}$、$Z_j \in R^{m \times n}$，则椭球 $\varepsilon(P, \rho)$ 是闭环系统（8.92）的压缩不变集，并达到了具有尽可能大的吸引域的干扰抑制水平 γ，则 LMI 问题的解：

$$\begin{cases} \min_{Q, F_j, Z_j} \gamma \\ \text{LMI}(8.101), \text{LMI}(8.102) \\ \text{LMI}(8.108) \text{ 或 LMI}(8.109) \end{cases}$$

其中 δ 越小越好。

为了通过减少 LMI 条件的数量并引入松弛变量来放松上述结果（定理 8.3 和定理 8.4），我们可以使用文献 [39] 中的定理，将式（8.95）和式（8.102）替换为

$$\Psi_{ii} + W_{ii} < 0, i \in I_r$$
$$\Psi_{ij} + \Psi_{ji} + W_{ij} + W_{ij}^T < 0, i < j \in I_r$$
$$\begin{pmatrix} W_{11} & \cdots & W_{1r} \\ * & \ddots & \vdots \\ * & * & W_{rr} \end{pmatrix} > 0$$

其中 LMI（8.95）的 $\Psi_{ij} = \Sigma_{ij}$，LMI（8.102）的 $\Psi_{ij} = \Sigma_{ij}^s$。需要注意的是，在这种情况下，LMI 条件降低为 $r(r+1)/2$，而不是 r^2，这允许使用松弛变量 W_{ij} 引入更多放松。

8.9 四分之一车主动悬架系统的控制设计

在本节中，我们的目标是设计一个 PDC 控制器，以确保四分之一车簧上质量的垂直位移（z_s 是控制变量）的稳定性，并通过约束控制和饱和控制消除外部干扰的影响（图 8.7）。

现在，选择由式（8.106）描述的 X_R 并解决定理 8.3 和 8.4 针对不同饱和度水平的优化问题，得到表 8.1。表 8.1 的结果表明饱和度对闭环系统稳定性域的影响；随着饱和度的增加，抑制水平 γ 减小，并且稳定区域扩大。

例如，考虑饱和度 $\bar{u} = 5KN$。解决定理 8.3 和 8.4 的优化问题，结果见表 8.2。对于饱和度 $\bar{u} = 5KN$ 和 $\alpha_{\max} = 0.134$（表 8.1），在存在饱和的情况下，此控制（饱和且受约束）可以使悬架在初始条件 $x_{01} \in [-0.134 \quad 0.134]$，$x_{02} = x_{03} = x_{04} = 0$ 时保持稳定。

为了说明这些结果，首先，在没有干扰和初始条件为 $x_{01} = 0.134$、$x_{01} = -0.134$、$x_{02} = x_{03} = x_{04} = 0$ 的情况下进行仿真。

对于饱和控制，系统响应如图 8.18 ~ 图 8.20 所示；对于约束控制，系统响应如图 8.21 和图 8.22 所示。

这些数字表明，尽管执行器饱和，但两个控制器（饱和和约束）可以在表 8.1 给出的所有间隔内使悬架稳定。

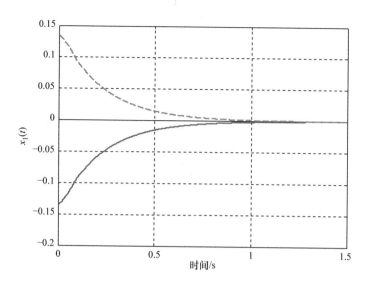

图 8.18 在饱和控制情况下,簧载质量 $x_1(t)$ 的垂直位移

(实线:$x_{01} = -0.134$;虚线:$x_{01} = 0.134$)

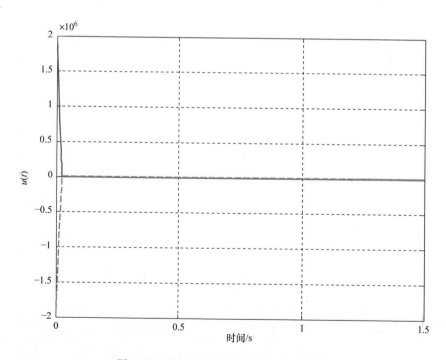

图 8.19 饱和控制中输入控制 $u(t)$ 的轨迹

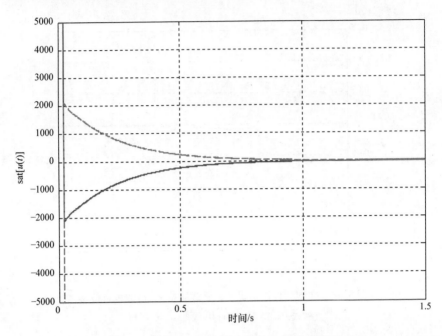

图 8.20 饱和控制中饱和输入控件 sat[$u(t)$]的轨迹

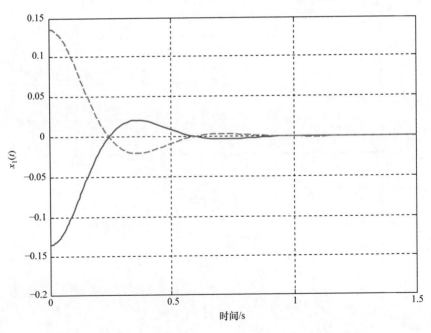

图 8.21 在约束控制情况下,簧载质量 $x_1(t)$ 的垂直位移
(实线:$x_{01} = -0.134$;虚线:$x_{01} = 0.134$)

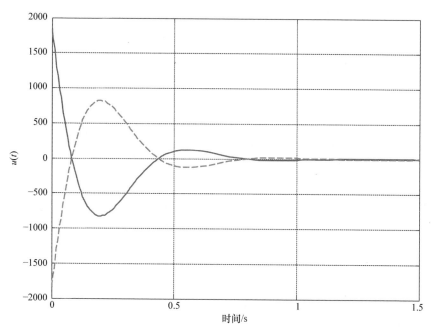

图 8.22　约束控制中输入控制 $u(t)$ 的轨迹

表 8.1　最小化的 H_∞ 参数

$\bar{u}$ (KN)		2	3	5	10	20
饱和	γ	1.5060	1.2601	0.9902	0.7023	0.4955
	α	0.1279	0.1282	0.1345	0.1508	0.1753
约束	γ	1.5037	1.2602	0.9901	0.7026	0.4949
	α	0.1280	0.1286	0.1344	0.1510	0.1752

表 8.2　饱和和约束控制的参数

饱和控制	$Q = 10^7 \times \begin{bmatrix} 0.0000 & -0.0000 & -0.0000 & -0.0013 \\ -0.0000 & 0.0005 & 0.0018 & -0.0101 \\ -0.0000 & 0.0018 & 0.0076 & -0.0610 \\ -0.0013 & -0.0101 & -0.0610 & 2.4716 \end{bmatrix}$ $H_1 = H_2 = 10^4 \times [-1.3690 \quad 0.7182 \quad -0.2026 \quad -0.0028]$ $K_1 = K_2 = 10^7 \times [-1.4018 \quad 1.1632 \quad -0.3182 \quad -0.0038]$
约束控制	$Q = 10^7 \times \begin{bmatrix} 0.0000 & -0.0000 & -0.0000 & -0.0012 \\ -0.0000 & 0.0005 & 0.0019 & -0.0107 \\ -0.0000 & 0.0019 & 0.0077 & -0.0633 \\ -0.0012 & -0.0107 & -0.0633 & 2.4936 \end{bmatrix}$ $K_1 = K_2 = 10^4 \times [-1.3711 \quad 0.7185 \quad -0.2026 \quad -0.0028]$

现在，为了比较所提出的两种方法，我们将模拟具有外部扰动的主动悬架（图8.7），初始条件 $x_{01} = 0.134$。图8.18和图8.21分别显示了在约束控制和饱和控制的情况下，簧载质量的垂直位移轨迹。图8.20和图8.21分别显示了在饱和控制情况下的输入控制信号和饱和输入信号。图8.22显示了约束控制情况下的输入控制信号。

这些图表明，尽管存在执行器饱和和外部干扰，但两个控制（饱和控制和约束控制）可以使悬架稳定。但是，如果我们比较图8.23~图8.25中的 $x_1(t)$ 轨迹，可以得出结论，饱和控件（图8.26、图8.27）可以提供更好的系统稳定性能，参见文献 [21, 34]。但是，饱和控制会产生颤动（例如，在5s和5.5s之间，见图8.27），某些执行器，尤其是速度饱和的执行器（请参见文献 [10]）无法支持这种抖动，约束控制会给出平滑的控制信号（参见图8.28，在5s和5.5s之间）。

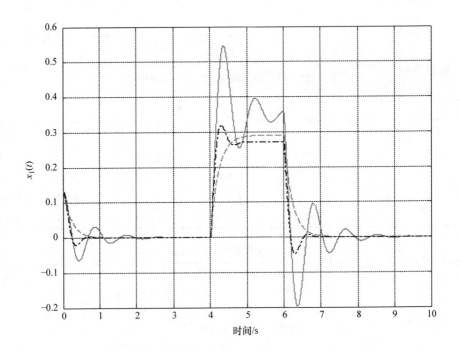

图8.23　饱和控制情况下簧载质量 $x_1(t)$ 的垂直位移
（实线：无控制；虚线：有饱和控制；点画线：有约束控制）

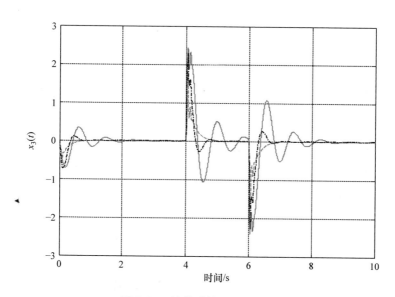

图 8.24 簧载质量 $x_3(t)$ 的速度

（实线：无控制；虚线：有饱和控制；点画线：有约束控制）

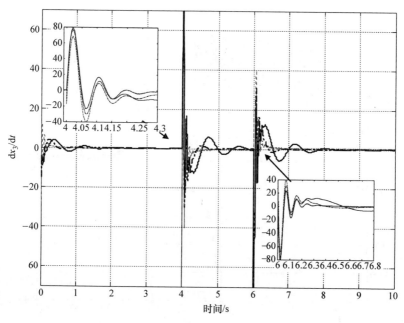

图 8.25 簧载质量 dx_3/dt 的加速度

（实线：无控制；虚线：有饱和控制；点画线：有约束控制）

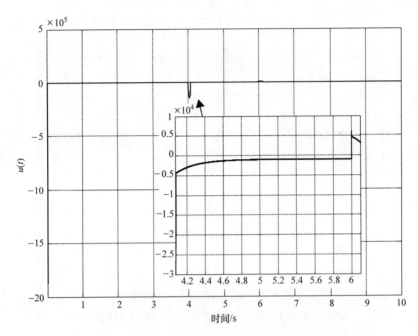

图 8.26 饱和控制情况下输入控制 $u(t)$ 的轨迹

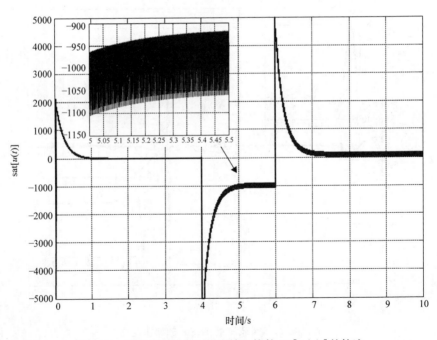

图 8.27 饱和控制情况下饱和输入控件 $\text{sat}[u(t)]$ 的轨迹

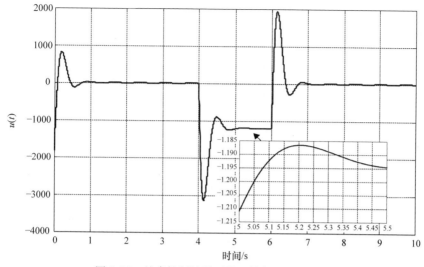

图 8.28　约束控制情况下输入控制 $u(t)$ 的轨迹

8.10　结论

本章介绍了在执行器饱和和外部干扰下，通过状态反馈进行 T‑S 模型的 H_∞ 控制设计。T‑S 模型首先用于描述非线性系统。然后，设计 PDC 控制器以确保具有 H_∞ 性能的闭环系统稳定性。控制饱和度设计使用两种方法处理：一种是约束控制输入法，另一种是饱和控制输入法。基于李雅普诺夫方法，在存在执行器饱和的情况下将 H_∞ 稳定问题表述为可以使用现有数值工具轻松解决的两种情况下的 LMI 优化问题。最后，在主动悬架系统上的仿真结果证明了所提出的控制方法的优势，并清楚地说明了这些方法的优势。

参 考 文 献

[1]　H. Liu, K. Nonami, and T. Hagiwara, 'Active following fuzzy output feedback sliding mode control of real-vehicle semi-active suspensions', *Journal of Sound and Vibration*, vol. 314, pp. 39–52, 2008.

[2]　D. Sammier, 'La modélisation et la commande de suspension de véhicule automobile', thesis, Polytechnic Institut national de Grenoble, France, 9 November 2001.

[3]　X. Moreau, A. Rizzo, and A. Oustaloup, 'Improvement of hydractive suspension hard mode confort thanks to a low frequency active CRONE system. Part 2: control part and simulation results', *International Design Engineering Technical Conference & Computers and Information in Engineering*, 2009.

[4]　A. Oustaloup, X. Moreau, and M. Nouillant, 'The CRONE suspension', *Control Engineering Practice*, vol. 4, no. 8, pp. 1101–1108, 1996.

[5] M. M Fateh and S. S. Alavi, 'Impedance control of an active suspension system', *Mechatronics*, vol. 19, pp. 134–140, 2009.

[6] N. Yagiz and Y. Hacioglu, 'Backstepping control of a vehicle with active suspensions', *Control Engineering Practice*, vol. 16, pp. 1457–1467, 2008.

[7] Y. Ando and M. Suzuki, 'Control of active suspension systems using the singular perturbation method', *Control Engineering Practice*, vol. 4, pp. 287–293, 1999.

[8] M. Chadli, A. Rabhi, and A. El Hajjaji, 'Observer-based H_∞ fuzzy control for vehicle active suspension', *16th IEEE Mediterranean Conference on Control and Automation*, Ajaccio, France, 2008.

[9] M. Yamashita, F. Kazuo, K. Hayakawa, and H. Kimura, 'Application of H_∞ control to active suspension systems', *Automatica*, vol. 30, no. 11, pp. 1717–1729, 1994.

[10] S. J. Huang and H. Y. Chen, 'Adaptive sliding controller with self-tuning fuzzy compensation for vehicle suspension control', *Mechatronics*, vol. 16, pp. 607–622, 2006.

[11] C. S. Ting, T.-H.S. Li, and F.-C. Kung, 'Design of fuzzy controller for active suspension system', *Mechatronics*, vol. 5, pp. 365–383, 1995.

[12] F. J. D'Amato and D. E. Viassolo, 'Fuzzy control for active suspensions', *Mechatronics*, vol. 10, pp. 897–920, 2000.

[13] M. M. M. Salem and A. A. Aly, 'Fuzzy control of a quarter-car suspension system', *World Academy of Science, Engineering and Technology*, vol. 53, pp. 258–263, 2009.

[14] H. Du and N. Zhang, 'Fuzzy control for nonlinear uncertain electrohydraulic active suspensions with input constraint', *IEEE Transactions on Fuzzy System*, vol. 17, pp. 343–356, 2009.

[15] R. Murray-Smith and T. Johansen, *A Multiple Model Approaches to Modeling and Control*, Taylor & Francis, London, UK, 1997.

[16] M. Chadli, A. Akhenak, J. Ragot, and D. Maquin 'State and unknown input estimation for discrete time multiple model', *Journal of the Franklin Institute*, vol. 346, no. 6, pp. 593–610, 2009.

[17] D. Saifia, M. Chadli, and S. Labiod, 'Static output feedback stabilization of multiple models subject to actuators saturation', *12th IFAC LSS Symposium*, 11–14 July, Villeneuve d'Ascq, France, 2010.

[18] H. J. P. and Y. S. Kim, 'Decentralized variable structure control base on a full-car model', *Proceedings of the IEEE International Conference on Control Applications*, Trieste, Italy, 1–4 September, 1998.

[19] L. Jung-Shan and H. Chiou-Jye Huang, 'Nonlinear back-stepping active suspension design applied to a half-car model', *Vehicle System Dynamics*, vol. 42, no. 6, pp. 373–393, 2004.

[20] D. Saifia, M. Chadli, S. Labiod, and H. R. Karimi, 'Fuzzy control of DC-DC converters with input constraint', *Mathematical Problems in Engineering*, doi: 10.1155/2012/973082, 2012.

[21] Y. Y. Cao and Z. Lin, 'Robust stability analysis and fuzzy-scheduling control for nonlinear systems subject to actuator saturation', *IEEE Transactions on Systems*, vol. 11, pp. 57–67, 2003.

[22] H. Han, 'T–S fuzzy controller in consideration of input constraint', *Second International Conference on Innovative Computing, Information and Control*, 5–7 September, Kumamoto, Japan, 2007.

[23] S. H. Kim, C. H. Lee, and P. G. Park, 'H_∞ state-feedback control for fuzzy systems with input saturation via fuzzy weighting-dependent Lyapunov functions', *Computers and Mathematics with Applications*, vol. 57, pp. 981–990, 2009.

[24] J. C. Lo and M. L. Lin, 'Robust H_∞ nonlinear control via fuzzy static output feedback', *IEEE Transactions on Circuits and System*, vol. 50, pp. 1494–1502, 2003.

[25] S. Boyd, L. El Ghaoui, E. Feron, and V. Balakrishnan, *Linear Matrix Inequalities in System and Control Theory*, Philadelphia, PA: SIAM, 1994.

[26] M. Chadli and A. Elhajjaji, 'Observer-based robust fuzzy control of nonlinear systems with parametric uncertainties – Comment on', *Fuzzy Sets and Systems*, vol. 157 no. 9, pp. 1276–1281, 2006.

[27] D. Henrion, *Stabilité des systèmes linéaires incertains à commande contrainte,* doctoratethesis, laboratoire d'analyse et d'architecture des systèmes du CNRS, Université Paul Sabatier de Toulouse, 1999.

[28] T. Hu and Z. Lin, *Control Systems with Actuator Saturation. Analysis and Design*, BirkhHâuser, Boston, vol. xvi, p. 392, 2001.

[29] D. Henrion and S. Tarbouriech, 'LMI relaxations for robust stability of linear systems with saturating controls', *Automatica*, vol. 35, pp. 1599–1604, 1999.

[30] N. Kapoor and P. Daoutidis, 'Stabilization of nonlinear processes with input constraints', *Computers and Chemical Engineering*, vol. 24, pp. 9–21, 2000.

[31] J. M. Jomas da Silva Jr. and S. Tarbouriech, 'Anti-windup design region of stability for discrete-time linear systems', *System & Control Letters*, vol. 55, pp. 184–192, 2006.

[32] T. Hu, A. R. Teel, and L. Zaccarian, 'Anti-windup synthesis for linear control systems with input saturation: Achieving regional, nonlinear performance', *Automatica*, vol. 44, pp. 512–519, 2008.

[33] D. Dai, T. Hu, A. R. Teel, and L. Zaccarian, 'Piecewise quadratic Lyapunov function for system with dead zones or saturation', *System & Control Letters*, vol. 58, pp. 365–371, 2009.

[34] T. Zhang, G. Feng, H. Liu, and J. Lu, 'Piecewise fuzzy anti-windup dynamic output feedback control of nonlinear processes with amplitude and rate actuator saturations', *IEEE Transactions on Fuzzy System*, vol. 17, no. 2, pp. 253–263, 2009.

[35] D. Saifia, M. Chadli, S. Labiod, and T. M. Guerra, 'Robust H_∞ static output feedback stabilization of T–S fuzzy systems subject to actuator saturation', *International Journal of Control, Automation, and Systems*, vol. 10, no. 3, pp. 1–10, 2012.

[36] D. Saifia, M. Chadli, and S. Labiod, 'H_∞ control of multiple model subject to actuator saturation: Application to quarter-car suspension system', *Analog Integrated Circuits and Signal Journal*. doi: 10.1007/s10470-011-9628-3, 2011.

[37] M. Chadli and H. R. Karimi, 'Robust observer design for unknown inputs Takagi–Sugeno models', *IEEE Transactions on Fuzzy Systems*, vol. 21, no. 1, pp. 158–164, 2013.

[38] M. Chadli and T.-M. Guerra, 'LMI solution for robust static output feedback control of Takagi–Sugeno fuzzy models', *IEEE Transactions on Fuzzy Systems*, vol. 20, no. 6, doi: 10.1109/TFUZZ.2012.2196048, 2012.

[39] L. Xiaodong and Z. Qingling, 'New approaches to H_∞ controller designs based on fuzzy observers for T–S fuzzy systems via LMI', *Automatica*, vol. 39, pp. 1571–1582, 2003.

[40] M. Chadli, S. Aouaouda, H. R. Karimi, and P. Shi, 'Robust fault tolerant tracking controller design for a VTOL aircraft', *Journal of the Franklin Institute*, vol. 350, pp. 2627–2645, 2013.

[41] K. Tanaka, T. Ikede, and H. O. Wang, 'An LMI approach to fuzzy controller designs based on the relaxed stability conditions', *Proceedings of the IEEE International Conference on Fuzzy Systems*, Barcelona, Spain, pp. 171–176, 1997.

[42] K. Tanaka, T. Ikede, and H. O. Wang, 'Fuzzy regulators and fuzzy observers: Relaxed stability conditions and LMI-based design', *IEEE Transactions on Fuzzy Systems*, vol. 6, pp. 250–265, 1998.

[43] K. Tanaka, T. Ikeda, and H. O. Wang, 'A unified approach to controlling chaos via an LMI-based fuzzy control system design', *IEEE Transactions on Circuit Systems*, vol. 45, pp. 1021–1040, 1998.

[44] K. Tanaka and T. Kosaki, 'Design of a stable fuzzy controller for an articulated vehicle', *IEEE Transactions on Systems, Man and Cybernetics B*, vol. 27, pp. 552–558, 1997.

[45] K. Tanaka and M. Sano, 'A robust stabilization problem of fuzzy control systems and its application to backing up control of a truck-trailer', *IEEE Transactions on Fuzzy Systems*, vol. 2, no. 1, pp. 119–134, 1994.

[46] K. Tanaka, H. O. Wang, '*Fuzzy Control Systems Design and Analysis: A Linear Matrix Inequality Approach*. John Wiley and Sons, Hoboken New Jersey, USA, 2001.

[47] M. C. M. Teixeira, E. Assumção, R. G. Avellar, 'On relaxed LMI-based for fuzzy regulators and fuzzy observers', *IEEE Transactions on Fuzzy System*, vol. 11, no. 5, pp. 613–623, 2003.

[48] H. O. Wang, K. Tanaka, and M. F. Griffin, 'An approach to fuzzy control of nonlinear systems: Stability and design issues', *IEEE Transactions on Fuzzy Systems*, vol. 4, no. 1, pp. 14–23, 1996.

[49] E. Kim and H. Lee, 'New approaches to relaxed quadratic stability condition of fuzzy control systems', *IEEE Transactions on Fuzzy Systems*, vol. 8, no. 5, pp. 523–533, 2000.

[50] L. K. Wang and L. Xiao-Dong, 'Robust H_∞ fuzzy control for discrete-time nonlinear systems', *International Journal of Control, Automation, and Systems*, vol. 8, no. 1, pp. 118–126, 2010.

[51] H. N. Wu, 'Robust H_2 fuzzy output feedback control for discrete-time nonlinear systems with parametric uncertainties', *International Journal of Approximate Reasoning*, vol. 46, pp. 151–165, 2007.

[52] J. Yoneyama, 'Robust H_∞ control analysis and synthesis for Takagi–Sugeno general uncertain fuzzy systems', *Fuzzy Sets and Systems*, vol. 157, pp. 2205–2223, 2006.

[53] H. Zhang and F. Gang, 'Stability analysis and H_∞ controller design of discrete-time fuzzy large-scale systems based on piecewise Lyapunov functions', *IEEE Transactions on System, Man and Cybernetics B*, vol. 38, no. 5, 2008.

[54] S. Z. Shaosheng, G. Feng, L. James, and X. Shengyuan, 'Robust H_∞ control for discrete time fuzzy systems via basis-dependent Lyapunov functions', *Automatica*, vol. 40, pp. 823–829, 2004.

第9章 基于磁流变阻尼器的半主动悬架系统的滑模控制器设计

Shigehiro Toyama，Makoto Yokoyama 和 Fujio Ikeda

摘要

本章介绍了具有磁流变阻尼器的半主动悬架系统的两个滑模控制器，它们具有不良的非线性特性。一种滑模控制器基于模型跟随控制理论。在模型跟随控制器中，选择所需的半主动悬架系统作为要遵循的参考模型，并确定控制律，以便在装置状态与参考模型状态之间的动态误差中出现渐近稳定的滑模。该控制器的优点如下：①无需测量阻尼力；②参考模型考虑了阻尼器的无源约束，指定了所需的性能；③完全有可能保持滑动模式并针对阻尼器的非线性特性实现高鲁棒性。通过描述函数方法设计另一种滑模控制器，以便将开关功能强制为理想的极限循环，而不是理想的滑模。尽管由于可控阻尼器的无源约束，所提出的滑模控制器无法根据需要生成极限周期，但是将开关功能限制在原点附近可以抑制由于被动约束而导致的劣化，例如簧载质量的冲击增加。

此外，介绍了一种基于变结构系统理论设计半主动悬架系统的观察器方法，该方法为匹配条件下的建模误差和干扰提供了非常强大的性能。引入的观察器结构旨在抵抗道路变化，因为道路变化可以看作是非平稳的系统干扰。尽管该结构基本上需要测量实际的阻尼力，但是可以使用阻尼器模型对其进行估算。因此，详细讨论了阻尼力的估计误差对状态估计的影响，并使用李雅普诺夫理论给出了观察器稳定性的充分条件。结果，与现有的观察器相比，所提出的观察器结构和设计过程都得到了简化。

9.1 简介

悬架系统位于轮轴与车身或车架之间。它们的目的是支撑车辆的重量，缓冲道路上的颠簸和孔洞，并保持轮胎和道路之间的牵引力。弹簧和阻尼器是悬架系统的两个主要组成部分。弹簧支撑车辆的重量及其负载，并吸收道路冲击。阻尼器有助于控制或吸收弹簧作用。

第9章 基于磁流变阻尼器的半主动悬架系统的滑模控制器设计

被动悬架系统很难同时完成两项功能，例如提供良好的乘坐舒适性，同时又要确保不受道路干扰的良好驾驶稳定性。例如，阻尼器阻尼系数的增加减少了操纵时的共振问题并改善了驾驶稳定性。但是，由于高频范围内振动传递特性的增益增加，因此乘坐舒适性同时恶化。

为了超越被动悬架系统的局限性，设计了车身运动的主动控制方法。这些被称为主动悬架系统，并配备有主动装置，例如液压执行器。除了与弹簧和阻尼器相对应的被动力之外，主动装置还可以提供由外部能量产生的主动力。在20世纪80年代，随着电子技术和控制阀的发展，主动悬架系统得到了大力发展。1983年，莲花车队为一级方程式赛车莲花92配备了主动悬架系统。1989年，日产汽车公司首次销售两种带有主动悬架系统的车型。然而，由于诸如提高耐用性、故障情况下的安全性以及降低成本和功耗等实际要求仍然无法满足，因此无法实现主动悬架系统的普及。

在为可控阻尼器配备不需要外部能源的简单机构时，半主动悬架系统在实际需求方面优于主动悬架系统。尤其是，大力开发了可变节流阀。半主动悬架系统的电子控制单元在每个可控阻尼器的顶部向螺线管或小型电动机发出信号。然后，电动机稍微旋转，打开或关闭活塞中各种尺寸的孔，这改变了可控阻尼器内流体流动的阻力。

20世纪80年代初期开发的可控阻尼器系统，主要使用前馈控制，该系统对驾驶操作进行分类并预先更改阻尼器的阻尼特性。默认的阻尼特性设置为"软"以获得良好的乘坐舒适性。对于转向、加速或制动，前馈系统设置为"硬"以控制侧倾、俯仰和下沉。然而，对于这样的前馈系统，预测驾驶条件和干扰是具有挑战性的，因为错误判断驾驶条件和干扰会导致相反的控制动作。

还研究了根据车辆的实测状态改变阻尼特性的反馈控制系统。已知反馈系统显示出卓越的性能，而前馈系统则认为是不可能的。但是，一个关键问题是可变节流阀阻尼器的节流阀切换时间延迟导致高频范围内的"寻回"。

作为取代节流孔板阻尼器的新型可控阻尼器，磁流变（MR）流体等功能性流体与电磁场的相互作用很强，因此其应用引起了人们的关注。在20世纪60年代，开发了弥散铁磁微粒的胶体溶液型MR流体。从那时起，已经开发并改进了MR流体的应用，例如密封件、轴承和阻尼器，以满足实际使用的需求。

由于MR阻尼器作用力大且对温度的依赖性较弱，因此不仅在车辆半主动悬架系统中得到了应用，而且在振动控制的其他各个领域也得到了研究。因为MR阻尼器的响应速度比可变孔阻尼器的响应速度快，所以可以期望在高频范围内改善悬架性能。由于MR阻尼器的机理与普通阻尼器几乎相同，只是在孔口附近增加了一个线圈外，因此可以降低成本和故障率。但是，MR阻尼器表现出很强的非线性特性，例如宾厄姆流体的黏性特性和磁滞现象。因此，需要一种改善这种非线性的设计方法。

为了将控制理论应用于半主动悬架系统，已经进行了各种尝试。一种是滑模控制理论，在该理论中，继电器输入的高频开关将装置强制为滑模。已知处于滑动模式的装置对建模误差和干扰具有很高的鲁棒性，并且控制器实现简单，如果已知建模误差的上限，则可以设计控制器。应用于半主动悬架系统的控制器，滑模控制有望提供鲁棒性，以适应乘客数量的变化、悬架机械的摩擦以及可控阻尼器的非期望非线性。

本章介绍了两个能够克服上述问题的滑模控制器。一种滑模控制器基于模型跟随控制理论。在模型跟随控制器中，选择所需的半主动悬架系统作为要遵循的参考模型，并确定控制律，以便在装置状态与参考模型状态之间的动态误差中出现渐近稳定的滑模。另一种滑模控制器是通过描述函数法设计的，因此在原点附近会出现开关功能的极限周期，而不是理想的滑模。结果，可以通过避免频繁地切换控制输入来改善无源约束的效果，同时可以保持所提出的控制器的鲁棒性。还提出了一种使用可变结构系统（VSS）理论为半主动悬架设计观察器的方法，该方法为匹配条件下的建模误差和干扰提供了高度鲁棒的特性。提出的观察器结构被设计成对道路变化具有鲁棒性，可以看作是非平稳的系统干扰。

9.2 带 MR 阻尼器的半主动悬架系统的控制

9.2.1 可变节流阀

可变孔阻尼器的顶部装有电磁阀或小型电动机。电动机略微旋转，打开或关闭活塞中各种尺寸的孔，这改变了阻尼器内流体流动的阻力。图 9.1 显示了可变节流孔阻尼器的典型阻尼特性。从该图可以看出，阻尼系数 $c(t)$ 被视为具有可变节流阀的半主动悬架系统的控制输入。

图 9.2 所示的四分之一车模型的控制器设计如下所示。装置的运动方程由下式给出：

$$m_2 \ddot{y}_2 = -k_2(y_2 - y_1) - c(t)(\dot{y}_2 - \dot{y}_1) \tag{9.1}$$

$$m_1 \ddot{y}_1 = k_2(y_2 - y_1) + c(t)(\dot{y}_2 - \dot{y}_1) - k_1(y_1 - d) - c_1(\dot{y}_1 - \dot{d}) \tag{9.2}$$

式中，m_2 和 m_1 分别表示簧载质量和非簧载质量；k_2 和 k_1 表示刚度；c_1 为阻尼系数；$y_2(t)$，$y_1(t)$ 和 $d(t)$ 分别表示簧载质量位移、非簧载质量位移和道路扰动。将状态变量向量定义为

$$\boldsymbol{x} = \begin{bmatrix} x_1 \\ x_2 \\ x_3 \\ x_4 \end{bmatrix} = \begin{bmatrix} y_2 \\ \dot{y}_2 \\ y_1 \\ \dot{y}_1 \end{bmatrix} \tag{9.3}$$

第9章 基于磁流变阻尼器的半主动悬架系统的滑模控制器设计

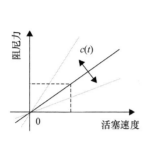

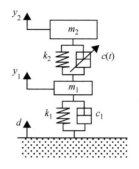

图9.1 可变节流孔阻尼器的阻尼特性　　图9.2 可变节流阻尼器的半主动
　　　　　　　　　　　　　　　　　　　　　悬架的四分之一车模型

装置的状态空间模型由下式给出：

$$\dot{x} = Ax + Bc(t)x + G\xi \tag{9.4}$$

其中每个矩阵定义为

$$\xi = \begin{bmatrix} d & \dot{d} \end{bmatrix}^T$$

$$A = \begin{bmatrix} 0 & 1 & 0 & 0 \\ -\dfrac{k_2}{m_2} & 0 & \dfrac{k_2}{m_2} & 0 \\ 0 & 0 & 0 & 1 \\ \dfrac{k_2}{m_1} & 0 & -\dfrac{(k_2+k_1)}{m_1} & -\dfrac{c_1}{m_1} \end{bmatrix}$$

$$B = \begin{bmatrix} 0 & 0 & 0 & 0 \\ 0 & -\dfrac{1}{m_2} & 0 & \dfrac{1}{m_2} \\ 0 & 0 & 0 & 0 \\ 0 & \dfrac{1}{m_1} & 0 & -\dfrac{1}{m_1} \end{bmatrix}$$

$$G = \begin{bmatrix} 0 & 0 \\ 0 & 0 \\ 0 & 0 \\ \dfrac{k_1}{m_1} & \dfrac{c_1}{m_1} \end{bmatrix}$$

装置（9.4）的特征是双线性项 $c(t)x$，它是控制输入 $c(t)$ 和状态变量向量 x 的线性组合。对于这种双线性系统，已经提出了各种控制器设计方法，例如卡诺普定律，H_∞ 控制和最佳控制。作为此类控制器的示例，卡诺普定律介绍如下。要实现天钩式阻尼器，阻尼力应满足以下条件：

$$c(t)(x_2 - x_4) = c_s x_2 \tag{9.5}$$

其中 c_s 是天钩阻尼器的阻尼系数。然后，作为半主动悬架系统控制输入的阻尼系数 $c(t)$ 由下式给出：

$$c(t) = \frac{c_s x_2}{x_2 - x_4} \quad (9.6)$$

从式（9.6）可以看出，控制输入可以取负号。然而，由于阻尼力的方向取决于阻尼器活塞速度的符号的被动性条件，可控阻尼器的阻尼系数 $c(t)$ 不能为负。因此，在考虑无源条件时，Kanopp 建议采用如下所示的天钩阻尼器的近似值：

$$c(t) = \begin{cases} \dfrac{c_s x_2}{x_2 - x_4} & \text{当 } x_2(x_2 - x_4) > 0 \\ 0 & \text{当 } x_2(x_2 - x_4) \leq 0 \end{cases} \quad (9.7)$$

这种近似方法的缺点是由两个因素引起的"寻回"。一个因素是，在无源条件的符号变为负的那一刻，当控制输入 $c(t)$ 近似为零时，控制输入会急剧变化。另一个因素是执行器的响应。特别地，当需要控制杆的多步旋转以大范围改变阻尼系数时，会出现响应延迟效果。

9.2.2　MR 阻尼器

图 9.3 显示了包围 MR 流体的 MR 阻尼器的典型结构。该流体是将磁性颗粒分散在载体油中的胶体溶液。在磁场的作用下，磁性粒子形成簇，如图 9.4 所示。簇的吸引力随着磁场强度的增加而大大增加。靠近环形孔布置的电磁铁起着控制阻尼特性的作用。图 9.5 显示了 MR 阻尼器的阻尼特性。如图 9.6 所示，可以使用以下简单的物理模型对特性进行建模：

$$f_d = g(\Delta \dot{x}, u) = c_0 \Delta \dot{x} + qu \operatorname{sgn}(\Delta \dot{x}) \quad (9.8)$$

式中，f_d 是阻尼力，c_0 是黏滞摩擦的阻尼系数，$\Delta \dot{x}$ 是阻尼器的活塞速度，控制输入 u 是流到电磁铁的电流，q 是显示控制输入与可控库仑摩擦强度之间关系的系数。

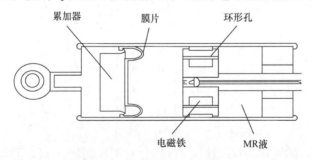

图 9.3　MR 阻尼器的结构

图 9.7 显示了使用 MR 阻尼器逆模型的控制方案。根据悬架的信息，控制定律计算出理想的阻尼力 $\hat{f}_d$。根据理想阻尼力和测得的活塞速度，MR 阻尼器的逆模型计算出控制输入 u。当阻尼特性用式（9.8）建模时，控制输入 u 可描述为

第 9 章　基于磁流变阻尼器的半主动悬架系统的滑模控制器设计

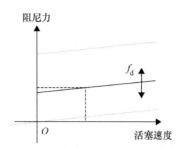

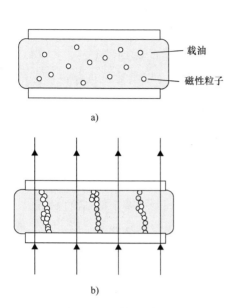

图 9.5　MR 阻尼器的阻尼特性

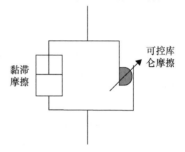

图 9.4　MR 效应的机理
a）磁场关闭　b）磁场开启

图 9.6　MR 阻尼器的简单物理模型

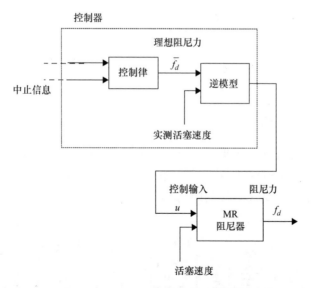

图 9.7　使用 MR 阻尼器逆模型的控制方案

$$u = \begin{cases} \dfrac{1}{q}(\bar{f}_d - c_0 \Delta \dot{x}) \operatorname{sgn}(\Delta \dot{x}) & 若\ (\bar{f}_d - c_0 \Delta \dot{x}) \Delta \dot{x} > 0 \\ 0 & 若\ (\bar{f}_d - c_0 \Delta \dot{x}) \Delta \dot{x} \leq 0 \end{cases} \quad (9.9)$$

将无源条件添加到式（9.8）所示的逆模型中。在没有具有实际阻尼特性和阻尼模型（9.8）的建模误差的情况下，阻尼力 f_d 可以等于理想阻尼力。但是，由于已知 MR 阻尼器的实际阻尼特性具有很强的非线性（例如磁滞），因此很难通过分析获得准确的阻尼器模型。不需要的非线性迫使我们采用简单的物理模型，如式（9.8），并且应设计图 9.7 所示的计算理想阻尼力 f_d 的控制律，以具有抵抗建模误差的鲁棒性。

9.3 半主动悬架系统的模型跟随滑模控制器

MR 阻尼器除了具有被动性约束外，还具有固有的非线性特性。为了充分利用阻尼器，必须开发鲁棒的控制方案。已经提出了各种控制策略，包括滑模控制。以前研究过滑模控制器的研究人员曾试图在滑模下强制执行装置动态。似乎这种策略并不总是能产生令人满意的性能，因为由于被动性约束或建模误差而难以在装置动态中维持滑动模式。使用滑模控制器的另一种方法是在力反馈回路中，该回路被引入以诱导阻尼器产生所需的力。注意，此策略需要测量阻尼力。

在本章的这一部分中，将基于模型跟随控制的原理介绍滑模控制器。基本思想是在滑动模式下强制在装置和参考模型状态之间执行跟踪动态误差，而不是在装置动态之间执行。该控制器中的参考模型至关重要。直观地，如果参考模型处于与装置相同的约束条件下，则装置可以物理上遵循参考模型，并且可以在滑动模式下实施动态误差。从广义上讲，这可以与匹配条件的概念一起看。在本文中，以天钩阻尼器系统为基础的半主动悬架作为参考模型，并通过数值模拟研究了控制器的有效性。

9.3.1 系统模型与问题

图 9.8 的左侧显示了所考虑的四分之一车半主动悬架系统的模型。这项研究的目的是在较低的频率范围内改善簧载质量的频率响应，该频率响应与乘坐质量密切相关，而不会恶化较高频率范围内的响应。因此，使用状态变量向量

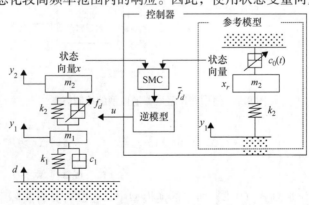

图 9.8　四分之一车模型和控制方案

$$x = \begin{bmatrix} x_1 \\ x_2 \end{bmatrix} = \begin{bmatrix} y_2 \\ \dot{y}_2 \end{bmatrix}$$

式中，y_2 是簧上质量位移，$\dot{y}_2$ 是簧上质量速度，单自由度模型用于设计控制器：

$$\dot{x} = Ax + bf_d + gy_1 + bw \tag{9.10}$$

$$f_d = g(x_2 - \dot{y}_1, u) \tag{9.11}$$

式中，y_1 是簧下质量位移，w 是对簧上质量的干扰力，f_d 是阻尼力，它是控制输入 u（电流）和阻尼器 $x_2 - \dot{y}_1$ 的活塞速度的非线性函数。每个矩阵描述如下：

$$A = \begin{bmatrix} 0 & 1 \\ -\dfrac{k_2}{m_2} & 0 \end{bmatrix}$$

$$b = \begin{bmatrix} 0 \\ \dfrac{1}{m_2} \end{bmatrix}$$

$$g = \begin{bmatrix} 0 \\ \dfrac{k_2}{m_2} \end{bmatrix}$$

MR 阻尼器的典型特性如图 9.9 所示，其中带阴影线的区域代表了一些物理约束，这些物理约束会阻止阻尼器除被动性之外还产生阻尼力。此外，阻尼力相对于作为控制输入的电流不是严格线性的。已经提出了各种非线性动力学模型。

确定阻尼力的最流行的方案之一是

$$\bar{f}_d = \begin{cases} c_s x_2 & \text{若 } x_2(x_2 - \dot{y}_1) > 0 \\ 0 & \text{若 } x_2(x_2 - \dot{y}_1) \leqslant 0 \end{cases} \tag{9.12}$$

式中，$\bar{f}_d$ 是理想阻尼力，c_s 是天钩系统的期望阻尼系数。如果实际的阻尼器可以精确地产生所需的力 $\bar{f}_d$，则由 Karnopp 提出的这种方案是一种限幅最优控制，在实践中非常有效。确切的是，对于式（9.12）给出的理想力，我们可以基于活塞速度的测量值来确定具有 $g(\cdot,\cdot)$ 反函数的控制输入。但是，这种控制策略并不总是成功的，因为如上所述，实际的阻尼器具有非线性特性（仿真结果如下所示）。

9.3.2 滑模控制器

我们考虑模型跟踪控制，如图 9.8 所示，其中参考模型不是理想的天钩阻尼器系统（主动悬架），而是具有理想可控阻尼器的近似模型（半主动悬架）。应该注意的是，如果可以忽略图 9.9 阴影所示的物理约束，则参考模型是装置可以物理遵循的系统。参考模型为

$$\dot{x}_r = A_r x_r + g y_1 \tag{9.13}$$

其中，x_r 是参考模型的状态变量向量，并由簧上质量位移和速度组成，类似于装置。在式（9.13）中，矩阵 A_r 由下式给出：

$$A_r = \begin{bmatrix} 0 & 1 \\ -\dfrac{k_2}{m_2} & -\dfrac{c_0(t)}{m_2} \end{bmatrix}$$

其中

$$c_0(t) = \begin{cases} c_s & 若\ x_2(x_2 - \dot{y}_1) > 0 \\ 0 & 若\ x_2(x_2 - \dot{y}_1) \leq 0 \end{cases} \quad (9.14)$$

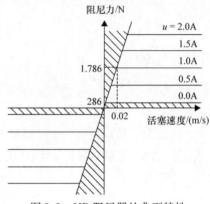

图 9.9　MR 阻尼器的典型特性

令

$$e = x - x_r \quad (9.15)$$

如果是状态变量中的跟踪误差向量，则跟踪误差的动态公式为

$$\dot{e} = A_e(t)e + K(t)x + b(f_d + w) \quad (9.16)$$

其中

$$A_e(t) = \begin{bmatrix} 0 & 1 \\ -\dfrac{k_2}{m_2} & -\dfrac{c_0(t)}{m_2} \end{bmatrix}$$

$$K(t) = \begin{bmatrix} 0 & 0 \\ 0 & \dfrac{c_0(t)}{m_2} \end{bmatrix}$$

在保证渐近稳定的动态误差方面，滑模控制非常有前途。尽管已经提出了多种类型的滑模控制设计方法，但我们研究了以下简单有效的方法。首先，让我们定义误差向量的切换函数（表面）：

$$\sigma = [h_1\ \ 1]e = he \quad (9.17)$$

如果动态误差处于滑动模式，则开关函数 σ 为

$$\sigma = \dot{\sigma} = 0 \quad (9.18)$$

假设扰动 $w = 0$，等效控制由下式给出：

$$f_{deq} = [k_2\ \ -m_2 k_2 + c_0(t)]e - c_0(t)x_2 \quad (9.19)$$

该等效控制和继电控制用作所需的控制力，即

$$\bar{f}_d = \begin{cases} f_{deq} + \gamma \mathrm{sgn}(\sigma) & \bar{f}_d(x_2 - \dot{y}_1) > 0 \\ 0 & \bar{f}_d(x_2 - \dot{y}_1) \leq 0 \end{cases} \quad (9.20)$$

对于式（9.20），请注意，所需力受钝化条件的约束。最后，控制输入为

$$u = g^{-1}(x_2 - \dot{y}_1, \bar{f}_d) \quad (9.21)$$

式中，$g^{-1}(\cdot,\cdot)$ 是式（9.11）给出的 MR 阻尼器的逆模型。

对于存在滑模，请考虑以下 Lyapunov 函数候选：

$$V(\sigma) = \frac{1}{2}\sigma^2 \tag{9.22}$$

以及以下条件：

$$\frac{\mathrm{d}}{\mathrm{d}t}V(\sigma) = \frac{1}{2}\frac{\mathrm{d}}{\mathrm{d}t}(\sigma^2) \leq -\eta|\sigma| \tag{9.23}$$

式中，η 是严格的正常数。设 $\Delta f_d = f_d - \bar{f}_d$ 为阻尼力误差，使用式（9.16）、式（9.17）、式（9.19）和式（9.20），则滑动条件式（9.23）变为

$$\gamma \geq -\eta(hb)^{-1} - (w + \Delta f_d)\mathrm{sgn}(\sigma) \tag{9.24}$$

因此，由于 $(hb)^{-1} = -m_s$，满足以下条件：

$$\gamma \geq \eta m_s + |w + \Delta f_d| \tag{9.25}$$

由于无源性约束，即使可以预先估计包括阻尼力误差的干扰的最大绝对值，也无法始终保持该条件。但是，据称，对于装置来说，参考模型在物理上很容易遵循，通常可以认为错误状态在开关表面附近。下一节中的仿真结果将表明该猜想在实践中是足够的。

假设存在滑动模式，则动态误差描述为

$$\dot{e}_1 = -h_1 e_1 \tag{9.26}$$

因此，在滑动模式期间，动态误差仅由开关函数的参数 h_1 决定，并且对于满足匹配条件的干扰具有鲁棒性。

9.3.3 仿真结果

为了研究滑模控制器的性能，进行了数值模拟。仿真中使用的参数值如下：$m_2 = 400\mathrm{kg}, m_1 = 40\mathrm{kg}, k_2 = 15791\mathrm{N/m}$，$k_1 = 157913\mathrm{N/m}, c_1 = 126\mathrm{Ns/m}$，$c_s = 3554\mathrm{Ns/m}, h_1 = 10, \gamma = 1000$。

假定 MR 阻尼器的特性如图 9.9 所示，道路输入为高斯白噪声，平均为零，控制采样周期为 1ms。

图 9.10 显示了卡诺普的减振最优控制和减振器逆模型对半主动悬架系统的响应。从该图可以看出，该控制器无法实现所需的近似天钩阻尼器系统（参考模型）的性能。这意味着该控制策略对于阻尼力误差 Δf_d 不够鲁棒，该误差对应于图 9.9 中的阴影区域。

如图 9.11a、b 所示，滑模控制器

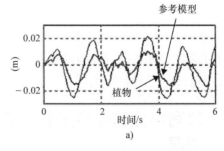

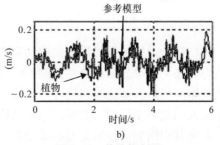

图 9.10 传统控制器
a）车身位移 b）身体速度

对参考模型产生了几乎完美的跟踪。图9.11c、d表明,误差动力学大致处于滑动模式,如预期的那样。簧载质量加速度的功率谱密度如图9.12所示。

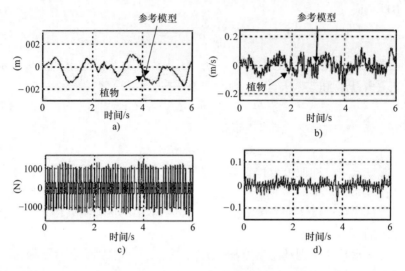

图9.11 滑模控制器
a) 车身位移 b) 身体速度 c) 阻尼力 d) 切换功能

由此可见,在低频范围内,滑模控制器产生的质量加速度比上述其他控制器低。另一方面,在高于非簧载质量的共振频率范围内,这种情况由于在滑模控制器中使用的继电器输入产生的颤动而被扭转。尽管已经提出了各种减少这种颤动的方案,但是,通常在滑模控制中,在高鲁棒性和减少颤动之间存在某种权衡。

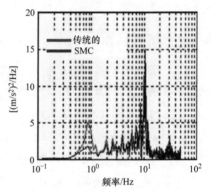

图9.12 车身加速度功率谱密度

9.4 具有描述功能方法的滑模控制器

用作执行器的可控阻尼器是被动装置,并且阻尼力充当抵抗阻尼器膨胀和收缩的阻力。在半主动悬架系统的控制器设计中,必须考虑被动条件,即阻尼力的方向取决于阻尼器的活塞速度的符号。在许多研究中,控制律是在假设装置具有主动悬架系统的前提下设计的。然后,在将其应用到半主动悬架系统时,执行近似控制定律,并向其中添加可控阻尼器的被动条件。例如,经常用于半主动悬架系统的卡诺普定律是天窗阻尼器系统的近似控制定律,需要完全主动的控制。对于无源约束,控制输入近似为最小控制输入。但是,由于当活塞速度的符号改变时阻尼力可能会突然改变,因此被动约束的近似值可能会导致簧载质量急剧增加。

对于这种类型的问题,已经提出了将半主动悬架系统视为双线性系统的非线性 H_∞ 控制器。还提出了一种线性 H_∞ 控制器,该控制器考虑了阻尼力的李沙育数。这些控制器可以改善冲击。但是,尚未进行考虑无源性约束的滑模控制的研究。

本节介绍了一种滑模控制定律,它可以克服上述问题。利用描述函数方法设计的所提出的滑模控制器,在原点附近出现了开关功能的极限循环,而不是理想的滑模。结果,可以通过避免频繁地切换控制输入来改善无源约束的效果,同时可以保持所提出的控制器的鲁棒性。

9.4.1 问题表述

图 9.13 显示了半主动悬架系统的四分之一车模型,在本节中将其视为装置。簧载质量由半主动悬架系统支撑,该系统包括弹簧和可控阻尼器。在图中,m_2 和 m_1 分别表示簧载质量和非簧载质量;k_2 和 k_1 表示刚度;c_2 和 c_1 表示阻尼系数;$y_2(t)$,$y_1(t)$ 和 $d(t)$ 分别表示簧载质量位移、非簧载质量位移和道路扰动。该装置还设计了另一个滑模控制器,用于计算理想的阻尼力 $\bar{f}_d(t)$。四分之一车模型的运动方程为

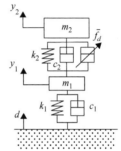

图 9.13 带半主动悬架系统的四分之一车模型

$$m_2 \ddot{y}_2(t) = -k_2\{y_2(t) - y_1(t)\} - c_2\{\dot{y}_2(t) - \dot{y}_1(t)\} - \{\bar{f}_d(t) + w(t)\} \quad (9.27)$$

$$m_1 \ddot{y}_1(t) = k_2\{y_2(t) - y_1(t)\} + c_2\{\dot{y}_2(t) - \dot{y}_1(t)\} + \{\bar{f}_d(t) + w(t)\} \\ - k_1\{y_1(t) - d(t)\} - c_1\{\dot{y}_1(t) - \dot{d}(t)\} \quad (9.28)$$

式中,$k_1\{y_1(t) - d(t)\}$ 表示道路保持力的变化,而 $w(t)$ 表示悬架系统中的模型不确定性和扰动。阻尼器的灵敏度带来以下约束:

$$\bar{f}_d(t) = \begin{cases} f(t) & 若 f(t)\{\dot{y}_2(t) - \dot{y}_1(t)\} > 0 \\ 0 & 若 f(t)\{\dot{y}_2(t) - \dot{y}_1(t)\} \leq 0 \end{cases} \quad (9.29)$$

式中,$f(t)$ 表示从控制定律得出的完全主动的控制力,$\dot{y}_2(t) - \dot{y}_1(t)$ 表示减振器的活塞速度。无源约束(9.29)意味着,如果条件 $f(t)\{\dot{y}_2(t) - \dot{y}_1(t)\}$ 为正,则可控阻尼器可以产生完全控制力 $f(t)$,否则必须将 $f(t)$ 近似为最小控制输入,在本节中将其视为零。此处的目的是改善簧载质量的急剧增加,该质量随阻尼力的快速变化而变化,同时确保改善建模误差的鲁棒性。接下来,介绍一种滑模控制定律,以得出完全主动的控制力 $f(t)$。

9.4.2 集成滑模控制

对于图 9.13 所示的四分之一车模型,簧载质量系统的状态空间模型描述为

$$\dot{x}(t) = Ax(t) + b\{f(t) + w(t)\} + gd(t) \tag{9.30}$$

其中状态向量 $x(t)$ 和每个矩阵分别为

$$x(t) = [x_1(t) \quad x_2(t)]^T = [y_2(t) \quad \dot{y}_2(t)]^T$$

$$A = \begin{bmatrix} 0 & 1 \\ -\dfrac{k_2}{m_2} & -\dfrac{c_2}{m_2} \end{bmatrix}$$

$$b = \begin{bmatrix} 0 \\ -\dfrac{1}{m_2} \end{bmatrix}$$

$$g = \begin{bmatrix} 0 & 0 \\ \dfrac{k_2}{m_2} & \dfrac{c_2}{m_2} \end{bmatrix}$$

$$d(t) = [y_1(t) \quad \dot{y}_1(t)]^T$$

将积分滑模控制理论应用于状态空间模型（9.30），将完全主动控制力 $f(t)$ 定义为

$$f(t) = f_0(t) + f_1(t) \tag{9.31}$$

式中，$f_0(t)$ 是导致理想闭环系统的状态反馈控制输入，如

$$f_0(t) = Fx(t) \tag{9.32}$$

作为这种状态反馈控制输入的示例，卡诺普定律被广泛称为

$$f_0(t) = \begin{cases} c_s x_2(t) & 若\ x_2(t)\{\dot{y}_2(t) - \dot{y}_1(t)\} > 0 \\ 0 & 若\ x_2(t)\{\dot{y}_2(t) - \dot{y}_1(t)\} \le 0 \end{cases} \tag{9.33}$$

式中，c_s 表示天钩阻尼器的阻尼系数。在式（9.31）中，$f_1(t)$ 是用于消除建模误差影响的继电器输入，如下所示：

$$f_1(t) = -\gamma \text{sign}(\sigma(t)) \tag{9.34}$$

为了满足滑模的存在条件，确定中继增益 $\gamma > 0$。开关功能 $\sigma(t)$ 定义为

$$\sigma(t) = z(t) - Cx(t) \tag{9.35}$$

式中，$C = [\alpha \quad 1]$，$\alpha \ge 0$，$z(t)$ 是辅助变量，其动力学可以描述为

$$\dot{z}(t) = C\{Ax(t) + bf_0(t) + gd(t)\} \tag{9.36}$$

由控制定律（9.31）、式（9.32）、式（9.34）~式（9.36）引起的滑模可以用等效控制方法分析。首先，我们将开关函数 $\sigma(t)$ 的时间导数设置为零，以显示继电器输入的等效控制输入 $f_{1eq}(t)$ [式（9.34）]。

$$\begin{aligned}\dot{\sigma}(t) &= \dot{z}(t) - C\dot{x}(t) \\ &= \dot{z}(t) - C\{Ax(t) + b(f_0(t) + f_{1eq}(t) + w(t)) + gd(t)\} = 0\end{aligned} \tag{9.37}$$

求解式（9.37），我们可以将等效控制输入 $f_{1eq}(t)$ 描述为

$$f_{1eq}(t) = -w(t) \tag{9.38}$$

将等效控制输入（9.38）替换为式（9.30）和式（9.31），我们可以将滑模的

闭环动力学描述为

$$\dot{x}(t) = Ax(t) + bf_0 + gd(t) \quad (9.39)$$

从式（9.38）和式（9.39）中可以看出，等效控制输入可以消除干扰 $w(t)$ 的影响，并且可以在滑动模式下实现从式（9.32）中的状态反馈控制 $f_0(t)$ 导出的理想动力学。

然后，利用李雅普诺夫的稳定性定理，滑模的存在条件可以进行如下处理。当一个功能

$$V(\sigma(t)) = \frac{1}{2}\sigma(t)^2 \quad (9.40)$$

被选为李雅普诺夫函数的候选者，通过式（9.37）解的 $V(\sigma(t))$ 的时间导数为

$$\frac{d}{dt}V(\sigma(t)) = \frac{1}{2}\frac{d}{dt}(\sigma(t)^2) = \sigma(t)\dot{\sigma}(t) < 0 \quad (9.41)$$

对于存在 Lyapunov 稳定性的滑模，中继增益 γ 应满足以下不等式：

$$\gamma > |w(t)| \quad (9.42)$$

9.4.3 用描述函数方法重新设计继电器输入

替换式（9.34）给出的继电器输入 $f_1(t)$，引入新的控制输入，如下所示：

$$F_1(s) = \frac{\omega_n^2}{s^2 + 2\zeta\omega_n s + \omega_n^2}F_2(s) \quad (9.43)$$

$$f_2(t) = -\gamma_1 \text{sign}(\sigma(t)) - \gamma_2 \text{sign}(\dot{\sigma}(t)) \quad (9.44)$$

式中，s 表示拉普拉斯算子；$F_1(s)$ 和 $F_2(s)$ 分别表示 $f_1(t)$ 和 $f_2(t)$ 的 Laplace 变换；γ_1，γ_2，ζ 和 ω_n 是用于生成开关函数 $\sigma(t)$ 极限参数的设计参数；图 9.14 是所提出的滑模控制系统的框图。在该系统中，从 $f_2(t)$ 到 $s(t)$ 的传递函数 $G(s)$ 为

$$G(s) = \frac{\omega_n^2}{m_2 s(s^2 + 2\zeta\omega_n s + \omega_n^2)} \quad (9.45)$$

然后，建议的控制系统可以转换为图 9.15 所示的非线性反馈系统。使用描述函数方法，可以将开关函数 $\sigma(t)$ 的极限环的存在条件描述为

$$1 + N(a)G(s) = 0 \quad (9.46)$$

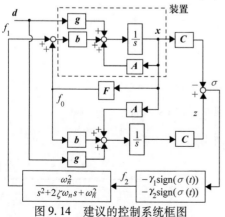

图 9.14　建议的控制系统框图

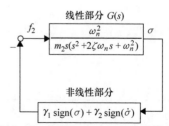

图 9.15　极限环存在条件分析模型

式中，a 表示极限环的幅度，$N(a)$ 表示所提出的控制系统中非线性部分的描述函数，可以描述如下：

$$N(a) = \frac{4}{\pi a}(\gamma_1 + \gamma_2 j) \qquad (9.47)$$

设存在条件（9.46）中的 $s = jw$ 为一个极限周期，然后

$$G(j\omega) = -\frac{1}{N(a)} \qquad (9.48)$$

描述函数方法指出，如果式（9.48）具有解（a，ω），则可能存在频率和幅度分别接近 ω 和 a 的系统周期解。存在条件（9.48）可以具体描述为

$$2\omega_n(-\pi a m_2 \varsigma \omega^2 + 2\omega_n \gamma_1) + j\{\pi a m_2 \omega(\omega_n^2 - \omega^2) + 4\omega_n^2 \gamma_2\} = 0 \qquad (9.49)$$

根据式（9.49），当第一步中将 ζ 设置为常数时，控制输入（9.43）和式（9.44）的设计参数应确定如下：

$$\gamma_1 > m_2 \pi \varsigma a \omega / 2 \qquad (9.50)$$

$$\omega_n = \pi a m_2 \varsigma \omega^2 / 2\gamma_1 \qquad (9.51)$$

$$\gamma_2 = \pi a m_2 \omega(\omega^2 - \omega_n^2)/4\omega_n^2 \qquad (9.52)$$

9.4.4 仿真条件

为了研究所提出的滑模控制器的有效性，使用数值分析软件 MATLAB/Simulink 进行了数值模拟。将拟议的滑模控制器（以下称为拟议的 SMC）与卡诺普定律进行了比较，并将滑模控制器与继电器输入（带继电器的 SMC）进行了比较。

表 9.1 列出了用于数值模拟的参数。簧载质量的固有频率为 7.5rad/s，而非簧载质量的固有频率为 75rad/s。表 9.2 列出了针对开关函数 $\sigma(t)$ 的每个所需极限周期，建议的 SMC 设计参数。当第一步中将 z 设置为 1.0 时，确定这些参数满足式（9.50）~式（9.52）。道路扰动速度是带限的高斯白噪声信号，控制采样周期为 1ms。

表 9.1 仿真参数

仿真参数	值	仿真参数	值
m_2/kg	300	m_1/kg	30
k_2/(N/m)	17000	k_1/(N/m)	17000
c_2/(N·s/m)	100	c_1/(N·s/m)	452
c_s/(N·s/m)	3193	α	0
γ	100		

表 9.2 每个开关功能所需的极限周期的设计参数

所需极限周期		设计参数			
ω	a	γ_1	γ_2	ξ	ω_n
12.3	1.00×10^{-3}	80	549	1.0	0.9
25.1	1.00×10^{-3}	80	265	1.0	3.7
37.7	1.00×10^{-3}	80	171	1.0	8.4
50.2	1.00×10^{-3}	80	123	1.0	14.8
62.8	1.00×10^{-3}	80	93.3	1.0	23.2
75.4	1.00×10^{-3}	80	72.3	1.0	33.5
87.9	1.00×10^{-3}	80	56.5	1.0	45.5
100	1.00×10^{-3}	80	44.3	1.0	58.9
113	1.00×10^{-3}	80	33.5	1.0	75.2
126	1.00×10^{-3}	80	24.2	1.0	93.5

9.4.5 开关功能极限周期的精度

首先,通过数值模拟研究了在不考虑无源约束(9.29)的情况下(即在完全主动控制的情况下),由所提出的 SMC 导致的极限循环的精度。由于描述函数方法是用于找到周期解的近似方法,因此应验证极限循环的准确性。表 9.3 列出了在完全主动控制的情况下极限循环的精度。例如,图 9.16a 显示了 $\omega = 126\text{rad/s}$ 时开关功能的时间响应。从表 9.3 和图 9.16a 可以看出,没有无源性约束(9.29)的完全主动控制可以产生大致所需的开关函数 $\sigma(t)$ 极限周期;尽管在本研究中将继电器增益 γ_1 设置为恒定值,但可以通过针对每个所需的极限周期调整参数来获得更高的精度。

表 9.3 开关功能极限循环的精度:完全主动控制

所需极限周期		实际极限周期		误差(%)	
ω	a	ω	a	ω	a
12.3	1.00×10^{-3}	14.7	8.88×10^{-4}	17.0	11.2
25.1	1.00×10^{-3}	25.8	9.06×10^{-4}	2.5	9.4
37.7	1.00×10^{-3}	39.3	9.18×10^{-4}	4.2	8.2
50.2	1.00×10^{-3}	51.5	9.34×10^{-4}	2.5	6.6
62.8	1.00×10^{-3}	64.1	9.47×10^{-4}	2.0	5.3
75.4	1.00×10^{-3}	76.0	9.65×10^{-4}	0.8	3.5
87.9	1.00×10^{-3}	88.6	9.80×10^{-4}	.7	2.0
100	1.00×10^{-3}	99.3	9.99×10^{-4}	1.3	0.1
113	1.00×10^{-3}	111	1.00×10^{-3}	1.7	0.0
126	1.00×10^{-3}	124	1.00×10^{-3}	1.5	0.0

表9.4给出了由带有无源约束（9.29）的拟议SMC导致的极限循环的精度，即在半主动控制的情况下。例如，图9.16b显示了$\omega=126\mathrm{rad/s}$时开关功能的时间响应。从表9.4可以看出，对于每个所需的极限周期，尤其是振幅a的误差，存在超过30%的误差。但是，如图9.16b所示，切换功能的时间响应可以按原意轻轻地限制在原点附近。可以调整设计参数，以便可以根据需要实施实际极限循环。

表9.4 开关功能极限周期的精度：半主动控制

所需极限周期		实际极限周期		误差(%)	
ω	a	ω	a	ω	a
12.3	1.00×10^{-3}	6.1	1.30×10^{-3}	51.2	30.0
25.1	1.00×10^{-3}	2.5	3.70×10^{-3}	90.2	270
37.7	1.00×10^{-3}	7.4	6.80×10^{-3}	80.5	580
50.2	1.00×10^{-3}	31.9	7.20×10^{-3}	36.5	620
62.8	1.00×10^{-3}	28.2	5.70×10^{-3}	55.1	470
75.4	1.00×10^{-3}	43.0	4.30×10^{-3}	43.0	330
87.9	1.00×10^{-3}	60.1	4.00×10^{-3}	31.6	300
100	1.00×10^{-3}	60.1	3.30×10^{-3}	40.2	230
113	1.00×10^{-3}	60.1	2.80×10^{-3}	46.8	180
126	1.00×10^{-3}	60.1	24.0×10^{-3}	52.2	140

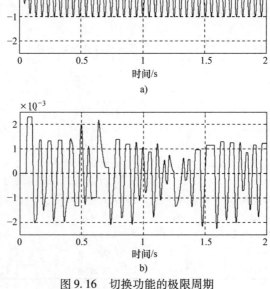

图9.16 切换功能的极限周期
a) 完全主动控制 b) 半主动控制

9.4.6 改善由无源约束引起的劣化

研究了在原点附近的这种限制如何改善由于无源约束引起的劣化。仿真参数被认为是标称值。尽管在每个控制律中都可以等效地获得簧载质量的加速度，但簧载质量的冲击和道路保持力的变化都受到被动约束的影响，尤其是在带继电器的 SMC 中。表 9.5 描述了与带继电器的 SMC 相比，建议的 SMC 的有效性。尽管道路保持力变化的平均值略有增加，但簧载质量的平均冲击度显著降低。图 9.17 显示了两个滑模控制器的理想控制输入的李沙育图。可以看出，与带继电器的 SMC 相比，所提出的 SMC 能够抑制伴随无源约束的控制输入的切换。

为了改进性能指标，如表 9.5 的右侧所示，考虑了由于无源约束导致的控制输入的切换频率和无源约束无法应用控制输入的时间比率。对于带继电器的 SMC，开关频率为 54.6（1/s），时间比率为 75.9%。从这些结果可以看出，将开关功能限制在原点附近可以改善由于无源约束引起的劣化。

表 9.5 改善由无源约束引起的劣化拟议 SMC 与带继电器的 SMC 的有效性

所需极限周期		变化率(%)		道路保持力的变化(%)		无源约束导致的开关频率	无源约束的时间占比
ω	a	RMS	Max.	RMS	Max.		
12.3	1.00×10^{-3}	-69.7	-11.0	-0.1	0.0	-44.1	-65.3
25.1	1.00×10^{-3}	-66.6	-4.4	0.0	-0.2	-40.3	-65.3
37.7	1.00×10^{-3}	-66.5	-6.6	-0.2	-0.6	-44.7	-69.6
50.2	1.00×10^{-3}	-61.8	-9.4	+0.5	0.0	-54.0	-67.7
62.8	1.00×10^{-3}	61.5	-12.2	+1.1	+2.8	-41.0	-65.3
75.4	1.00×10^{-3}	-58.7	-11.5	+2.5	-0.2	-34.4	-64.7
87.9	1.00×10^{-3}	-58.4	-8.6	+5.5	+11.8	-32.6	-62.5
100	1.00×10^{-3}	-56.6	-1.0	+6.6	+11.5	-30.8	-56.0
113	1.00×10^{-3}	-54.0	+5.9	+9.1	+7.6	-28.8	-62.2
126	1.00×10^{-3}	-52.6	+18.3	+9.2	+7.3	-42.3	-45.1
平均		-60.6	-4.1	+3.4	+4.0	-39.3	-62.4

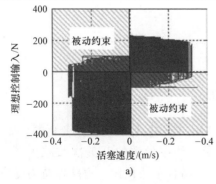
a)

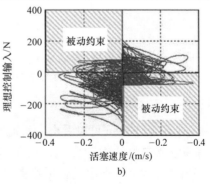
b)

图 9.17 理想控制输入的李沙育图
a) 带继电器的 SMC　b) 理想的 SMC

9.4.7 验证抗参数变化的鲁棒性

下面说明所提出的 SMC 对于参数变化问题的鲁棒性。与标称值相比，假设参数变化是使簧载质量 m_2 减少 25%，刚度 k_2 增加 25%。

图 9.18 显示了每种控制律的簧载质量加速度的功率谱密度。在建议的 SMC 中，极限循环的期望频率为 25.1rad/s。从图 9.18a 可以看出，根据卡诺普定律，参数变化增加了簧载质量固有频率附近的频谱密度。从图 9.18b 可以看出，带继电器的 SMC 能够针对参数变化实现鲁棒性，因为可能会发生准滑动模式。但是，在切换继电器输入（9.34）时，高频范围内会发生颤动。

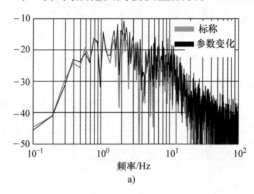

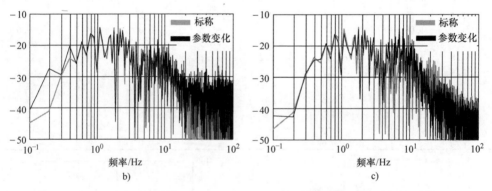

图 9.18 参数变化下的簧载质量加速度的功率谱密度
（与标称条件下的卡诺普定律相比）
a）卡诺普定律 b）带继电器的 SMC c）建议的 SMC

此外，从图 9.18c 可以看出，所提出的 SMC 能够显示出抗参数变化的鲁棒性，而没有高频范围内的颤动影响，这是因为无源约束导致的开关次数减少了，如图 9.19 所示。表 9.6 列出了在标称条件下与卡诺普定律相比，道路保持力随参数变化的变化。从这些结果可以看出，所提出的滑模控制器能够实现比其他两个控制器更高的鲁棒性。

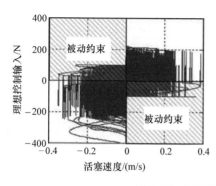 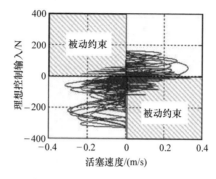

图 9.19 理想阻尼力的李沙育图

表 9.6 参数变化下的道路保持力变化（与标称条件下的卡诺普定律相比）

控制器	道路保持力的变化	
	RMS（%）	Max.（%）
卡诺普定律	-6.8	+10.3
带继电器的 SMC	-2.9	+1.7
建议的 SMC	-4.8	+0.5

9.5 半主动悬架系统的 VSS 观察器

在大多数关于半主动悬架系统控制的研究中，假定用于计算控制输入的装置状态是已知的。但是，使用某些装置状态存在技术挑战。一个问题是如何估计车身的垂直速度。尽管在一些文献中报告了对轮胎状态的反馈控制可提供良好的悬架性能，但很难测量轮胎信息，例如轮胎挠度和轮胎速度。对于此类问题，必须使用状态估计观察器来限制汽车行业的成本。半主动悬架系统的观察器设计需要相当大的独创性，因为此类悬架系统具有很强的非线性，并且道路干扰会作为系统干扰而存在。已经提出了双线性干扰隔离观察器和线性增益调度观察器。前一个观察器是不切实际的，因为它需要估计道路干扰，并且不能保证通过复杂的参数设置设计该观察器的鲁棒性。后一种类型的观察器是为簧载质量系统设计的。尽管可以将观察器设计方法应用于非簧载质量系统，但是在所有道路条件下，观察器的增益调度都可能非常困难。为了解决半主动悬架系统的这种状态估计问题，本节介绍了一种设计 VSS 观察器的方法。

9.5.1 装置

图 9.20 显示了典型的半主动装置（例如可变节流阀阻尼器和 MR 阻尼器）的静态特性。可变孔阻尼器可以控制其黏性阻力，如图 9.20a 所示。MR 阻尼器可以控制其屈服强度，如图 9.20b 所示。

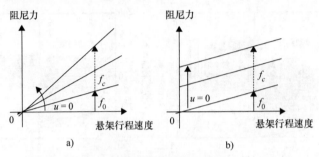

图 9.20 半主动装置的特性
a) 可变节流孔阻尼器 b) MR 阻尼器

在本研究中,我们假设装置是具有两个自由度的单轮模型,如图 9.21 所示。装置的运动方程为

$$m_2 \ddot{y}_2 = -k_2 \Delta y_2 - c_2 \Delta \dot{y}_2 - f_c \quad (9.53)$$

$$m_1 \ddot{y}_1 = -k_1 \Delta y_1 + k_2 \Delta y_2 + c_2 \Delta \dot{y}_2 + f_c \quad (9.54)$$

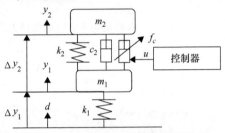

图 9.21 具有两个自由度的单轮模型

其中,y_2、y_1 和 d 分别表示簧载质量位移、非簧载质量位移和道路扰动;Δy_2 和 Δy_1 表示相对位移,如图 9.21 所示。c_2 表示无控制输入时包含最小阻尼力 f_0 的黏滞电阻;f_c 表示可变阻尼力,并假定表现出以下非线性:

$$f_c = g(\Delta \dot{y}_2, u) \quad (9.55)$$

9.5.2 问题表述

将状态变量向量 x 定义为

$$x = [x_1 \quad x_2 \quad x_3 \quad x_4]^T = [\dot{y}_2 \quad \Delta y_2 \quad \dot{y}_1 \quad \Delta y_1]^T \quad (9.56)$$

然后,装置的状态空间模型可以描述为

$$\dot{x} = Ax + Bf_c + G\dot{d} \quad (9.57)$$

$$f_c = g(x_1 - x_3, u) \quad (9.58)$$

其中

$$A = \begin{bmatrix} -c_2/m_2 & -k_2/m_2 & c_2/m_2 & 0 \\ 1 & 0 & -1 & 0 \\ c_2/m_1 & k_2/m_1 & -c_2/m_1 & -k_1/m_1 \\ 0 & 0 & 1 & 0 \end{bmatrix}$$

$$B = [-1/m_2 \quad 0 \quad 1/m_1 \quad 0]^T$$

$$G = [0 \quad 0 \quad 0 \quad -1]^T$$

输出 y 由下式给出:

$$y = Cx + Df_c \tag{9.59}$$

选择输出 y，以便可以观察到 (C, A)。

现在，考虑半主动悬架系统的状态估计问题。从式（9.57）可以看出，道路扰动速度 $\dot{d}$ 作为系统扰动存在。干扰 $\dot{d}$ 的统计特性可以根据诸如颠簸和在公路上行驶的驾驶条件而广泛变化。即使在可变阻尼力 f_c 是可测量的假设下应用诸如卡尔曼滤波器之类的最佳观察器，也难以针对非平稳干扰来优化观察器。此外，由于式（9.58）所示的可变阻尼力 f_c 是非线性的，因此状态估计仍然很困难。从式（9.58）可以看出，阻尼力 f_c 由控制输入 u 和活塞速度的函数表示，这是一些状态变量的线性组合。即使阻尼力 f_c 相对于控制输入和活塞速度是线性的，也可以将装置描述为双线性系统。另一方面，状态估计需要针对各种模型不确定性（如乘客数量变化）的鲁棒性。

9.5.3 VSS 观测器的设计

当 Walcott 和 Zak 提出的 VSS 观测器直接应用于装置的观测器设计时，需要两个可变结构项，分别是阻尼力 f_c 和道路扰动速度 $\dot{d}$，分别是式（9.57）右侧的第二项和第三项。但是，这种观察器设计可能会引起颤动问题，因为不采用可控阻尼器的非线性模型会增加不确定性的上限。因此，如图 9.22 所示，我们提出了一种采用非线性阻尼器模型的 VSS 观测器，该模型将可变阻尼力 f_c 估计为

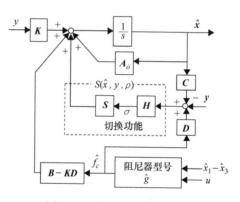

图 9.22 建议的 VSS 观测器

$$\dot{\hat{x}} = A_O \hat{x} + (B - KD)\hat{f}_c + Ky + S(\hat{x}, y, \rho) \tag{9.60}$$

$$\hat{f}_c = \hat{g}(\hat{x}_1 - \hat{x}_3, u) \tag{9.61}$$

$$\hat{y} = C\hat{x} + D\hat{f}_c \tag{9.62}$$

其中

$$A_O = A - KC \tag{9.63}$$

$$S(\hat{x}, y, \rho) = \begin{cases} -G \dfrac{\sigma}{\|\sigma\|} \rho & \text{若 } \sigma \neq 0 \\ 0 & \text{若 } \sigma = 0 \end{cases} \tag{9.64}$$

$$\sigma = H(\hat{y} - y) \tag{9.65}$$

确定满足以下条件的增益矩阵 K 和可变结构项 [式（9.64）]：

1) 矩阵 A_O 的所有特征值均具有负实部。
2) 对于对称的正定矩阵 Q，矩阵 H 满足以下公式：

$$C^T H^T = PG \qquad (9.66)$$

其中 P 是 Lyapunov 方程的唯一对称正定解：

$$A_0^T P + PA_0 = -Q \qquad (9.67)$$

3）标量函数 r 满足以下条件：

$$\rho \geq \|\dot{d}\| \qquad (9.68)$$

然后，估算误差 e 的动力学公式为

$$\dot{e} = A_0 e + (B - KD)(\hat{f}_c - f_c) - G\dot{d} + S(\hat{x}, y, \rho) \qquad (9.69)$$

应该考虑状态估计对式（9.61）中可变阻尼力的估计误差 $\hat{f}_c - f_c$ 的影响。首先，在 MR 阻尼器的情况下，分析了状态估计误差的渐近稳定性。图 9.20b 所示的阻尼力 f_c 可以表示为

$$f_c = g_{mr}(u)\mathrm{sgn}(x_1 - x_3) \qquad (9.70)$$

式中，$g_{mr}(u)$ 是阻尼力的绝对值，它由输入 u 控制，阻尼力的符号决定了悬架行程速度。MR 阻尼器模型必须相对于悬架行程速度的估计误差准确地估计阻尼力 f_c，除非估算出的悬架行程速度与真实速度具有不同的符号。然后，可以将由式（9.69）给出的估计误差 e 的动力学视为

$$\dot{e} = A_0 e - G\dot{d} + S(\hat{x}, y, \rho) \qquad (9.71)$$

矩阵

$$V = e^T P e \qquad (9.72)$$

被选为估计误差为 e 的 Lyapunov 函数的候选，函数的时间导数（9.72）由下式给出：

$$\begin{aligned}\dot{V} &= e^T (A_0^T P + PA_0)e - 2\frac{e^T PBHCe}{\|HCe\|}\rho - 2e^T PG\dot{d} \\ &= -e^T Qe - 2\|HCe\|\rho - 2e^T C^T H^T \dot{d} \leq -e^T Qe - 2\|HCe\|\rho + 2\|HCe\|\rho \\ &= -e^T Qe < 0\end{aligned} \qquad (9.73)$$

利用 Lyapunov 的稳定性定理，估计误差 e 渐近稳定。

然而，在大多数实际情况下，不能忽略阻尼器模型的建模误差的影响，该误差是由根据行驶条件引起的扰动引起的。现在，当李雅普诺夫函数也由式（9.72）给出时，应考虑阻尼器特性对摄动的影响。假设阻尼器模型 $\hat{f}_c - f_c$ 存在建模误差，则函数的时间导数（9.72）由下式给出：

$$\begin{aligned}\dot{V} &= e^T(A_0^T P + PA_0)e - 2\frac{e^T PBHCe}{\|HCe\|}\rho - 2e^T PG\dot{d} - 2e^T P(B - DK)(\hat{f}_c - f_c) \\ &< -e^T Qe + 2\|P(B - KD)\|\|e\||\hat{f}_c - f_c| \\ &< -\lambda_{\min}(Q)\|e\|^2 + 2\|P(B - KD)\|\|e\||\hat{f}_c - f_c|\end{aligned} \qquad (9.74)$$

式中，$\lambda_{\min}(Q)$ 是矩阵 Q 的最小特征值。阻尼力估计误差的绝对值对悬架行程速度估计误差的敏感度 a 导致以下方程：

$$\begin{aligned}|\hat{f}_c - f_c| &= \alpha|e_1 - e_3| = \\ &\alpha|[1 \ 0 \ -1 \ 0]e| < a\sqrt{2}\|e\|\end{aligned} \qquad (9.75)$$

从式（9.74）和式（9.75）可以看出，应满足以下条件，以使李雅普诺夫函数 $\dot{V}$ 的时间导数为负：

$$0 < \alpha < \frac{\sqrt{2}\lambda_{\min}(\boldsymbol{Q})}{4\|\boldsymbol{P}(\boldsymbol{B}-\boldsymbol{KD})\|} \quad (9.76)$$

从式（9.76）可以认为，像宾汉流体一样起作用的 MR 阻尼器比像牛顿流体一样作用的可变节流阻尼器对阻尼力的建模误差更大，如图 9.23 所示。换句话说，MR 阻尼器可以增加设计观察器的自由度。

9.5.4 数值模拟

本节描述了数值模拟的结果，以验证所提出的 VSS 观察器的有效性。假定车体的加速度和带有传感器噪声的轮胎加速度作为装置的测量输出。表 9.7 列出了仿真参数，控制器的采样时间为 1ms。具有以下阻尼特性的 MR 阻尼器被假定为半主动装置：

$$f_c = bu\,\text{sgn}(\dot{x}_1 - \dot{x}_3) \quad (9.77)$$

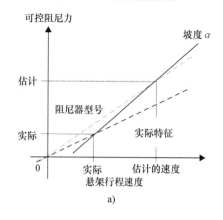

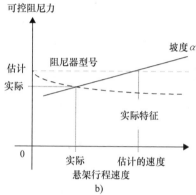

图 9.23 可变阻尼力对悬架行程速度估计误差的敏感性

表 9.7 仿真参数

m_2/kg	350	m_1/kg	35
k_2/(N/m)	23300	k_1/(N/m)	233000
c_2/(N·s/m)	250	c_1/(N·s/m)	571
ρ	5	ε	8
H	[9 -0.1]	b	1500
F	$[-9.77\times10^3 \quad -2.15\times10^{-2} \quad -3.63\times10 \quad 3.71\times10^3]$		
K	$\begin{bmatrix} 0.2121 & 0.5528 & 25.3898 & -0.0556 \\ -0.0149 & 0.0040 & 0.2121 & -0.0159 \end{bmatrix}$		

式中，u 是 MR 阻尼器的控制输入。对于半主动控制律，采用线性最优状态反馈控制，其反馈增益 F 见表 9.7。

$$u = \begin{cases} \dfrac{1}{b}\boldsymbol{Fx} & \text{若 } \boldsymbol{Fx}(\dot{x}_1 - \dot{x}_3) > 0 \\ 0 & \text{若 } \boldsymbol{Fx}(\dot{x}_1 - \dot{x}_3) < 0 \end{cases} \quad (9.78)$$

如表 9.7 所示，选择式（9.60）中的观察器增益 K，以便在忽略 VSS 项时设计卡尔曼滤波器。为解决由开关和传感器噪声引起的颤动问题，以下具有饱和功能的 VSS 项被替换为原始 VSS 项［式（9.64）］：

$$S(\hat{x}, y, \rho) = \begin{cases} -G \dfrac{\sigma}{\|\sigma\|} \rho & \text{若} \|\sigma\| \geq \varepsilon \\ -G \dfrac{\sigma}{\varepsilon} \rho & \text{若} \|\sigma\| < \varepsilon \end{cases} \quad (9.79)$$

在这些数值模拟中,将所建议的 VSS 观测器的估计精度与不使用 VSS 项的卡尔曼滤波器的估计精度进行了比较,后者使用传感器测量的可变阻尼力代替了阻尼器模型。在这种稳定的线性观察器中,我们测量阻尼力或将阻尼特性建模为阻尼系数恒定的节流孔阻尼器。从成本的角度来看,与本节中的比较对象相对应的前者不如拟议的 VSS 观察器。

图 9.24 和图 9.25 显示了当道路干扰速度为正态分布白噪声信号时,建议的 VSS 观察器的估计结果。从图 9.24 可以看出,由于开关函数 σ 的时间响应取接近零的值,因此出现了准滑动模式。结果,由于无法通过 VSS 项的匹配条件看到大部分道路干扰的影响,因此获得了准确的估计结果。即,所提出的 VSS 观察器具有

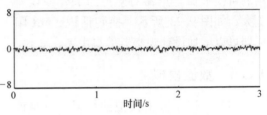

图 9.24 切换功能 σ

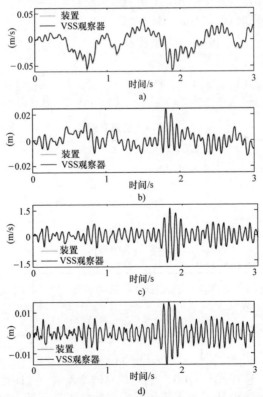

图 9.25 使用建议的 VSS 观察器进行状态估计的示例
a) 车身速度 b) 悬架行程 c) 轮胎速度 d) 轮胎偏斜

抵抗道路干扰的统计特性变化的鲁棒性。图 9.26 将建议的 VSS 观察器的估计误差与使用卡尔曼滤波器的估计误差进行了比较。从该图可以看出，在簧载质量系统的自然频率范围内，车身垂直速度的估计误差尤为突出，因为线性观察器并未针对这种道路干扰条件进行优化。为了提高该范围内的估计精度，卡尔曼滤波器必须具有与道路干扰变化相对应的增益调度。

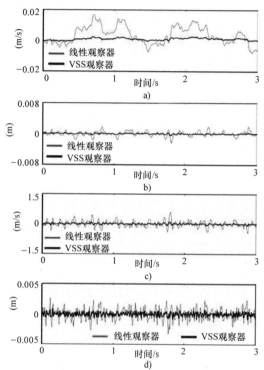

图 9.26 与线性观察器相比，拟议的 VSS 观察器的估计误差
a) 车身速度 b) 悬架行程 c) 轮胎速度 d) 轮胎偏斜

接下来，假定道路干扰是具有 1cm 大小的阶跃函数。还假定了簧载质量和轮胎模型的建模误差作为不满足匹配条件的建模误差的示例。图 9.27 和图 9.28 显示了在簧载质量 m_2 变为 410kg 并将具有阻尼系数 c_1 的衰减元素添加到轮胎动力学情况下的估计结果。从这些结果可以看出，对于不满足 VSS 项匹配条件的可能建模误差，拟议的 VSS 观察器能够保持适当的估计精度，从而支持本研究中提出的设计原理。

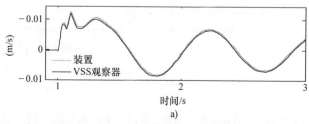

图 9.27 使用拟议的 VSS 观察器针对不满足匹配条件的建模误差进行状态估计的示例
a) 车身速度

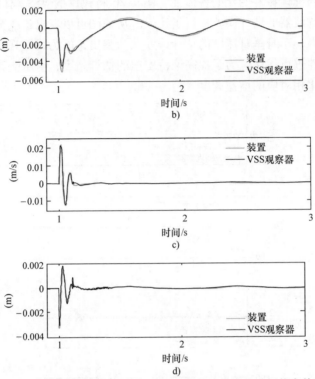

图 9.27 使用拟议的 VSS 观察器针对不满足匹配条件的建模误差进行状态估计的示例（续）
b) 悬架行程　c) 轮胎速度　d) 轮胎偏斜

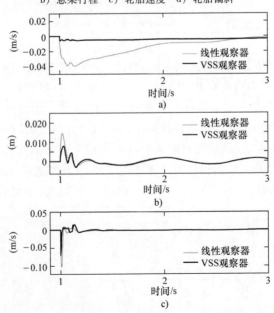

图 9.28 与不满足匹配条件的建模误差相比，拟议的 VSS 观察器与线性观察器的估计误差
a) 车身速度　b) 悬架行程　c) 轮胎速度

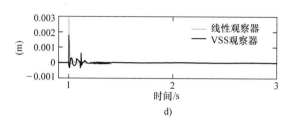

图9.28 与不满足匹配条件的建模误差相比,拟议的 VSS 观察器与线性观察器的估计误差(续)
d)轮胎偏斜

参 考 文 献

[1] M. S. Jones, 'A short history of Moog's involvement in motorsport', *Moog Newsletters*, no. 10, pp. 1, 2, 2006.

[2] Y. Kawasaki, Y. Fukunaga, S. Hasegawa, Y. Okuyama, T. Kurozu, 'Development of hydraulic active suspension', *Journal of Society of Automotive Engineers of Japan*, vol. 44, no. 1, pp. 120–127, 1990 (in Japanese).

[3] T. Oka, A. Ochiai, Y. Katoh, 'New Nissan Infinity Q45', *Journal of Society of Automotive Engineers of Japan*, vol. 44, no. 1, pp. 132–136, 1990 (in Japanese).

[4] Kayaba Industry Co., Ltd., *Automotive suspension*, Sankaido, Tokyo, Japan, 1994 (in Japanese).

[5] A. Fukukita, M. Takahashi, 'Semi-active control for base isolated structure using response evaluator subjected to long-period earthquake ground motion', *Journal of System Design and Dynamics*, vol. 5, no. 8, pp. 1674–1686, 2011.

[6] Y. Li, J. Li, B. Samali, 'Dynamic performance of a novel magnetorheological pin joint', *Journal of System Design and Dynamics*, vol. 5, no. 5, pp. 706–715, 2011.

[7] T. Kikuchi, K. Kobayashi, 'Design and development of cylindrical MR fluid brake with multi-coil structure', *Journal of System Design and Dynamics*, vol. 5, no. 7, pp. 1471–1484, 2011.

[8] D. Karnopp, M. J. Crosby, R. A. Harwood, 'Vibration control using semi-active force generators', *ASME, Journal of Engineering for Industry*, vol. 94, pp. 619–626, 1974.

[9] T. Suzuki, M. Takahashi, 'Semi-active suspension control system design for vibration reduction of passenger's body based on Lissajous figure of damping force', *Journal of System Design and Dynamics*, vol. 5, no. 2, pp. 279–295, 2011.

[10] S. H. Zareh, A. A. A. Khayyat, 'Fuzzy inverse model of magnetorheological dampers for semi-active vibration control of an eleven-degrees of freedom suspension system', *Journal of System Design and Dynamics*, vol. 5, no. 7, pp. 1485–1497, 2011.

[11] M. Takahashi, T. Kumamaru, K. Yoshida, 'Integrated controller design for automotive semi-active suspension considering vehicle behavior with steering input', *Journal of System Design and Dynamics*, vol. 4, no. 5, pp. 712–724, 2010.

[12] S. M. Savaresi, C. Spelta, 'A single-sensor control strategy for semi-active suspensions', *IEEE Transactions on Control Systems Technology*, vol. 17, no. 1, pp. 143–152, 2009.

[13] V. Sankaranarayanan, M. E. Emekli, B. A. Gilvenc, L. Guvenc, E. S. Ozturk, E. S. Ersolmaz, I. E. Eyol, M. Sinal, 'Semiactive suspension control of a light commercial vehicle', *IEEE/ASME Transactions on Mechatronics*, vol. 13, no. 5, pp. 598–604, 2008.

[14] M. Canale, M. Milanese, C. Novara, 'Semi-active suspension control using "fast" model-predictive techniques', *IEEE Transactions on Control Systems Technology*, vol. 14, no. 6, pp. 1034–1046, 2006.

[15] J. J. H. Paulides, L. Encica, E. A. Lomonova, A. J. A. Vandenput, 'Design considerations for a semi-active electromagnetic suspension system', *IEEE Transactions on Magnetics*, vol. 42, no. 10, pp. 3446–3448, 2006.

[16] N. E. Nawa, T. Furuhashi, T. Hashiyama, Y. Uchikawa, 'A study on the discovery of relevant fuzzy rules using pseudobacterial genetic algorithm', *IEEE Transactions on Industrial Electronics*, vol. 46, no. 6, pp. 1080–1089, 1999.

[17] S. Ohsaku, M. Sanpei, E. Shimizu, K. Tomida, 'Nonlinear H_∞ state feedback controller for semi-active controlled suspension', *Journal of the Society of Instrument and Control Engineers*, vol. 39, no. 2, pp. 126–129, 2000 (in Japanese).

[18] J. Kitade, K. Yoshida, 'Design of controller for automotive semi-active suspension considering both ride comfort and driving stability', *Transactions of the Japan Society of Mechanical Engineers, Series C*, vol. 74, no. 739, pp. 603–609, 2008 (in Japanese).

[19] V. Utkin, J. Guldner, J. Shi, *Sliding mode control in electromechanical systems*, Taylor & Francis, London, UK, 1999.

[20] H. Liu, K. Nonami, T. Hagiwara, 'A fuzzy sliding mode controller of real vehicle semi-active suspensions: comparison with output feedback sliding mode control', *Transactions of the Japan Society of Mechanical Engineers, Series C*, vol. 72, no. 720, pp. 2352–2359, 2006 (in Japanese).

[21] M. Yokoyama, J. K. Hedrick, S. Toyama, 'A sliding mode controller for semi-active suspension systems', *Transactions of the Japan Society of Mechanical Engineers, Series C*, vol. 67, no. 657, pp. 1449–1454, 2001 (in Japanese).

[22] S. Toyama, F. Ikeda, 'A sliding mode control of semi-active suspension systems with describing function method', *Journal of System Design and Dynamics*, vol. 6, no. 13, pp. 263–272, 2012.

[23] S. Toyama, M. Yokoyama, K. Aida, 'State estimation using VSS observer for semi-active suspensions', *Transactions of the Japan Society of Mechanical Engineers, Series C*, vol. 65, no. 639, pp. 2352–2359, 1999 (in Japanese).

[24] T. Kawabe, O. Isobe, Y. Watanabe, Y. Miyasato, S. Hanba, 'Sliding mode control of semi-active suspension', *Proceedings of 38th Automatic Control Allied Meeting*, pp. 247–248, 1995.

[25] Y. Kubo, 'Semi-active control performance of electro-rheological fluid shock absorber', *Proceedings of 5th Symposium on Motion and Vibration Control*, pp. 345–348, 1997.

[26] A. Alleyne, J. K. Hedrick, 'Nonlinear adaptive control of active suspensions', *IEEE Transactions on Control Systems Technology*, vol. 3, pp. 94–101, 1995.

[27] H. K. Khalil, *Nonlinear systems*, Prentice-Hall, Upper Saddle River, NJ, USA, 1996.

[28] I. Boiko, L. Fridman, M. I. Castellanos, 'Analysis of second-order sliding mode algorithms in the frequency domain', *IEEE Transactions on Automatic Control*, vol. 49, no. 6, pp. 946–950, 2004.

[29] K. Yi, J. K. Hedrick, 'Dynamic tire force control by semiactive suspensions', *Transactions of the ASME, Journal of Dynamic Systems, Measurements, and Control*, vol. 115, no. 3, pp. 465–474, 1993.

[30] A. Hac, 'Design of disturbance decoupled observer for bilinear systems', *Transactions of the ASME, Journal of Dynamic Systems, Measurement and Control*, vol. 114, pp. 556–562, 1992.

[31] H. Nakai, K. Yoshida, S. Ohsaku, Y. Motozono, 'Design of practical observer for semiactive suspensions', *Transactions of the Japan Society of Mechanical Engineers, Series C*, vol. 63, no. 615, pp. 3898–3904, 1997 (in Japanese).

[32] B. Walcott, S. Zak, 'State observation of nonlinear uncertain dynamical systems', *IEEE Transactions on Automatic Control*, vol. 32, no. 2, pp. 166–170, 1987.

第 10 章 车辆主动悬架控制器和参数联合设计

Wei Zhan, Qingrui Zhang, Yinan Liu 和 Huijun Gao

摘要

本章主要讨论车辆主动悬架控制系统在优化系统参数和约束控制器方面的联合设计问题。首先介绍具有主动悬架的1/4车辆系统的模型。考虑到作用力和悬架行程的实际限制,采用 H_∞/GH_2 混合控制来减弱车辆系统的振动。鉴于控制器和系统参数都对控制性能有很大影响,本章使用遗传算法(GA)来搜索理想的系统参数,同时得到合适的控制器。仿真结果表明,与开环的、未优化的或部分优化的系统相比,联合设计方法更加有效、更加优越。

10.1 概述

对于车辆主动悬架系统来说,显著影响车辆减振效果的因素不仅有控制器的设计,还包括悬架和轮胎的参数。同时优化系统的参数和控制器可以提高主动悬架系统的性能。在过去的20年中,人们做了大量的工作来研究合适的方法以优化系统参数,然而只有很少的研究人员专注于将控制器设计和参数优化相结合的联合设计方法。

在20世纪八九十年代提出了许多用于悬架参数优化的基本概念和方法。用于车辆悬架调节的基本概念可见参考文献 [1-3]。在参考文献 [4] 中,已经实现了使悬架或控制系统的参数适应不同工况的方法。参数的最优值已在参考文献 [5] 中通过一个数值计算方法找到。在参考文献 [6] 中,对车辆悬架系统的部件设计进行了优化。

在21世纪的前十年中,新的思想和技术被应用于参数优化方法。在参考文献 [7] 中,已经通过符号或数值计算方法获得了车辆悬架参数的最优设置。参考文献 [8] 中使用了全局优化技术 DIRECT 开发了一种优化悬架系统的方法。为了充分展示实际车辆悬架的物理特性,许多研究人员开发了非线性模型的设计方法。在文献［13］中采用了非线性执行机构的半主动控制策略，优化了由磁流变（MR）液阻尼器控制的车辆悬架系统的参数。

为了优化悬架系统的参数采用了很多优化方法，尤其是遗传算法（GA）。在参考文献［14］中，通过遗传算法优化了单自由度（1-DOF）隔振悬置，该方法已扩展到1/4车辆悬架的优化。通过遗传算法，在参考文献［15］中确定了4自由度的1/4车辆座椅和悬架系统的参数。在参考文献［16］中，通过具有一定约束条件的遗传算法设计出了最优的车辆悬架。

悬架系统的设计应考虑到许多实际的限制，例如悬架行程和执行器作用力。通过综合考虑约束控制和参数优化的问题，在文献［21］中提出了一种联合设计方法。车辆悬架系统的天棚阻尼器系数和被动力学参数均由遗传算法（GA）确定。但是控制器只是具有常数系数的被动阻尼器。在参考文献［21］中并未提及具有合适约束的半主动或主动控制器设计方法。参考文献［41］中提出了一种联合设计方法来同时或相继优化悬架参数和控制器。通过引入二次线性性能指标来限制作用力和行程。必须通过观察结果来调整加权系数以实现适当的约束。在本章中，将使用 H_∞/GH_2 混合控制来设置作用力和行程的范围。此外，本章中的联合设计方法将不仅考虑主动控制器和悬架参数，还会考虑轮胎参数。

在本章的其余部分中，将建立车辆主动悬架系统的状态空间模型，并将采用具有约束的主动振动控制方法。我们将使用遗传算法（GA）同时优化控制器和悬架参数。仿真结果证明了联合设计方法的有效性和优越性。

符号说明：$\mathbb{R}^n$ 表示 n 维欧氏空间；对于矩阵 A，$A>0$（<0）表示 A 是实对称且正（负）定的。A^T 和 A^{-1} 分别表示其转置矩阵和逆矩阵。I 和 0 分别表示在适当维度下的单位矩阵和零矩阵。在对称块矩阵或复杂矩阵表达式中，星号（*）表示由对称性产生的项，$sym(A)$ 用于表示 $A+A^T$。T_{xy} 表示从 x 到 y 的传递函数，diag$\{M_1, M_2, \cdots, M_r\}$ 代表具有对角块 $M_1, M_2, \cdots, M_r$ 的块对角矩阵。未明确说明维度的矩阵将被认为兼容代数运算。

10.2 问题表述

本节中将表述联合设计问题。控制系统如图 10.1 所示。ω 代表道路的输入扰动；z 是包含系统性能和约束的输出矢量；x 表示系统的状态向量；u 是执行机构的作用力。从该图中可以得知，我们需要设计一个状态反馈控制器：

$$u = Kx \tag{10.1}$$

式中，K 是恒定的反馈增益。但这不是系统设计的全部任务，1/4 车辆模型的某些参数也是离线优化方法的目标，此时的问题是找到一种可以同时优化控制器和系统参数的方法，同时有效地抑制由外部扰动引起的振动并满足实际系统中的约束。

首先考虑控制系统图中的 1/4 车辆模型，这种具有主动悬架的模型已在参考文

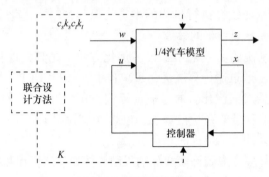

图 10.1 控制系统图示

献 [20] 中建立，如图 10.2 所示。在模型中忽略了执行机构动力学的影响。在该图中，z_r 表示道路位移输入；u 是悬架系统的作用力；m_s 代表 1/4 车辆的底盘质量；m_u 代表车轮组件的质量；c_s 和 k_s 分别代表悬架系统的阻尼和刚度；k_t 和 c_t 分别是充气轮胎的压缩系数和阻尼。z_s 和 z_u 分别是底盘的位移和车轮质量。除了有作用力 u 以外，系统参数 c_s，k_s，c_t 和 k_t 对系统的减振性能也有很大影响。

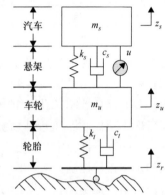

图 10.2 具有主动悬架的 1/4 车辆模型

假设：
$$x_1 = z_s - z_u, \ x_2 = z_u - z_r, \ x_3 = \dot{z}_s, \ x_4 = \dot{z}_u, \ \omega = \dot{z}_r$$

运动控制方程可以写成：

$$m_s \dot{x}_3 + c_s(x_3 - x_4) + k_s x_1 = u \quad (10.2)$$

$$m_u \dot{x}_4 + c_t(x_4 - \omega) + k_t x_2 - c_s(x_3 - x_4) - k_s x_1 = -u \quad (10.3)$$

通常，悬架系统的设计应考虑以下几个方面：

1) 为了提高乘客的舒适度，应当抑制代表车身加速度的 $\ddot{z}_s$。

2) 由于 1/4 车辆机械结构的空间有限，必须将最大允许的悬架行程限制为

$$|x_1| \leq z_{\max} \quad (10.4)$$

3) 考虑到执行机构的动力限，悬架系统的作用力应限制为

$$|u| \leq u_{\max} \quad (10.5)$$

根据以上三个要求，可以定义以下输出变量：

$$z_1 = \ddot{z}_s$$

$$z_2 = \frac{x_1}{z_{\max}} \quad (10.6)$$

$$z_3 = \frac{u}{u_{\max}}$$

我们可以看到，第一个输出需要最小化，其他两个是约束。因此，本章中的问题可以表述为：开发一种适当的策略来设置控制器增益 K 和系统参数 c_s、k_s、c_t 和 k_t，以最小化第一个输出且同时满足式（10.4）和式（10.5）中的约束。

10.3 系统联合设计

在本节中，首先介绍了车辆主动悬架系统的状态空间模型，然后使用参考文献[22]中的结论同时设计控制器和主动悬架系统的参数。使用一组给定的参数 c_s、k_s、c_t 和 k_t 获得 H_∞/GH_2 混合控制器，然后我们提供了一种基于遗传算法的方法来寻找理想的系统参数。

假设 $x = [x_1 \ x_2 \ x_3 \ x_4]^T$。对于整个系统，根据式（10.2）、式（10.3）和式（10.6），状态空间模型可以表示为参考文献[20]中所示：

$$\begin{aligned} \dot{x} &= Ax + B_1\omega + B_2 u \\ z_1 &= C_1 x + D_{12} u \\ z_2 &= C_2 x \\ z_3 &= D_3 u \end{aligned} \tag{10.7}$$

其中

$$A = \begin{bmatrix} 0 & 0 & 1 & -1 \\ 0 & 0 & 0 & 1 \\ -\dfrac{k_s}{m_s} & 0 & -\dfrac{c_s}{m_s} & \dfrac{c_s}{m_s} \\ \dfrac{k_s}{m_u} & -\dfrac{k_t}{m_u} & \dfrac{c_s}{m_u} & -\dfrac{c_s+c_t}{m_u} \end{bmatrix}, B_1 = \begin{bmatrix} 0 \\ -1 \\ 0 \\ \dfrac{c_s}{m_u} \end{bmatrix}, B_2 = \begin{bmatrix} 0 \\ 0 \\ \dfrac{1}{m_s} \\ -\dfrac{1}{m_u} \end{bmatrix}$$

$$C_1 = \begin{bmatrix} -\dfrac{k_s}{m_s} & 0 & -\dfrac{c_s}{m_s} & \dfrac{c_s}{m_s} \end{bmatrix}, D_{12} = \dfrac{1}{m_s}$$

$$C_2 = \begin{bmatrix} \dfrac{1}{z_{\max}} & 0 & 0 & 0 \end{bmatrix}, D_3 = \dfrac{1}{u_{\max}}$$

在介绍了系统的状态空间模型之后，我们将设计悬架系统的控制器。

为了降低车身加速度，这里采用 H_∞ 控制。H_∞ 控制已被广泛研究并应用于减振领域。参考文献[23-26]通过研究 H_∞ 控制来建立振动抑制。参考文献[20,27]已经解决了主动悬架在有限频域中的 H_∞ 控制问题，在参考文献[28,29]中，H_∞ 控制已应用于具有 T-S 模糊模型的主动悬架。

假设 $\|T_{\omega z_1}\|_\infty$ 代表从 ω 到 z_1 的 H_∞ 范数。根据有界实引理，对于系统（10.7）我们有：对于规定的 $\gamma > 0$，当且仅当存在 $X_1 > 0$ 且 W_1 满足式（10.8）时，满足 $\|T_{\omega z_1}\|_\infty < \gamma$。

$$\begin{bmatrix} \text{sym}(AX_1 + B_2W_1) & B_1 & (C_1X_1 + D_{12}W_1)^T \\ * & -\gamma I & 0 \\ * & * & -\gamma I \end{bmatrix} < 0 \quad (10.8)$$

其中 $W_1 = KX_1$。

对于式（10.4）和式（10.5）中的两个约束来说，广义 $H_2(\text{GH}_2)$ 性能将是一个合适的指标。假设 $\|T_{\omega z_r}\|_g$ 代表从 ω 到 z_r $(r=2,3)$ 的 GH_2 范数，根据参考文献 [31]，我们有：对于规定的 $\gamma_r > 0$，当且仅当存在 $X_r > 0$ 且 W_r 满足式（10.9）时，满足式 $\|T_{\omega z_r}\|_g < \gamma_r$。

$$\begin{bmatrix} \text{sym}(AX_r + B_2W_r) & B_1 \\ * & -I \end{bmatrix} < 0$$
$$\begin{bmatrix} -\gamma_r^2 I & C_rX_r + D_rW_r \\ * & -X_r \end{bmatrix} < 0 \quad (10.9)$$

式中，$W_r = KX_r$。

规定 $X = X_1 = X_r$ 和 $W = W_1 = W_r$，$(r=2,3)$，我们就有：对于规定的 $\gamma > 0$，$\gamma_r > 0$，当且仅当存在 $X > 0$ 且 W 满足文献 [22] 中所述时，系统（10.7）满足 $\|T_{\omega z_1}\|_\infty < \gamma$ 且 $\|T_{\omega z_r}\|_g < \gamma_r$。

$$\begin{bmatrix} \text{sym}(AX + B_2W) & B_1 & (C_1X + D_{12}W)^T \\ * & -I & 0 \\ * & * & -\gamma_1^2 I \end{bmatrix} < 0$$
$$\begin{bmatrix} \text{sym}(AX + B_2W) & B_1 \\ * & -I \end{bmatrix} < 0 \quad (10.10)$$
$$\begin{bmatrix} -\gamma_r^2 I & C_rX + D_rW \\ * & -X \end{bmatrix} < 0$$

式中，$W = KX$。

因为在仿真中输入的范数比 1 小得多，所以在本章中我们设置 $\gamma_r = 1$ $(r=2,3)$。寻找理想的控制器增益的问题可以描述如下：

$$\max -\gamma \quad (10.11)$$
$$\text{s.t.} \ X > 0, \gamma_r = 1, \text{and}(10)$$

通过将 $\widetilde{X}$ 和 $\widetilde{W}$ 定义为 γ 最小时的 X 和 W 值，我们可以将期望的控制器增益表示为

$$\widetilde{K} = \widetilde{W}\widetilde{X}^{-1} \quad (10.12)$$

根据我们在上一节中为 1/4 车辆系统提出的问题，我们的任务不仅包括设计控制器，还包括寻找所需的参数 c_s，k_s，c_t 和 k_t。使用规定的参数 c_s，k_s，c_t 和 k_t，我们获得了最佳的 γ 和相应的控制器增益 K。接下来，应该在 $4s$ 维空间中搜索最小的 γ 和理想的 c_s，k_s，c_t 和 k_t。考虑到物理上的可实现性，应将参数 c_s，k_s，c_t 和 k_t

限制在一定范围内。

因为参数范围是在算法执行过程中自然指定的，所以遗传算法很适合完成此任务。遗传算法已广泛用于控制系统。在参考文献[25，32，33]中，遗传算法已用于 H_∞ 控制器设计。在参考文献[34]中提出了一个基于遗传算法的模糊 PI/PD 控制器，用于车辆主动悬架系统。在参考文献[35]中提出了一种模糊逻辑控制器（FLC），用于车辆主动悬架系统的控制，其参数已通过遗传算法进行了调优。在参考文献[36]中，用遗传算法对被动车辆悬架系统的设计在非线性优化的框架内进行了优化处理。在参考文献[37]中，通过使用遗传算法进行了多目标优化。关于遗传算法的更多细节可以在参考文献[38]中找到。

在本章中，使用了标准遗传算法的方法通过解决式（10.11）中的最大化问题来找到所需的参数 c_s，k_s，c_t 和 k_t。联合设计方法的主要步骤如图 10.3 所示。

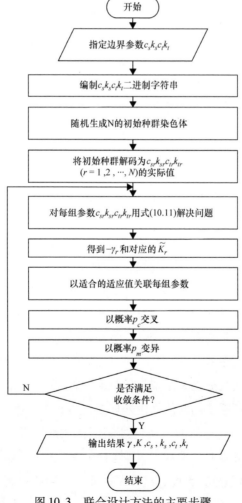

图 10.3 联合设计方法的主要步骤

10.4 仿真结果

在本节中将通过仿真来说明设计的系统的性能。悬架系统的控制器和参数是采用前一部分介绍的方法设计的,这里的 1/4 车辆参数使用参考文献 [20] 中的数据。质量系数为 $m_s = 320\text{kg}$, $m_u = 40\text{kg}$。悬架参数为 $c_s = 1\text{kN} \cdot \text{s/m}$, $k_s = 18\text{kN/m}$。轮胎参数为 $c_t = 10\text{N} \cdot \text{s/m}$, $k_t = 18\text{kN/m}$。

为了比较控制效果,我们研究了四种系统。第一个是没有执行机构的开环系统(系统Ⅰ)。其他三个系统是闭环系统,其控制器是根据上一节介绍的方法设计的 H_∞ 控制器。第二个是未优化的系统,其悬架和轮胎参数在参考文献 [20] 中给出(系统Ⅱ)。第三个是部分优化的系统,其轮胎参数参见参考文献 [20],悬架参数通过基于遗传算法的方法进行了优化(系统Ⅲ)。最后一个系统是完全优化的系统,其悬架和轮胎参数全部通过基于遗传算法的联合优化方法获得(系统Ⅳ)。

对系统Ⅱ, $\gamma = 9.5195$,对应的控制器增益为

$$\widetilde{K} = 10^3 \times [-1.5551 \quad 0.0482 \quad -1.1001 \quad -0.0010] \quad (10.13)$$

为了让遗传算法找到合适的系统参数,选择初始种群为 $N = 120$,交叉率 $p_c = 0.6$,突变率 $p_m = 0.05$, c_s, k_s, c_t 和 k_t 的范围分别为 $[0.7, 0.13]\text{kN} \cdot \text{s/m}$, $[12, 24]\text{kN/m}$, $[7, 13]\text{N} \cdot \text{s/m}$, $[170, 230]\text{kN/m}$。将约束分别设置为 $u_{max} = 2500\text{N}$, $z_{max} = 0.4\text{m}$。

对于系统Ⅲ, $\gamma = 8.9916$,相应的控制器增益为

$$\widetilde{K} = 10^3 \times [-4.7256 \quad -2.6947 \quad -1.7195 \quad 0.0082] \quad (10.14)$$

理想参数为 $c_s = 775\text{N} \cdot \text{s/m}$, $k_s = 12\text{kN/m}$。

对于系统Ⅳ, $\gamma = 8.5102$,对应的控制器增益为

$$\widetilde{K} = 10^3 \times [-4.3753 \quad -2.6264 \quad -1.6726 \quad 0.0101] \quad (10.15)$$

理想参数为 $c_s = 734\text{N} \cdot \text{s/m}$, $k_s = 12\text{kN/m}$, $c_t = 13\text{N} \cdot \text{s/m}$, $k_t = 170\text{kN/m}$。

接下来,将对四个系统进行比较以说明联合设计的有效性和优点。首先比较每个系统的频率响应。在图 10.4 中,带点的虚线和不带点的虚线分别是系统Ⅰ和系统Ⅱ的响应,点线和实线分别是系统Ⅲ和系统Ⅳ的响应,该图表明控制器设计方法是很有效的。每个闭环系统的峰值都比开环系统小得多,在 0.6~2Hz 频率范围内的振动衰减非常明显。当悬架的参数经过优化后(系统Ⅲ和系统Ⅳ),在 1~8Hz 频率范围内的频率响应被明显抑制。值得考虑的是,根据 ISO 2361,人体对垂直方向的 4~8Hz 振动非常敏感,因此,这种振动抑制效果的提高对于提高人体的舒适性非常重要。而且,当悬架和轮胎的参数都进行了优化(系统Ⅳ)时,与系统Ⅲ

相比,在 10~11Hz 频率范围内的频率响应受到了抑制。在以下时域仿真中,系统Ⅳ的优势更加明显。

在比较了四个系统之间的频率响应之后,我们给出了在不同激励下的时域闭环系统(系统Ⅱ,Ⅲ和Ⅳ)的仿真。第一个激励是平坦的路面上的孤立凸块,相应的地面位移为

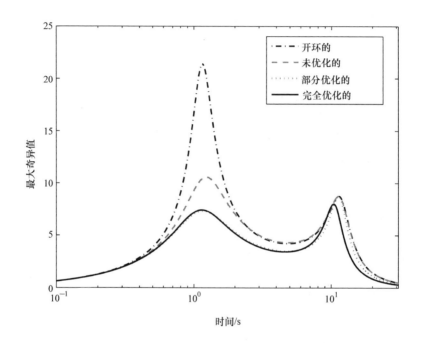

图 10.4 车身加速度的频率响应

$$z_r(t) = \begin{cases} \dfrac{a}{2}\left(1 - \cos\left(\dfrac{2\pi v_0}{l}t\right)\right), & 0 \leqslant t \leqslant \dfrac{l}{v_0} \\ 0, & t > \dfrac{1}{v_0} \end{cases} \quad (10.16)$$

式中,系数 a 和 l 是凸块的高度和长度,系数 v_0 为车辆前进的速度。根据文献 [39],这些系数定为 $l = 0.8\text{m}$,$a = 0.07\text{m}$,$v_0 = 0.856\text{m/s}$。另一种具有正弦特性的道路试验纵断面被用作激励,相应的道路位移为

$$z_r(t) = 0.0254\sin 2\pi t + 0.005\sin 10.5\pi t + 0.001\sin 21.5\pi t \quad (10.17)$$

下面绘制了每个激励的三个输出变量的响应。图 10.5~图 10.7 展示了第一次激励的

响应曲线。图 10.8~图 10.10 展示了第二次激励的响应曲线。

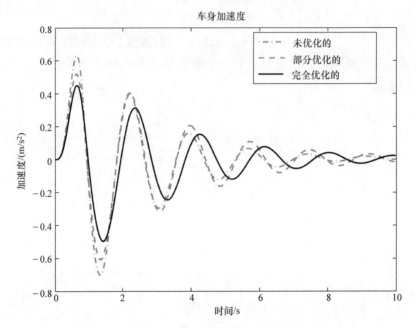

图 10.5　车身垂直加速度的碰撞响应

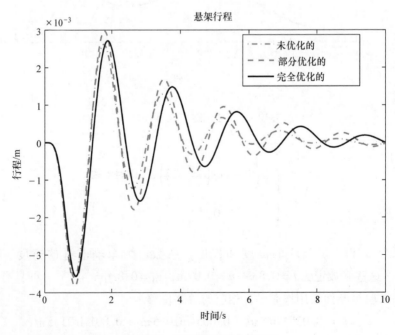

图 10.6　悬架行程的冲击响应

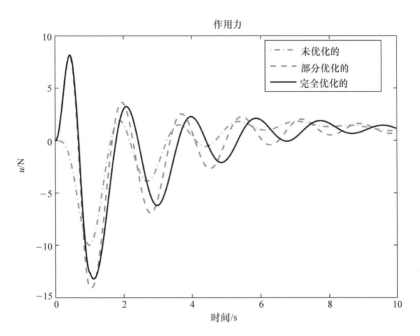

图 10.7 作用力的冲击响应

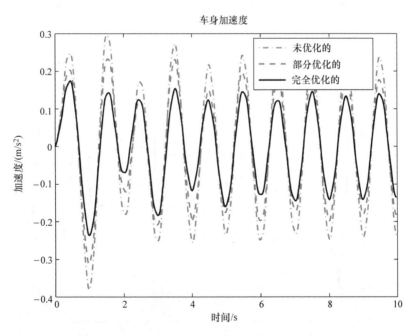

图 10.8 车身垂直加速度的路试响应

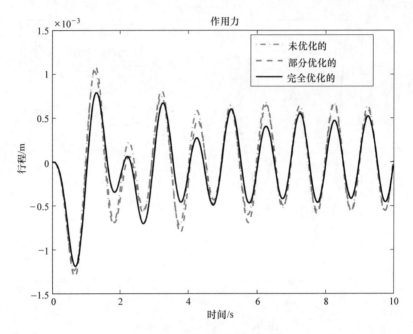

图 10.9 悬架行程的路试响应

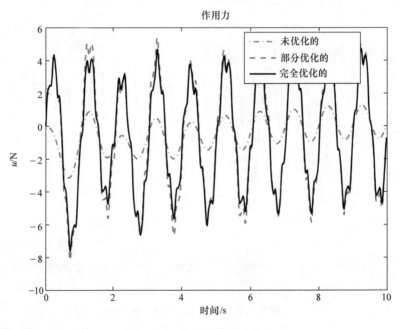

图 10.10 作用力的路试响应

这些图清楚地表明，参数经过完全优化的系统Ⅳ具有最佳的振动衰减表现。系统Ⅳ每次激励的车身加速度响应具有较小的峰值和更快的振动衰减率。对于具有高频分量的第二种激励曲线，这种优势尤其明显。

在图中还显示了悬架行程和作用力，以证明约束对这些变量的有效性。

由相应的图我们可以得知，悬架行程和作用力被限制在了一定范围内。对于实际系统来说，应根据执行机构的特性、悬架空间和可能的输入信号的估计值来适当调整约束 u_{max} 和 z_{max}。

10.5 结论

在这一章中，建立了具有主动悬架的 1/4 车辆系统的模型，并采用一种联合优化方法来获得理想的状态反馈控制器增益和系统参数。应用 H_∞/GH_2 混合控制来减弱具有一定限制的作用力和悬架行程的系统的振动。遗传算法用于寻找理想的参数并获得相应的控制器增益。

在仿真中使用了具有两种激励的 1/4 车辆系统来比较控制效果。频域仿真结果证明了约束条件下控制器设计方法的有效性，该方法有效地减轻了振动，降低了响应。通过基于遗传算法的方法对系统参数进行优化，可以达到较好的控制效果和扰动衰减特性。时域仿真结果清楚地表明参数的优化可以提高系统的性能，说明行程和作用力的约束是有效的。

参 考 文 献

[1] G. Mastinu, 'Passive automobile suspension parameter adaptation', in *Proceedings of the IMechE Conference – Advanced Suspensions*. London: Institution of Mechanical Engineers, 1988.

[2] T. Gillespie, *Fundamentals of Vehicle Dynamics*. Warrendale, PA: Society of Automotive Engineering, 1992.

[3] J. C. Dixon, *Tyres, Suspension and Handling*. Cambridge: Cambridge University Press, 1996.

[4] R. S. Sharp and D. A. Crolla, 'Road vehicle suspension system design – a review', *Vehicle System Dynamics*, vol. 16, no. 3, pp. 167–192, 1987.

[5] P. Pintado and F. Benitez, 'Optimization for vehicle suspension I: Time domain', *Vehicle System Dynamics*, vol. 19, pp. 273–288, 1990.

[6] J. D. Castillo, P. Pintado, and F. Benitez, 'Optimization for vehicle suspension II: Frequency domain', *Vehicle System Dynamics*, vol. 19, pp. 331–352, 1990.

[7] M. Gobbi and G. Mastinu, 'Analytical description and optimization of the dynamic behaviour of passively suspended road vehicles', *Journal of Sound and Vibration*, vol. 245, no. 3, pp. 457–481, 2001.

[8] K. Deprez, K. Maertens, and H. Ramon, 'Comfort improvement by hydro-pneumatic suspension passive and semi-active using global optimization technique', in *Proceedings of the American Control Conference*, Anchorage, AK, USA, 2002.

[9] T. Sireteanu and N. Stoia, 'Damping optimization of passive and semi-active vehicle suspension by numerical simulation', *Proceedings of the Romanian Academy Series A*, vol. 4, no. 2, pp. 121–127, 2003.

[10] G. Verros, S. Natsiavas, and C. Papadimitriou, 'Design optimization of quarter-car models with passive and semi-active suspensions under random road excitation', *Journal of Vibration and Control*, vol. 11, pp. 581–606, 2005.

[11] K. Deprez, D. Moshou, and H. Ramon, 'Comfort improvement of a non-linear suspension using global optimization and in situ measurements', *Journal of Sound and Vibration*, vol. 284, pp. 1003–1014, 2005.

[12] M. Bouazara, M. Richard, and S. Rakheja, 'Safety and comfort analysis of a 3-D vehicle model with optimal non-linear active seat suspension', *Journal of Terramechanics*, vol. 43, pp. 97–118, 2006.

[13] C. W. Zhang, J. P. Ou, and J. Q. Zhang, 'Parameter optimization and analysis of a vehicle suspension system controlled by magnetorheological fluid dampers', *Structural Control and Health Monitoring*, vol. 13, pp. 885–896, 2006.

[14] R. Alkhatib, G. N. Jazar, and M. Golnaraghi, 'Optimal design of passive linear suspension using genetic algorithm', *Journal of Sound and Vibration*, vol. 275, pp. 665–691, 2004.

[15] O. Gundogdu, 'Optimal seat and suspension design for a quarter car with driver model using genetic algorithms', *International Journal of Industrial Ergonomics*, vol. 37, pp. 327–332, 2007.

[16] K. Deb and V. Saxena, 'Car suspension design for comfort using genetic algorithms', in *International Conference on Genetic Algorithms*, 1997.

[17] A. Zaremba, R. Hampo, and D. Hrovat, 'Optimal active suspension design using constrained optimization', *Journal of Sound and Vibration*, vol. 207, no. 3, pp. 240–253, 1997.

[18] G. Georgiou, G. Verros, and S. Natsiavas, 'Multi-objective optimization of quarter-car models with a passive or semi-active suspension system', *Vehicle System Dynamics*, vol. 45, no. 1, pp. 77–92, 2007.

[19] A. Shirahatti, P. Prasad, P. Panzade, and M. Kulkarni, 'Optimal design of passenger car suspension for ride and road holding', *Journal of the Brazilian Society of Mechanical Sciences and Engineering*, vol. 30, no. 1, pp. 66–76, 2008.

[20] W. Sun, H. Gao, and O. Kaynak, 'Finite frequency H_∞ control for vehicle active suspension systems', *IEEE Transactions on Control Systems Technology*, vol. 19, pp. 416–422, 2011.

[21] A. E. Baumal, J. J. McPhee, and P. H. Calamai, 'Application of genetic algorithms to the design optimization of an active vehicle suspension system', *Computer Methods in Applied Mechanics and Engineerlng*, vol. 163, pp. 87–94, 1998.

[22] W. Zhan, Y. Cui, Z. Feng, K. C. Cheung, J. Lam, and H. Gao, 'Joint optimization approach to building vibration control via multiple active tuned mass dampers', *Mechatronics*, vol. 23, no. 3, pp. 355–368, 2013.

[23] C. Wu, J. Yang, and W. Schmitendorf, 'Reduced-order H_∞ and LQR control for wind-excited tall buildings', *Engineering Structures*, vol. 20, no. 3, pp. 222–236, 1998.

[24] I. N. Kar, K. Seto, and F. Doi, 'Multimode vibration control of a flexible structure using H_∞-based robust control', *IEEE/ASME Transactions on Mechatronics*, vol. 5, pp. 23–31, 2000.

[25] H. Du and N. Zhang, 'H_∞ control for buildings with time delay in control via linear matrix inequalities and genetic algorithms', *Engineering Structures*, vol. 30, pp. 81–92, 2008.

[26] Y. Chen, W. Zhang, and H. Gao, 'Finite frequency H_∞ control for building under earthquake excitation', *Mechatronics*, vol. 20, pp. 128–142, 2010.

[27] W. Sun, Y. Zhao, J. Li, L. Zhang, and H. Gao, 'Active suspension control with frequency band constraints and actuator input delay', *IEEE Transactions on Industrial Electronics*, vol. 59, pp. 530–537, 2012.

[28] H. Li, J. Yu, C. Hilton, and H. Liu, 'Adaptive sliding mode control for nonlinear active suspension systems using T–S fuzzy model', *IEEE Transactions on Industrial Electronics*, 2012.

[29] H. Li, H. Liu, H. Gao, and P. Shi, 'Reliable fuzzy control for active suspension systems with actuator delay and fault', *IEEE Transactions on Fuzzy Systems*, vol. 20, pp. 342–357, 2012.

[30] B. D. O. Anderson and S. Vongpanitlerd, *Network Analysis and Synthesis*. Prentice-Hall Networks Series, Englewood Cliffs, NJ: Prentice-Hall, 1973.

[31] S. Boyd, L. E. Ghaoui, E. Feron, and V. Balakishnan, *Linear Matrix Inequalities in System and Control Theory*. Philadelphia, PA: SIAM, 1994.

[32] Y. Arfiadi and M. Hadi, 'Optimal direct (static) output feedback controller using real coded genetic algorithms', *Computers and Structures*, vol. 790, pp. 1625–1634, 2001.

[33] H. Du, J. Lam, and K. Y. Sze, 'Non-fragile output feedback H_∞ vehicle suspension control using genetic algorithm', *Engineering Applications of Artificial Intelligence*, vol. 16, pp. 667–680, 2003.

[34] Y.-P. Kuo and T.-H. S. Li, 'GA-based fuzzy PI/PD controller for automotive active suspension system', *IEEE Transactions on Industrial Electronics*, vol. 46, no. 6, pp. 1051–1056, 1999.

[35] M. Montazeri-Gh and M. Soleymani, 'Genetic optimization of a fuzzy active suspension system based on human sensitivity to the transmitted vibrations', *Proceedings of the Institution of Mechanical Engineers, Part D: Journal of Automobile Engineering*, vol. 222, pp. 1769–1780, 2008.

[36] L. Sun, X. Cai, and J. Yang, 'Genetic algorithm-based optimum vehicle suspension design using minimum dynamic pavement load as a design criterion', *Journal of Sound and Vibration*, vol. 301, pp. 18–27, 2007.

[37] J. S. Hwang, S. R. Kim, and S. Y. Han, 'Kinematic design of a double wishbone type front suspension mechanism using multi-objective optimization', in *5th Australasian Congress on Applied Mechanics, ACAM*, Brisbane, Australia, 2007.

[38] R. L. Haupt and S. E. Haupt, *Practical Genetic Algorithms*. Wiley, 2004.

[39] H. Metered, P. Bonello, and S. Oyadiji, 'An investigation into the use of neural networks for the semi-active control of a magnetorheologically damped vehicle suspension', *Proceedings of the Institution of Mechanical Engineers, Part D: Journal of Automobile Engineering*, vol. 224, no. 7, pp. 829–848, 2010.

[40] P. C. Chen and A. C. Huang, 'Adaptive sliding control of active suspension systems with uncertain hydraulic actuator dynamics', *Vehicle System Dynamics*, vol. 44, no. 5, pp. 357–368, 2006.

[41] S. F. Alyaqout, P. Y. Papalambros, and A. Galip Ulsoy, 'Combined design and robust control of a vehicle passive/active suspension', *International Journal of Vehicle Design*, vol. 59, 315–330, 2012.

第 11 章　CAE 环境下车辆悬架系统控制方法

Vladimir M. Popović 和 Dragan D. Stamenković

摘要

近年来，具有智能和自主特性的机电系统取代机电部件已成为汽车工业中的一种趋势。硬件的集成和高级控制功能的实现是这类更新换代最显著的特点。在本文中，我们将系统方法和系统工程方法应用于车辆主动悬架开发的初始阶段，我们将重点放在了计算机辅助仿真与开发过程中其他元素之间的相互关系上。主动悬架仿真的应用带来了许多好处，如缩短了上市时间、机电组件/设备的更新和功能提升，以及系统可靠性的提高等。在悬架模型开发过程中，我们使用了 CAD／CAE 工具以及多功能仿真程序，在仿真中我们使用 1/4 车辆模型。我们为悬架系统设计了两种控制器变体：比例－积分－微分（PID）控制器和神经网络控制器，并通过状态空间方程完成了模型的建立。

11.1　引言

降低成本、用户对汽车可靠性越来越高的期望、现代技术系统更高的复杂性，以及其他各种各样的要求使我们得出一个结论：基于系统工程原理的方法仍然是保持市场竞争力的唯一途径。越来越多的电子组件集成到以前严格机械化的领域，技术的变化程度也越来越大，这些都使我们越来越多地根据系统工程原理来解决问题。近年来，汽车工业已开始一种不同寻常的发展趋势：具有智能和自主能力的机电一体化系统。集成机电系统的开发将在汽车工业中发挥关键的作用，机电一体化将逐渐作为所有机动车辆系统的设计原则，通过仿真验证设计可以提高可靠性并减少汽车组件设计时间。用来代替原有的简单机电组件的"智能"机电系统有两个特点：硬件的整合和高级控制功能的实现（功能和算法的集成）。因此，我们可以通过低级的基本传感器的反馈和高级的智能信息处理系统来控制机械组件。

主动悬架控制研究的目标是提高行驶性能，行驶性能通常由簧载质量加速度来量化，同时需要保持可接受的悬架行程和轮胎挠度。在任何汽车悬架的设计中，乘坐舒适性、方向操作能力、悬架挠度是三个最主要的性能标准。所有控制理念的最终目的都是向悬架系统引入额外的力来减少侧倾度、俯仰度、悬架偏移量以及车身和车轮的振动。因此，所有驱动系统的基本控制方法都是相似的，系统的物理结构决定了后续的控制器的设计，也直接限制了系统所能达到的性能。

11.2　机电悬架系统分类

机电悬架系统根据执行机构类型、系统复杂度和能耗可分为以下三类：

1）缓变/自适应悬架系统。这种系统的功能是基于阻尼器和弹簧缓慢变化的特性实现的。这些特性受车辆速度或车辆负载的影响。在第一种情况下，车辆重心会随着速度的增加而降低，以确保更好的抓地力。在第二种情况下，车辆底盘和道路之间的距离将保持恒定，以弥补车辆负载的变化，这通常是使用空气弹簧来实现的。这种系统的组件无法为系统提供动能，因此产生的力取决于系统元件的相对运动方向。

2）半主动悬架系统。这种系统的功能是基于阻尼器和弹簧快速调整的特性实现的。与缓变/自适应悬架系统一样，半主动悬架系统中产生的力取决于悬架系统元件的行进方向。具有传统半主动阻尼器的半主动悬架系统是基于气动、液压或液压气动元件实现的。在这种系统中，可以通过改变阻尼器中的液体体积来改变阻尼器的特性，这种变化可以通过改变阻尼器活塞的两个活塞室之间的旁路横截面积来实现，因此单个阻尼器可以有多种特性曲线。根据横截面积的变化方式，阻尼器可以具有固定阶跃或连续特性。第二种半主动悬架系统是一种带有电流变阻尼器或磁流变阻尼器的系统。这种系统的功能是基于液体的电流变或磁流变特性实现的。通过施加电场或磁场，阻尼器中流体的黏度将会改变，从而获得理想的性能。电流变阻尼器的特点是对电场的快速响应，而磁流变阻尼器的特点是在较大的温度范围内具有高屈服强度和稳定的性能。这种系统的主要缺点是流体特性缺乏长期稳定性。

3）主动悬架系统。这种系统包括被动元件（常规弹簧和阻尼器）和主动元件（执行机构）。液压、液压气动、气动或电动执行机构产生的悬架作用力独立于底盘和车轮的相对运动。主动悬架系统更复杂、更昂贵且需要大量能量。

主动悬架系统的主动组件可与半主动阻尼器结合使用，以在成本、复杂度和能耗之间做出很好的取舍和折中。表11.1为机电悬架系统的分类。

表 11.1　机电悬架系统的分类

类型	系统描述	力范围	操作范围	能量需求
被动悬架系统			无执行器	0W
缓变/自适应悬架系统			<1Hz	低
半主动悬架系统			0~40Hz	低
部分载荷的主动悬架系统			0~5Hz	中
满载荷的主动悬架系统			0~30Hz	高

11.3　设计开发流程

　　机电系统的设计过程要求非常高——要求必须在机械、电子和计算机科学领域形成一个系统的工程以实现一个完整集成的系统。因此,在组件开发及其验证过程中将采用由 CAE 支持的提供数字仿真模型的智能测试技术,我们将会把重点放在计算机辅助系统仿真和实验测试技术的智能信息处理和交互上。CAE 是一项在 CAD 技术中创建的可以对设计进行计算机分析的技术,CAE 技术可以对由 CAD 技术创建的设计进行计算分析。CAE 技术的应用有助于在设计、测试和设计改进过程之间建立更好的联系，迄今为止，开发过程的三个阶段几乎是相互独立的。图 11.1 显示了设计开发过程的示意图。经过理论建模和实验系统验证后，将按照以下设计步骤进行控制系统分析和基于模型的控制器设计。为了进行高效的优化和测试，我们提出以下需求：

- 软件开发环境必须满足在不同的 CAE 工具［例如 CAD、FEM 和 MBS（多实体仿真）软件］和 CACE（计算机辅助控制工程）工具之间具有可靠且精确的关联。图 11.2 展示了这种环境的示例。根据该图，我们可以确定 MATLAB（和 Simulink）在新技术系统建模和仿真的完整过程中起到框架的作用。
- 我们需要实验室级别的高性能平台和软件开发环境，两者结合可以使从离线仿真到复杂控制器实时运作的整个过程实现自动化。

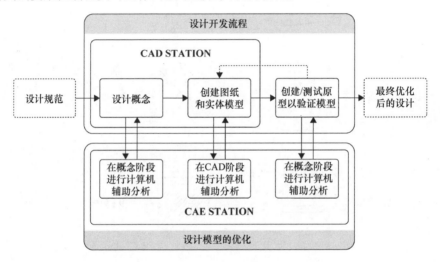

图 11.1 设计开发流程

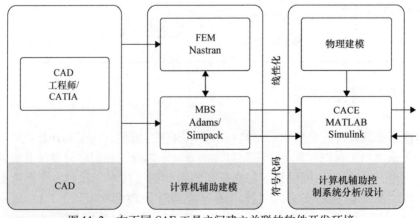

图 11.2 在不同 CAE 工具之间建立关联的软件开发环境

使用先进的硬件仿真作为反馈，并对机电一体化组件进行交互式测试在改善设计开发过程中具有重要作用，这种方法是将机电一体化组件构建到已实时模拟车辆运动、外部负载和与其紧密相关的机械系统的虚拟环境中。已经通过 CAE 工具和多功能仿真程序开发出了复杂垂直车辆动力学模型。在降阶模型的基础上，应设计一个多变量、功能强大的控制系统来对主动悬架进行控制。图 11.3 展示了具有被动弹簧且承受静态载荷的 1/4 汽车模型，该模型将用于悬架系统仿真。

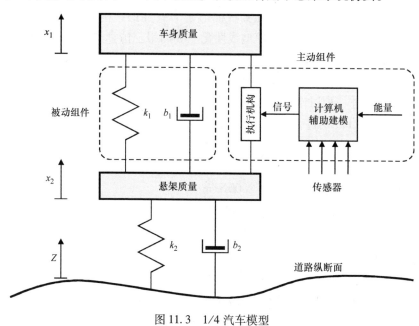

图 11.3　1/4 汽车模型

11.4　主动悬架系统建模

人们已经提出了很多方法来改善主动悬架设计的性能，例如线性最优控制、模糊逻辑控制、神经网络控制、自适应控制、H_∞ 控制、非线性控制、LQG（二次线性高斯）控制以及天棚控制算法等，同时人们也提出了许多方法来满足汽车悬架的多目标要求。在提高鲁棒性和抑制干扰的背景下，人们对主动悬架的 H_∞ 控制进行了深入的讨论研究。一个有趣的解决方案是使用模糊滑模控制器来控制主动悬架系统并评估其控制性能。模糊滑模控制器利用簧载质量位置的误差和误差的变化建立滑移面，然后将滑移面和滑移面的改变量作为传统模糊控制器的输入变量引入悬架系统。另一种可能的解决方案是使用新的鲁棒神经网络控制系统对车辆主动悬架系统进行振动控制，它由一个鲁棒反馈控制器和前馈神经网络预测控制器组成。

在悬架系统的设计中可以使用以下模型：1/4 汽车模型、1/2 汽车模型和整车模型。我们这里使用 1/4 汽车模型（图 11.3）将问题简化为一维弹簧 - 阻尼系统。

汽车是具有大量自由度的复杂振动系统的典型代表,汽车振动主要由道路干扰引起。我们将从以下四点出发来评估车辆的振动:
- 车辆以恒定速度直线运动。
- 车轮始终与道路接触且视为单点接触。
- 左轮和右轮的道路干扰相同,并且车辆相对于纵轴对称。
- 质量分配系数约为1。

虽然悬架系统 (k_1, b_1) 的真实特征值是非线性的,但我们仍然采用了恒定值,因为这可以在一定程度上使模型线性化。我们用于仿真的阶跃函数也有一定的局限性:如果车辆的轮胎受到来自阶跃函数的激励,则轮胎将跳动并导致轮胎与行驶路面失去接触。此外,悬架阻尼比在阻尼器被压缩时比阻尼器被拉伸时小很多倍。在结论中将进一步讨论这些限制。我们在仿真过程中使用的数据是公交车的数据,仿真通过 MATLAB 进行。图 11.3 上指定的变量具有如下含义:
- 车身质量 $m_1 = 2250\text{kg}$。
- 悬架质量 $m_2 = 290\text{kg}$。
- 悬架系统的弹性系数 $k_1 = 72000\text{N/m}$。
- 车轮和轮胎的弹性系数 $k_2 = 450000\text{N/m}$。
- 悬架系统的阻尼系数 $b_1 = 315\text{N}\cdot\text{s/m}$。
- 车轮和轮胎的阻尼系数 $b_2 = 13500\text{N}\cdot\text{s/m}$。
- 控制力 F_a:我们将要设计的控制器的力。

当车辆遇到任何道路干扰时,车身不应产生较大振动,并且振动应迅速衰减。这也是我们的主要任务。由于距离 $x_1 - Z$ 很难测量并且轮胎 $x_2 - Z$ 的形变可以忽略不计,因此在我们的问题中,我们将使用 $x_1 - x_2$ 而非 $x_1 - Z$ 作为输出。道干扰 Z 将用一个阶跃输入来仿真,此阶跃可能代表车辆可以从坑洼中出来。我们希望设计一个反馈控制器,使输出 $x_1 - x_2$ 的超调量小于5%,稳定时间小于5s。系统的动态特性可以由决定系统响应(超调量和稳定时间)的参数值在一定时间范围内最合适地定义。

11.4.1 状态空间中的系统模型

对系统行为自动调节质量的评估本质上是估算控制变量的预定值和实际值之间的误差,随时了解此误差可以得到所观察系统的特征的完整信息。由于系统的输入变化规律相当多变(可能在正常工作状态下发生变化),因此从实践角度来讲,这种基于估算当前误差值的方法并不合适。因此,最好根据其在受到典型输入信号干扰时所表现出来的特征来估计相关的系统特性。根据图11.3和牛顿定律,我们可以获得以下动力学方程,它们代表了动力学系统的数学模型:

$$m_1 \ddot{x}_1 = -b_1(\dot{x}_1 - \dot{x}_2) - k_1(x_1 - x_2) + F_a \qquad (11.1)$$

$$m_2\ddot{x}_2 = b_1(\dot{x}_1 - \dot{x}_2) + k_1(x_1 - x_2) + b_2(\dot{Z} - \dot{x}_2) + k_2(Z - x_2) - F_a \tag{11.2}$$

在讨论系统分析与合成的新方法（该方法避免了代数方程和微分方程问题）时，主要考虑的是状态空间中的系统分析与合成。与使用拉普拉斯变换相比，从微分方程中导出状态空间方程形式的系统表达式要容易得多。为了使状态空间表达式有效，所有状态的导数必须以输入和状态本身为依据。现在，我们将选择要使用的状态。首先，我们分别将式（11.1）和式（11.2）除以 m_1 和 m_2，并令 $Y_1 = x_1 - x_2$。注意出现在式（11.4）中的 $\dot{Z}$：

$$\ddot{x}_1 = -\frac{b_1}{m_1}\dot{Y}_1 - \frac{k_1}{m_1}Y_1 + \frac{F_a}{m_1} \tag{11.3}$$

$$\ddot{x}_2 = \frac{b_1}{m_2}\dot{Y}_1 + \frac{k_1}{m_2}Y_1 + \frac{b_2}{m_2}(\dot{Z} - \dot{x}_2) + \frac{k_2}{m_2}(Z - x_2) - \frac{F_a}{m_2} \tag{11.4}$$

第一个状态是 x_1。由于没有任何输入的导数出现在 $\ddot{x}_1$ 的等式中，因此我们选择 $\dot{x}_1$ 作为第二个状态。然后，我们选择 x_1 和 x_2 之差作为第三个状态。我们将通过代数运算确定第四个状态。所以我们从式（11.3）中减去式（11.4）得到 $\dot{Y}_1$ 的表达式：

$$\ddot{x}_1 - \ddot{x}_2 = \ddot{Y}_1 = -\left(\frac{b_1}{m_1} + \frac{b_1}{m_2}\right)\dot{Y}_1 - \left(\frac{k_1}{m_1} + \frac{k_1}{m_2}\right)Y_1 - \frac{b_2}{m_2}(\dot{Z} - \dot{x}_2)$$

$$- \frac{k_2}{m_2}(Z - x_2) + F_a\left(\frac{1}{m_1} + \frac{1}{m_2}\right) \tag{11.5}$$

由于我们不能在状态空间表达式中使用二阶导数，因此我们对式（11.5）进行积分以获得 $\dot{Y}_1$：

$$\dot{Y}_1 = -\left(\frac{b_1}{m_1} + \frac{b_1}{m_2}\right)Y_1 - \frac{b_2}{m_2}(Z - x_2) +$$

$$\int\left(-\left(\frac{k_1}{m_1} + \frac{k_1}{m_2}\right)Y_1 - \frac{k_2}{m_2}(Z - x_2) + F_a\left(\frac{1}{m_1} + \frac{1}{m_2}\right)\right)dt \tag{11.6}$$

该方程式中没有输入导数，并且 $\dot{Y}_1$ 仅用状态和输入表示（积分除外）。我们称该积分为 Y_2。假设 $x_2 = x_1 - Y_1$，我们可以从式（11.6）得出 Y_1 的状态空间方程为

$$\dot{Y}_1 = -\left(\frac{b_1}{m_1} + \frac{b_1}{m_2}\right)Y_1 - \frac{b_2}{m_2}(Z - x_1 + Y_1) + Y_2 \tag{11.7}$$

将 Y_1 的导数代入式（11.3）可得

$$\ddot{x}_1 = -\frac{b_1 b_2}{m_1 m_2}x_1 + \left(\frac{b_1}{m_1}\left(\frac{b_1}{m_1} + \frac{b_1 + b_2}{m_2}\right) - \frac{k_1}{m_1}\right)Y_1 + \frac{b_1 b_2}{m_1 m_2}Z + \frac{F_a}{m_1} - \frac{b_1}{m_1}Y_2$$

$$\tag{11.8}$$

状态变量为 x_1，$\dot{x}_1$，Y_1，Y_2。式（11.8）中的矩阵如下：

$$\begin{bmatrix} \dot{x}_1 \\ \ddot{x}_1 \\ \dot{Y}_1 \\ \dot{Y}_2 \end{bmatrix} = \begin{bmatrix} 0 & 1 & 0 & 0 \\ -\dfrac{b_1 b_2}{m_1 m_2} & 0 & \dfrac{b_1}{m_1}\left(\dfrac{b_1}{m_1}+\dfrac{b_1+b_2}{m_2}\right)-\dfrac{k_1}{m_1} & -\dfrac{b_1}{m_1} \\ \dfrac{b_2}{m_2} & 0 & -\left(\dfrac{b_1}{m_1}+\dfrac{b_1+b_2}{m_2}\right) & 1 \\ \dfrac{k_2}{m_2} & 0 & -\left(\dfrac{k_1}{m_1}+\dfrac{k_1+k_2}{m_2}\right) & 0 \end{bmatrix} \begin{bmatrix} x_1 \\ \dot{x}_1 \\ Y_1 \\ Y_2 \end{bmatrix} + \begin{bmatrix} 0 & 0 \\ \dfrac{1}{m_1} & \dfrac{b_1 b_2}{m_1 m_2} \\ 0 & -\dfrac{b_2}{m_2} \\ \dfrac{1}{m_1}+\dfrac{1}{m_2} & -\dfrac{k_2}{m_2} \end{bmatrix} \begin{bmatrix} F_a \\ Z \end{bmatrix}$$

(11.9)

$$Y = \begin{bmatrix} 0 & 0 & 1 & 0 \end{bmatrix} \begin{bmatrix} x_1 \\ \dot{x}_1 \\ Y_1 \\ Y_2 \end{bmatrix} + \begin{bmatrix} 0 & 0 \end{bmatrix} \begin{bmatrix} F_a \\ Z \end{bmatrix} \quad (11.10)$$

通过定义标准状态空间方程（$\dot{X} = AX + BZ$；$Y = CX + DZ$）的四个矩阵，我们可以将上述状态空间方程（11.9）和式（11.10）输入 MATLAB。我们创建了一个基于状态空间方程的 MATLAB 文件，通过在 MATLAB 文件中添加"step（A，B，C，D，1）"命令并在命令窗口中执行，我们得到了单位阶跃驱动力的开环响应。通常我们可以使用现有的函数来表示新的函数，并将新的函数添加到 MATLAB 函数库中。组成新函数的现有命令和函数位于一个称为 m 文件的文本文件中。m 文件可以是脚本或函数。脚本是仅仅包含一系列 MATLAB 语句的文件。函数使用它们自己的局部变量并接受输入的参数。m 文件的文件名以字母开头，其扩展名为".m"。

图 11.4 显示此系统是欠阻尼状态。当人们坐在公交车上时会感到一点点振动，其稳态误差约为 0.01mm。但是公交车达到稳定状态所需的时间相当长，而这么长的时间是无法接受的。该问题的解决方案是将一个反馈控制器加入系统框图中。这里的"控制器"既可以指控制器，也可以指执行机构。将命令"step"添加到 m 文件中，我们可以得到 0.1m 阶跃干扰的开环响应。

图 11.5 显示，当公交车在路上通过 10cm 高的凸块时，公交车车身将产生大约 50s 的振动，如此长的振动时间是无法接受的，并且其振幅要比初始冲击时的振幅大很多。过大的超调量和过长的稳定时间会让悬架系统损坏。如前所述，解决方案是在系统中添加一个反馈控制器以提高性能。由此获得的闭环系统框图如图 11.6 所示。

11.4.2　主动悬架数字系统合成

除了用于控制车辆主动悬架系统的 PID 算法和神经网络以外，在各种文献中我们还可以找到许多控制系统和执行机构的现代化解决方案：

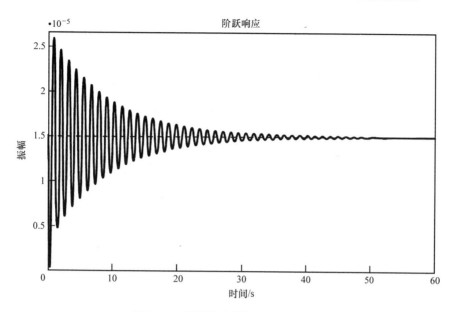

图 11.4 单位阶跃激振力的开环响应

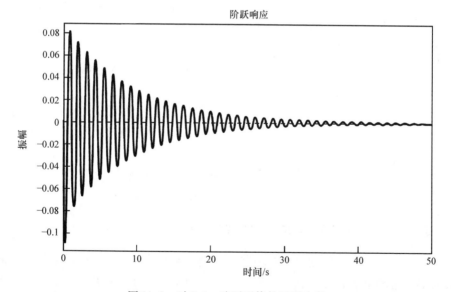

图 11.5 对 0.1m 阶跃干扰的开环响应

- 具有执行机构延时的 H_∞ 控制。
- 通过电液执行机构来控制车辆悬架系统的阻尼控制。该电液执行机构包括一个伺服阀和一个液压缸。
- 混合控制技术应用于采用了天棚和自适应神经主动力控制的车辆主动悬架系统。整个控制系统主要包括四个反馈控制回路,即用于内部气动执行机构力跟踪

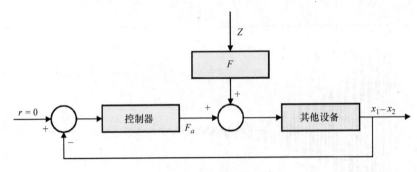

图 11.6 闭环系统框图

的比例积分控制回路、中间的天棚、用于补偿干扰的主动力控制回路以及用于计算最佳目标/指令力的外层 PID 控制回路。气动执行机构的优点是成本低、功率重量比高、易于维护、能源容易获得且价格便宜。

● 各种旋转执行机构、电动平衡执行机构、机电执行机构和电动阻尼执行机构。

● 基于遗传算法的用于优化控制器参数和弹簧刚度的优化技术。这种方法和所有其他基于非梯度的优化方法的主要优点是它们不需要目标函数的导数,而这些目标函数的导数很难从数值模拟模型中计算出来。

● 基于知识的模糊逻辑控制器、可变结构控制器和反步控制器。

● 可能的解决方案是利用电流变或磁流变特性的液体阻尼器。这些系统主要应用于车辆半主动悬架。

● 较旧的解决方案是液压系统、气液系统、机电系统以及气动系统。这些系统中的大多数还包括被动元件,例如常规弹簧和阻尼器、气液阻尼器,以及驱动系统中涉及的弹簧组件。

● 在集成智能型执行机构的实现过程中,智能执行机构和驱动被组合成一个单一元件。压电执行机构是这种类型的典型例子。

11.4.3 采用 PID 控制器的主动悬架控制

首先,我们将考虑使用 PID 控制器来控制悬架系统。执行机构可能具有我们并不想要的静态和动态特性,它们会给 PID 控制回路带来许多问题。例如,我们无法通过调节 PID 参数来消除由执行机构齿轮间隙引起的极限环问题。因此,我们使用一个逆模型和一个简单位置控制器的非线性补偿算法来使执行机构的特性在可达到的作用范围内保持尽可能的线性。PID 控制器由于结构简单且功能高效而得到了广泛的应用。尽管 PID 控制器有很多改进,但它的结构具有恒定的增益参数,这不利于减小速度控制误差。在本文中,最简单的常规 PID 控制器是通过对相似的等价物进行简单离散得到的。通过对 z 变换的应用,我们得到了增量式 PID 控制器的离散

传递函数,其形式为

$$D_p(z) = \frac{U(z)}{E(z)} = K\left[1 + \frac{T/T_I}{1-z^{-1}} + \frac{T_D}{T}(1-z^{-1})\right] \tag{11.11}$$

或

$$D_p(z) = K_P + \frac{K_I}{1-z^{-1}} + K_D(1-z^{-1}) \tag{11.12}$$

式中,$K_P = K$,$K_I = KT/T_I$,$K_D = KT_D/T$,分别称为 P 作用因数、I 作用因数和 D 作用因数(K是增益因数;T_I和T_D是积分作用和微分作用的时间常数)。

图 11.7 所示为带有数字 PID 控制器系统的结构图。注意,在图 11.7a 中没有虚线框的情况下,控制图中包含一个增量 PID 控制器。但是当有了这个虚线框时,该控制图将等效于图 11.7b,其中包含位置 PID 调节规则。数字规律的位置类型似乎很自然,但是增量类型更容易使用。如果将其直接连接到步进电动机类型的执行机构,则必须使用增量算法,并且即使执行机构输出处于边界位置,也很容易方便地使它工作。同样,必须强调的是,有许多方法可以对硬件进行优化,并可以改善开

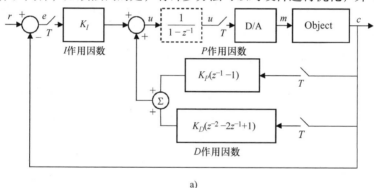

a)

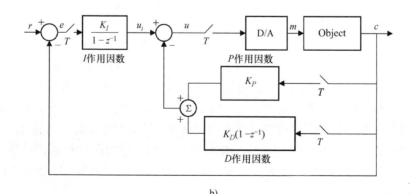

b)

图 11.7 具有数字 PID 控制器的系统结构
a) 增量型 b) 位置型

步进环电动机系统的动力学性能。增量算法的主要缺陷是"无法看到"执行机构输出的位置。因此,当使用比例执行器或积分机构(但包括在反馈中)时,必须使用位置形式的 PID 算法,或者必须将增量形式转换为位置形式,这基本上可以归结为图 11.7a 中有虚线的情况。通过采用智能执行机构技术,可以在不良执行机构特性存在的情况下使用标准 PID 控制技术。可以使用标准的极点放置技术将智能执行器应用于在线 PID 控制器调整,以抵消执行器性能的下降问题。

我们的任务是在状态空间中设计用于悬架系统控制的数字控制器。首先,我们应该将连续模型转换为离散模型,然后使用极点配置法作为可能的解决方案之一来设计控制器。状态空间模型在式(11.9)和式(11.10)中给出。将连续模型转换为等效的离散模型的第一步是选择合适的采样时间 T。

这是非常重要的一步,因为道路干扰会以极快的速度影响输出。由于在完整的采样时间之后,控制器只能"看到"干扰的结果,因此我们必须选择足够短的采样时间 T,以使输出 $(x_1 - x_2)$ 在一次选择时间内不会超过初始要求的 5%。要挑选一个选择时间,我们应该仔细考虑系统响应图的初始部分。由图 11.5 我们可以得知,输出很快就会变为负值,然后开始振荡。我们将通过在 0~0.005 范围内调整时间向量来模拟此响应的开始部分。通过将 B 矩阵乘以 0.1 来模拟对 0.1 m 阶跃干扰的响应。在已经生成的 m 文件中添加命令 "step(A, .1*B, C, D, 2, 0: 0.0001: .005)" 以获得对 0.1m 阶跃干扰的开环响应。该图表明,挠度为 k_1 的弹簧压缩得相当快,仅在 0.001s 多一点的时间后,系统就对 0.1m 阶跃扰动的响应超出了 5mm 的初始要求。因此,我们将 T 调整为 0.0005s 以使控制器有机会做出反应。在我们选择采样时间后,就可以将系统转换为离散形式了。我们可以使用 MATLAB 将上述的系统状态空间模型(使用 A, B, C 和 D 矩阵)通过"c2dm"命令转换为离散状态空间模型(使用 Ad, Bd, Cd 和 Dd)。该命令通常具有六个参数:四个空间矩阵、采样时间 T 和电路保持的类型。在此示例中,我们使用了零阶保留(zoh)。我们将把以下命令添加到我们的 m 文件中:

$T = 0.0005;$

$[Ad\ Bd\ Cd\ Dd] = c2dm(A, B, C, D, T, 'zoh')$

这样我们就可以得到代表系统的一个新的离散状态空间模型的响应。在车辆悬架系统的主动控制中,系统的时间延迟是另一个重要的问题,需要仔细处理以避免性能下降或可能的闭环系统的不稳定。在受控系统中可能会出现不可避免的时间延迟,尤其是在数字控制器执行精密的复杂控制规律相关的计算时,以及在传感器和执行机构硬件(例如液压机构)中,执行机构会用这些时间延迟来产生所需的控制力。尽管延迟时间可能会很短,但是当延迟出现在反馈回路中时,它可能会限制控制性能甚至导致系统不稳定。

下一步是将积分器添加到系统中,以便系统在稳定状态下的响应为零。我们将与设备串联添加该积分器。这将导致增加其他系统状态。我们将通过在状态空间中表示积分器并使用"series"命令来添加积分器。该命令将两个系统的 A,B,C,D 矩阵作为参数,以串行连接方式将它们链接起来,并返回给我们一组新的 A,B,C,D 矩阵。离散状态空间中的积分器可以在任何时间 T 用以下方式表示:

$$x(k+1) = x(k) + Tu(k) \tag{11.13}$$

和

$$y(k) = x(k) + \frac{T}{2}u(k) \tag{11.14}$$

为此,我们将以下命令添加到 m 文件中:

Ai = 1;Bi = 1;Ci = T;Di = T/2;

[Ada Bda Cda Dda] = series(Ad,Bd,Cd,Dd,Ai,Bi,Ci,Di)

MATLAB 将返回给我们一组新的矩阵,这是积分器作用的结果。新矩阵为 5 维矩阵,而不是先前的 4 维矩阵。

Ada =

1.0000	0	0	1.0000	0
0	1.0000	0.0005	-0.0000	-0.0000
0	-0.0034	1.0000	-0.0125	-0.0001
0	0.0232	0.0000	0.9762	0.0005
0	0.7652	0.0002	-0.9051	0.9998

Bda =

0	0
0.0000	0.0000
0.0000	0.0034
0.0000	-0.0232
0.0000	-0.7652

Cda =

$1.0e-003 * (0.5000 \quad 0 \quad 0 \quad 0.2500 \quad 0)$

Dda =

0 0

不幸的是,该方程的输出是一个新的积分值。我们必须改变矩阵的输出 Cda,由此我们可以得到:

$Cda = [Cd \; 0] Cda = 0 \; 0 \; 1 \; 0 \; 0$

该控制器的结构类似于具有连续系统的状态空间控制器的结构。现在,我们将使用"place"命令来计算增益矩阵 K,该矩阵将为我们提供所需的闭环调节系统极点。首先,我们应该决定将闭环极点放置在何处。由于我们要确定所有五个闭环极点的位置,因此在解决此问题时必须严格筛选。更精确地说,我们可以定义它们,以便它们消除所有系统零,并同时给我们所需的响应。首先,我们应该通过将数字状态空间方程转换为传递函数,然后通过确定分子的平方根来跟踪所有零。我们将使用"ss2tf"命令,该命令将状态空间矩阵和选定的输入作为参数,并将分子和分母的传递函数作为输出返回给我们。我们将以下代码添加到 m 文件中:

$$[num, den] = ss2tf(Ad, Bd, Cd, Dd, l);$$

$$zeros = roots(num);$$

我们可以得到如下响应:

$$zeros = 0.9987 + 0.0065i$$
$$0.9987 - 0.0065i$$
$$-0.9929$$

我们将从闭环系统的五个理想极点中选择三个零作为前三个极点。我们将在大约 10000 个样本(或 5s)中选择值为 0.9992 的作为第四个极点。最后一个极点将用 $z = 0.2$ 选择,因为它足够快而可以忽略不计。我们将以下代码添加到我们的 m 文件中:

$$p1 = .97 + .13i; \quad p2 = .97 - .13i; \quad p3 = -.87$$
$$p1 = zeros(1); \quad p2 = zeros(2); p3 = zeros(3)$$
$$p4 = .9992; p5 = .5$$
$$K = place(Ada, Bda * [1;0], [p1\ p2\ p3\ p4\ p5])$$

MATLAB 给我们如下响应:

$$place; ndigits = 15$$
$$K = 1.0e + 008 * (0.0082 \quad 0.3458 \quad 0.0054 \quad 9.8881 \quad 0.0096)$$

我们将使用"dstep"命令来模拟闭环响应。由于在我们的控制器中将状态空间矢量乘以 K 仅给出一个信号,因此有必要通过将其乘以 $[1 \quad 0]^T$ 来向 K 添加一系列零。出于实际因素的考虑,我们将通过阶跃干扰的负值(0.1m)进行仿真,以获得挠度的正值。我们添加以下代码:

$$yout = dstep(Ada - Bda * [1\ 0]' * K - .1 * Bda, Cda, -$$
$$-.1 * Dda, 2, 10001);$$
$$t = 0: .0005: 5;$$
$$stairs(t, yout);$$

在图 11.8 中,我们可以看到对 0.1m 阶跃干扰的闭环响应,超调量小于 5mm,稳定时间不超过 5s。

11.4.4 采用神经网络的主动悬架控制

如前所述,PID 控制器是许多控制主动悬架的方式之一。神经网络不仅可以用于识别主动悬架系统的非线性动力学特性,而且可以对其进行控制。半主动悬架系

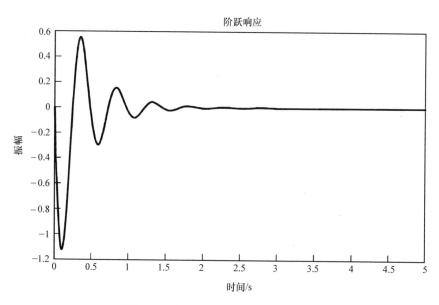

图 11.8　对 0.1m 阶跃干扰的闭环响应

统也可以使用神经网络进行控制。例如，在参考文献［29］中，神经网络的任务是根据活塞的位移和速度生成控制电压，以获得所需的磁流变阻尼力。可以使用半随机参数优化方法来训练基于非线性悬架系统动力学的泰勒级数近似法的神经网络控制器。而且，神经网络可以与其他技术（例如模糊逻辑）结合起来控制主动悬架系统。

人工神经网络是快速、有效和可靠的算法，可用于无法建模或难以使用常规物理和数学模型建模的复杂系统的建模。神经网络包括一组人工神经元，并且可以通过调整这些神经元之间连接的权重来训练它们以执行所需的功能，以使特定的网络输入获得特定的网络输出。神经网络中的神经元通常多层排列。其中一层神经元的输出是下一层神经元的输入。输入层只包含标量网络输入。网络中的最后一层称为输出层，该层的输出也是网络输出。输入层和输出层之间的所有层都称为隐藏层。

每个神经元都包含一个输入函数（最常见的是求和）和一个 S 型（对数 S 型，双曲线正切 S 型等）传递函数。每个神经元都有一个附加输入，其固定值为 1，称为偏置。网络输出可根据其输入按如下规则计算：每个神经元输入（包括偏差）乘以相应的权重值；然后在每个神经元中，通过输入函数（如果输入函数是求和则求和，如果输入函数是乘积则乘积，以此类推）和 S 型传递函数处理以这种方式加权的输入。由这些计算给出的神经元输出将作为下一层神经元的输入，如果是输出层中的神经元，则作为网络输出。图 11.9 给出了神经网络架构的一个例子，图 11.10 给出了缩略图。

图 11.9 和图 11.10 所示的网络输入向量是四列向量，因为该网络旨在通过改

变基于四个输入的控制力来控制主动悬架：

$$p = \begin{Bmatrix} x_1 \\ \dot{x}_1 \\ Y_1 \\ Y_2 \end{Bmatrix} \tag{11.15}$$

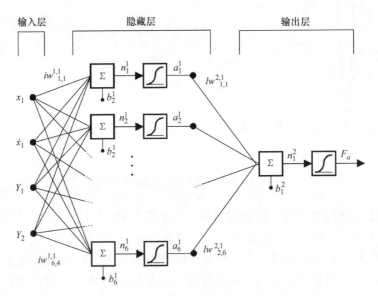

图 11.9 神经网络架构

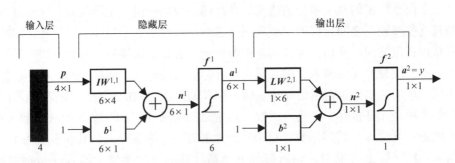

图 11.10 神经网络架构（缩略图）

现在以该网络为例，演示训练好的神经网络如何根据给定的输入来计算其输出。该神经网络包括具有六个神经元的一个隐藏层。这意味着输入矢量将乘以 6×4 输入权重矩阵 $IW^{1,1}$，然后与偏置矢量 b^1 相加，接着该求和的结果矢量 n^1 将由传递函数（在这种情况下为对数 S 型）处理。隐藏层 a^1 的输出向量是输出层的输入向量，它将与层权重矩阵 $LW^{2,1}$ 相乘，然后与偏置向量 b^2 相加来得到向量 n^2，该

向量将再次由传递函数处理,由此得到输出层的输出向量,该向量也是神经网络的输出向量 y:

$$a^2 = y = F_a \tag{11.16}$$

矢量 a^1、a^2 由以下两式定义:

$$a^1 = f^1(IW^{1,1}p + b^1) \tag{11.17}$$

$$a^2 = y = f^2(LW^{2,1}a^1 + b^2) = f^2(LW^{2,1}f^1(IW^{1,1}p + b^1) + b^2) \tag{11.18}$$

图 11.11 显示了神经网络的创建过程。第一步是识别输入参数。网络输入和输出的选择取决于构建网络的分析。因为在需要完成的分析中,神经网络的输入和输出分别代表输入和输出。

图 11.11 神经网络模型创建过程

在定义网络的输入和输出时,必须准备好训练、验证和测试数据。这些数据包含足够数量的输入-输出关系,其中对于输入参数的每种组合,都有对应的输出值。然后,需要将准备好的数据分为三组:训练集、验证集和测试集。

训练集的数据将用于神经网络的训练。在训练开始之前,必须对数据进行预处理以将其标准化。可以通过将数据集中所有参数(输入和输出)的值缩放到 0 到 1 的范围来完成标准化,其中 1 对应于单个参数的最大期望值。预处理还可以使训练网络的响应分析变得更加容易。之后,网络的输出可以轻松地反向转换回原始单元。

当数据准备好进行训练时,必须选择隐藏层和神经元的数量、训练的类型及其参数。必须根据问题的复杂性进行选择:如果神经元的数量少于要求的数量,则函数的近似值将会不够准确,并且输出将与输入无关;另一方面,如果隐藏层中的神经元数量大于所需数量,则可能会出现过度拟合现象(就算训练误差较低,该现象也会导致出现较大的测试误差)。隐藏层中神经元的最佳数量将通过实验确定,通常从具有三到五个神经元的单个隐藏层开始实验。训练算法和传递函数也需要通过试错法来选择。具有一个包含足够数量神经元的隐藏层的反向传播神经网络可以准确地估算几乎任何复杂的函数。

  当设置好了用于第一次迭代的神经网络架构时，就可以开始使用训练数据进行神经网络训练了。在此示例中，将使用反向传播算法来训练神经网络，反向传播算法是一种广泛用于前馈神经网络训练的算法。该算法的名称来自其工作原理——输入信号向前发送，错误向后传播。在第一个训练期（训练迭代）中，连接权重是随机设置的，然后在每个训练期中调整连接权重以最大限度地减少输出误差。权重基于获得的输出和所需输出的比较来调整。发生以下情况之一时，神经网络训练将停止：

- 达到预期的训练效果。
- 达到预期的验证性能目标（如果使用验证的话）。
- 达到预定义的最大训练期数（过多的训练期数也可能导致训练数据过度拟合）。
- 超出预定义的最大时间。

  训练完成后，需要使用验证集和测试集对人工神经网络进行验证和测试。这些步骤的目的是评估神经网络对未知输入提供正确输出响应的能力。训练、验证和测试结果都需要仔细观察，如果误差是可以接受的，则可以使用经过训练的网络进行相关分析，如果误差过大，则需要更改神经网络的结构和训练参数，并且需要再次进行训练、验证和测试。需要反复执行试错法，直到误差减小到可接受的程度为止。神经网络控制器训练方案如图 11.12 所示。

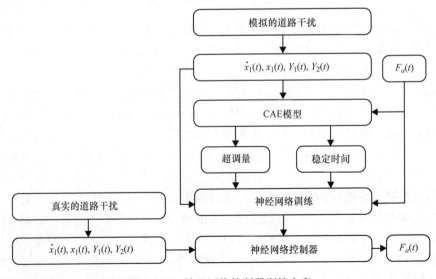

图 11.12 神经网络控制器训练方案

用作主动悬架控制器的神经网络需要使用实验数据或使用数值模型获得的数据进行训练。对于一组输入参数组合 $(x_1, \dot{x}_1, Y_1, Y_2)$，存在控制力 F_a 的值，它可以给出可接受的超调量和稳定时间值。这些数据被用于训练神经网络以响应输入参数，从而在行驶舒适性和行驶稳定性之间达到理想的平衡。

前面提出的神经网络还可以为输入参数的预测范围提供所需的主动力强度范围。通过了解此范围，设计者可以在尺寸、重量、能耗和价格方面优化执行机构，同时使悬架系统的性能保持在可接受的范围内。

11.5 结论

在过去的几年中，主动悬架系统得到了越来越多的应用。在开发的初始阶段对该系统进行仿真带来了许多好处：

- 节省了时间。我们不必再等待开发结果。
- 降低了成本。我们不必在实验室中设计昂贵的模型，也不用进行复杂的实验室检验。
- 我们可以模拟几乎所有类型的汽车的悬架系统，这在实验室条件下很难实现。

在实际建造主动悬架系统之前，建议并要求在计算机上模拟获得解析解，以便检查调节作用的变化范围以及调节变量对典型输入信号的响应，从而确认系统物理实现的可能性。记得检查执行机构的限制和整个控制对象内的其他可能的限制是否也被考虑了。以上陈述绝非意味着不再需要实验室测试，而是可以在更短的时间内进行测试并降低成本。主动悬架及其执行机构面临的主要挑战是要达到可接受的性能所需的尺寸、质量和能耗。由于这个原因，执行机构的物理性质将被包括在优化问题中。在实际中，执行机构故障通常是导致系统损坏的最大原因。悬架系统建模是使用 MATLAB 交互式环境并通过状态空间方程在 1/4 汽车模型的基础上进行的。阶跃输入是单位阶跃函数，即一定的道路干扰值。已经得出的结论是，在遇到任何种类的障碍物之后，车辆的稳定时间和超调量都太长了，必须在悬架系统中加入一个控制器。我们通过极点放置方法设计了数字控制器，这是可能的解决方案之一。此外，提出了使用神经网络控制主动悬架系统的可能性。

本章提出的动力学模型只是非常粗略地表示了真实动力学系统，仅适用于研发过程的早期概念设计阶段。期望在不久的将来，该设计以及上述修改和必要的改进将在汽车工业中设计这种系统时得到应用。

参 考 文 献

[1] V. Popović, B. Vasić, B. Rakićević, and G. Vorotović, "Optimization of maintenance concept choice using risk-decision factor – a case study," *International Journal of Systems Science*, vol. 43, no. 10, pp. 1913–1926, 2012.

[2] W. Bolton, *Mechatronics: A Multidisciplinary Approach*, Fifth Edition. Pearson/Prentice Hall, Upper Saddle River, NJ, 2011.

[3] H. Du and N. Zhang, "H_∞ control of active vehicle suspensions with actuator time delay," *Journal of Sound and Vibration*, vol. 301, no. 1–2, pp. 236–252, 2007.

[4] D. Fischer and R. Isermann, "Mechatronic semi-active and active vehicle suspensions," *Control Engineering Practice*, vol. 12, no. 11, pp. 1353–1367, 2004.

[5] G. P. A. Koch, "Adaptive control of mechatronic vehicle suspension systems," doctoral dissertation, Technische Universität München, Germany, 2011.

[6] V. Popović, B. Vasić, M. Petrović, and S. Mitić, "System approach to vehicle suspension system control in CAE environment," *Strojniški vestnik – Journal of Mechanical Engineering*, vol. 57, no. 2, pp. 100–109, 2011.

[7] V. Popović, D. Janković, and B. Vasić, "Design and simulation of active suspension system by using MATLAB," In *Proceedings of of FISITA World Automotive Congress*, paper F2000G269, Seoul, South Korea, 2000.

[8] V. Popović, B. Vasić, and D. Janković, "Development of semi-active suspension system in CAE environment," In *Proceedings of FISITA World Automotive Congress*, paper F02V062, Helsinki, Finland, 2002.

[9] M. M. Fateh and S. S. Alavi, "Impedance control of an active suspension system," *Mechatronics*, vol. 19, no. 1, pp. 134–140, 2009.

[10] M. Jonasson and F. Roos, "Design and evaluation of an active electromechanical wheel suspension system," *Mechatronics*, vol. 18, no. 4, pp. 218–230, 2008.

[11] G. Priyandoko, M. Mailah, and H. Jamaluddin, "Vehicle active suspension system using skyhook adaptive neuro active force control," *Mechanical Systems and Signal Processing*, vol. 23, no. 3, pp. 855–868, 2009.

[12] S. J. Huang and H. Y. Chen, "Adaptive sliding controller with self-tuning fuzzy compensation for vehicle suspension control," *Mechatronics*, vol. 16, no. 10, pp. 607–622, 2006.

[13] A. B. Sharkawy, "Fuzzy and adaptive fuzzy control for the automobiles' active suspension system," *Vehicle System Dynamics*, vol. 43, no. 11, pp. 795–806, 2005.

[14] Y. Taskin, Y. Hacioglu, and N. Yagiz, "The use of fuzzy-logic control to improve the ride comfort of vehicles," *Strojniški vestnik – Journal of Mechanical Engineering*, vol. 53, no. 4, pp. 233–240, 2007.

[15] R. Guclu, "The fuzzy-logic control of active suspensions without suspension-gap degeneration," *Strojniški vestnik – Journal of Mechanical Engineering*, vol. 50, no. 10, pp. 462–468, 2004.

[16] J. Lin, R. J. Lian, C. N. Huang, and W. T. Sie, "Enhanced fuzzy sliding mode controller for active suspension systems," *Mechatronics*, vol. 19, no. 7, pp. 1178–1190, 2009.

[17] İ. Eski and Ş. Yıldırım, "Vibration control of vehicle active suspension system using a new robust neural network control system," *Simulation Modelling Practice and Theory*, vol. 17, no. 5, pp. 778–793, 2009.

[18] J. S. Lin and C. J. Huang, "Nonlinear backstepping active suspension design applied to a half-car model," *Vehicle System Dynamics*, vol. 42, no. 6, pp. 373–393, 2004.

[19] N. Yagiz and Y. Hacioglu, "Backstepping control of a vehicle with active suspensions," *Control Engineering Practice*, vol. 16, no. 12, pp. 1457–1467, 2008.

[20] M. R. Stojić, *Digital Control Systems* (in Serbian), Fourth edition. Faculty of Electrical Engineering, Belgrade, Serbia, 1998.

[21] C. B. Moler, *Numerical Computing with MATLAB*. SIAM, Philadelphia, PA, 2004.

[22] A. C. J. Luo and A. Rajendran, "Periodic motions and stability in a semi-active suspension system with MR damping," *Journal of Vibration and Control*, vol. 13, no. 5, pp. 687–709, 2007.

[23] D. Lee, J. Allan, H. A. Thompson, and S. Bennett, "PID control for a distributed system with a smart actuator," *Control Engineering Practice*, vol. 9, no. 11, pp. 1235–1244, 2001.

[24] P. Cominos and N. Munro, "PID controllers: recent tuning methods and design to specification," *IEE Proceedings – Control Theory and Applications*, vol. 149, no. 1, pp. 46–53, 2002.

[25] K. J. Åström and T. Hägglund, *PID Controllers: Theory, Design and Tuning*, Second edition. Instrument Society of America, Research Triangle Park, NC, 1995.

[26] J. R. Rogers and K. Craig, "On-hardware optimization of stepper-motor system dynamics," *Mechatronics*, vol. 15, no. 3, pp. 291–316, 2005.

[27] M. Nagai, A. Moran, Y. Tamura, and S. Koizumi, "Identification and control of nonlinear active pneumatic suspension for railway vehicles, using neural networks," *Control Engineering Practice*, vol. 5, no. 8, pp. 1137–1144, 1997.

[28] A. Moran and M. Nagai, "Optimal active control of nonlinear vehicle suspensions using neural networks," *JSME International Journal*, vol. 37-C, no. 4, pp. 707–718, 1994.

[29] M. Zapateiro, N. Luo, H. R. Karimi, and J. Vehí, "Vibration control of a class of semiactive suspension system using neural network and backstepping techniques," *Mechanical Systems and Signal Processing*, vol. 23, no. 6, pp. 1946–1953, 2009.

[30] K. Spentzas and S. A. Kanarachos, "Design of a non-linear hybrid car suspension system using neural networks," *Mathematics and Computers in Simulation*, vol. 60, no. 3–5, pp. 369–378, 2002.

[31] S. J. Huang and R. J. Lian, "A combination of fuzzy logic and neural network algorithms for active vibration control," *Proceedings of the Institution of Mechanical Engineers, Part I: Journal of Systems and Control Engineering*, vol. 210, no. 3, pp. 153–167, 1996.

[32] N. Al-Holou, T. Lahdhiri, D. S. Joo, J. Weaver, and F. Al-Abbas, "Sliding mode neural network inference fuzzy logic control for active suspension systems," *IEEE Transactions on Fuzzy Systems*, vol. 10, no. 2, pp. 234–246, 2002.

[33] A. T. C. Goh, "Back-propagation neural networks for modeling complex systems," *Artificial Intelligence in Engineering*, vol. 9, no. 3, pp. 143–151, 1995.

[34] D. Stamenković, V. Popović, and D. Aleksendrić, "Fully renewing combination free replacement and pro-rata warranty cost assessment using Monte Carlo simulation," In *Proceedings of The 18th ISSAT International Conference on Reliability and Quality in Design*, pp. 315–319, Boston, MA, 2012.

第 12 章 基于线性矩阵不等式的车辆发动机机体时滞系统振动控制

Hamid Reza Karimi

摘要

本章的目的是研究车辆发动机机体振动结构中的振动控制分析和综合问题。假定执行机构会受到弹跳和俯仰振动的时变延迟的控制。基于 Lyapunov – Krasovskii 泛函并使用一些自由权矩阵，根据线性矩阵不等式（LMI）给出的时滞依赖的充足条件，来设计所需的状态和输出反馈控制器。我们不用将二阶模型耦合到一阶系统，而是直接开发状态和输出反馈控制器，以规定的 γ 级 L_2 增益（或 H_∞ 性能）来保证渐近稳定性，控制器增益将由对 LMI 的凸优化来确定。本章将利用包括仿真结果在内的数据证明该技术的有效性和适用性。

12.1 引言

近年来，声音和振动的主动控制已成为科学技术发展的重要领域。主动控制的发展已使该概念成功应用于许多工业领域。近来，汽车的噪声和振动变得越来越重要。汽车内部噪声的主要来源是发动机和车轮振动，它们以结构声的形式通过车身传播，最后以空气声的形式辐射到车厢中。发动机悬置是一种有效的可以将汽车底盘结构与发动机振动隔离开的被动装置。但是，用于隔离的被动装置仅在高频范围内有效，而发动机产生的振动干扰主要发生在低频范围内。

影响舒适性的一个主要问题是发动机引起的振动会通过动力总成悬置传递到底盘中（图 12.1）。发动机和动力总成悬置通常根据一定的标准进行设计，该标准在发动机和底盘的隔离与发动机运动的限制之间进行了权衡。发动机悬置是一种有效的可将汽车底盘结构与发动机振动隔离开的被动装置。该被动隔离装置仅在高频范围内有效，但是发动机产生的振动干扰主要发生在低频范围内（见参考文献[2，6-9]）。这些振动是气缸内燃料的爆炸以及发动机不同部分的旋转造成的

(图 12.2)。到目前为止，由于技术问题，发动机和车轮悬置的商业化使用仍有困难。传统的橡胶隔振器和电动液压装置紧凑牢固的组合已经被构建成适用于大频率范围的主动液压悬置，但是在低频率时汽车所需的行程和功率尚不能通过安装尺寸合理的主动液压悬置来满足。

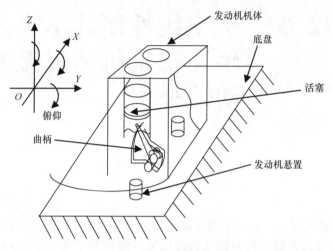

图 12.1　发动机激发的底盘

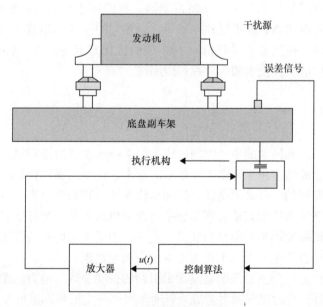

图 12.2　反馈控制装置的设置

在本文中，我们使用了两种主要的主动振动控制方法。第一种方法基于有关干扰源的信息可用的假设，称为前馈控制，通常通过著名的 Fx – LMS 算法实现。第

第 12 章　基于线性矩阵不等式的车辆发动机机体时滞系统振动控制

二种方法是反馈控制。反馈控制的主要思想是仅使用传感器来检测系统的输出响应。因此，假定干扰源未知。在典型的方法如速度反馈控制或加速度反馈控制，以及更先进的方法如优化控制、LQG 控制和神经网络控制中，存在几种未知干扰的振动衰减反馈控制策略。主动振动系统采用了多种控制技术，例如 PID 或超前滞后补偿、LQG/H_2、H_∞、μ 综合和前馈控制（见参考文献 [4, 9, 13 - 22]）。前馈控制的主要特征是干扰源的信息可知、并且通常使用 Fx - LMS 算法来实现。然而，在反馈控制中假设干扰源是未知的，于是在经典方法到更高级方法中就有了多种振动衰减反馈控制的策略。在参考文献 [8, 9] 中比较了通过反馈和前馈控制器获得的汽车发动机机体振动系统的性能结果，反馈和前馈控制器由 Fx - LMS 算法实现。在参考文献 [8] 中，图 12.2 所示的布局用于实现控制器。

另一方面，在动力系统和控制领域，状态输入、控制输入或测试中会出现延迟（见参考文献 [23, 24]）。系统中延迟的出现可能是由于相应的过程模型的某些必不可少的简化导致的。通常，控制系统中存在时间延迟是无法避免的，这主要是由于以下因素：①从系统不同位置的传感器获取在线数据所花费的时间；②过滤和处理执行机构所需的控制力的传感器数据花费的时间；③执行机构产生所需控制力花费的时间。因此，如何分析和综合具有延迟参数的动力系统是一个经常出现的问题，延迟可能会引起相关系统的复杂行为（振动、不稳定、性能下降）（见参考文献 [25 - 38]）。

值得一提的是，人们已经做了很多工作来设计用于结构的时滞振动控制的延迟控制（见参考文献 [14, 15, 39]）。但是这些工作中，尚没有对具有时变执行机构延迟的振动结构的系统性能和稳定性的研究。据作者所知，到目前为止，对于具有时变执行机构延迟的车辆发动机机体振动结构时滞相关的 H_∞ 控制问题的凸优化尚未有结果，在文献中也尚无定论。这是个很重要的问题且颇具挑战性，激励了我们对该问题的研究。

在这一章中，作者为具有时变执行机构延迟的车辆发动机机体振动系统 H_∞ 控制的时滞相关的状态和输出反馈方面的进一步发展做出了贡献。反馈回路在执行机构和系统内会受到时变延迟的影响。然后，作者介绍了控制器在车辆底盘副车架的振动控制中的应用。该方法的主要优点在于它通过引入其他决策变量提供了一个凸优化问题，从而可以从 LMI 公式中得到控制增益，而无需将系统方程式重构为一阶中立系统的标准形式。通过使用 Lyapunov - Krasovskii 泛函和一些自由加权矩阵，对已有的理想状态和输出反馈控制器就时滞相关的 LMI 建立了新的充分条件，从而使所得的闭环系统获得渐近稳定性并满足预定的 γ 级 L_2 增益（或 H_∞ 性能）。我们的结果的一个显著优势是直接设计所需的控制器，而不是像已有文献中那样：先将模型耦合到一阶系统，然后在更高维度的空间中应用相应的控制设计。因此对于所考虑的系统，我们的结果可以以数值稳定和高效的方式实现。此外，如参考文献 [40] 中指出的那样，将模型保留在二阶矩阵中具有许多优势，例如：保留对原始问题的物理见解、保留系统矩阵的稀疏性和结构、保留不确定性结构以及使具体实施更容易（反馈控制可直接使用）。最后我们通过仿真结果说明该技术的有效性和适用性。

符号说明：上标"T"代表矩阵的转置；$\Re^n$ 表示 n 维欧氏空间；$\Re^{n\times m}$ 是所有实数 $n\times m$ 矩阵的集合。$\|.\|$ 指欧几里得向量范数或诱导矩阵 2-范数。col $\{\cdots\}$ 和 diag $\{\cdots\}$ 分别表示列向量和块对角矩阵，运算符 sym(A) 表示 $A+A^T$。$\lambda_{\min}$(A) 和 $\lambda_{\max}$(A) 分别表示矩阵 A 最小和最大的特征值。符号 $P>0$ 表示 P 是实对称且是正定的。符号 $*$ 表示对称块矩阵主对角线以下的元素。此外，L_2[0, ∞) 用于所有函数 $f: \Re \to \Re$ 的空间，这些函数在标准范数 $\|.\|_2$ 下可在 [0, x) 的平面中 Lebesque 可积。

12.2 车辆发动机机体系统

在本节中，为振动控制设计提供了发动机-车身振动系统特性的动力方程。发动机-车身振动结构的示意图如图 12.3 所示，其中质量为 M_e 和惯性矩为 I_e 的发动机通过发动机悬置 k_e、c_e 安装，质量为 M_b 和惯性矩为 I_b 的车身由前后轮胎支撑，每个轮胎的模型由一个弹簧 k_b 和一个阻尼器 c_b 组成。

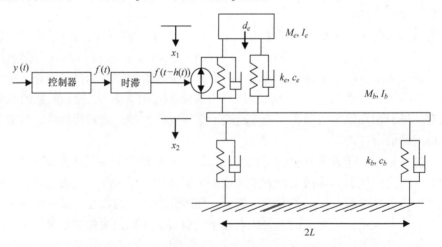

图 12.3　机体振动系统示意图（第一种布局）

前悬置是主动悬置，其输出力可以通过电信号控制。主动悬置包括一个主腔，在该主腔中，振荡质量（惯性质量）可上下移动。惯性质量由电磁线圈产生的电磁力驱动，该电磁线圈由输入电流控制（图 12.4）。

以下微分方程描述了惯性质量执行机构的运动：

$$M\ddot{x} + c\dot{x} + kx = k_1 i$$

$$L\frac{\mathrm{d}i}{\mathrm{d}t} + Ri + k_2\dot{x} = u$$

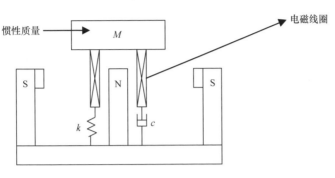

图 12.4 主动式发动机悬置的示意图

在拉普拉斯坐标中,以上系统可以转换为

$$(Ms^2 + cs + k)X = k_1 I$$

$$(Ls + R)I + k_2 sX = U$$

或

$$(Ms^2 + cs + k)X = k_1 G_c(U - k_2 sX)$$

其中

$$G_c(s) = \frac{1}{Ls + R}$$

惯性质量产生力 $f = -m_p\ddot{x}$。传递函数变为

$$\frac{f}{U} = \frac{-m_p G_1 G_c s^2}{(Ms^2 + (c + k_1 G_c k_2)s + k)}$$

通常情况下,我们忽略线圈的动力,所以上面的传递函数可以表示为

$$\frac{f}{U} = -g\frac{s^2}{(s^2 + 2\xi\omega_a s + \omega_a^2)}$$

式中,ω_a 是与簧载质量系统的共振。上述函数的伯德图如图 12.5 所示。

临界频率 ω_c 是执行机构在理想情况下运行时的频率。

理想的发动机悬置系统应在发动机转速范围内,隔离由发动机干扰力引起的发动机振动,并防止发动机因激振而引起的跳动。这意味着发动机悬置的动刚度和阻尼与频率和振幅有关。发动机悬置系统的开发主要集中在改善频率和幅度的相关性上。传统的弹性悬置无法满足所有要求,只能在静态缺陷和振动隔离之间进行折中。被动液压悬置比弹性悬置的性能更好,尤其是在低频范围内。半主动悬置技术通过使液压悬置变得更加可调来进一步提高其性能。主动发动机悬置系统在低频时会非常硬,而在较高的频率范围内可以被调整到非常软以隔离振动。主动发动机悬

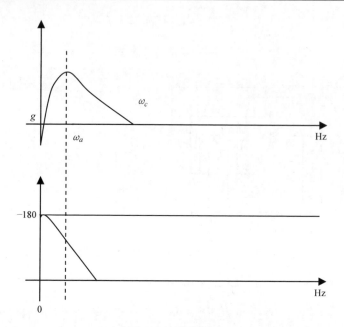

图 12.5 伯德图

置已被考虑作为下一代发动机悬置。发动机悬置的优化非常令人满意。

在我们的研究中,只考虑了发动机和车身的弹跳和俯仰振动。假设此控制框架的执行机构和传感器是并置的,因为对轻微阻尼结构来说,这种布置对于保证闭环系统的稳定性有很大帮助。

因此,图 12.3 所示的四自由度振动悬架模型的动力学方程的推导如下:

$$\begin{cases} M_e \ddot{x}_1(t) + 2c_e \dot{x}_1(t) + 2k_e x_1(t) - 2c_e \dot{x}_2(t) - 2k_e x_2(t) \\ \quad - 2(L-l)c_e \dot{x}_4(t) - 2(L-l)k_e x_4(t) = f(t-h(t)) + d_e(t) \\ M_b \ddot{x}_2(t) + 2(c_e + c_b)\dot{x}_2(t) + 2(k_e + k_b)x_2(t) - 2c_e \dot{x}_1(t) \\ \quad - 2k_e x_1(t) + 2(L-l)c_e \dot{x}_4(t) + 2(L-l)k_e x_4(t) = -f(t-h(t)) \\ I_e \ddot{x}_3(t) + 2l^2 c_e \dot{x}_3 + 2l^2 k_e x_3(t) - 2l^2 c_e \dot{x}_4(t) \\ \quad - 2l^2 k_e x_4(t) = lf(t-h(t)) \\ I_b \ddot{x}_4(t) + ((L^2 + (L-2l)^2)c_e + 2L^2 c_b)\dot{x}_4(t) \\ \quad + ((L^2 + (L-2l)^2)k_e + 2L^2 k_b)x_4(t) - 2l^2 c_e \dot{x}_3(t) \\ \quad - 2l^2 k_e x_3(t) - 2lc_e \dot{x}_1(t) - 2lk_e x_1(t) + 2(L-l)c_e \dot{x}_2(t) \\ \quad + 2(L-l)k_e x_2(t) = -Lf(t-h(t)) \end{cases}$$

$$(12.1a \sim d)$$

式中,$x_1(t)$,$x_2(t)$,$x_3(t)$,$x_4(t)$ 分别是发动机和车身的弹跳和俯仰;输入力 $f(t)$

作为主动力,用于补偿传递到车身(或底盘)的振动;发动机扰动 $d_e(t)$ 是由发动机内部不同零件的上/下运动产生的激励信号。

假设 12.1 执行机构中存在未知且时变的延迟 $h(t)$,其满足 $0 < h(t) \leq h_M$,$\dot{h}(t) \leq h_D$。其中 h_M 和 h_D 分别是 $h(t)$ 和 $\dot{h}(t)$ 的最大值。

备注 12.1 时变延迟 $h(t)$ 的条件 $\dot{h}(t) < h_D$ 意味着我们的方法可以处理任何快速时变时延的执行机构。

备注 12.2(第二种布局) 在图 12.6 所示的布局中,执行机构作动力位于汽车的底盘上。该系统的微分方程与图 12.3 中的第一种布局的微分方程类似,不同之处在于如下系统中所示的变化:

$$M_e \ddot{x}_1 + 2c_e \dot{x}_1 + 2k_e x_1 - 2c_e \dot{x}_2 - 2k_e x_2 - 2(L-l)c_e \dot{x}_4 - 2(L-l)k_e x_4 = d_e$$

$$M_b \ddot{x}_2 + 2(c_e + c_b)\dot{x}_2 + 2(k_e + k_b)x_2 - 2c_e \dot{x}_1 - 2k_e x_1 + 2(L-l)c_e \dot{x}_4$$
$$\quad + 2(L-l)k_e x_4 = -f$$

$$I_e \ddot{x}_3 + 2l^2 c_e \dot{x}_3 + 2l^2 k_e x_3 - 2l^2 c_e \dot{x}_4 - 2l^2 k_e x_4 = 0$$

$$I_b \ddot{x}_4 + ((L^2 + (L-2l)^2)c_e + 2L^2 c_b)\dot{x}_4 + ((L^2 + (L-2l)^2)k_e$$
$$\quad + 2L^2 k_b)x_4 - 2l^2 c_e \dot{x}_3 - 2l^2 k_e x_3 - 2lc_e \dot{x}_1 - 2lk_e x_1$$
$$\quad + 2(L-l)c_e \dot{x}_2 + 2(L-l)k_e x_2 = -Lf$$

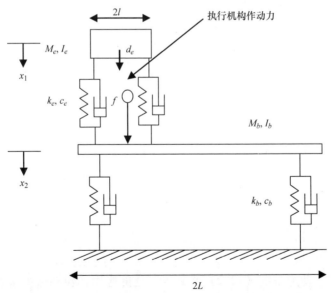

图 12.6 发动机机体振动系统示意图(第二种布局)

12.3 问题表述

车辆发动机-车身振动系统（12.1）的状态空间表示为

$$\begin{cases} M\ddot{x}(t) + A\dot{x}(t) + Bx(t) = B_f f(t-h(t)) + B_d d_e(t) \\ x(t) = \phi(t), t \in [-h_M, 0] \\ \dot{x}(t) = \dot{\phi}(t), t \in [-h_M, 0] \\ z(t) = C_1 x(t) + C_2 \dot{x}(t) + D_1 f(t-h(t)) \\ y(t) = C_3 x(t) + C_4 \dot{x}(t) \end{cases} \quad (12.2)$$

式中，$x(t) = [x_1(t), x_2(t), x_3(t), x_4(t)] \in \Re^4$ 是状态向量；$u(t) \in \Re$ 是控制输入；$d_e(t) \in L_2[0, \infty)$ 是外部激励（扰动），$z(t) \in \Re^s$ 是受控输出，时变向量值初始函数 $\phi(t)$ 和 $\dot{\phi}(t)$ 是连续可微的函数。状态空间矩阵定义如下：

$$M = \text{diag}\{M_e, M_b, I_e, I_b\}$$

$$A = \begin{bmatrix} 2c_e & -2c_e & 0 & -2(L-l)c_e \\ -2c_e & 2(c_e+c_b) & 0 & 2(L-l)c_e \\ 0 & 0 & 2l^2 c_e & -2l^2 c_e \\ -2lc_e & 2(L-l)c_e & -2l^2 c_e & (L^2+(L-2l)^2)c_e + 2L^2 c_b \end{bmatrix}$$

$$B = \begin{bmatrix} 2k_e & -2k_e & 0 & -2(L-l)k_e \\ -2k_e & 2(k_e+k_b) & 0 & 2(L-l)k_e \\ 0 & 0 & 2l^2 k_e & -2l^2 k_e \\ -2lk_e & 2(L-l)k_e & -2l^2 k_e & (L^2+(L-2l)^2)k_e + 2L^2 k_b \end{bmatrix}$$

$$B_f = \begin{bmatrix} 1 \\ -1 \\ l \\ -L \end{bmatrix}$$

$$B_d = \begin{bmatrix} 1 \\ 0 \\ 0 \\ 0 \end{bmatrix}$$

备注 12.3 动力系统（12.2）受到了广泛的应用，包括大型柔性空间结构的控制、地震工程、机械多体系统的控制、阻尼陀螺系统的稳定、机器人控制、结构动力学中的振动控制、流体力学和电路仿真中流动的线性稳定性（参见参考文献[41-43]）。

本章的目的是解决以下两个问题：

问题 12.1 对于受制于时变执行机构延迟的系统（12.2），如果其所有状态及其衍生系统都是可测量的,则设计一个延迟状态反馈控制器 $f(t) = K\xi(t-h(t))$。

问题 12.2 对于受制于时变执行器延迟的系统(12.2),如果其所有状态及其衍生系统都是无法测量的,则设计一个延迟输出反馈控制器 $f(t) = Ky(t-h(t))$。

其中 $\xi(t) := \mathrm{col}(x(t), \dot{x}(t))$,$K$ 是控制器增益矩阵,使得:

1) 得到的闭环系统是渐近稳定的,且具有假设 12.1 中的时变延迟。
2) 在零初始条件下且对于所有非零的 $d_e(t) \in L_2[0, \infty)$,从 $d_e(t)$ 到控制输出 $z(t)$ 的算子的 L_2 范数小于正标量 γ(即 $J_\infty = \int_0^\infty [z^T(t)z(t) - \gamma^2 d_e^T(t) d_e(t)] \mathrm{d}t < 0$)。

在这种情况下,称该系统是鲁棒渐近稳定(具有 H_∞ 性能指标)的。

备注 12.4 值得注意的是,车辆发动机-车身振动系统由比例导数(PD)的 H_∞ 控制。

12.4 主要结果

在本节中,我们通过使用 Lyapunov 方法和 LMI 方法为第 12.3 节中的问题 12.1 和 12.2 的可解性提供了充分条件。在解决上述问题之前,我们给出两个技术引理,这对证明我们的主要结果很有用。

引理 12.1 对于任意列向量 $a(s), b(s) \in \Re^p$,任何矩阵 $W \in \Re^{p \times p}$ 和正定矩阵 $H \in \Re^{p \times p}$,以下等式成立:

$$-2\int_{t-r(t)}^{t} b(s)^T a(s) \mathrm{d}s \leqslant \int_{t-r(t)}^{t} \begin{bmatrix} a(s) \\ b(s) \end{bmatrix}^T \begin{bmatrix} H & HW \\ * & (HW+I)^T H^{-1}(HW+I) \end{bmatrix} \begin{bmatrix} a(s) \\ b(s) \end{bmatrix} \mathrm{d}s$$

引理 12.2 对于给定的正定矩阵 Γ 和 Θ,当 LMI 满足

$$\begin{bmatrix} -2X + \Gamma & W^T \\ * & -\Theta \end{bmatrix} < 0$$

时,非线性矩阵不等式 $K^T \Theta^{-1} K < \Gamma^{-1}(W := KX)$。

引理 12.3 对于满足 $\mathrm{rank}(M) = p < n$ 的给定的 $M \in \Re^{p \times n}$,假设 $Z \in \Re^{n \times n}$ 是一个对称矩阵,则存在一个矩阵 $\hat{Z} \in \Re^{p \times p}$,当且仅当

$$Z = V \begin{bmatrix} Z_1 & 0 \\ 0 & Z_2 \end{bmatrix} V^T$$

$$\hat{Z} = U \hat{M} Z_1 \hat{M}^{-1} U^T$$

满足时使得 $MZ = \hat{Z}M$。其中 $Z_1 \in \Re^{p \times p}$,$Z_2 \in \Re^{(n-p) \times (n-p)}$,矩阵 M 的奇异值分解表示为 $M = U[\hat{M} \quad 0]V^T$,其中单一矩阵 $U \in \Re^{p \times p}$,$V \in \Re^{n \times n}$,对角线矩阵 $\hat{M} \in \Re^{p \times p}$,该对角线矩阵的正对角线元素按降序排列。

12.4.1 状态反馈控制设计

将状态反馈控制器

$$f(t) = K\xi(t - h(t))$$

代入式（12.2）并考虑问题12.1。

定理12.1 对于给定的标量 γ、$h_M > 0$、h_D，存在 $f(t) = K\xi(t - h(t))$ 形式的时滞相关的状态反馈 H_∞ 控制，使得所得的闭环系统鲁棒渐近稳定，并且满足约束 $J_\infty < 0$，如果存在一个标量 α，矩阵 $\hat{N}_1$，$\hat{N}_2$，$\hat{X}_1$，X_2，X_3，$\tilde{L}$ 和正定矩阵 X_1，$\hat{Q}_1$，Γ，$\overline{H}$ 满足如下的 LMI：

$$\begin{bmatrix} \Sigma_{11} & \Sigma_{12} & -\begin{bmatrix}0\\B_d\end{bmatrix} & \begin{bmatrix}h_M\hat{N}_1\\0\end{bmatrix} & \begin{bmatrix}X_1\tilde{C}^T\\0\end{bmatrix} & \Sigma_{16} & \Sigma_{16} & h_M(\alpha+1)\overline{H} \\ * & \Sigma_{22} & 0 & h_M\hat{N}_2 & (D_1\hat{X}_1)^T & 0 & 0 & 0 \\ * & * & -\gamma^2 I & 0 & 0 & 0 & 0 & 0 \\ * & * & * & -h_M X_1 & 0 & 0 & 0 & 0 \\ * & * & * & * & -I & 0 & 0 & 0 \\ * & * & * & * & * & -h_M X_1 & 0 & 0 \\ * & * & * & * & * & * & -h_M\Gamma & -h_M\overline{H} \\ * & * & * & * & * & * & * & * \end{bmatrix}$$

(12.3a)

$$\begin{bmatrix} -2X_1 + \Gamma & \begin{bmatrix}0\\\tilde{L}\end{bmatrix}^T \\ * & -\overline{H} \end{bmatrix} < 0 \tag{12.3b}$$

其中

$$\Sigma_{11} := \mathrm{sym}\left(\begin{bmatrix} \hat{I}^T\tilde{I}X_1 + \tilde{I}^T X_3 & \tilde{I}^T X_2 \\ \overline{A}X_1 + \tilde{L} + MX_3 & MX_2 \end{bmatrix}\right) + \begin{bmatrix} \hat{Q}_1 + \mathrm{sym}\{\hat{N}_1\} & 0 \\ * & 0 \end{bmatrix}$$

$$\Sigma_{12} := \begin{bmatrix} \hat{N}_2^T - \hat{N}_1 \\ (1-\alpha)\tilde{L} + B_f\hat{X}_1 \end{bmatrix}$$

$$\Sigma_{16} := h_M \begin{bmatrix} X_1\tilde{I}^T\hat{I} + X_3^T\tilde{I} \\ X_2^T\tilde{I} \end{bmatrix}$$

$$\Sigma_{22} := -(1-h_D)\hat{Q}_1 - \mathrm{sym}\{\hat{N}_2\}$$

$\hat{I} := [I, 0]$，$\tilde{I} := [0, I]$，$\overline{A} := [B, A]$，$\tilde{C} := [C_1, C_2]$

理想的控制增益由下式（由12.3节中的LMI得来）给出：

$$K = \hat{X}_1 X_1^{-1} \tag{12.4}$$

证明：首先，我们将式（12.2）用以下等价描述模型表示为

$$\begin{cases} \dot{x}(t) = \eta(t) \\ 0 = M\eta(t) + \overline{A}\xi(t) - B_f K\xi(t-h(t)) - B_d d_e(t) \end{cases} \tag{12.5}$$

利用牛顿 – 莱布尼茨公式，我们得到以下等式：

$$L\xi(t) - L\xi(t-h(t)) - L\int_{t-h(t)}^{t}\dot{\xi}(s)\mathrm{d}s = 0 \tag{12.6}$$

我们可以把系统（12.5）表示为

$$\begin{cases}\dddot{x}(t) = \eta(t) \\ 0 = M\eta(t) + (\bar{A}+L)\xi(t) - (L+B_fK)\xi(t-h(t)) \\ \quad - L\int_{t-h(t)}^{t}\dot{\xi}(s)\mathrm{d}s - B_d d_e(t)\end{cases} \tag{12.7}$$

定义 Lyapunov – Krasovskii 函数：

$$V(t) = V_1(t) + V_2(t) + V_3(t) + V_4(t) \tag{12.8}$$

其中：

$$V_1(t) = \xi(t)^T P_1\xi(t) := \begin{bmatrix}\xi(t)^T & \eta(t)^T\end{bmatrix}TP\begin{bmatrix}\xi(t)\\\eta(t)\end{bmatrix}$$

$$V_2(t) = \int_{t-h(t)}^{t}\xi(s)^T Q_1\xi(s)\mathrm{d}s$$

$$V_3(t) = \int_{-h_M}^{0}\int_{t+\theta}^{t}\dot{\xi}(s)^T P_1\dot{\xi}(s)\mathrm{d}s\mathrm{d}\theta$$

$$V_4(t) = \int_{t-h_M}^{t}(s-t+h_M)\dot{\xi}(s)^T\begin{bmatrix}0\\L\end{bmatrix}^T H\begin{bmatrix}0\\L\end{bmatrix}\dot{\xi}(s)\mathrm{d}s$$

另有：

$$T = \mathrm{diag}\{I,0\}$$

和

$$P = \begin{bmatrix}P_1 & 0\\P_3 & P_2\end{bmatrix}$$

式中，$P_1 = P_1^T > 0$。

注意 $V(\phi(t),t) \geq \lambda_{min}(P_1)(\|\phi(0)\|^2 + \|\dot{\phi}(0)\|^2)$。根据参考文献［46］，使用柯西 – 施瓦兹不等式，我们有

$$\|\phi(\theta)\|^2 \leq 2\|\phi(0)\|^2 - 2\theta\int_{\theta}^{0}\|\dot{\phi}(u)\|^2\mathrm{d}u$$

$$\int_{-h}^{0}\|\dot{\phi}(\theta)\|^2\mathrm{d}\theta \leq 2h\|\dot{\phi}(0)\|^2 + 2h^2\int_{-h}^{0}\|\ddot{\phi}(u)\|^2\mathrm{d}u$$

和

$$\int_{-h}^{0} \|\phi(\theta)\|^2 d\theta \leq 2h\|\phi(0)\|^2 + 4h^3\|\dot{\phi}(0)\|^2 + 4h^3\int_{-h}^{0}\|\ddot{\phi}(u)\|^2 du$$

经过计算，我们得到：

$$V(\phi(t),t) \leq V(\phi(0),0) \leq \rho\big[\|\phi(0)\|^2 + \|\dot{\phi}(0)\|^2 + \int_{-h_M}^{0}\|\ddot{\phi}(\theta)\|^2 d\theta\big]$$

(12.9)

其中：

$$\rho := \max(\rho_1, \rho_2, \rho_3)$$

另有：

$$\rho_1 := \lambda_{\max}(P_1) + 2h_M \lambda_{\max}(Q_1)$$

$$\rho_2 := 2h_M^2\left(\lambda_{\max}(P_1) + \begin{bmatrix}0\\L\end{bmatrix}^T H \begin{bmatrix}0\\L\end{bmatrix}\right) + 2h_M(1+2h_M^2)\lambda_{\max}(Q_1)$$

和

$$\rho_3 := 2h_M^2(1+2h_M)\lambda_{\max}(Q_1) + h_M(1+2h_M^2)\left(\lambda_{\max}(P_1) + \begin{bmatrix}0\\L\end{bmatrix}^T H \begin{bmatrix}0\\L\end{bmatrix}\right)$$

因此，根据参考文献[47]的定理1.6，我们得出结论：状态反馈 H_∞ 控制器可逐步稳定系统（12.2），该系统中 $d_e(t) \equiv 0$。

沿系统轨迹对 $V_1(t)$ 求导：

$$\dot{V}_1(t) = 2\xi(t)^T P_1 \dot{\xi}(t) = 2[\xi(t)^T \quad \eta(t)^T] P^T \begin{bmatrix}\dot{\xi}(t)\\0\end{bmatrix}$$

$$= 2[\xi(t)^T \quad \eta(t)^T] P^T \begin{pmatrix}\dot{\xi}(t)\\M\eta(t)+(\bar{A}+L)\xi(t)\\-(L+B_fK)\xi(t-h(t))\\-L\int_{t-h(t)}^{t}\dot{\xi}(s)ds - B_d d_e(t)\end{pmatrix}$$

$$= 2[\xi(t)^T \quad \eta(t)^T] P^T \left\{\begin{bmatrix}\hat{I}^T\tilde{I} & \tilde{I}^T\\\bar{A}+L & M\end{bmatrix}\begin{bmatrix}\xi(t)\\\eta(t)\end{bmatrix}\right.$$

$$\left.-\begin{bmatrix}0\\L+B_fK\end{bmatrix}\xi(t-h(t)) - \begin{bmatrix}0\\B_d\end{bmatrix}d_e(t)\right\} + \beta(t) \quad (12.10)$$

其中：

$$\beta(t) = -2\int_{t-h(t)}^{t}[\xi(t)^T \quad \eta(t)^T]P^T\begin{bmatrix}0\\L\end{bmatrix}\dot{\xi}(s)ds$$

第 12 章　基于线性矩阵不等式的车辆发动机机体时滞系统振动控制

使用引理 12.1：
$$a(s) = \text{col}\{0, L\}\xi(s)$$
和
$$b = P\text{col}\{\xi(t), \eta(t)\}$$
我们得到：
$$\beta(t) \leq h_M [\xi(t)^T \quad \eta(t)^T] P^T (W^T H + I) H^{-1} (HW + I) \times P \begin{bmatrix} \xi(t) \\ \eta(t) \end{bmatrix}$$
$$+ 2[\xi(t)^T \quad \eta(t)^T] P^T W^T H \begin{bmatrix} 0 \\ L \end{bmatrix} \times (\xi(t) - \xi(t - h(t)))$$
$$+ \int_{t-h_M}^{t} \xi(s)^T \begin{bmatrix} 0 \\ L \end{bmatrix}^T H \begin{bmatrix} 0 \\ L \end{bmatrix} \xi(s) \, \mathrm{d}s \tag{12.11}$$

分别对式（12.8）中的第二和第三 Lyapunov 项进行求导：
$$\dot{V}_2(t) = \xi(t)^T Q_1 \xi(t) - (1 - \dot{h}(t))\xi^T(t - h(t))Q_1 \xi(t - h(t))$$
$$\leq \xi(t)^T Q_1 \xi(t) - (1 - h_D)\xi^T(t - h(t))Q_1 \xi(t - h(t)) \tag{12.12}$$
$$\dot{V}_3(t) = h_M \dot{\xi}(t)^T Q_2 \dot{\xi}(t) - \int_{t-h_M}^{t} \dot{\xi}(s)^T Q_2 \dot{\xi}(s) \, \mathrm{d}s$$
$$\leq h_M \dot{\xi}(t)^T Q_2 \dot{\xi}(t) - \int_{t-h(t)}^{t} \dot{\xi}(s)^T Q_2 \dot{\xi}(s) \, \mathrm{d}s \tag{12.13}$$

式（12.8）中 $V(t)$ 最后一项的时间导数为
$$\dot{V}_4(t) = h_M \dot{\xi}(t)^T \begin{bmatrix} 0 \\ L \end{bmatrix}^T H \begin{bmatrix} 0 \\ L \end{bmatrix} \dot{\xi}(t) - \int_{t-h_M}^{t} \dot{\xi}(s)^T \begin{bmatrix} 0 \\ L \end{bmatrix}^T H \begin{bmatrix} 0 \\ L \end{bmatrix} \dot{\xi}(s) \, \mathrm{d}s \tag{12.14}$$

同样，根据牛顿 – 莱布尼茨公式，以下方程适用于具有适当维数的任意矩阵 N_1, N_2：
$$2(\xi(t)^T N_1 + \xi^T(t - h(t))N_2)\left(\xi(t) - \xi(t - h(t)) - \int_{t-h(t)}^{t} \dot{\xi}(s) \, \mathrm{d}s\right) = 0 \tag{12.15}$$

使用获得的导数项式（12.10）~式（12.14）并将式（12.15）的左侧项添加到式（12.8）中的 Lyapunov – Krasovskii 泛函的导数中，我们得到 $\dot{V}(t)$ 的结果如下：
$$\dot{V}(t) = \sum_{i=1}^{4} \dot{V}_i(t)$$
$$\leq 2[\xi(t)^T \quad \eta(t)^T] P^T \left\{ \begin{bmatrix} \hat{I}^T \tilde{I} & \tilde{I}^T \\ \bar{A} + L & M \end{bmatrix} \begin{bmatrix} \xi(t) \\ \eta(t) \end{bmatrix} + W^T H \begin{bmatrix} 0 \\ L \end{bmatrix} \xi(t) \right.$$
$$\left. - \left(W^T H \begin{bmatrix} 0 \\ L \end{bmatrix} + \begin{bmatrix} 0 \\ L + B_f K \end{bmatrix} \right) \xi(t - h(t)) - \begin{bmatrix} 0 \\ B_d \end{bmatrix} d_e(t) \right\}$$

$$+ h_M [\xi(t)^T \quad \eta(t)^T] P^T (W^T H + I) H^{-1} (HW + I) P \begin{bmatrix} \xi(t) \\ \eta(t) \end{bmatrix}$$

$$+ \xi(t)^T (Q_1 + \text{sym}\{N_1\}) \xi(t)$$

$$- \xi^T (t - h(t)) ((1 - h_D) Q_1 + \text{sym}\{N_2\}) \xi(t - h(t))$$

$$+ h_M \dot{\xi}(t)^T \left(P_1 + \begin{bmatrix} 0 \\ L \end{bmatrix}^T H \begin{bmatrix} 0 \\ L \end{bmatrix} \right) \dot{\xi}(t) + h_M \vartheta^T(t) \chi P_1^{-1} \chi^T \vartheta(t)$$

$$+ 2\xi(t)^T (N_2^T - N_1) \xi(t - h(t))$$

$$- \int_{t-h(t)}^{t} (\vartheta^T(t)\chi + \dot{\xi}^T(s) P_1) P_1^{-1} (\vartheta^T(t)\chi + \dot{\xi}^T(s) P_1)^T \mathrm{d}s \tag{12.16}$$

其中向量 $\vartheta(t)$ 和 χ 分别为

$$\vartheta(t) := \text{col}\{\xi(t), \eta(t), \xi(t - h(t)), d_e(t)\}$$

$$\chi = \text{col}\{N_1, 0, N_2, 0, 0\}$$

另一方面，在渐近稳定和零初始条件下，H_∞ 性能指标可以重写为

$$J_\infty = \int_0^\infty [z(t)^T z(t) - \gamma^2 d_e(t)^T d_e(t)] \mathrm{d}t + V(t)|_{t\to\infty} - V(t)|_{t=0}$$

$$= \int_0^\infty [z(t)^T z(t) - \gamma^2 d_e(t)^T d_e(t) + \dot{V}(t)] \mathrm{d}t \tag{12.17}$$

其中

$$z(t) = \widetilde{C} \xi(t) + D_1 K \xi(t - h(t))$$

$$\dot{\xi}(t) = [\hat{I}^T \widetilde{I} \quad \widetilde{I}^T] \begin{bmatrix} \xi(t) \\ \eta(t) \end{bmatrix}$$

和式 (12.16) 中的 $\dot{V}(t)$ 的上界限导致式 (12.17) 小于积分 $\vartheta(t)^T \Pi_1 \vartheta(t)$，其中矩阵 Π_1 由下式得到：

$$\Pi_1 := \begin{bmatrix} \widetilde{\Sigma}_{11} & \widetilde{\Sigma}_{12} & -P^T \begin{bmatrix} 0 \\ B_d \end{bmatrix} & \begin{bmatrix} h_M N_1 \\ 0 \end{bmatrix} \\ * & \widetilde{\Sigma}_{22} & 0 & h_M N_2 \\ * & * & -\gamma^2 I & 0 \\ * & * & * & -h_M P_1 \end{bmatrix} \tag{12.18}$$

其中

$$\widetilde{\Sigma}_{11} := \text{sym}\left(P^T \begin{bmatrix} \hat{I}^T \widetilde{I} & \widetilde{I}^T \\ \overline{A} + L & M \end{bmatrix} \right) + \begin{bmatrix} Q_1 + \text{sym}\{N_1\} + \widetilde{C}^T \widetilde{C} & 0 \\ * & 0 \end{bmatrix}$$

$$+ h_M \begin{bmatrix} \widetilde{I}^T \widetilde{I} \\ \widetilde{I} \end{bmatrix} \left(P_1 + \begin{bmatrix} 0 \\ L \end{bmatrix}^T H \begin{bmatrix} 0 \\ L \end{bmatrix} \right) \begin{bmatrix} \widetilde{I}^T \hat{I} \\ \widetilde{I} \end{bmatrix}^T$$

第12章 基于线性矩阵不等式的车辆发动机机体时滞系统振动控制

$$+ h_M P^T (W^T H + I) H^{-1} (HW + I) P$$

$$\widetilde{\Sigma}_{12} := -P^T W^T H \begin{bmatrix} 0 \\ L \end{bmatrix} + P^T \begin{bmatrix} 0 \\ L + B_f K \end{bmatrix} + \begin{bmatrix} N_2^T - N_1 + \widetilde{C}^T D_1 K \overline{C} \\ 0 \end{bmatrix}$$

$$\widetilde{\Sigma}_{22} := -(1 - h_D) Q_1 - \text{sym}\{N_2\} + (D_1 K)^T (D_1 K)$$

现在,如果 $\Pi_1 < 0$ 且 $J_\infty < 0$,则意味着从扰动 $d_e(t)$ 到受控输出 $z(t)$ 的 L_2 增益小于 γ。易知不等式 $\Pi_1 < 0$ 表明 $\widetilde{\Sigma}_{11} < 0$。因此,根据参考文献 [33] 中的命题4.2,矩阵 P 是非奇异的。根据矩阵 P 的结构,矩阵 $X := P^{-1}$ 具有以下形式:

$$X = \begin{bmatrix} X_1 & 0 \\ X_3 & X_2 \end{bmatrix} \tag{12.19}$$

式中,$X_i = P_i^{-1}$ $(i = 1, 2)$,$X_3 = -X_2 P_3 X_1$。

令

$$\zeta = \text{diag}\{X^T, X_1, I, X_1\}$$

先用 ζ 乘以 $\Pi_1 < 0$,再用 ζ^T 乘以 $\Pi_1 < 0$,并考虑用 $HW = \alpha I$ 来消除矩阵不等式中的非线性,我们得到(通过舒尔补):

$$\begin{bmatrix} \hat{\Sigma}_{11} & \hat{\Sigma}_{12} - \begin{bmatrix} 0 \\ B_d \end{bmatrix} & \begin{bmatrix} h_M \hat{N}_1 \\ 0 \end{bmatrix} & \begin{bmatrix} X_1 \widetilde{C}^T \\ 0 \end{bmatrix} & h_M X^T \begin{bmatrix} \widetilde{I}^T \hat{I} \\ \widetilde{I} \end{bmatrix} & & h_M(\alpha + 1) \overline{H} \\ * & \Sigma_{22} & 0 & h_M \hat{N}_2 & (D_1 \hat{X}_1)^T & 0 & 0 \\ * & * & -\gamma^2 I & 0 & 0 & 0 & 0 \\ * & * & * & -h_M X_1 & 0 & 0 & 0 \\ * & * & * & * & -I & 0 & 0 \\ * & * & * & * & * & -h_M X_1 & 0 \\ * & * & * & * & * & * & -h_M \overline{H} \end{bmatrix} < 0$$

$$\tag{12.20}$$

其中

$$\hat{\Sigma}_{11} := \text{sym}\left(\begin{bmatrix} \hat{I}^T \widetilde{I} X_1 + \widetilde{I}^T X_3 & \widetilde{I}^T X_2 \\ \overline{A} X_1 + \overline{L} + M X_3 & M X_2 \end{bmatrix} \right) + \begin{bmatrix} \hat{Q}_1 + \text{sym}\{\hat{N}_1\} & 0 \\ * & 0 \end{bmatrix}$$

$$+ h_M X^T \begin{bmatrix} \widetilde{I}^T \hat{I} \\ \widetilde{I} \end{bmatrix} \begin{bmatrix} 0 \\ L \end{bmatrix}^T \overline{H}^{-1} \begin{bmatrix} 0 \\ L \end{bmatrix} \begin{bmatrix} \widetilde{I}^T \hat{I} \\ \widetilde{I} \end{bmatrix} X$$

$$\hat{\Sigma}_{12} := \begin{bmatrix} \hat{N}_2^T - \hat{N}_1 \\ (1 - \alpha) \overline{L} + B_f \hat{X}_1 \end{bmatrix}$$

我们有 $\hat{X}_1 := K X_1$,$\widetilde{L} := L X_1$,$\overline{H} = H^{-1}$,$\hat{Q}_1 = X_1^T Q_1 X_1$,$\hat{N}_i = X_1^T N_i X_1$ $(i = 1, 2)$,其中矩阵 $\overline{H}$,$\hat{Q}_1$,$\hat{N}_i$ 分别是新的决策变量,而非矩阵 H,Q_1,N_i。显然,矩阵不等式(12.20)包括控制增益和决策变量 X_1 的乘积。根据引理12.2,很容易看出 LMI

(12.3b) 满足矩阵不等式

$$\begin{bmatrix} 0 \\ L \end{bmatrix}^T \overline{H}^{-1} \begin{bmatrix} 0 \\ L \end{bmatrix} < \varGamma^{-1} \qquad (12.21)$$

现在，通过考虑式（12.21）并应用舒尔补，矩阵不等式（12.20）转换为用 LMI（12.3a）写的凸优化编程问题。证明结束。

12.4.2 输出反馈控制设计

在本节中，将给出问题 12.2 中形式为 $f(t) = Ky(t - h(t))$ 的具有输出反馈控制器的系统（12.2）的充分稳定性条件，并提出计算控制器增益矩阵的方法。

定理 12.2 对于给定的标量 γ、$h_M > 0$、h_D，存在一个时滞相关的形式为 $f(t) = Ky(t - h(t))$ 的 H_∞ 输出反馈控制，使所得的闭环系统达到鲁棒渐近稳定并满足约束 $J_\infty < 0$，并且如果存在标量 α，矩阵 $\hat{N}_1$、$\hat{N}_2$、$\widetilde{X}_1$、X_2、X_3，以及正定矩阵 X_{11}、X_{22}、$\hat{Q}_1$、$\varGamma$、$\overline{H}$，满足如下的 LMI：

$$\begin{bmatrix} \Sigma_{11} & \begin{bmatrix} \hat{N}_2^T - \hat{N}_1 \\ (1-\alpha)\widetilde{L} + B_f \widetilde{X}_1 \overline{C} \end{bmatrix} & -\begin{bmatrix} 0 \\ B_d \end{bmatrix} & \begin{bmatrix} h_M \hat{N}_1 \\ 0 \end{bmatrix} & \begin{bmatrix} \widetilde{X}_1 \widetilde{C}^T \\ 0 \end{bmatrix} & \Sigma_{16} & \Sigma_{16} & h_M(\alpha+1)\overline{H} \\ * & \Sigma_{22} & 0 & h_M \hat{N}_2 & (D_1 \widetilde{X}_1 \overline{C})^T & 0 & 0 & 0 \\ * & * & -\gamma^2 I & 0 & 0 & 0 & 0 & 0 \\ * & * & * & -h_M X_1 & 0 & 0 & 0 & 0 \\ * & * & * & * & -I & 0 & 0 & 0 \\ * & * & * & * & * & -h_M X_1 & 0 & 0 \\ * & * & * & * & * & * & -h_M \varGamma & 0 \\ * & * & * & * & * & * & * & -h_M \overline{H} \end{bmatrix} < 0$$

(12.22a)

$$\begin{bmatrix} -2X_1 + \varGamma & \begin{bmatrix} 0 \\ \widetilde{L} \end{bmatrix}^T \\ * & -\overline{H} \end{bmatrix} < 0 \qquad (12.22b)$$

式中，$\overline{C} := [C_3, C_4]$。理想的控制增益由 LMI（12.22）给出：

$$K = \widetilde{X}_1 \hat{X}_1^{-1} \qquad (12.23)$$

其中：

$$X_1 = V \begin{bmatrix} X_{11} & 0 \\ 0 & X_{22} \end{bmatrix} V^T \qquad (12.24)$$

$$\hat{X}_1 = U \hat{C} X_{11} \hat{C}^{-1} U^T \qquad (12.25)$$

式中，$X_{11} \in \mathfrak{R}^{2l \times 2l}$，$X_{22} \in \mathfrak{R}^{2(n-l) \times 2(n-l)}$，$\text{rank}(C_3) = l < n$，$\overline{C} = U[\hat{C} \quad 0] V^T$（矩阵 $\overline{C}$ 的奇异值分解），其中 $\text{rank}(\overline{C}) = 2l$，$U \in \mathfrak{R}^{2l \times 2l}$，$V \in \mathfrak{R}^{2n \times 2n}$，$\hat{C} \in \mathfrak{R}^{2l \times 2l}$。

第 12 章 基于线性矩阵不等式的车辆发动机机体时滞系统振动控制

证明：该证明类似于定理 12.1 的证明。显然，在这种情况下，矩阵不等式 (12.20) 包括控制增益、矩阵 $\overline{C}$ 和决策变量 X_1 的乘积。因此，通过在等式约束 $\overline{C}X_1 = \hat{X}_1\overline{C}$ 下引入 $\widetilde{X}_1 := K\hat{X}_1$ 作为一个新的决策变量（而非引入矩阵 K），可以很容易地得出 LMI (12.22)（通过舒尔补和引理 12.3）。这样就完成了证明。

备注 12.5 如果 $\text{rank}(\overline{C}) = l = 8$，则矩阵 $\overline{C}$ 是非奇异的；显然，矩阵方程 $\overline{C}X_1 = \hat{X}_1\overline{C}$ 可在 $\hat{X}_1$ 上求解，即 $\hat{X}_1 = \overline{C}X_1\overline{C}^{-1}$。在这种情况下，定理 12.2 的结果对于完整的（非对角）矩阵 X_1 是正确的，即

$$X_1 = \begin{bmatrix} X_{11} & X_{12} \\ * & X_{22} \end{bmatrix}$$

$f(t) = Ky(t - h(t))$ 中理想的控制增益由 $K = \widetilde{X}_1\widetilde{C}X_1^{-1}\overline{C}^{-1}$ 给出。

备注 12.6 在二阶线性系统 (12.2) 中，取 $x_1(t) = x(t)$、$x_2(t) = \dot{x}(t)$、$\xi(t) = \text{col}\{x_1(t), x_2(t)\}$ 以产生增强系统模型，即一个一阶中立线性系统：

$$M_e\dot{\xi}(t) = A_e\xi(t) + B_{fe}f(t - h(t)) + B_{de}d_e(t)$$

其中：

$$M_e = \begin{bmatrix} I & 0 \\ 0 & M \end{bmatrix}, A_e = \begin{bmatrix} 0 & I \\ -B & -A \end{bmatrix}, B_{fe} = \begin{bmatrix} 0 \\ B_f \end{bmatrix}, B_{de} = \begin{bmatrix} 0 \\ B_d \end{bmatrix}$$

容易理解，在参考文献 [33, 34] 中为上述时滞系统找到合适的鲁棒控制的方法最终涉及对 16 维矩阵 M_e、A_e、B_{fe}、B_{de} 的计算，因此会增加与本章的结果在维数、LMI 变量数方面的比较。

备注 12.7 需要注意的是，我们的方法与参考文献 [8, 9, 22, 39] 的观点不同：①与参考文献 [8, 9, 22] 中考虑了无时滞控制输入的系统结构相比，我们考虑了在执行机构力中出现了时变延迟 ($h(t)$)；②在参考文献 [39] 中，作者为汽车主动悬架设计了一种与时滞相关的 H_∞ 状态反馈控制器，该主动悬架有基于非凸优化方法的执行机构恒定延迟。与我们的情况相比，我们提出了一种凸优化方法，该方法针对具有执行机构时变时滞并在时间边界上有松弛（即 $\dot{h}(t) \leqslant h_D$）的汽车发动机 – 车身振动系统的状态和输出反馈控制设计进行了优化。

12.5 仿真结果

表 12.1 给出了用于设计和仿真的汽车发动机 – 车身振动模型的参数。受控输出 $z(t)$ 可表示如下：

$$z(t) = \begin{bmatrix} 2k_e/M_b & -2(k_e + k_b)/M_b & 0 & -2(L - l)k_e/M_b \\ \varepsilon_1 I & 0 & 0 & 0 \\ 0 & \varepsilon_2 I & 0 & 0 \end{bmatrix}$$

$$+ \begin{bmatrix} 0 & 0 & 0 & 0 \\ 2c_e/M_b & -2(c_e+c_b)/M_b & 0 & -2(L-l)c_e/M_b \\ 0 & 0 & 0 & 0 \end{bmatrix} + \begin{bmatrix} -1 \\ 0 \\ 0 \end{bmatrix} f(t-h(t))$$

(12.26)

在车辆发动机-车身系统的振动控制中,应同时考虑频域和时域中的性能。我们主要分析了在发动机产生的振动扰动下的频率响应曲线和瞬态响应随时间变化的仿真结果。对于式(12.2)中的无时滞车辆发动机-车身模型,可以使用 Mathematica 软件生成系统的传递函数。例如,从执行机构到底盘加速度的路径具有以下形式:

$$G_{f\ddot{x}_2}(s) = \frac{N_1(s)}{D_1(s)} \tag{12.27}$$

其中分子 N_1 的具体形式如下:

$$N_1(s) = 25M_e k_b k_e s^4 + (25M_e c_e k_b + 25M_e c_b k_e)s^5$$
$$+ (25M_e c_b c_e + 50M_e I_e k_b + 2M_e I_b k_e - 6M_e I_e k_e)s^6$$
$$+ (2M_e c_e I_b + 50M_e c_b I_e - 6M_e c_e I_e)s^7 + 4I_b I_e M_b M_e s^8$$

表 12.1 车辆-发动机体参数

参数	值	参数	值
M_b	1000kg	M_e	250kg
I_b	810kg·m²	I_e	8.10kg·m²
k_b	20000N/m	k_e	2000000N/m
c_b	300N/m/s	c_e	200N/m/s
L	2.5m	L_e	0.5m

分母 D_1 的具体形式为

$$D_1(s) = -4I_b I_e M_b M_e s^8 + (8c_e I_b I_e M_b - 8c_b I_b I_e M_e$$
$$- 8c_e I_b I_e M_e - 2c_e I_b M_b M_e - 50c_b I_e M_b M_e$$
$$- 34c_e I_e M_b M_e)s^7 + \cdots + (-100c_e M_e k_b k_e$$
$$- 50c_b M_e k_e^2 - 72c_e M_e k_e^2)s - 50M_e k_b k_e^2 - 24M_e k_e^3$$

根据表 12.1 中的参数,传递函数(12.27)的幅值和相位曲线如图 12.7 所示。

备注 12.8 在图 12.6 所示的第二种布局中,可以使用表 12.1 所示的数据来评估从无延迟执行机构力 f 到底盘 x_2 位移的传递函数:

$$G_{fx_2}(s) = \frac{N_1(s)}{D_1(s)}$$

其中:

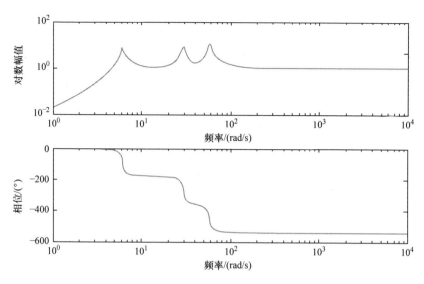

图 12.7 具有加速度输出的系统的伯德图（第一种布局）

$$N_1(s) = -0.001s^6 - 0.0182s^5 - 13.96s^4 - 101.4s^3 - 2.081 \times 10^4 s^2$$
$$- 1.914 \times 10^5 s - 3.536 \times 10^7$$

$$D_1(s) = s^8 + 21.67s^6 + 1.692 \times 10^4 s^6 + 1.851 \times 10^5 s^5$$
$$+ 5.72 \times 10^7 s^4 + 2.546 \times 10^8 s^3 + 3.905 \times 10^{10} s^2$$
$$+ 2.887 \times 10^{10} s + 1.414 \times 10^{12}$$

相关的伯德图如图 12.8 所示。此外，图 12.9 显示了从执行机构的力 $f(t)$ 到底盘加速度 $\ddot{x}_2$ 的传递函数的伯德图。

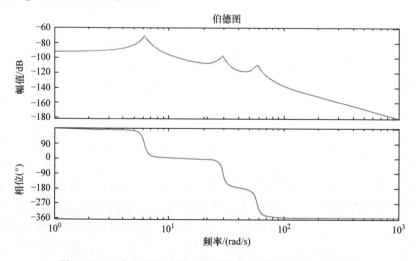

图 12.8 具有底盘位移输出的系统的伯德图（第二种布局）

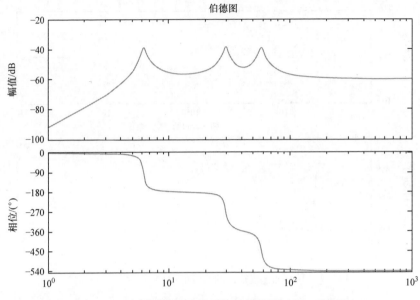

图12.9 具有加速度输出的系统的伯德图（第二种布局）

在实际应用中，通常使用机电振动器来产生宽频带的随机信号，该随机信号被视为激励信号，通过发动机悬置进入车身结构。我们在底盘结构上安装一个加速度计，以测量反馈控制回路中的信号。为了进行仿真，现假设模型的低频范围是由以下形式的发动机产生的振动扰动激发的：

$$d_e(t) = \begin{cases} 500\sin^2(2\pi ft), & 0 \leq t \leq 1/f \\ 0, & \text{其他} \end{cases} \quad (12.28)$$

频率范围 $f \in [20\text{Hz}, 40\text{Hz}]$。

首要问题是确定 $h(t)$ 的最大允许范围，以保证结构的稳定性。现给定参数 $\varepsilon_1 = 5$，$\varepsilon_2 = 10$，$\gamma = 1.1$，通过用 Matlab 的 LMI 控制工具箱来求解定理 12.1 中给出的 LMI，可以得到最大边界 $h(t)$ 为 $h_M = 0.15$。出于仿真目的，当 $h(t) = 0.05\sin^2(100\pi t)$，即 $h_M = 0.05$ 和 $h_D = 5\pi > 1$ 时，图 12.10～图 12.12 显示了状态 $x_1(t)$、$x_2(t)$ 的不同之处，并比较了时滞相关的 H_∞ 状态反馈（SF）控制器（主动力）$f(t)$ 在两种低频率（20Hz，40Hz）下的不同，$f(t)$ 由式（12.4）得出，其中：

$K = 10^5 [-8.56 \quad 72.872 \quad -0.094 \quad -9.994 \quad -0.867 \quad -0.832 \quad 0 \quad 0.024]$

从 图 12.10～图 12.12 可以看出，当发动机振动的频率从 40Hz 降低到 20Hz 的低频率时，发动机底盘偏转的幅度和状态反馈控制作用的幅度都会增加。

然后，我们设计另一个 H_∞ 状态反馈控制器，该控制器在设计过程中不考虑时间延迟的问题。在设置 $\varepsilon_1 = 5$，$\varepsilon_2 = 10$，$\gamma = 1.1$ 之后，我们获得了如下控制器增益：

$K = 10^5 [0.027 \quad 26.771 \quad -0.032 \quad -8.648 \quad -0.293 \quad -0.015 \quad 0 \quad -0.001]$

我们称此控制器为无记忆控制。

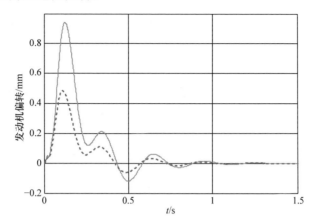

图 12.10　在具有激励频率的扰动下发动机的时间响应曲线

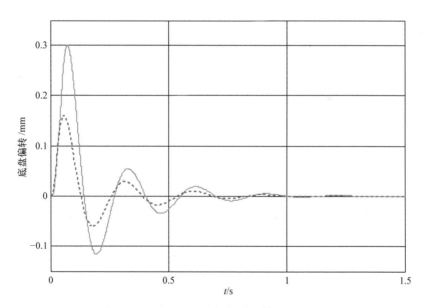

图 12.11　底盘在激励频率下的时间响应曲线

为了进行后续比较，我们基于定理 12.2，通过设置 $\varepsilon_1 = 5$，$\varepsilon_2 = 10$，$\gamma = 1.1$，$C_3 = [0, 1, 0, 0]$，$C_4 = 0$ 来设计系统（12.2）时滞相关的 H_∞ 输出反馈（OF）控制器，于是我们获得了控制信号 $f(t) = -851.448y(t - h(t))$。

为了比较三个控制器（SF、无记忆和 OF）在 20Hz 激励信号下的性能［式（12.28）］，发动机偏转、底盘偏转和主动力的功率谱密度（PSD）分别如图 12.13～图 12.15 所示。这些图示表明：频率在 0～100Hz 的低频范围内变化较快，而在 200～500Hz 的高频范围内变化较慢。从图 12.13 和图 12.14 还可以看出，

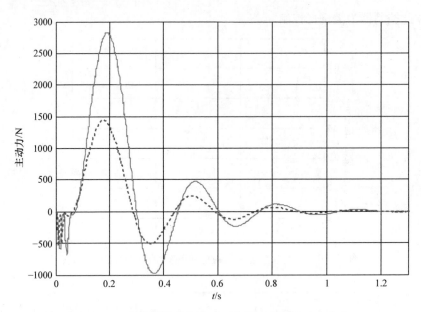

图 12.12　在激励频率的扰动下主动力的时间响应曲线

与其他两个控制器相比,在最主要的模式下状态反馈控制器在位于低频范围附近具有更好的衰减性能。此外,图 12.15 显示,与无记忆控制器相比,基于 H_∞ 状态反馈控制器的执行机构力的能量在高频范围内会衰减得更快。

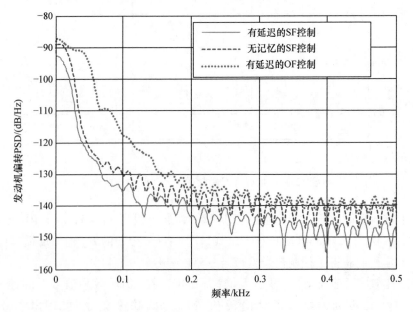

图 12.13　发动机偏转的 PSD

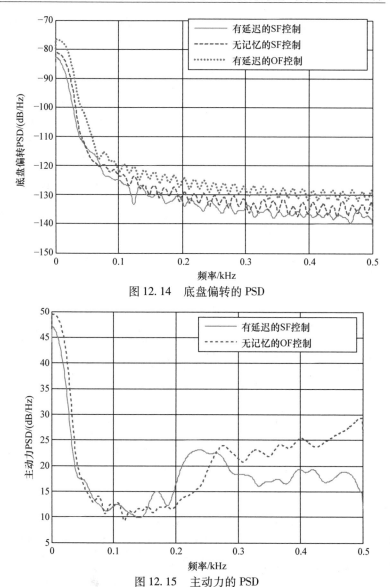

图 12.14 底盘偏转的 PSD

图 12.15 主动力的 PSD

12.6 结论

在本章中,设计了状态反馈 H_∞ 控制器和输出反馈 H_∞ 控制器,用于稳定具有时变执行机构延迟的发动机-车身振动结构中的弹跳和俯仰振动。通过使用一些自由加权矩阵来构造适当的 Lyapunov – Krasovskii 泛函以描述一些时滞相关的充分条件,从而驱动根据 LMI 所需的状态和输出反馈控制器。我们将直接开发状态和输出反馈稳定方案(而非将模型耦合到一阶系统),从而使闭环反馈以规定的 γ 级 L_2

增益（或 H_∞ 性能）拥有与时滞相关的渐近稳定性。反馈增益由对 LMI 的凸优化来确定。最后，仿真结果表明了该方法的有效性。

参 考 文 献

[1] Tokhi O. and Veres S., *Active sound and vibration control: Theory and applications*, IEE Control Engineering Series, vol. 62, London, UK, 2002.

[2] Karkosch H. J., Svaricek F., Shoureshi R. and Vance J. L., 'Automotive applications of active vibration control', *Proceedings of the European control conference*, 2000.

[3] Krtolica R. and Hrovat D., 'Optimal active suspension control based on A half-car model', *Proceedings of the 29th CDC*, pp. 2238–2243, 1990.

[4] Preumont A., *Vibration control of active structures: An introduction*, Kluwer Academic, The Netherlands, 1997.

[5] Yu Y., Naganathan N. G. and Dukkipati R. V., 'A literature review of automotive vehicle engine mounting systems', *Mechanism and Machine Theory*, vol. 36, pp. 123–142, 2001.

[6] Elliott S. J. and Nelson P. A., 'Active noise control', *IEEE Signal Processing Magazine*, vol. 10, no. 4, pp. 12–35, October 1993.

[7] McDonald A. M., Elliott S. J. and Stokes M. A., 'Active noise and vibration control within the automobile', *Proceedings of the active control of sound and vibration*, pp. 147–157, Tokyo 1991.

[8] Seba B., Nedeljkovic N., Paschedag J. and Lohmann B., 'Feedback control and FX-LMS feedforward control for car engine vibration attenuation', *Applied Acoustics*, vol. 66, pp. 277–296, 2005.

[9] Yang J., Suematsu Y. and Kang Z., 'Two-degree-of-freedom controller to reduce the vibration of vehicle engine-body system', *IEEE Transactions on Control Systems Technology*, vol. 9, no. 2, pp. 295–304, March 2001.

[10] Kim G. and Singh R., 'A study of passive and adaptive hydraulic engine mount systems with emphasis on nonlinear characteristics', *Journal of Sound and Vibration*, vol. 179, pp. 427–453, 1995.

[11] Fuller C. R. and von Flotow A. H., 'Active control of sound and vibration', *Control Systems Magazine*, pp. 9–19, December 1995.

[12] Nagaya K. and Li L. 'Control of sound noise radiated from a plate using dynamic absorbers under optimization by neural network'. *Journal of Sound and Vibration*, vol. 208, no. 2, pp. 289–298, 1997.

[13] Aglietti G., Stoustrup J., Rogers E., Langley R., and Gabriel S., 'LTR control methodologies for micro vibrations', *Proceedings of the IEEE CCA*, September 1998.

[14] Zhao Y. Y. and Xu J., 'Effects of delayed feedback control on nonlinear vibration absorber system', *Journal of Sound and Vibration*, vol. 308, pp. 212–230, 2007.

[15] Wang Z. H. and Hu H. Y., 'Stabilization of vibration systems via delayed state difference feedback', *Journal of Sound and Vibration*, vol. 296, pp. 117–129, 2006.

[16] Oglac N. and Holm-Hansen B. T., 'A novel active vibration absorption technique: Delayed resonator', *Journal of Sound and Vibration*, vol. 176, no. 1, pp. 93–104, 1994.

[17] Cavallo A., Maria G. and Setola R., 'A sliding manifold approach for vibration reduction of flexible systems', *Automatica*, vol. 35, pp. 1689–1696, 1999.

[18] Hong J. and Bernstein D. S., 'Bode integral constraints, collocation and spill over in active noise and vibration control', *IEEE Transactions on Control Systems Technology*, vol. 6, no. 1, pp. 111–120, 1998.

[19] Kamman J. W. and Naghshineh K., 'A comparison of open-loop feedforward and closed-Loop methods for active noise control using volume velocity minimization', *Applied Acoustics*, vol. 57, pp. 29–37, 1999.

[20] Weng M., Lu X. and Tumper D., 'Vibration control of flexible beams using sensor averaging and actuator averaging methods', *IEEE Transactions on Control Systems Technology*, vol. 10, no. 4, pp. 568–577, July 2002.

[21] Karimi H. R., 'Optimal vibration control of vehicle engine-body system using Haar functions', *International Journal of Control, Automation, and Systems*, vol. 4, no. 6, pp. 714–724, 2006.

[22] Karimi H. R. and Lohmann B., 'Haar wavelet-based robust optimal control for vibration reduction of vehicle engine-body system', *Electrical Engineering*, vol. 89, no. 6, pp. 469–478, June 2007.

[23] Zhu X., Hua C. and Wang S., 'State feedback controller design of networked control systems with time delay in the plant', *International Journal on Innovative Computing, Information and Control*, vol. 4, no. 2, pp. 283–290, 2008.

[24] Basin M., Sanchez E. and Martinez-Zuniga R., 'Optimal linear filtering for systems with multiple state and observation delays', *International Journal Of Innovative Computing, Information and Control*, vol. 3, no. 5, pp. 1309–1320, 2007.

[25] Niculescu S. I., *Delay effects on stability: A robust control approach*, Berlin: Springer, 2001.

[26] Jiang X. and Han Q. L., 'Delay-dependent robust stability for uncertain linear systems with interval time-varying delay', *Automatica*, vol. 42, pp. 1059–1065, 2006.

[27] Karimi H. R., and Gao H., 'LMI-based delay-dependent mixed H_2/H_∞ control of second-order neutral systems with time-varying state and input delays', *ISA Transactions*, vol. 47, no. 3, pp. 311–324, 2008.

[28] Karimi H. R., 'Observer-based mixed H_2/H_∞ control design for linear systems with time-varying delays: An LMI approach', *International Journal of Control, Automation, and Systems*, vol. 6, no. 1, pp. 1–14, 2008.

[29] He Y., Wang Q. G., Lin C. and Wu M., 'Delay-range-dependent stability for systems with time-varying delay', *Automatica*, vol. 43, pp. 371–376, 2007.

[30] Karimi H. R., Zapateiro M. and Lou N., 'Robust mixed H_2/H_∞ delayed state-feedback control of neutral delay systems with time-varying delays', *Asian Journal of Control*, vol. 10, no. 5, pp. 571–582, 2008.

[31] Lam J., Gao H. and Wang C., 'H_∞ model reduction of linear systems with distributed delay', *IEE Proceedings of the Control Theory Applications*, vol. 152, no. 6, pp. 662–674, 2005.

[32] Chen J. D., 'LMI-based robust H_∞ control of uncertain neutral systems with state and input delays', *Journal of Optimization Theory and Applications*, vol. 126, pp. 553–570, 2005.

[33] Fridman E. and Shaked U., 'A descriptor system approach to H_∞ control of linear time-delay systems' *IEEE Transactions on Automatic Control*, vol. 47, no. 2, pp. 253–270, 2002.

[34] Gao H. and Wang C., 'Comments and further results on a descriptor system approach to H_∞ control of linear time-delay systems', *IEEE Transactions on Automatic Control*, vol. 48, pp. 520–525, 2003.

[35] Gao H., Lam J. and Wang C., 'Multi-objective control of vehicle active suspension systems via load-dependent controllers', *Journal of Sound and Vibration*, vol. 290, pp. 654–675, 2006.

[36] Basin M., Perez J. and Calderon-Alvarez D., 'Optimal filtering for linear systems over polynomial observations', *International Journal of Innovative Computing, Information and Control*, vol. 4, no. 2, pp. 313–320, 2008.

[37] Wang M., Chen B. and Tong S., 'Adaptive fuzzy tracking control for strict-feedback nonlinear systems with unknown time delays', *International Journal of Innovative Computing, Information and Control*, vol. 4, no. 4, pp. 829–838, 2008.

[38] Shi P., Zhang J., Qiu J. and Xing L., 'New global asymptotic stability criterion for neural networks with discrete and distributed delays', *Proceedings of the Institution of Mechanical Engineers, Part I, Journal of Systems and Control Engineering*, vol. 221, pp. 129–135, 2007.

[39] Du H. and Zhang N., 'H_∞ control of active vehicle suspensions with actuator time delay', *Journal of Sound and Vibration*, vol. 301, pp. 236–252, 2007.

[40] Henrion D., Sebek M. and Kucera V., 'Robust pole placement for second-order systems: An LMI approach', http://citeseer.ist.psu.edu/623785.html, October 2002.

[41] Balas M. J., 'Trends in large space structure control theory: Fondest hopes, wildest dreams', *IEEE Transactions on Automatic Control*, vol. 27, pp. 522–535, March 1982.

[42] Rincon F., 'Feedback stabilization of second-order models', Ph.D. dissertation, Northern Illinois University, De Kalb, IL, 1992.

[43] Bhaya A. and Desoer C., 'On the design of large flexible space structures (LFSS)', *IEEE Transactions on Automatic Control*, vol. AC-30, pp. 1118–1120, November 1985.

[44] Park P., 'A delay-dependent stability criterion for systems with uncertain time-invariant delays', *IEEE Transactions on Automatic Control*, vol. 44, pp. 876–877, 1999.

[45] Ho D. W. C. and Lu G., 'Robust stabilization for a class of discrete-time nonlinear via output feedback: The unified LMI approach', *International Journal of Control*, vol. 76, no. 2, pp. 105–115, 2003.

[46] Xu S., Lam J., Yang C. and Verriest E. I., 'An LMI approach to guaranteed cost control for uncertain linear neutral delay systems', *International Journal of Robust and Nonlinear Control*, vol. 13, pp. 35–53, 2003.

[47] Hale J. and Verduyn Lunel S. M., *Introduction to functional differential equations*, Springer-Verlag, New York, NY, 1993.

[48] Gahinet P., Nemirovsky A., Laub A. J. and Chilali M., *LMI control toolbox: For use with Matlab*, Natik, MA: The MATH Works, 1995.

第13章 非线性车辆悬架系统的频域分析与设计

Yue Chen, Xingjian Jing 和 Li Cheng

摘要

在车辆悬架系统的分析与设计中,弹簧和阻尼器是提高乘坐舒适性,保证悬架系统的稳定性并在很大程度上提高悬架系统寿命的最关键因素,而弹簧和阻尼器通常是固有的非线性的。因此,确定合适的刚度和阻尼特性以满足实际工作中的各种要求具有重要意义。本文将非线性频域分析方法引入到车辆悬架系统的非线性分析与设计中。利用非线性频域分析方法推导出系统输出频谱与模型参数之间的显式关系,从而可以直接分析目标特征参数,进而得到车辆悬架系统的最优非线性刚度和阻尼特性。对比研究表明,最优非线性阻尼特性表现出比相应的线性阻尼特性更好的动态性能,并通过仿真得到了几种现有的非线性最优阻尼特性。基于整车动力学模型的仿真研究在三种不同的车辆评估标准下都验证了非线性的优势。研究表明,利用非线性频域分析方法获得的非线性最优阻尼特性对提高车辆的振动性能和降低悬架行程有很大的帮助。同时,优化后的非线性阻尼器不会对操纵性能产生任何负面影响。

13.1 引言

车辆悬架由弹簧、减振器和连杆组成,在车辆底盘与车轮的连接中起着重要的作用。对于一个车辆悬架系统来说,它有三个主要目的:第一,传递力和力矩到底盘,以确保车辆工作良好;第二,利用弹簧和阻尼器来减少和隔离振动;第三,利用它的引导组件确保车轮按照一个给定的轨迹跳跃。理想的悬架系统应该能够减少车身的加速度和位移,以满足乘坐舒适性的要求。同时,悬架系统还应该满足操纵性能的要求。为了达到理想的性能,汽车悬架系统得到了广泛的调查研究。以往对汽车悬架系统设计分析的研究表明,按照力产生模式,悬架系统可以分为被动悬架、半主动悬架和主动悬架三种主要类型。每种悬架系统都有其独特的优势与不足。主动和半主动悬架系统在车辆振动和操纵性能方面表现出更好的性能，但被动悬架系统仍占据市场主导地位。尽管在主动和半主动悬架系统中使用了许多先进的技术和控制策略，但研究被动悬架系统的弹簧和阻尼器的固有非线性特性对于获得更好的性能是十分重要的。在本研究中，将利用频域方法对非线性刚度和阻尼特性进行系统的分析，并讨论其与各种车辆性能之间的关系。

以往的研究往往将悬架系统视为由弹簧和阻尼器组成的模型。任何弹簧的一个重要特性是它可以轻松储存颠簸和加速中的能量。然而，这些汽车弹簧，如钢板弹簧、螺旋弹簧和橡胶弹簧等，其释放能量的方式不能达到预期的效果，往往导致失效前的生命周期不稳定。因此，悬架系统中的阻尼器应该经过良好的设计，以便抑制车辆的垂直运动从而提高弹簧的使用寿命，阻尼器在抑制车辆振动中发挥着重要作用。在适当的阻尼水平下，汽车将具有良好的乘坐舒适性和操纵性能。在汽车悬架系统中，如何设计合理、实用的阻尼器，特别是阻尼系数的设计具有重要意义。在大多数车辆动力学分析中，阻尼系数是基于阻尼力与阻尼活塞速度成正比的假设，这一假设主要考虑到简单、易于计算机仿真和实现的事实。然而，在低速与高速时，期望和实际的阻尼器中的阻尼力与活塞速度之间的关系都不是成正比的。在实际中，悬架阻尼器的阻尼特性可以近似得到，如图 13.1 所示。

从图 13.1 可以明显看出，阻尼力是分段线性函数，而不是阻尼系数和阻尼活塞速度的单一线性函数。同时，随着磁变流体阻尼器、电流变流体阻尼器等新型阻尼器以及其他一些智能材料的广泛应用，阻尼特性的分析和设计也不能简单地视为线性关系。例如，黏弹性阻尼器不仅受活塞速度的影响，而且阻尼力与变形之间存在复杂的非线性关系。弹簧系统也具有非线性特性。例如，空气悬架系统经进一步计算，具有二次和三次非线性特性。在汽车悬架系统中广泛应用的橡胶元件也具有非线性特性。因此，在分析车辆振动性能时，需要考虑非线性效应以保证悬架系统的精确性。

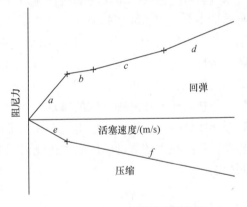

图 13.1 悬架阻尼器的特性曲线

为了分析非线性悬架系统，可以使用参考文献中的一些方法。特别是对于非线性系统，有几种分析方法可以选择，如谐波平衡法、描述函数法和平均法。谐波平衡法是基于解可以表示为傅里叶级数的假设。描述函数法是基于拟线性化的，通过一个依赖于输入波形振幅的线性系统传递函数来对所研究的非线性系统进行近似。平均法基于平均原理，即用平均方程代替运动的精确微分方程。但这些方法不能很好地反映车辆性能与系统参数之间的关系。因此，本研究采用了近年来发展的基于

Volterra 级数展开的系统频域方法来研究非线性系统。该方法用于确定由 Volterra 级数描述的非线性系统的广义频率响应函数（GFRF）。基于这一概念，已经开展了许多工作来分析非线性系统的频域动态特性。利用该方法可以导出系统的输出频谱，进而分析非线性参数对输出频谱的影响。通过采用参数特征分析方法，确定非线性系统非线性输出频谱的数值方法也得到了发展，这能够极大地帮助非线性系统中重要物理参数的分析和设计。这种数值确定方法的主要优点是可以解释系统非线性参数是如何影响系统的输出频率响应的。通过使用数值方法，可以轻松地导出系统输出频率响应，工程师就可以在任何感兴趣的模型参数方面来分析系统。这种频域分析方法使得非线性系统的分析变得更加直观和容易理解。

这项工作的主要目的是利用非线性频域分析方法，并结合已有的悬架系统知识，来研究悬架系统性能与其固有参数或某些控制参数之间的关系，从而满足不同的要求。根据已有的结果，通过适当地引入非线性和确定目标的模型参数，系统可以抑制振动并获得一个更好的输出结果。由于可以推导出系统输出与系统参数之间的关系，这就为设计系统参数的最优值以达到不同的性能要求提供了一个有用的工具。

本章的内容安排如下。

在 13.2 节中，将给出车辆悬架系统的数学模型。详细介绍了非线性频域分析法的原理。根据频域分析法的知识推导出系统的输出，并推导出非线性参数的最优值。

在 13.3 节中，采用已有的最优非线性阻尼特性，通过拟合方法得到非线性阻尼特性的详细函数。在本研究中，利用非线性频域分析方法得到另一种非线性最优阻尼特性。然后对这两种非线性阻尼特性进行了对比研究，以确定哪种阻尼特性能更好地抑制振动性能。建立了弹簧减振器系统的动力学模型，验证了计算结果的准确性。

在 13.4 节中，在 Adams/View 中建立了整车动态模型，然后将非线性阻尼特性输入到该动力学模型中，对比研究了非线性阻尼特性对车辆行驶舒适度、悬架行程和操纵性能的影响。

第 13.5 节提供了一个结论并讨论了一些更深层次的开发主题。

13.2 系统模型和输出频率响应函数（OFRF）方法

本节首先介绍了汽车悬架模型，然后利用非线性频域分析法推导出系统输出与系统参数之间的关系，最后得到了系统参数的最优值。

13.2.1 系统模型

车辆悬架系统可以采用三种不同类型的模型进行研究，即四分之一车辆悬架模型、半车悬架模型和整车悬架模型。四分之一车辆悬架是最简单的悬架，主要用于分析车辆的垂直运动和振动。对于半车悬架系统，它能较好地反映垂向振动和滑移运动。整车悬架系统可用于研究道路扰动下的垂直振动、滑移和侧倾行为。本研究采用四分之一车辆悬架系统作为系统模型，如图 13.2 所示。

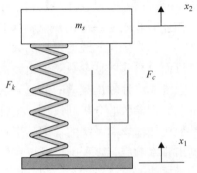

图 13.2 四分之一车辆悬架模型

质量 m_s 表示四分之一车身质量。簧上质量的垂直位移为 x_2，基础激励位移为 x_1。对于非线性悬架模型而言，阻尼力可以描述为 $F_c = c\dot{x} + c_1\dot{x}^3 + c_2\dot{x}^2 x + c_3\dot{x}x^2$，弹簧力可以写成 $F_k = kx + c_4 x^3$。其中 k 为线性刚度，c 为线性阻尼，c_1, c_2, c_3, c_4 是非线性值，x 为簧上质量和基础激励之间的相对位移，可定义为

$$x = x_2 - x_1 \tag{13.1}$$

则该悬架系统的控制方程为

$$m_s \ddot{x}_2 + F_k + F_c = 0 \tag{13.2}$$

将 F_c，F_k 带入式（13.2）得

$$m_s \ddot{x} + kx + c\dot{x} + c_1\dot{x}^3 + c_2\dot{x}^2 x + c_3\dot{x}x^2 + c_4 x^3 = -m_s \ddot{x}_1 \tag{13.3}$$

假设基础激励是一个正弦函数，可以写成

$$x_1 = Y\sin(\omega t) \tag{13.4}$$

式中，ω 是频率，Y 是基底运动的大小。为了进行不特定于系统初始参数选择的分析，如簧上质量和弹簧刚度，控制方程的无量纲形式可以推导为

$$\ddot{y}(\tau) + y(\tau) + \xi\dot{y}(\tau) + \xi_1\dot{y}(\tau)^3 + \xi_2\dot{y}(\tau)^2 y(\tau) +$$
$$\xi_3\dot{y}(\tau)y(\tau)^2 + \xi_4 y(\tau)^3 = Y\sin(\Omega\tau) \tag{13.5}$$

式中，$\tau = \omega_0 t, \omega_0 = \sqrt{k/m_s}, \Omega = \dfrac{\omega}{\omega_0}, \overline{Y} = m_s\omega^2, z(\tau) = x(t) = x\left(\dfrac{\tau}{\omega_0}\right), y(\tau) = \dfrac{kz(\tau)}{\overline{Y}}$

$\xi = \dfrac{c}{\sqrt{km_s}}, \xi_1 = \dfrac{c_1 \overline{Y}^2}{\sqrt{(km_s)^3}}, \xi_2 = \dfrac{c_2 \overline{Y}^2}{k^2 m_s}, \xi_3 = \dfrac{c_3 \overline{Y}^2}{\sqrt{k^5 m_s}}, \xi_4 = \dfrac{c_4 \overline{Y}^2}{k^3}$。

在本研究中，主要目的是分析非线性对振动性能的影响。振动性能的评价标准是均方根加速度。设输出为传递力 F，那么目标是使传递力达到最小。由于系统输出频谱会在共振频率点达到最大值，因此选择输入频率为系统固有频率，即 $\Omega = 1$。传递力的详细形式可由下式得到：

$$F = y(\tau) + \xi\dot{y}(\tau) + \xi_1\dot{y}(\tau)^3 + \xi_2\dot{y}(\tau)^2 y(\tau) + \xi_3\dot{y}(\tau)y(\tau)^2 + \xi_4 y(\tau)^3$$
$$\tag{13.6}$$

因此，车辆悬架系统可以描述为无量纲的模型，即

$$\begin{cases} Y\sin(\Omega\tau) = \ddot{y}(\tau) + y(\tau) + \xi\dot{y}(\tau) + \xi_1\dot{y}(\tau)^3 + \xi_2\dot{y}(\tau)^2 y(\tau) + \xi_3\dot{y}(\tau)y(\tau)^2 + \xi_4 y(\tau)^3 \\ F = y(\tau) + \xi\dot{y}(\tau) + \xi_1\dot{y}(\tau)^3 + \xi_2\dot{y}(\tau)^2 y(\tau) + \xi_3\dot{y}(\tau)y(\tau)^2 + \xi_4 y(\tau)^3 \end{cases} \quad (13.7)$$

本研究的目的是分析系数为 ξ_1，ξ_2，ξ_3，ξ_4 的非线性项对系统输出频谱的影响。为了确定非线性参数对输出的影响，首先需要得到系统的输出频谱。在 13.2.2 节中，给出了两种基于非线性频域分析方法推导系统输出频谱的方法。

13.2.2 系统输出频率响应函数的确定

在本节中，首先简要回顾了非线性频域分析方法的理论，然后讨论了一种有效的数值方法，根据系统参数来确定和优化非线性输出频谱。通过采用最速下降法，得到了非线性系统参数的最优值。

13.2.2.1 非线性输出频谱理论

对于非线性系统而言，输出 $f(t)$ 可以用输入 $u(t)$ 的 Volterra 函数多项式表示为

$$f(t) = \sum_{n=1}^{N} f_n(t) \quad (13.8)$$

式中，N 为系统非线性的最高阶次，系统的 n 阶输出为

$$f_n(t) = \int_{-\infty}^{\infty} \cdots \int_{-\infty}^{\infty} h_n(\tau_1,\cdots,\tau_n) \prod_{i=1}^{n} u(t-\tau_i) \mathrm{d}\tau_i \quad (13.9)$$

式中，$h_n(\tau_1,\cdots,\tau_n)$ 是 τ_1，…，τ_n 的实函数，定义为系统的"n 阶核"或"n 阶脉冲响应"。然后利用 n 阶脉冲响应的多维傅里叶变换，得到系统的"n 阶传递函数"（GFRF），可以写成

$$H_n(j\omega_1,\cdots,j\omega_n) = \int_{-\infty}^{\infty}\cdots\int_{-\infty}^{\infty} h_n(\tau_1,\cdots,\tau_n)\exp(-j(\omega_1\tau_1+\cdots+\omega_n\tau_n))\mathrm{d}\tau_1,\cdots,\mathrm{d}\tau_n$$

(13.10)

当系统受到输入时：

$$u(t) = \sum_{i=1}^{K} |A_i|\cos(\omega_i + \angle A_i) \quad (13.11)$$

根据参考文献 [20]，系统输出频谱可以写成

$$F(j\omega) = \sum_{n=1}^{N} \frac{1}{2^n} \sum_{\omega_{k_1}+\cdots+\omega_{k_n}=\omega} H_n(j\omega_1,\cdots,j\omega_n) A(\omega_{k_1})\cdots A(\omega_{k_n}) \quad (13.12)$$

式中

$$A(\omega_{k_i}) = |A_{k_i}|e^{j\angle |A_{k_i}|\mathrm{sgn}(k_i)}, k_i \in \{\pm 1,\cdots,\pm\overline{K}\}$$

$$\mathrm{sgn}(a) = \begin{cases} 1 & a \geq 0 \\ -1 & a < 0 \end{cases}, \omega_{k_i} \in \{\pm\omega_1,\cdots,\pm\omega_{\overline{K}}\}$$

因此，根据上述理论可以得到非线性系统的输出频谱，并采用探测法，得到以下结果：

$$L_n(j\omega_1 + \cdots + j\omega_n)H_n(j\omega_1,\cdots,j\omega_n) = \sum_{k_1,k_n=1}^{K} c_{0,n}(k_1,\cdots,k_n)(j\omega_1)k_1\cdots(j\omega_n)k_n$$

$$+ \sum_{q=1}^{n-1}\sum_{p=1}^{n-q}\sum_{k_1,k_{p+q}=0}^{L} c_{p,q}(k_1,\cdots,k_{p+q})\Big(\overset{q}{\underset{i=1}{C}}(j\omega_{n-q+i})^{k_{p+i}}\Big)H_{n-q,p}(j\omega_1,\cdots,j\omega_{n-q})$$

$$+ \sum_{p=2}^{n}\sum_{k_1,k_p=0}^{K} c_{p,0}(k_1,\cdots,k_p)H_{n,p}(j\omega_1,\cdots,j\omega_n)$$

(13.13)

$$H_{n,p}(\cdot) = \sum_{i=1}^{n-p+1} H_i(j\omega_1,\cdots,j\omega_i)(j\omega_{i+1},\cdots,j\omega_n)(j\omega_1+\cdots+j\omega_i)^{k_p}$$ (13.14)

$$H_{n,1}(j\omega_1,\cdots,j\omega_n) = H_n(j\omega_1,\cdots,j\omega_n)(j\omega_1+\cdots+j\omega_n)^{k_1}$$ (13.15)

式中,$L_n(j\omega_1+\cdots+j\omega_n) = -\sum_{k_1=0}^{K} c_{1,0}(k_1)(j\omega_1+\cdots+j\omega_n)^{k_1}$。从式(13.12)和式(13.13),可以推导出系统的输出多项式。

对于单输入双输出系统,输出频率响应可参考文献[23]。在本研究中,对无量纲系统输出频率响应进行了直至五阶的计算,具体表达式如下:

1)一阶频率响应为

$$H_1^{2:1}(j\omega_1) = \frac{\xi(j\omega_1) + 1}{(j\omega_1)^2 + \xi(j\omega_1) + 1}$$ (13.16)

2)三阶频率响应为

$$H_3^{1:111}(j\omega_1,j\omega_2,j\omega_3) = \frac{H_1(j\omega_1)H_2(j\omega_2)H_3(j\omega_3)\begin{bmatrix}\xi_4 + \xi_3(j\omega_3) \\ + \xi_2(j\omega_3)(j\omega_2) \\ + \xi_1(j\omega_1)(j\omega_2)(j\omega_3)\end{bmatrix}}{(j\omega_1+j\omega_2+j\omega_3)^2 + \xi(j\omega_1+j\omega_2+j\omega_3) + 1}$$

(13.17)

$$H_3^{2:111}(j\omega_1,j\omega_2,j\omega_3) = (-(j\omega_1+j\omega_2+j\omega_3)^2)H_3^{1:111}(j\omega_1,j\omega_2,j\omega_3)$$

(13.18)

3)五阶频率响应要复杂得多,由于篇幅限制,本节将不给出。

然后根据式(13.12)推导出系统输出,即

$$F(j\omega) = \sum_{n=1}^{5} \frac{1}{2^n} \sum_{\omega_1+\cdots+\omega_n=\omega} H_n^2(j\omega_1,\cdots,j\omega_n)A(\omega_{k_1})\cdots A(\omega_{k_n})$$

$$= \frac{1}{2}H_1^{2:1}(j\omega_1)A(w) + \frac{1}{2^3}\sum_{\omega_1+\omega_2+\omega_3=\omega} H_3^{2:111}(j\omega_1,\cdots,j\omega_3)A(\omega_{k_1})\cdots A(\omega_{k_3})$$

$$+ \frac{1}{2^5}\sum_{\omega_1+\cdots+\omega_5=\omega} H_5^{2:11111}(j\omega_1,\cdots,j\omega_5)A(\omega_{k_1})\cdots A(\omega_{k_5})$$ (13.19)

13.2.2.2 非线性输出频谱的数值确定

在13.2.2.1节中,讨论了非线性输出频谱的解析计算。在实际应用中,可以

采用一种更有效的数值方法，根据系统的物理参数直接确定非线性输出频谱。为此，系统输出谱可以写成更明确的多项式形式，如参考文献 [24, 25, 33] 中所示：

$$F(j\omega) = \sum_{n=1}^{N} CE(H_n(\cdot)) \phi_n (j\omega)^T \qquad (13.20)$$

式中

$$\phi_n(j\omega) = \frac{1}{\sqrt{N}(2\pi)^{n-1}} \int_{\omega_1+\cdots+\omega_n=\omega} f_n(j\omega_1,\cdots,j\omega_n) \prod_{i=1}^{n} U(j\omega_i) d\sigma_\omega \qquad (13.21)$$

$CE(\cdot)$ 是系数提取算符，它具有两个基本运算 "$\otimes$" 和 "$\oplus$"，详细定义在考文献 [33] 给出。$CE(H_n(\cdot))$ 是 n 阶传递函数的参数特征，由下式给出：

$$CE(H_n(\cdot)) = C_{0,n} \oplus \left(\underset{q=1}{\overset{n-1}{\oplus}} \underset{p=1}{\overset{n-q}{\oplus}} C_{p,q} \otimes CE(H_{n-q-p+1}(\cdot)) \right) \oplus$$

$$\left(\underset{p=2}{\overset{n}{\oplus}} C_{p,0} \otimes CE(H_{n-p+1}(\cdot)) \right) \qquad (13.22)$$

显然，式 (13.20) 可以写为

$$F(j\omega) = \psi \phi (j\omega)^T \qquad (13.23)$$

式中

$$\psi = \underset{n=1}{\overset{N}{\oplus}} CE(H_n(\cdot)), \phi(j\omega) = [\phi_1(j\omega), \phi_2(j\omega), \cdots, \phi_n(j\omega)] \qquad (13.24)$$

因此，采用数值确定方法，对输出频谱的确定可以通过以下步骤进行。

(1) 确定输出频率响应函数的参数特性

这项任务的第一步是确定最大阶数 N。这可以通过评估 n 阶输出频率响应 $F_n(j\omega)$ 的幅值来完成，如果 $F_n(j\omega)$ 的幅值小于预定义的值，则可以获得最大阶数 N。第二步根据式 (13.21) 确定参数特性。对于一个给定的系统，控制方程为式 (13.5)，目标非线性参数是 ξ_1，ξ_2，ξ_3，ξ_4，其他所有参数为零。根据参考文献 [24]，输出频率响应函数的参数特性可表示为

$$\psi = [1, \xi_1, \xi_2, \xi_3, \xi_4, \xi_1^2, \xi_1\xi_2, \xi_1\xi_3, \xi_1\xi_4, \xi_2^2, \xi_2\xi_3, \xi_2\xi_4, \xi_3^2, \xi_3\xi_4, \xi_4^2, \cdots]$$

$$(13.25)$$

(2) 确定输出频率响应函数的 $\phi(j\omega)$

该任务的第一步是构造一个能够覆盖很大范围的非奇异矩阵。第二步是获得由四个非线性参数 ξ_1、ξ_2、ξ_3、ξ_4 不同组合得到的系统输出频率响应 $F(j\omega)$。通过在时域输出响应上使用快速傅里叶变换能够完成这一过程。则输出频率响应函数的 $\phi(j\omega)$ 可以写成

$$\phi(j\omega)^T = (\psi^T\psi)^{-1} \psi^T F(j\omega) \qquad (13.26)$$

因此，系统对非线性参数 ξ_1、ξ_2、ξ_3、ξ_4 的输出频率响应函数可由式 (13.22) 获得。

综上所述，数值确定法的主要思想是：给定一个非线性模型，根据式（13.22）可以求得 $CE(H_n(\cdot))$，$\phi_n(j\omega)$ 可以通过数值方法获得，这将在下一节中详细论述。然后根据式（13.23）得到系统输出频谱，最后进行频域分析。

13.2.3　优化和系统分析

在本节中，导出了系统输出与目标系统参数之间的关系。然后采用最速下降法得到系统非线性参数的最优值。最后，总结了系统非线性对系统振动控制的优势。

13.2.3.1　非线性输出频谱的计算

根据上面推导出的车辆悬架系统的非线性输出频谱，可以进行参数优化，找到最优的非线性参数 ξ_1，ξ_2，ξ_3，ξ_4，从而在与车辆垂直加速度成比例定义的系统输出中实现最佳的振动抑制。为了理解系统中与任何目标非线性参数有关的非线性输出频谱，考虑仅与定义为 ξ_1，ξ_2 的两个参数有关的输出频谱。按照上述数值方法，最终可以得出

$$
\begin{aligned}
F(j\Omega)|_{\Omega=1} = &\ (1.5599e-001 + 1.6160e-001i) + (-2.4599e-002 \\
&+ 5.7895e-004i)\xi_1 + (4.8410e-002 - 3.1037e-002i)\xi_2 \\
&+ (2.5315e-003 - 2.1792e-003i)\xi_1^2 + (-1.2208e-002 \\
&+ 1.0914e-002i)\xi_1\xi_2 + (-3.4105e-003 - 1.5597e-003i)\xi_2^2 \\
&+ (1.5519e-004 - 9.5445e-005i)\xi_1^3 + (2.9229e-004 \\
&- 6.2336e-005i)\xi_1^2\xi_2 + (2.0404e-003 - 1.8717e \\
&- 003i)\xi_1\xi_2^2 \\
&+ (-5.2480e-004 + 1.0759e-003i)\xi_2^3 + (-2.4643e-005 \\
&+ 2.5870e-005)\xi_1^4 + (4.5495e-005 - 6.8368e \\
&- 005)\xi_1^3\xi_2 \\
&+ (-1.1712e-004 + 1.1884e-004i)\xi_1^2\xi_2^2 + (-4.6285e-005 \\
&+ 4.7699e-005i)\xi_1\xi_2^3 + (4.5823e-005 - 7.5763e-005i)\xi_2^4
\end{aligned}
$$

(13.27)

式中，频率 Ω 可以选择任何值，例如这里 $\Omega=1\text{rad/s}$。为了很好地反映系统输出频谱之间的关系，初始阻尼值为 $\zeta=0.01$，系统的幅值大小为 $\bar{Y}=0.2$。结果如图13.3所示。

由图13.3可以看出，输出频谱是非线性参数 ξ_1，ξ_2 的典型非线性函数。非线性输出频谱为分析系统输出响应和物理参数之间的关系提供了直接和强有力的见解。为了找到 ξ_1，ξ_2，ξ_3，ξ_4 的最优参数值，可以按照上一节的步骤推导出关于这四个参数的非线性输出频谱。需要注意的是，非线性参数的范围必须足够大，才能得到全局最优解。然而，当参数覆盖较大范围时，式（13.25）中的矩阵的逆容易出现病态。为了解决这个问题，矩阵 ψ 可以写成参考文献[24]中

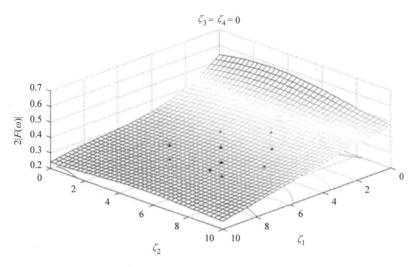

图 13.3 ξ_1，ξ_2 的非线性输出频谱（星点由理论方法得到）

的形式，即

$$\psi = [1, \alpha(\xi_1/\alpha), \alpha(\xi_2/\alpha), \alpha(\xi_3/\alpha), \alpha(\xi_4/\alpha), \alpha^2(\xi_1^2/\alpha^2), \alpha^2(\xi_1\xi_2/\alpha^2),$$
$$\alpha^2(\xi_1\xi_3/\alpha^2), \alpha^2(\xi_1\xi_4/\alpha^2), \alpha^2(\xi_2^2/\alpha^2), \alpha^2(\xi_2\xi_3/\alpha^2), \alpha^2(\xi_2\xi_4/\alpha^2),$$
$$\alpha^2(\xi_3^2/\alpha^2), \alpha^2(\xi_3\xi_4/\alpha^2), \alpha^2(\xi_4^2/\alpha^2)] \quad (13.28)$$

则式（13.23）可以表示为

$$F(j\omega) = \psi\phi(j\omega)^T = [1, (\xi_1/\alpha), (\xi_2/\alpha), (\xi_3/\alpha), (\xi_4/\alpha), (\xi_1^2/\alpha^2),$$
$$(\xi_1\xi_2/\alpha^2), (\xi_1\xi_3/\alpha^2), (\xi_1\xi_4/\alpha^2), (\xi_2^2/\alpha^2), (\xi_2\xi_3/\alpha^2), (\xi_2\xi_4/\alpha^2),$$
$$(\xi_3^2/\alpha^2), (\xi_3\xi_4/\alpha^2), (\xi_4^2/\alpha^2)][\phi_0(j\omega), \alpha\phi_1(j\omega), \alpha\phi_2(j\omega), \alpha\phi_3(j\omega),$$
$$\alpha\phi_4(j\omega), \alpha^2\phi_5(j\omega), \alpha^2\phi_6(j\omega), \alpha^2\phi_7(j\omega), \alpha^2\phi_8(j\omega), \alpha^2\phi_9(j\omega),$$
$$\alpha^2\phi_{10}(j\omega), \alpha^2\phi_{11}(j\omega), \alpha^2\phi_{12}(j\omega), \alpha^2\phi_{13}(j\omega), \alpha^2\phi_{14}(j\omega)]^T \quad (13.29)$$

采用这种尺度变换方法，不仅能使参数覆盖范围大，而且保证了式（13.23）中矩阵的非奇异性。

13.2.3.2 参数优化

根据式（13.23），可以推导出关于所有非线性参数的多项式。为此，应注意下列各点。

1) 矩阵 ψ 应覆盖较大范围，以确保找到最优结果，如上文所述。然而，通常当非线性参数的取值范围过大时，式（13.25）中矩阵的逆将是病态的。为了解决这个问题，变量的范围也可以划分为几个部分。例如，[0，100] 可以划分为 [0，1]，[1，10]，[10，100]。该方法与式（13.27）和式（13.28）中讨论的尺度变换方法相结合，易于实现矩阵的非奇异性，同时保证了求解的准确性。

2) 最优解应该是所有子范围内的最优解。

3) 非线性参数 ξ_1，ξ_2，ξ_3，ξ_4 有其物理意义。因此，一些参数可以是负的，而其他参数不可以。

此外，在实践中，为了进一步限制搜索空间，可以引入两个新变量 a、b，定义为

$$\xi_1 = a, \xi_2 = 3ab, \xi_3 = 3ab^2, \xi_4 = ab^3 \tag{13.30}$$

因此，式（13.6）可表示为

$$F = y(\tau) + \xi \dot{y}(\tau) + a[\dot{y}(\tau) + by(\tau)]^3 \tag{13.31}$$

那么系统输出频谱是关于两个变量 a，b 函数，可以通过频域分析法得到。在本研究中，a，b 的取值范围为 $[0, 10]$ 和 $[-1, 0]$。得到系统关于非线性变量的输出频率响应为

$$\begin{aligned}F(j\Omega)|_{\Omega=1} &= (1.2297e-001 + 2.6101e-001i) + (1.4043e-002 \\&\quad -2.1368e-002i)a + (3.1627e-002 + 3.7759e-003i)3ab \\&\quad + (-7.5741e-003 + 2.3285e-002i)*3ab^2 + (4.8602e-003 \\&\quad + 1.7763e-001i)*ab^3 + (-1.8905e-003 + 1.9025e-003i)a^2 \\&\quad + (-2.8603e-003 + 9.4444e-004i)3a^2b + (6.9260e-005 \\&\quad - 8.4367e-004i)3a^2b^2 + (-1.2002e-002 + 1.3644e-002i)a^2b^3 \\&\quad + (1.5270e-003 - 9.8513e-004i)*9a^2b^2 + (1.6447e-003 \\&\quad - 2.7494e-004i)9a^2b^3 + (-2.2671e-003 + 2.4648e-002i)3a^2b^4 \\&\quad + (5.7254e-003 - 3.0388e-003i)9a^2b^4 + (3.5859e-003 \\&\quad + 2.4658e-002i)3a^2b^5 + (-7.3119e-002 + 2.0120e-001i)a^2b^6\end{aligned}$$

$$\tag{13.32}$$

注意这里的参数是无量纲的。因此，例如 $a=0.1$ 相当于 $c_1 = a\sqrt{(km_s)^3}/Y^2 = 75248.3$（例如 $k=16000$，$m_s=240$，$Y=100$）。另外注意参数 a 的值非常小；为了避免矩阵奇异性，上述的尺度法和分段法仍然可以类似地应用。采用最速下降法，可以得到最优解。对于第一个多项式，最优值为

$$a = 3.89, b = -0.77, 2|F(j\omega)| = 0.251 \tag{13.33}$$

根据式（13.5），Ω 的定义是输入频率与系统固有频率的比值。在本研究中，Ω 的范围是 $[0.1, 10]$，那么实际道路输入频率是 $[0.1\omega_0, 10\omega_0]$，能够覆盖正常工作频率范围。就最优值而言，不仅要能够在共振频率内抑制振动，还要在其他频率范围内对抑制振动有所帮助。对于本研究，图 13.4 给出了关于参数 a，b 的系统输出频谱。

13.2.3.3 与线性系统的比较

对于纯线性系统，系统弹簧力为 $F_k = kx$，阻尼力为 $F_c = c\dot{x}$，则系统传递函数可以写为

$$H(j\Omega) = \frac{\xi(j\Omega) + 1}{(j\Omega)^2 + \xi(j\Omega) + 1} \tag{13.34}$$

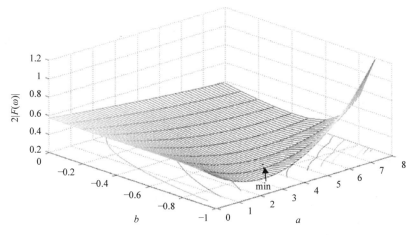

图 13.4 关于 a，b 的非线性输出频谱

由式（13.34）可知，当输入频率 $\Omega = 1\text{rad/s}$ 且线性阻尼 ζ 尽可能大时，传递函数为减函数，最小值为 1。然而，车辆悬架线性阻尼通常值为 $\zeta = 0.25$。在本研究中，将使用推荐的线性阻尼与最优非线性阻尼进行比较。对于不同系统值的系统频谱见表 13.1。

表 13.1 系统输出频谱

ζ	a	b	$2\lvert F(j\Omega) \rvert$
0.01	0	0	20
0.25	0	0	0.825
0.01	3.89	-0.77	0.251

为了验证非线性最优值在整个频率范围内对系统输出频谱是否有积极的影响，本节依据参考文献 [26] 来介绍系统传递率，因为系统传递率图像就像线性理论中的传递函数一样，可以很好地反映系统参数对系统输出的影响。在本研究中，系统传递率可以定义为系统输出除以输入，可以写成

$$T = \frac{F}{Y} \tag{13.35}$$

系统的传递率图如图 13.5 所示。

通过进一步审视分析图 13.5，可以得出如下结论。

1) 当非线性参数达到最优值时，系统在频率 $\Omega = 1$ 处的传递率明显优于初始线性系统。在图 13.5 中，频率 $\Omega = 1$ 处的峰值表示传递率最大。可以看出，非线性最优系统在频率 $\Omega = 1$ 处传递率最小，这意味着当处于相同的输入信号下时，具有非线性最优值的系统将得到最小的输出频谱。因此可以得出结论，当非线性系统达到最优值时，系统振动在系统共振频率处得到了很好的抑制。

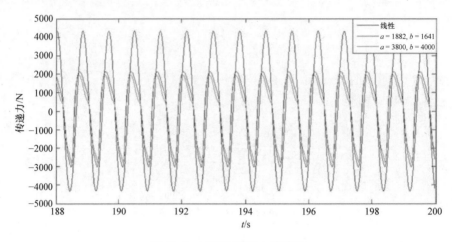

图 13.5 不同系统的力传递率

2）从图 13.5 还可以清楚地看出，最优非线性值不仅可以使系统在共振频率内的传递率达到最小，而且还有助于抑制其他频率范围内的系统振动。在高频范围内，非线性最优值与初始阻尼值得到的传递率曲线相同，远好于推荐阻尼值得到的传递率曲线。在低频范围内，传递率不随线性阻尼值的变化而变化；这三条曲线非常吻合。但在频率约为 $\Omega=0.5$ 时，最优非线性系统的传递率要大于其他两个系统，且存在峰值。这是因为在本研究中也引入了非线性刚度这一项，这将降低系统的刚度，从而降低共振频率。因此，非线性系统传递率将在系统固有频率 $\Omega=1$ 以下得到最大值。引入非线性项有利于改变车辆悬架系统的共振频率，这些非线性项可以用于悬架系统的设计以避免一些重要的频率点，如人的敏感频率或发动机的共振频率。

在这项研究中，可以计算出由三个输出频谱曲线 $x=0.1$，$x=10$ 和 $y=0$ 围成的面积，以显示最优非线性在整个频率范围内的影响。计算输出频谱的详细步骤见参考文献 [7，8]。由于 y 轴的单位为 N，x 轴的单位为 rad/s，所以本研究中面积的单位为 N·rad/s。不同系统的面积见表 13.2。

表 13.2 不同系统的面积

系统	面积/(N·rad/s)
线性，$\zeta=0.01$	1.3091
线性，$\zeta=0.25$	0.71116
非线性最优系统	0.47281

由表 13.2 可以看出，在上述三个不同的系统中，非线性系统得到的面积是最小的。因此，在共振频率范围内，最优非线性系统比线性系统更具竞争力。

13.2.4 结论

在前人工作的基础上，本节简要介绍了非线性频域分析方法。利用解析确定法和数值确定法得到的输出频谱分析了模型参数对非线性车辆悬架系统的影响。结果表明，系统输出频谱随系统参数的变化而变化。然后，由于其在计算成本上的优势，通过数值确定方法得出的输出频谱可用于找到最优解。得到了非线性最优解，并与初始线性系统及具有推荐阻尼值的系统进行比较。结果表明，当系统的非线性参数设置为最优值时，在共振频率范围内，输出频谱比线性系统的输出频谱好得多，这在抑制振动的应用中是非常有用的。注意，本研究中系统参数的最优值是在给定的输入信号下获得的，当输入信号改变时，对应的最优值也会不同。因此，当系统输入给定时，恰当地确定模型参数可以改善系统的振动性能。在接下来的章节中，将使用基于OFRF的分析方法来寻找一个实际悬架系统的最优值，同时将采用不同的评估标准来分析系统非线性的影响。

13.3 比较研究

本节采用非线性频域分析法得到非线性最优阻尼特性，并对两种非线性最优阻尼特性进行对比研究，从而验证非线性频域分析法的优越性。在13.3.1节中，利用曲线拟合方法推导出现有的最优车辆阻尼特性。第13.3.2节分析了系统输出频谱与系统非线性之间的关系。第13.3.3节对这两种最优阻尼特性进行了对比研究。最后，建立了弹簧减振器系统的动力学模型，验证了纯理论方法所得结果的有效性。

13.3.1 现有的非线性阻尼特性

本节采用现有的非线性最优阻尼特性进行对比研究。以乘坐舒适性和安全性为主要性能指标，采用如下加权目标函数：

$$\Psi = \omega_C \Psi_C + \omega_S \Psi_S \tag{13.36}$$

式中，ω_C 和 ω_S 分别为乘坐舒适性和安全性的权重值，Ψ_C 和 Ψ_S 为乘坐舒适性和安全性的准则，Ψ 为总体评价函数。以最优阻尼特性为例，如图13.6所示。

在图13.6中，曲线显示了悬架系统的最优阻尼特性，但尚未给出完整的数据集，如阻尼特性的详细函数。为了进行比较研究，一种方法是拟合图13.6中的数据。通过拟合的方法，能够得到最优阻尼特性，并且阻尼力可以用速度的函数来表示。根据 ω_C 和 ω_S 的定义，在 $\omega_C = 1$，$\omega_S = 0$ 的条件下得到的曲线就是用于获取数据的目标曲线。

拟合数据的方法有很多，如最小二乘拟合、插值方法、非线性最小二乘拟合。在本研究中，采用最小二乘法来实现这一目标，主要是因为当前数据相对简单。该

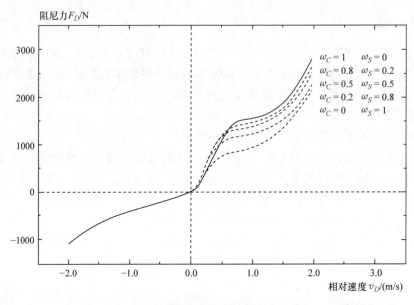

图 13.6 最优阻尼特性

方法通过将从给定曲线得到的偏移量的平方和进行最小化来寻找一组点的最优多项式,可以写成

$$\min \sum [y_i - f(x_i, a_1, a_2, \cdots, a_n)]^2$$

式中,y_i 是曲线上的点,$f(x_i, a_1, a_2, \cdots, a_n)$ 是分别用拟合方法得出的多项式的值。在本研究中,拟合过程利用 Matlab 完成,阻尼力可描述为 n 次多项式:

$$y = a_n x^n + a_{n-1} x^{n-1} + a_{n-2} x^{n-2} + \cdots + a_1 x + a_0 \tag{13.37}$$

其中,a_n 为系数,y 为最终的多项式。式(13.37)中,x 为速度,a_n 为相对阻尼值,y 为阻尼力。在这种形式下,阻尼力是关于速度的函数。注意,当速度 $x = 0$ 时,阻尼力应为 0。通过选择上述方程的不同阶数,可以得到多项式。最后一步是在 Matlab GUI 中拟合多项式,所需要的阻尼函数形式见式(13.37)。用于拟合多项式的速度数据为 $[-0.5, 0.5]$ m/s。然后,可以很容易地得到阻尼特性的多项式,它可以写成

$$F_{fit} = 1641\dot{x}^3 + 1882\dot{x}^2 + 937.2\dot{x} \tag{13.38}$$

式中,F_{fit} 为阻尼力,$\dot{x}$ 为速度。式(13.38)中,最后一项为线性阻尼,前两项为非线性阻尼效应。

13.3.2 基于 OFRF 分析方法的阻尼特性设计

在本节中,通过非线性频域分析方法得到了非线性最优阻尼特性。

本节模型与 13.2.1 节模型相同,如图 13.7 所示。

除非线性阻尼力 F_c 外，其他变量的定义在前面的章节中可以看到。本节的主要目的是将基于 OFRF 分析方法得到的非线性最优阻尼特性与现有的非线性最优阻尼曲线进行比较。非线性阻尼力是 $F_c = c\dot{x} + a\dot{x}^2 + b\dot{x}^3$，因此控制方程可以写成

$$m_s\ddot{x} + kx + c\dot{x} + a\dot{x}^2 + b\dot{x}^3 = -m_s\ddot{x}_1 \tag{13.39}$$

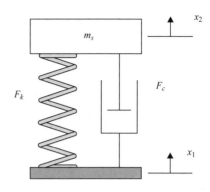

图 13.7　1 自由度四分之一车辆悬架模型

其中 a 和 b 为本研究中需要确定的非线性阻尼参数。所以传递力可以写为

$$F = kx + c\dot{x} + a\dot{x}^2 + b\dot{x}^3 \tag{13.40}$$

根据参考文献 [28, 37]，线性阻尼值为 937.2N·s/m，刚度和质量的具体值 $m_s = 290$kg，$k = 16812$N/m。假设输入信号为正弦波，振幅为 50mm，可近似视为真实路面振幅。则系统的控制方程为

$$290\ddot{x} + 16812x + 937.2\dot{x} + a\dot{x}^2 + b\dot{x}^3 = 840.6084\ddot{x}_1 \tag{13.41}$$

最后，经过一些简化和计算，系统的控制方程和目标函数可以写成

$$\begin{cases} 290\ddot{x} + 16812x + 937.2\dot{x} + a\dot{x}^2 + b\dot{x}^3 = 840.6084\ddot{x}_1 \\ F = 16812x + 937.2\dot{x} + a\dot{x}^2 + b\dot{x}^3 \end{cases} \tag{13.42}$$

本研究的目的是减少簧上质量与基底激励之间的传递力。为了实现这一目标，需要得到系统的输出频率响应函数。推导系统输出频谱的步骤已经在前几节中讨论过，由于篇幅限制，这里不再给出。关于系统参数 a，b 的输出频谱如图 13.8 所示。

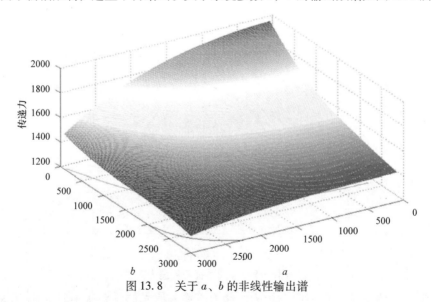

图 13.8　关于 a、b 的非线性输出谱

由图 13.8 可以清楚地看到，当 a 和 b 的值增大时，系统输出频谱减小，即传递力减小。如果目的是减小传递力，则 a 和 b 的值应该较大。但是，这并不意味着为了得到最小的传递力，a 和 b 的值必须足够大或无穷大。有两个原因：第一，当 a 和 b 的值很大时，等效阻尼就会很大；第二，如果 a 和 b 的值很大，那么压缩期间的阻尼力是正的，但这是不可接受的。在本研究中，将 $a=3800$ 和 $b=4000$ 的组合视为通过非线性频域分析方法确定的最优阻尼特性，可以写成

$$F_d = 937.2\dot{x} + 3800\dot{x}^2 + 4000\dot{x}^3 \tag{13.43}$$

13.3.3 对比研究

在 13.3.1 和 13.3.2 节中，得到了两种最优阻尼特性。第一种是根据以往文献拟合的阻尼特性，可以写成

$$F_{fit} = 937.2\dot{x} + 1882\dot{x}^2 + 1641\dot{x}^3 \tag{13.44}$$

第二种是用非线性频域分析方法得到的，可以写成

$$F_d = 937.2\dot{x} + 3800\dot{x}^2 + 4000\dot{x}^3 \tag{13.45}$$

在本研究中，利用这两种阻尼特性进行了多次对比研究，以显示它们对振动的抑制作用。本节将讨论不同输入信号下的系统性能。

13.3.3.1 输入频率的变化

在这种情况下，选择输入频率作为变量，线性系统和两个非线性最优系统的系统传递力如图 13.9 所示。

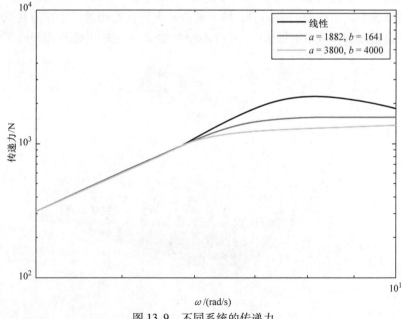

图 13.9 不同系统的传递力

图 13.9 给出了三种不同系统的传递力。输入信号的频率从 $4\mathrm{rad/s}$ 到 $10\mathrm{rad/s}$。

可以看出，在低频范围内，与线性系统相比，非线性系统的振动性能并没有明显的改善，但在共振频率上，则可以显著地抑制振动。具体例子如下。

1) 输入信号为 $x_1 = 0.05\sin(7.6t)$（表 13.3 和图 13.10）。

表 13.3　输入频率为 7.6rad/s 时的系统输出

阻尼特性	系统输出/N
$F_d = 937.2\dot{x}$	2.1599×10^3
$F_{fit} = 937.2\dot{x} + 1882\dot{x}^2 + 1641\dot{x}^3$	1.5364×10^3
$F_d = 937.2\dot{x} + 3800\dot{x}^2 + 4000\dot{x}^3$	1.2780×10^3

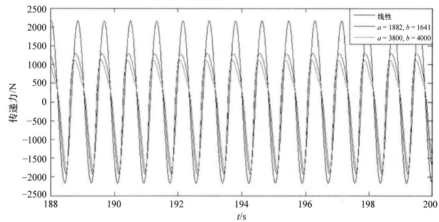

图 13.10　输入频率为 7.6rad/s 时的时域传递力

2) 输入信号 $x_1 = 0.05\sin(6t)$（表 13.4 和图 13.11）。

表 13.4　输入频率为 6rad/s 时的系统输出

阻尼特性	系统输出/N
$F_d = 937.2\dot{x}$	1.0875×10^3
$F_{fit} = 937.2\dot{x} + 1882\dot{x}^2 + 1641\dot{x}^3$	1.0564×10^3
$F_d = 937.2\dot{x} + 3800\dot{x}^2 + 4000\dot{x}^3$	1.0277×10^3

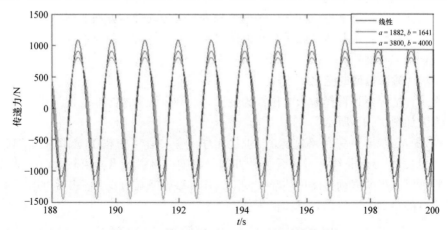

图 13.11　输入频率为 6rad/s 时的时域传递力

3）输入信号 $x_1 = 0.05\sin(10t)$（表 13.5 和图 13.12）。

表 13.5　输入频率为 10rad/s 时的系统输出

阻尼特性	系统输出/N
$F_d = 937.2\dot{x}$	1.8516×10^3
$F_{fit} = 937.2\dot{x} + 1882\dot{x}^2 + 1641\dot{x}^3$	1.5529×10^3
$F_d = 937.2\dot{x} + 3800\dot{x}^2 + 4000\dot{x}^3$	1.3699×10^3

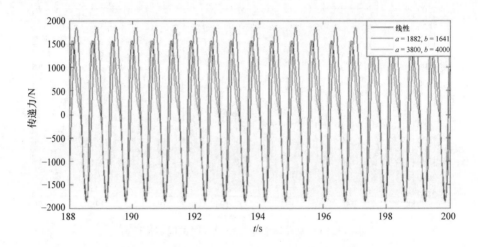

图 13.12　输入频率为 10rad/s 时的时域传递力

由图 13.10～图 13.12 可以明显看出，在共振频率范围内，基于 OFRF 的分析方法得到的最优阻尼特性明显优于现有的非线性最优阻尼特性和线性阻尼特性。在低频或高频范围内，最优阻尼特性仍优于拟合的最优阻尼值，但振动性能不会提高太多。因此可以得出结论，在共振频率范围内，在振动抑制方面非线性阻尼特性优于线性阻尼特性；用非线性频域分析方法得到的非线性最优阻尼特性优于以往的非线性最优阻尼特性。

13.3.3.2　输入幅值的变化

在这种情况下，选择输入幅值作为变量，线性系统和两个非线性最优系统的系统传递力如图 13.13 所示。

图 13.13 给出了三种不同系统的传递力。输入信号的幅值选取在 0.01m 到 0.1m 之间，以显示非线性对系统振动抑制的影响。显然，当幅值较大时，非线性阻尼特性所获得的振动性能更明显。同时，用非线性频域分析方法得到的阻尼特性优于现有的最优阻尼特性。具体例子如下。

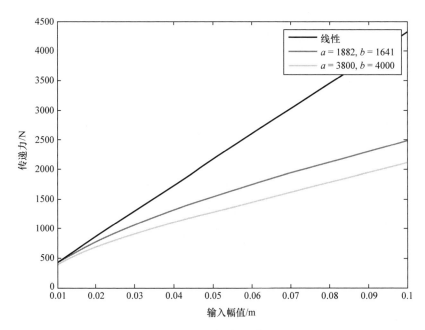

图 13.13 不同系统的传递力

1) 输入信号为 $x_1 = 0.07\sin(7.6t)$ (表 13.6 和图 13.14)。

表 13.6 输入幅值为 0.07m 时的系统输出

阻尼特性	系统输出/N
$F_d = 937.2\dot{x}$	3.0238×10^3
$F_{fit} = 937.2\dot{x} + 1882\dot{x}^2 + 1641\dot{x}^3$	1.9315×10^3
$F_d = 937.2\dot{x} + 3800\dot{x}^2 + 4000\dot{x}^3$	1.6117×10^3

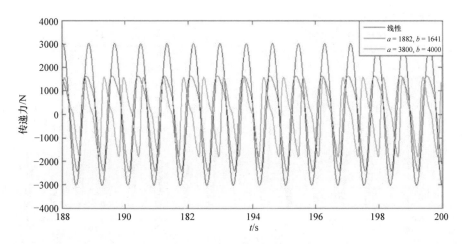

图 13.14 输入幅值为 0.07m 时的时域传递力

2)输入信号为 $x_1 = 0.1\sin(7.6t)$（表 13.7 和图 13.15）。

表 13.7　输入幅值为 **0.1m** 时的系统输出

阻尼特性	系统输出/N
$F_d = 937.2\dot{x}$	4.3198×10^3
$F_{fit} = 937.2\dot{x} + 1882\dot{x}^2 + 1641\dot{x}^3$	2.4686×10^3
$F_d = 937.2\dot{x} + 3800\dot{x}^2 + 4000\dot{x}^3$	2.1056×10^3

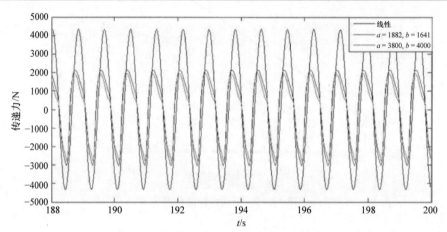

图 13.15　输入幅值为 0.1m 时的时域传递力

3)输入信号为 $x_1 = 0.03\sin(7.6t)$（表 13.8 和图 13.16）。

表 13.8　输入幅值为 **0.03m** 时的系统输出

阻尼特性	系统输出/N
$F_d = 937.2\dot{x}$	1.2959×10^3
$F_{fit} = 937.2\dot{x} + 1882\dot{x}^2 + 1641\dot{x}^3$	1.0659×10^3
$F_d = 937.2\dot{x} + 3800\dot{x}^2 + 4000\dot{x}^3$	913.8744

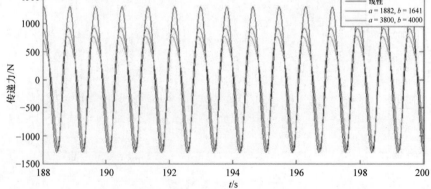

图 13.16　输入幅值为 0.03m 时的时域传递力

4）输入信号为 $x_1 = 0.01\sin(7.6t)$（表 13.9 和图 13.17）。

表 13.9　输入幅值为 **0.01m** 时的系统输出

阻尼特性	系统输出/N
$F_d = 937.2\dot{x}$	431.9741
$F_{fit} = 937.2\dot{x} + 1882\dot{x}^2 + 1641\dot{x}^3$	417.3850
$F_d = 937.2\dot{x} + 3800\dot{x}^2 + 4000\dot{x}^3$	398.9664

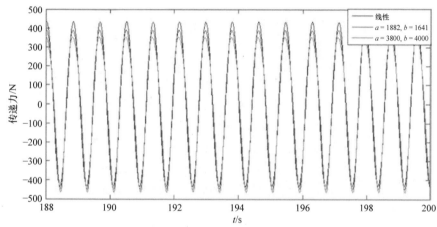

图 13.17　输入幅值为 0.01m 时的时域传递力

由图 13.14～图 13.17 可以看出，非线性阻尼特性优于线性阻尼特性。具体而言，当输入信号幅度范围在 0.01m 到 0.1m 之间时，利用非线性频域分析法得到的非线性最优阻尼特性比现有的最优阻尼值更具竞争力。当输入幅值较大时，利用非线性频域分析方法得到的阻尼特性的性能优于拟合的最优阻尼特性。当输入幅值相对较小时，仍然如此。因此可以得出结论，当输入幅值发生变化时，利用非线性频域分析方法得到的阻尼特性比现有的最优阻尼特性更有效。

13.3.3.3　小阻尼系统与非线性阻尼系统之间的对比

通过对小线性阻尼系统与非线性阻尼系统的对比研究，说明了系统的非线性效应。这里，系统质量和弹簧刚度与前面章节中描述的相同，线性阻尼值为 $c = 100\mathrm{N\cdot s/m}$。通过在线性项上加一些非线性项，得到了非线性系统。为了显示系统非线性对振动性能的影响，两个系统的非线性项的值都假定为 $100\dot{x}^2 + 1000\dot{x}^3$，系统的输入是 $x_1 = 0.05\sin(7.6t)$，从而得到了系统在共振频率下的传递力。

$c = 100\mathrm{N\cdot s/m}$ 时的系统输出见表 13.10。

表 13.10　线性阻尼为 $c = 100\mathrm{N\cdot s/m}$ 时的系统输出

阻尼特性	系统输出/N
$F_d = 100\dot{x}$	1.8468×10^4
$F_{fit} = 100\dot{x} + 100\dot{x}^2 + 1000\dot{x}^3$	2.3437×10^3

从图 13.18 中可以得出结论，对于小阻尼系统，系统非线性可以有效地抑制系统振动。此外，当系统阻尼值较小时，非线性效应更明显。同时，系统的非线性特性也有助于减小瞬态，使系统快速稳定。

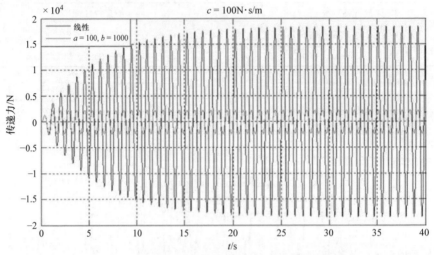

图 13.18　线性阻尼为 $c=100\text{N}\cdot\text{s/m}$ 时的时域传递力

13.3.3.4　大阻尼系统与非线性阻尼系统的对比

通过对大线性阻尼系统与非线性阻尼系统的对比研究，说明了系统的非线性效应。这里，系统质量和弹簧刚度与前面章节中描述的相同，线性阻尼值为 $c=5000\text{N}\cdot\text{s/m}$。通过在线性项上加一些非线性项，得到了非线性系统。为了显示系统性能的非线性，系统的非线性项的值假定为 $5000\dot{x}^2+8000\dot{x}^3$，系统的输入是 $x_1=0.05\sin(7.6t)$，从而得到了系统在共振频率下的传递力。

$c=5000\text{N}\cdot\text{s/m}$ 时的系统输出见表 13.11。

表 13.11　线性阻尼为 $c=5000\text{N}\cdot\text{s/m}$ 时的系统输出

阻尼特性	系统输出/N
$F_d=5000\dot{x}$	921.6438
$F_{fit}=5000\dot{x}+5000\dot{x}^2+8000\dot{x}^3$	916.5248

从图 13.19 可以得出结论，与线性系统相比，非线性大阻尼系统的振动性能并没有明显改善，这两个系统从瞬态到稳态的时间几乎是相同的。在这种情况下，与线性系统相比，系统的非线性没有显示出任何改善。

13.3.4　动力学模型验证

从前面的章节中可以看到，非线性频域分析方法得到的非线性阻尼特性优于之前的最优阻尼特性，并且这两个阻尼特性都优于线性阻尼特性。然而，这些结果是基于理论和数学研究得出的，因此有必要进行一些实验以验证该结果在真实的动力学模型上是否准确。本研究用基于 Adams 的仿真研究来代替实验研究。利用 Adams

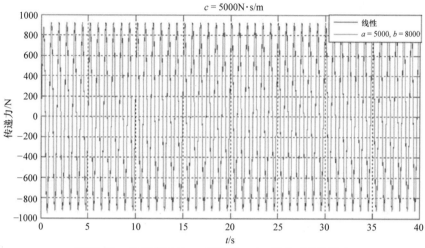

图 13.19　线性阻尼为 $c = 5000\text{N}\cdot\text{s/m}$ 时的时域传递力

建立了弹簧减振器系统的动力学模型,如图 13.20 所示。

图 13.20 中有三个球,每个球都有不同的含义。球 A 代表车身质量,球 B 代表基础激励。在本研究中,基础激励是一个正弦函数,并且以球 C 作为参考坐标。注意,球 A 和球 B 之间的距离应合理;否则,仿真研究将会失败。一个简单的情况是,如果球 A 的运动幅度大于 A 和 B 之间的距离,则 A 将运动到低于 B 的位置,这是不合理的。在这种情况下,亚当斯模型中的基础激励可以写成

$$x_1 = 50\sin(7.6 \times \text{time})\text{mm} \quad (13.46)$$

利用上述基础激励,可以得到三个不同系统的垂直加速度,三个系统分别为线性阻尼系统、文献中得到的非线性阻尼系统和利用非线性频域分析方法得到的非线性阻尼系统,如图 13.21 所示。

图 13.20　1 自由度弹簧减振器系统动力学模型

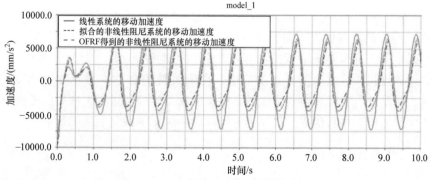

图 13.21　三种阻尼系统的垂直加速度

由图 13.21 和表 13.12 可以看出，非线性阻尼在抑制垂直振动方面更有效。同时，通过非线性频域分析法得到的非线性阻尼特性优于拟合曲线得到的非线性阻尼特性，这说明非线性频域分析法在阻尼特性的分析与设计中是有效的。

表 13.12 垂直加速度的有效值和最大值

	最大垂直加速度 /(mm/s^2)	垂直加速度的有效值/(mm/s^2)
线性阻尼	7198	5048
拟合方法的非线性阻尼	6634	3878
OFRF 法的非线性阻尼	6331	3368

13.3.5 结论

本节对比结果表明，采用非线性频域分析方法得到的非线性最优阻尼特性比现有的非线性最优阻尼特性更为有效。利用非线性频域分析方法，可以推导出系统输出频谱与系统非线性参数之间的关系。通过对系统输出的进一步分析，可以得出以下结论。

1）系统输出频谱是关于非线性参数 a 和 b 的减函数。

2）为了确保实际阻尼特性的准确合理，需要合理地确定非线性参数 a 和 b 的值。

由以上对比研究可知，采用非线性频域分析方法得到的非线性阻尼特性比现有的最优阻尼特性拥有更好的性能。然而，也有必要做一些研究来分析它们对车辆动力学模型的影响。同时，诱导非线性是否会对其他车辆评估标准如操纵性能和悬架行程产生负面影响还不清楚。在下一节，我们将建立整车动力学模型来分析诱导非线性对这些评价指标的影响。

13.4 在动态车辆模型上的应用

在实际车辆中很难实现所提出的非线性最优阻尼特性。因此，采用基于 Adams/View 模型的仿真研究。需要注意的是，本研究建立的整车动力学模型主要是为了验证非线性对车辆振动性能的影响。同时，也得到了一些其他性能的影响结果，如悬架行程和操纵性能。在本节中，车辆系统的详细参数从参考文献［39］中获取，如质量、惯性和运动学参数。对车辆动力学模型进行了简要的描述。在不同的条件下进行了仿真研究，以显示非线性对各种车辆评估标准的影响。

13.4.1 动态车辆模型

动态车辆模型分为几个子系统，分别为底盘系统、前悬架系统、转向系统、后悬架系统、轮胎和道路。在这些子系统中,各个组件之间的关系可以通过图形拓扑来反映。底盘系统的图形拓扑如图 13.22。

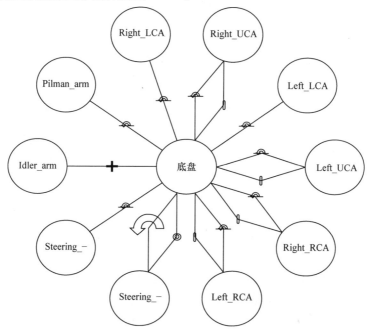

图 13.22　底盘系统的图形拓扑

在图 13.22 中,可以看到底盘通过一些具体的节点与车辆的不同部件相连。如底盘与下控制臂的连接方式为旋转副,底盘与转向盘的连接方式为圆柱副。同时,增加了一个圆柱运动,以确保转向盘工作良好。

在本节中,由于篇幅限制,没有提供关于构建底盘系统、悬架系统、转向系统、轮胎和道路的详细步骤。整车系统模型如图 13.23 所示。

图 13.23 给出了车辆动力学模型的基本组成部分。组件的详细特性,例如质量、惯性、长度和宽度,在图 13.24 中进行了描述。

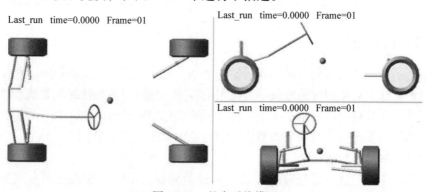

图 13.23　整车系统模型

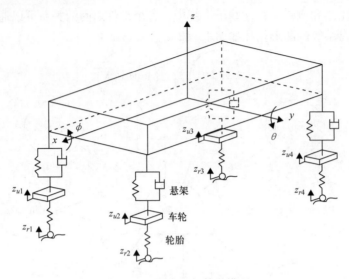

图 13.24 整车悬架数学模型

在图 13.24 中,m_s,m_{11},m_{12},m_{21},m_{22} 分别为车身质量和四个车轮的质量,c_{11},c_{12},c_{21},c_{22} 为悬架系统的阻尼系数,k_{11},k_{12},k_{21},k_{22} 为悬架系统的弹簧刚度。在车辆的实际工况下,z_{r1},z_{r2},z_{r3},z_{r4} 分别为道路输入,z_{u1},z_{u2},z_{u3},z_{u4} 分别为车轮位移。在本研究中,系统参数直接从参考文献 [39] 中获得,见表 13.13。

表 13.13 系统参数

$m_s = 2010 \text{kg}$	$k_{t11} = 310 \text{kN/m}$	$k_{s12} = 129.8 \text{kN/m}$	$c_{s21} = 1000 \text{N} \cdot \text{s/m}$
$m_{11} = 29.2 \text{kg}$	$k_{t12} = 310 \text{kN/m}$	$k_{s21} = 129.8 \text{kN/m}$	$c_{s22} = 1000 \text{N} \cdot \text{s/m}$
$m_{12} = 29.2 \text{kg}$	$k_{t21} = 310 \text{kN/m}$	$k_{s22} = 129.8 \text{kN/m}$	
$m_{21} = 29.2 \text{kg}$	$k_{t22} = 310 \text{kN/m}$	$c_{s11} = 1000 \text{N} \cdot \text{s/m}$	
$m_{22} = 29.2 \text{kg}$	$k_{t11} = 310 \text{kN/m}$	$c_{s12} = 1000 \text{N} \cdot \text{s/m}$	

13.4.2 仿真研究

进行了一些仿真研究以说明非线性悬架系统对车辆振动性能的影响。利用前两节提出的方法,可以很容易地获得最优阻尼特性。然后对非线性悬架系统和线性悬架系统进行比较研究。提出了基于三种不同评价标准的仿真研究,每一种仿真研究都是在不同的工况下进行的。本节将详细讨论仿真研究的结果。

13.4.2.1 车辆振动研究

如前一部分所述,系统非线性对车辆振动抑制的影响在输入频率方面是不同的,非线性悬架系统有助于抑制振动,而在其他情况下则不然。这里提供了几个研究案例来评估其振动性能。

1) $v=1\text{m/s}$（图 13.25 和表 13.14）。

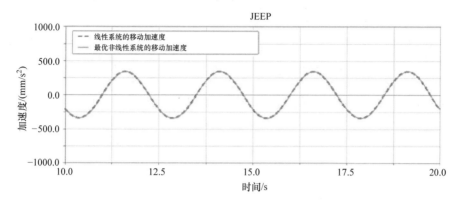

图 13.25　速度为 1m/s 时的垂直振动

表 13.14　速度为 1m/s 时的垂直加速度

系统	有效值/(mm/s^2)	Max$|a|$/(mm/s^2)
线性	240	342
非线性	240	342

2) $v=5\text{m/s}$（图 13.26 和表 13.15）。

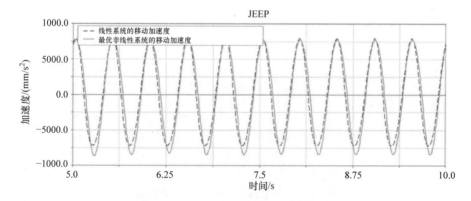

图 13.26　速度为 5m/s 时的垂直振动

表 13.15　速度为 5m/s 时的垂直加速度

系统	有效值/(mm/s^2)	Max$|a|$/(mm/s^2)
线性	5671	8641
非线性	5463	7203

3) $v = 5.1 \text{m/s}$（图 13.27 和表 13.16）。

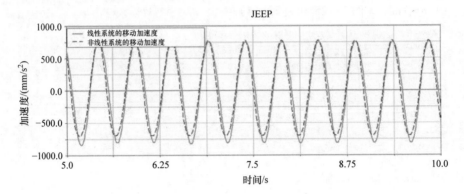

图 13.27　速度为 5.1m/s 时的垂直振动

表 13.16　速度为 5.1m/s 时的垂直加速度

系统	有效值/(mm/s^2)	Max$|a|$/(mm/s^2)
线性	5554	8463
非线性	5307	7008

4) $v = 5.2 \text{m/s}$（图 13.28 和表 13.17）。

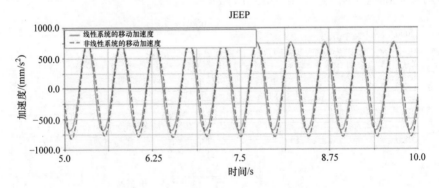

图 13.28　速度为 5.2m/s 时的垂直振动

表 13.17　速度为 5.2m/s 时的垂直加速度

系统	有效值/(mm/s^2)	Max$|a|$/(mm/s^2)
线性	5450	8163
非线性	5243	6827

5) $v = 5.5\text{m/s}$（图 13.29 和表 13.18）。

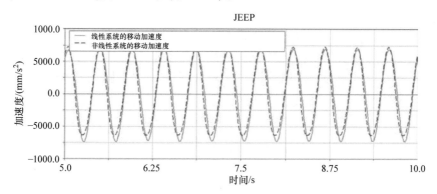

图 13.29　速度为 5.5m/s 时的垂直振动

表 13.18　速度为 5.5m/s 时的垂直加速度

系统	有效值/(mm/s²)	Max|a|/(mm/s²)
线性	5030	7371
非线性	4948	6379

6) $v = 6\text{m/s}$（图 13.30 和表 13.19）。

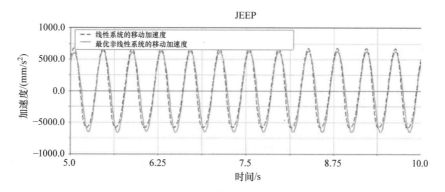

图 13.30　速度为 6m/s 时的垂直振动

表 13.19　速度为 6m/s 时的垂直加速度

系统	有效值/(mm/s²)	Max|a|/(mm/s²)
线性	4558	6660
非线性	4588	6762

从图 13.25~图 13.30 中可以注意到，当车速在共振频率附近的特定范围内时，通过非线性最优阻尼获得的车辆振动性能将优于线性悬架系统。然而，当速度很高时，非线性悬架系统会给振动性能带来一些不良影响。在相对较低的速度下时，与线性悬架系统相比，非线性车辆悬架系统的振动性能将不会得到改善。

13.4.2.2 悬架行程

在悬架系统分析中，应控制簧上质量与非簧上质量之间的距离。这主要是因为当距离较大时，它会撞击车架。在本研究中，需要考虑非线性对车辆悬架行程的影响。对线性悬架系统和非线性悬架系统进行了对比研究。在车辆系统中，有四个独立的悬架系统；以右前悬架系统的悬架行程为例，不同速度的悬架行程如图 13.31～图 13.34 所示。

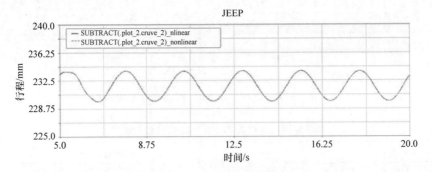

图 13.31　速度为 1m/s 时的悬架行程

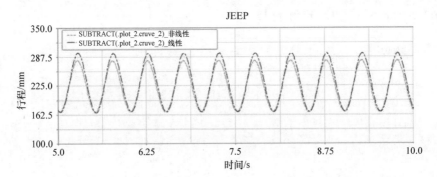

图 13.32　速度为 5m/s 时的悬架行程

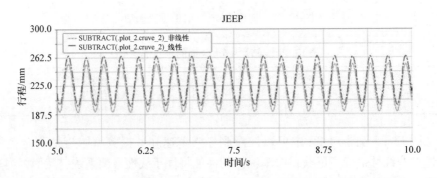

图 13.33　速度为 10m/s 时的悬架行程

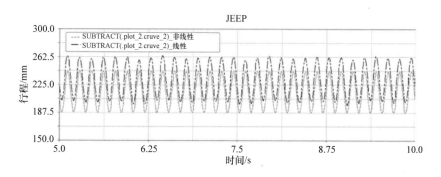

图 13.34 速度为 15m/s 时的悬架行程

从图 13.31～图 13.34 可以看出，在相对较低的速度范围内，非线性对悬架行程的影响不明显。但在高速范围内，如 15m/s，系统非线性对悬架行程的积极影响非常明显。因此可以得出结论，系统的非线性特性有助于抑制簧上质量与非簧上质量之间的相对位移。

13.4.2.3 操纵性能

在车辆系统分析中，操纵性能是另一个需要考虑的重要问题。如前所述，弹簧和阻尼特性通常会在乘坐舒适性和操纵性能上达成折中。在这项研究中，主要的评估标准是车辆振动，并且在前面的章节中已经讨论了阻尼非线性对振动性能的影响。然而，也有必要评估非线性对操纵性能的影响，以确保结果更加合理。因此，进行了基于整车动力学模型的仿真研究，以评估操纵性能。

操纵性能的评价指标为

$$a_1 - a_2 = 57.3L\left(\frac{1}{R_0} - \frac{1}{R_i}\right) \tag{13.47}$$

式中，a_1 为前轮滑移角，a_2 为后轮滑移角。若式（13.47）的值大于零，则系统将出现欠转向，这是车辆系统所期望的；若式（13.47）的值小于零，则系统会出现过度转向，将对操纵性能产生不良影响；若式（13.47）的值等于零，则系统将处于空档驾驶状态。

本文进行的仿真研究基于 GB/T 6323.6—1994。采用两种不同的系统进行对比研究，第一种是具有线性阻尼的车辆悬架系统，另一种是具有非线性阻尼的车辆悬架系统。结果如图 13.35 所示。

从图 13.35 中可以明显看出，两种系统的滑移角几乎相同。因此，非线性阻尼特性将不会对车辆的操纵性能产生任何影响。

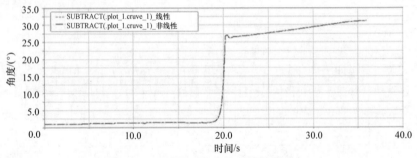

图 13.35　线性和非线性系统的滑移角

13.4.3　总结

在本节，通过 Adams 软件建立了整车动力学模型，以分析非线性对整车性能的影响，如乘坐舒适性、悬架行程和操纵性能等。在车辆动力学模型中，进行仿真研究时考虑了一些实际参数，如质量、惯性、道路输入、车辆速度等，因此仿真结果更加准确合理。分别进行了三种不同类型的仿真研究来评估车辆的性能。对于车辆振动的研究表明，在共振频率范围内，具有非线性阻尼的车辆悬架系统可以获得更好的乘坐舒适性。在相对低频和高频范围内，系统的非线性并不能对振动性能产生积极的影响。在悬架行程的分析中，结果表明系统的非线性特性对悬架行程的抑制有很大的帮助。与振动性能不同的是，在相对较高的速度范围内，还可以利用非线性阻尼特性来抑制悬架行程。最后的任务是对操纵性能的验证。本节的结果表明，如果阻尼特性是非线性的，则与线性阻尼特性相比，它对车辆的操纵性能基本没有影响。因此可以得出结论：在许多重要的实际情况下，非线性阻尼特性将有助于抑制振动，改善悬架行程性能，并且使操纵性能不受非线性影响。

13.5　结论和未来工作

采用非线性输出频率响应函数法对车辆悬架系统进行分析。利用该方法，得到了非线性悬架系统的输出与系统参数之间的关系。数学和仿真研究结果表明，用非线性频域分析方法得到的非线性阻尼特性有助于车辆悬架系统的设计和分析。从第 13.2 节提供的详细信息可以看出，通过非线性频域分析方法确定的系统参数对于抑制车辆系统的振动非常有帮助。为了说明非线性效应，对非线性系统、线性系统和推荐的线性系统进行了对比研究。结果表明，在共振频率附近，具有非线性的系统对抑制系统振动有很大的帮助。在 13.3 节中，给出了两种不同的最优非线性阻尼特性。第一个是借鉴已有的结果，第二个是利用非线性频域分析方法得到的。这两种阻尼特性的对比研究表明，与现有的非线性最优阻尼特性相比，采用非线性频域分析法确定的非线性系统具有更好的阻尼特性。本节还建立了一个简单的弹簧减振器动力学模型。动态模型仿真研究的结果也支持在 Matlab 中获得的结果。在 13.4 节，非线性阻尼特性被应用在整车动力学模型中。注意，整车动力学模型是基于 Adams 软件构建的。在该模型中，考虑了道路输入、车速和一些可能在实际车辆工况下出现的其他影响。给出了两种分别具有非线性阻尼特性和线性阻尼特性的车辆减振器的对比仿真结果。结果表明，非线性阻尼特性有助于抑制在共振频率附近的车辆振动。其他车辆评估标准，如悬架行程，也可以借助于非线性阻尼特性加以改进。基于操纵性能评估的仿真研究表明，引入的非线性不会对操纵性能产生影响。

未来的工作将集中在以下几点。首先，需要考虑非线性刚度，以使优化更符合实际。本章已经表明实际系统中确实存在弹簧非线性，因此分析非线性弹簧对车辆性能的影响具有重要意义。其次，目前着重对振动特性进行研究，得到了基于正弦输入信号的振动特性分析结果。然而，实际车辆的路面工况各不相同，例如，它们包含随机输入和脉冲输入。因此，有必要研究在这些工况下的非线性性能，并获得最优非线性系统参数以满足不同的要求。

参 考 文 献

[1] Eslaminasab N., 'Development of a semi-active intelligent suspension system for heavy vehicles, PhD thesis in Department of Mechanical and Mechatronics Engineering', 2008, Waterloo, Ontario, Canada: University of Waterloo.

[2] Haiping D., S. Kam, L. James, 'Semi-active H-infinity control of vehicle suspension with magneto-rheological dampers'. *Journal of Sound and Vibration*, 2005. **283**: pp. 981–996.

[3] Chuan L., M. Liang, Y. Wang, Y. Dong, 'Vibration suppression using two-terminal flywheel. Part II: application to vehicle passive suspension'. *Journal of Vibration and Control*, 2011. doi: 10.1177/1077546311419547.

[4] Howard G., D. Bastow, J.P. Whitehead, eds. *Car Suspensions and Handling*. 2004, London: Pentech Press.

[5] Rajamani R., ed. *Vehicle Dynamics and Control*. 2006, New York, NY: Springer.

[6] Sun L., 'Optimum design of "road-friendly" vehicle suspension systems subjected to rough pavement surfaces'. *Applied Mathematical Modelling*, 2002. **26**(5): pp. 635–652.

[7] Wang X., H.W., ed. *Vehicle Dynamic*, N.D.I. Press. 2008, Beijing.

[8] Yu Z., *Vehicle Theory*. 2009, China Machine Press, Beijing.

[9] Gandhi F., I. Chopra, 'A time-domain non-linear viscoelastic damper model'. *Smart Materials & Structures*, 1996. **5**(5): pp. 517–528.

[10] Kamath G.M., N.M. Wereley, 'A nonlinear viscoelastic-plastic model for electrorheological fluids'. *Smart Materials & Structures*, 1997. **6**(3): pp. 351–359.

[11] Fang Chang Z.L., *Air Suspension Performance Analysis using Nonlinear Geometrical Paramteres Model*. SAE Technical Paper 2007-01-4270, 2007, doi:10.4271/2007-01-4270, 2007.

[12] Berg M., 'A nonlinear rubber spring model for vehicle dynamics analysis'. *Vehicle System Dynamics*, 1998. **29**: pp. 723–728.

[13] Borowiec M., G. Litak, M.I. Friswell, 'Nonlinear response of an oscillator with a magneto-rheological damper subjected to external forcing'. *Modern Practice in Stress and Vibration Analysis VI, Proceedings*, 2006. **5-6**: pp. 277–284.

[14] Jones J.C.P., 'Automatic computation of polyharmonic balance equations for non-linear differential systems'. *International Journal of Control*, 2003. **76**(4): pp. 355–365.

[15] Xing X.N., D.M. Zhang, 'Realization of nonlinear describing function method virtual experiment system based on LabVIEW'. *International Conference of China Communication (Iccc 2010)*, 2010: pp. 211–213.

[16] Haeri M., M. Attari, M.S. Tavazoei, 'Analysis of a fractional order Van der Pol-like oscillator via describing function method'. *Nonlinear Dynamics*, 2010. **61**(1–2): pp. 265–274.

[17] Elliott A.M, Bernstein M.A., Ward H.A., Lane J., Witte R.J., 'Nonlinear averaging reconstruction method for phase-cycle SSFP'. *Magnetic Resonance Imaging*, 2007. **25**(3): pp. 359–364.

[18] Stanzhitskii A.N., T.V. Dobrodzii, 'Study of optimal control problems on the half-line by the averaging method'. *Differential Equations*, 2011. **47**(2): pp. 264–277.

[19] Billings S.A., J.C. Peyton Jones, 'Mapping nonlinear integro-differential equation into the frequency domain'. *International Journal of Control*, 1990. **54**: pp. 863–879.

[20] Lang Z.Q., S.A. Billings, 'Output frequency characteristics of nonlinear systems'. *International Journal of Control*, 1996. **64**(6): pp. 1049–1067.

[21] Jing X.J., Z.Q. Lang, S.A. Billings, 'Output frequency properties of non-linear systems'. *International Journal of Non-Linear Mechanics*, 2010. **45**(7): pp. 681–690.

[22] Yue R., S.A. Billings, Z.Q. Lang, 'An investigation into the characteristics of non-linear frequency response functions. Part 1: understanding the higher dimensional frequency spaces'. *International Journal of Control*, 2005. **78**: pp. 1031–1044.

[23] Lang Z.Q., S.A. Billings, G.R. Tomlinson, R. Yue, 'Analytical description of the effects of system nonlinearities on output frequency responses: A case study'. *Journal of Sound and Vibration*, 2006. **295**: pp. 584–601.

[24] Jing X.J., Z.Q. Lang, S.A. Billings, 'Output frequency response function-based analysis for nonlinear Volterra systems'. *Mechanical Systems and Signal Processing*, 2008. **22**(1): pp. 102–120.

[25] Jing X.J., Z.Q. Lang, S.A. Billings, 'Determination of the analytical parametric relationship for output spectrum of Volterra systems based on its parametric characteristics'. *Journal of Mathematical Analysis and Applications*, 2009. **351**(2): pp. 694–706.

[26] Lang Z.Q., Jing X.J., Billings S.A., Tomlinson G.R., Peng, Z.K., 'Theoretical study of the effects of nonlinear viscous damping on vibration isolation of sdof systems'. *Journal of Sound and Vibration*, 2009. **323**(1–2): pp. 352–365.

[27] Jing X.J., Lang Z.Q., Billings S.A., Tomlinson G.R., Peng, Z.K., 'Frequency domain analysis for suppression of output vibration from periodic

disturbance using nonlinearities'. *Journal of Sound and Vibration*, 2008. **314**(3–5): pp. 536–557.

[28] Eberhard P., U. Piram, D. Bestle, 'Optimization of damping characteristics in vehicle dynamics'. *Engineering Optimization*, 1999. **31**(4): pp. 435–455.

[29] Hrovat D., 'Survey of advanced suspension development and related optimal control application'. *Automatica*, 1997. **30**(10): pp. 1781–1817.

[30] Wang J., S.W. Shen, 'Integrated vehicle ride and roll control via active suspensions'. *Vehicle System Dynamics*, 2008. **46**: pp. 495–508.

[31] Volterra V., ed. *Theory of Functionals and of Integral and Integro-differential Equations*. 1959, New York, NY: Dover.

[32] Jing X.J., Z.Q. Lang, S.A. Billings, 'Mapping from parametric characteristics to generalized frequency response functions of non-linear systems'. *International Journal of Control*, 2008. **81**(7): pp. 1071–1088.

[33] Jing X.J, Z.Q. Lang, S.A. Billings, 'The parametric characteristics of frequency response functions for nonlinear systems'. *International Journal of Control*, 2006. **79**(12): pp. 1552–1564.

[34] Daniel C. and Wood, F. (1980), Fitting Equations to Data, Revised Edition, New York: John Wiley and Sons, Inc.

[35] West P.S.H.G., 'Interpolation methods for curve construction'. *Applied Mathematical Finance*, June 2006. **13**(2): pp. 89–129.

[36] http://mathworld.wolfram.com/LeastSquaresFitting.html

[37] Lin J.S., I. Kanellakopoulos, 'Nonlinear design of active suspensions'. *IEEE Control Systems Magazine*, 1997. **17**(3): pp. 45–59.

[38] http://www.mscsoftware.com/Products/CAE-Tools/MD-Adams.aspx. 2010.

[39] Li J., ed. *Adams shi li jiao cheng*. 2002, Beijing, China: Beijing Institute of Technology.

Translation from the English language edition: Handbook of Vehicle Suspension Control Systems
By Honghai Liu, Huijun Gao and Ping Li
© The Institution of Engineering and Technology 2014
All Rights Reserved
版权所有，侵权必究。
This title is published in China by China Machine Press with license from The Institution of Engineering and Technology. This edition is authorized for sale in China only, excluding Hong Kong SAR, Macao SAR and Taiwan. Unauthorized export of this edition is a violation of the Copyright Act. Violation of this Law is subject to Civil and Criminal Penalties.

本书中文简体版由 The Institution of Engineering and Technology 授权机械工业出版社在中国境内（不包括香港、澳门特别行政区及台湾地区）出版与发行。未经许可之出口，视为违反著作权法，将受法律之制裁。

北京市版权局著作权合同登记 图字：01-2014-2697。

图书在版编目(CIP)数据

车辆悬架控制系统手册/刘洪海，高会军，李平编；牛福等译．—北京：机械工业出版社，2021.10
（汽车先进技术译丛．汽车技术经典手册）
书名原文：Handbook of Vehicle Suspension Control Systems
ISBN 978-7-111-69406-9

Ⅰ.①车… Ⅱ.①刘… ②高… ③李… ④牛… Ⅲ.①汽车-车悬架-控制系统-手册 Ⅳ.①U463.33-62

中国版本图书馆 CIP 数据核字（2021）第 213132 号

机械工业出版社（北京市百万庄大街 22 号　邮政编码 100037）
策划编辑：孙　鹏　责任编辑：孙　鹏　丁　锋
责任校对：张　征　封面设计：鞠　杨
责任印制：郜　敏
北京汇林印务有限公司印刷
2022 年 1 月第 1 版第 1 次印刷
169mm×239mm・22 印张・2 插页・451 千字
0 001—1 700 册
标准书号：ISBN 978-7-111-69406-9
定价：199.00 元

电话服务　　　　　　　　　　网络服务
客服电话：010-88361066　　　机　工　官　网：www.cmpbook.com
　　　　　010-88379833　　　机　工　官　博：weibo.com/cmp1952
　　　　　010-68326294　　　金　书　网：www.golden-book.com
封底无防伪标均为盗版　　　　机工教育服务网：www.cmpedu.com